"当代地理科学译丛"编委会

（按汉语拼音音序排列）

当代地理科学译丛·大学教材系列
科技部创新方法工作资助（2007FY140800）

大学生地理学导引

THE STUDENT'S COMPANION TO GEOGRAPHY
Edited by Alisdair Rogers and Heather A. Viles

〔英〕 阿里斯代尔·罗杰斯
海瑟·A. 威尔斯 ｜ 编

蔡运龙　叶超　陈睿山
高江波　陈琼　等 ｜ 译

商务印书馆
创于1897　The Commercial Press

"当代地理科学译丛"
序　言

对国外学术名著的移译无疑是中国现代学术的源泉之一，说此事是为学的一种基本途径当不为过。地理学界也不例外，中国现代地理学直接就是通过译介西方地理学著作而发轫的，其发展也离不开国外地理学不断涌现的思想财富和学术营养。感谢商务印书馆，她有全国唯一的地理学专门编辑室，义不容辞地担当着这一重要任务，翻译出版的国外地理学名著已蔚为大观，并将继续弘扬这一光荣传统。但鉴于已往译本多以单行本印行，或纳入"汉译世界学术名著丛书"之类，难以自成体系，地理学界同仁呼吁建立一套相对独立的丛书，以便相得益彰，集其大成，利于全面、完整地研读查考；而商务印书馆也早就希望搭建一个这样的平台，双方一拍即合，这就成为这套丛书的缘起。

为什么定位在"当代"呢？可以说出很多理由，例如，当代著作与我们现在面临的问题关联最紧，当代地理学思想和实践既传承历史又日新月异，中国地理学者最需要了解国外最新学术动态，如此等等。至于如何界定"当代"，我们则无意陷入史学断代的严格考证中，只是想尽量介绍"新颖""重要"者而已。编委会很郑重地讨论过这套丛书的宗旨和侧重点，当然不可避免见仁见智，主要有以下基本想法：兼顾人文地理学和自然地理学，优先介绍最重要的学科和流派，理论和应用皆得而兼，借助此丛书为搭建和完善中国地理学的理论体系助一臂之力。比较认同的宗旨是：选取有代表性的、高层次的、理论性强的学术著作，兼顾各分支学科的最新学术进展和实践应用，组成"学术专著系列"；同时，推出若干在国外大学地理教学中影响较大、经久不衰且不断更新的教材，组成"大学教材系列"，以为国内地理学界提供参考。

由于诸多限制，本译丛当然不可能把符合上述宗旨的国外地理学名著包揽无遗，也难于把已翻译出版者再版纳入。所以，真要做到"集其大成""自成体系"，还必须触类旁通，与已有的中文版本和将有的其他译本联系起来。对此，这里很难有一个完整的清单，姑且择其大端聊作"引得"（index）。商务印书馆已出版的哈特向著《地理学性质的透视》、哈维著《地理学中的解释》、詹姆斯著《地理学思想史》、哈特向著《地理学的性质》、阿努钦著《地理学的理论问题》、邦奇著《理论地理学》、约翰斯顿著《地理学与地理学家》和《哲学与人文地理学》、威尔逊著《地理学与环境》、伊萨钦柯著《今日地理学》、索恰瓦著《地理系统学说导论》、阿尔曼德著《景观科学》、丽丝著《自然资源：分配、经济学与政策》、萨乌什金著《经济地理学》、约翰斯顿主编的《人文地理学词典》等，都可算"当代地理学"名著；国内其他出版社在这方面也颇有贡献，特别值得一提的是学苑出版社出版的《重新发现地理学：与科学和社会的新关联》。

当然，此类译著也会良莠不齐，还需读者判断。更重要的是国情不同，区域性最强的地理学最忌食洋不化，把龙种搞成跳蚤，学界同仁当知需"去粗取精，去伪存真，由此及彼，由表及里"。

说到这里，作为一套丛书的序言可以打住了，但还有些相关的话无处可说又不得不说，不妨借机一吐。

时下浮躁之风如瘟疫蔓延，学界亦概不能免。其表现之一是夜郎自大，"国际领先""世界一流""首先发现""独特创造""重大突破"之类的溢美之词过多，往往言过其实；如有一个参照系，此类评价当可以客观一些，适度一些，本译丛或许就提供了医治这种"自闭症"和"自恋狂"的一个参照。表现之二是狐假虎威，捡得一星半点儿洋货，自诩国际大师真传，于是"言必称希腊"，以致经常搞出一些不中不洋、不伦不类的概念来，正所谓"创新不够，新词来凑"；大家识别这种把戏的最好办法之一，也是此种食洋不化症患者自治的最好药方之一，就是多读国外名著，尤其是新著，本译丛无疑为此提供了方便。

时下搞翻译是一件苦差事，需要语言和专业的学养自不待言，那实在是要面寒窗坐冷板凳才行的。而且，既然浮躁风行，急功近利者众，凡稍微有点儿地位的学术机构，都不看重译事，既不看作科研成果，也不视为教学成果。译者的收获，看得见的大概只有一点儿稿费了，但以实惠的观点看，挣这种钱实在是捡了芝麻丢了西瓜。然而，依然有真学者愿付出这种牺牲，一个很简单的想法是：戒除浮躁之风，从我做起。为此，我们向参与本丛书的所有译者致敬。

蔡运龙

2003 年 8 月 27 日

于北大蓝旗营寓所

"地理学思想与方法丛书"
总　序

　　"工欲善其事，必先利其器"。科学思想和方法就是科学研究的"器"，是推动科学技术创新的武器。科学技术发展历程中每一次重大突破，都肇始于思想、方法的创新及其应用。科学思想和科学方法上的创新意识和系统研究不足，已经制约着我国科技自主创新能力的提高。加强科学思维、科学方法和科学工具的研究和创新，是建立创新型国家的必然选择。因此，"推进学科体系、学术观点、科研方法创新"被写入了党的"十七大"报告。

　　科技部原拟从编制《科学方法大系》入手来贯彻和推进中央的这个精神，并拟先从《地球科学方法卷》开始，但后来的思路大为扩展。2007 年 5 月 29 日，《科技日报》发表地理学家刘燕华（时任科技部副部长）题为《大力开展创新方法工作，全面提升自主创新能力》的文章。2007 年 6 月 28 日，我国著名科学家王大珩、叶笃正、刘东生联名向温家宝总理提出《关于加强创新方法工作的建议》。2007 年 7 月 3 日，温总理就此意见批示："三位老科学家提出的'自主创新，方法先行'，创新方法是自主创新的根本之源，这一重要观点应高度重视。"遵照温总理的重要批示精神，科学技术部、国家发展和改革委员会、教育部、中国科学技术协会于 2007 年 10 月向国务院呈报了《关于大力推进创新方法的报告》，中央有关领导批转了这个报告。2008 年 4 月，科技部联合国家发展和改革委员会、教育部、中国科学技术协会发布了《关于加强创新方法工作的若干意见》（国科发财〔2008〕197 号），明确了创新方法的指导思想、总体目标、工作任务、组织管理机构、保障措施。

　　《关于加强创新方法工作的若干意见》部署了一系列重点工作，并启动了"创新方法工作专项"。主要工作包括：加强科学思维培养，大力促进素质教育和创新精神培育；加强科学方法的研究、总结和应用；大力推进技术创新方法应用，切实增强企业创新能力；着力推进科学工具的自主创新，逐步摆脱我国科研受制于人的不利局面；推进创新方法宣传普及；积极开展国内外合作交流。其中"加强科学方法的研究、总结和应用"旨在"着力推动科学思维和科学理念的传承，大力开展科学方法的总结和应用，积极推动一批学科科学方法的研究"，这就是《科学方法大系》要做的事。

作为国家"创新方法工作专项"中首批启动的项目之一,我们承担了"地理学方法研究"重点项目。项目的总目标是"挖掘、梳理、凝练与集成古今中外地理学思维和方法之大成,促进地理学科技成果创新、科技教育创新、科技管理创新"。我们认为这是地理学创新的重要基础工作,也是提高地理学解决实际问题的能力,更好地满足国家需求的必要之举。我们组织了科研和教学第一线的老、中、青地理学者参与该项目研究。经过四年的努力,做了大量工作,取得了丰富的成果,包括发表了一系列研究论文、召开了多次研讨会和培训班、开发了一批软件、建立了项目网站;而最主要的成果就是呈现在读者面前的这套"地理学思想与方法丛书",包括专著、译著和教材三大系列。

"地理学思想与方法丛书"专著系列包括《地理学方法论》《地理学:科学地位与社会功能》《理论地理学》《自然地理学研究方法》《自然地理学研究范式》《经济地理学思维》《城市地理学思想与方法》《地理信息科学方法论》《计算地理学》等。

"地理学思想与方法丛书"教材系列包括《地理科学导论》《普通地理学》《自然地理学方法》《经济地理学中的数量方法》《人文地理学野外方法》《地理信息科学理论、方法与技术》《地理建模方法》《高等人文地理学》。

"地理学思想与方法丛书"译著系列包括《当代地理学方法》《大学生地理学导引》《分形城市》《科学、哲学和自然地理学》《地理学科学研究方法导论》《经济地理学指南》《当代经济地理学导论》《经济地理学中的政治与实践》《理解正在变化的星球——地理科学的战略方向》《空间行为的地理学》《人文地理学方法》《文化地理学手册》《地球空间科学与技术手册》《计量地理学》等。

"地理学方法研究"项目的成果还包括一批已出版的著作,当时未来得及列入"地理学思想与方法丛书",但标注了"科技部创新方法工作资助"。它们有:*Recent Progress of Geography in China:A Perspective in the 21st Century*(The Commercial Press,2008)、《地理学思想经典解读》(商务印书馆,2011)、《基于 Excel 的地理数据分析》(科学出版社,2010)、《基于 Mathcad 的地理数据分析》(科学出版社,2010)、《地理数学方法:基础和应用》(科学出版社,2011)、《世界遗产视野中的历史街区——以绍兴古城历史街区为例》(中华书局,2010)、《地理学评论(第一辑):第四届人文地理学沙龙纪实》(商务印书馆,2009)、《地理学评论(第二辑):第五届人文地理学沙龙纪实》(商务印书馆,2010)、《地理学评论(第三辑):空间行为与规划》(商务印书馆,2011)、《我国低碳经济发展框架与科学基础》(商务印书馆,2010)等。

科学思想和科学方法的不断总结对于推动地理学发展起到不可小视的作用。所以此类工作在西方地理学中历来颇受重视,每隔一段时期(5—10 年)就会有总结思想和方法(或论述学科发展方向和战略）的研究成果问世。最近的一个例子是美国全国研究委员会 2010 年发布的《理解正在变化的星球——地理科学的战略方向》。中国地理学者历来重视引进此类著作，集中体现在商务印书馆出版的"当代地理科学译丛"和以前的一系列译著中（甚至可上溯到 20 世纪 30 年代出版的格拉夫的《地理哲学》）。但仅引进是不够的，我们需要自己的地理学思想和方法建设。有一批甘坐冷板凳的中国地理学者一直在思索此类问题，这套"地理学思想与方法丛书"实际上就是这批人多年研究成果的积累；不过以前没有条件总结和出版，这次得到"创新方法工作专项"的资助，才在四年之内喷薄而出。"创新方法工作专项"的设立功莫大焉。

学科思想和方法的建设是一个长期的工作，伴随学科本身自始至终，这套丛书的出版只是一个新起点。"路漫漫其修远兮，吾将上下而求索"。

蔡运龙

2010 年 12 月

内 容 简 介

　　本书提供了关于什么是当代地理学，为什么要学习和如何学习地理学，以及如何更深入研习的广泛信息。内容涉及从自然地理学、人文地理学到地理信息科学，从历史渊源、研究现状到未来趋势的几乎所有方面。论题所及，除地理学的传统领域外，还有许多新的前沿领域，包括地理计算、女权主义地理学、环境认知与政策、环境建模、地学考古、批判地理学与发展研究、全球化、地理学伦理等；简述了研习地理学的方法，涉及论文写作、听课记录、成功表达、应对考试、研究设计、数据分析、现场调查、实验室工作等；论述了地理学与科学和社会科学的关联；集中给出了地理学的重要在线资源以及与海外留学有关的丰富信息，并对求职和升学所需的简历制作提供了指导。每章都深入浅出地论述一个论题，还包含相关的参考文献、深入读物和网络资源；全部 61 个论题就系统地构成了地理学研习的全貌。各章作者都是相关领域的世界知名地理学者，他们对有关论题的介绍和点评具有相当的权威性和前沿性。

　　这是一部大学地理学本科生和研究生的基本参考书，也是对所有思考地理学发展的学者颇有裨益的重要文献。

目　　录

第三部分 如何研习地理学

第四部分　地理学背景

第五部分　地理信息源名录

第六部分　拓宽眼界

作者简介

迈克尔·巴蒂（Michael Batty）：伦敦大学学院空间分析和规划学教授，高级空间分析中心（the Centre for Advanced Spatial Analysis，CASA）主任。他同时在巴特利特建筑学院（Bartlett School of Architecture）和地理系任职。他在发展城市和区域的计算机模型上颇有建树，近期研究集中于两个领域：城市发展的动态模型和运用虚拟现实方法实现城市可视化。近期著作有《分形城市》（*Fractal Cities*，1994），他还是《环境和规划：B 辑》（*Environment and Planning B*）的编辑。

劳伦斯·D. 伯格（Lawrence D. Berg）：加拿大不列颠哥伦比亚省奥提根大学学院（Okanagan University College）地理学副教授。他研究视角广阔，撰写了一系列关于批判地理学问题的论著，尤其是种族、性别问题，以及加拿大、奥特亚罗瓦（Aotearoa，太平洋岛国）、新西兰的殖民和后殖民关系等。他是 *ACME：An Online Journal for Critical Geographies* 的联合编辑，批判地理学论坛的共同主持者和国际批判地理学小组指导委员会的成员。1992—1998 年，他生活和工作在奥特亚罗瓦或新西兰。

约翰·博德曼（John Boardman）：牛津大学环境变化研究中心环境变化和管理硕士的主管。他的研究兴趣是土地退化、土壤侵蚀及其影响。现工作在南英格兰和南非。

加里·布里奇（Gary Bridge）：布里斯托尔大学政策研究学院地理学者。他研究城市地理学，特别关注绅士化和公共空间问题，并对理性行为理论很感兴趣。他和索菲·沃森（Sophie Watson）合编了《城市读本》（*A Companion to the City*，2000）。

苏珊·M. 布鲁克斯（Susan M. Brooks）：伦敦伯克贝克学院（Birkbeck College）自然地理学高级讲师，研究兴趣是地貌学、水文学、滑坡、土壤侵蚀和气候变化。

杰奎琳·伯吉斯（Jacquelin Burgess）：伦敦大学学院地理系高级讲师。她的研究兴趣是环境的意义、价值和知识（特别是与自然保护、景观变化和可持续发展相关的）。她开发了一种有助于专家和地区居民协商的参与式方法以发展决策方法论。

苏·伯吉尔（Sue Burkill）：英格兰普利茅斯圣马可和圣约翰学院（College of St Mark and St John）地理系首席讲师。

诺埃尔·卡斯特里（Noel Castree）：曼彻斯特大学地理系讲师。他的研究兴趣是地理的政治经济学（尤为关注马克思主义）、地理尺度和工会、社会理论和环境、地理学思想的哲学和政治学。他和 B. 布劳恩（B. Braun）合编有《社会的本质：理论、实践和政治》（*Social Nature: Theory, Practice and Politics*，2001）、《重塑现实：千禧年的自然》（*Remaking Reality: Nature at the Millennium*，1998）。

提姆·科尔斯（Tim Coles）：英国埃克塞特大学（University of Exeter）人文地理学讲师，讲授可持续旅游和旅游研究方法课程。他现在从事英国和德国东部遗产城市可持续旅游的项目研究。他是皇家地理学会和英国地理学家协会（the Royal Geographical Society and the Institute of British Geographers，RGS-IBG）休闲和旅游新地理学研究组的名誉秘书长，也是《旅游地理学》（*Tourism Geographies*）期刊的编辑之一。

丹尼·多灵（Danny Dorling）：利兹大学地理学院计量人文地理学教授。他的研究兴趣是英国和社会医学的人文地理学。

克莱尔·德怀尔（Claire Dwyer）：伦敦大学学院讲师，讲授社会和文化地理学。她的研究兴趣是性别和种族地理学，目前进行英国—南亚跨国商品文化项目的研究。她与人合著有《地理学者的数量方法论》（*Qualitative Methodologies for Geographers*，2001）和《新女权主义地理学》（*Geographies of New Femininities*，1999）。

萨莉·艾登（Sally Eden）：赫尔大学地理系讲师。她的研究兴趣是环境政策和商业活动，尤其是欧洲自然和环境管理与修复的公共认知。她是《环境问题和商业活动：一个变化议程的含义》（*Environmental Issues and Business: Implications of a Changing Agenda*，1996）一书的作者。

理查德·菲尔德（Richard Field）：在英国诺丁汉大学地理学院工作。

斯图尔特·富兰克林（Stuart Franklin）：于 2001 年在牛津大学地理系获得哲学博士学位。他的研究领域介于地理学和摄影学，研究兴趣是可视化表达和政治生态学。

彼得·W. 弗伦奇（Peter W. French）：伦敦大学皇家霍洛威（Royal Holloway）学院自然地理学讲师。

沃德罗·弗瑞森（Wardlow Friesen）：奥克兰大学地理系高级讲师。他的研究兴趣是移民、种族和人口问题（尤其是亚太地区）。

斯蒂芬·J. 盖尔（Stephen J. Gale）：现就职于澳大利亚悉尼大学地球科学部。他的研究兴趣是第四纪环境史、全新世晚期人类对环境的影响、长期地貌演化和沉积地貌学。

温迪·吉尔（Wendy Gill）：英格兰普利茅斯圣马可和圣约翰学院地理系高级讲师。

安德鲁·S. 高迪（Andrew S. Goudie）：牛津大学地理学教授，是广泛研究领域（从气候变化对地貌的影响到干旱区研究）的专家。

　　理查德·哈里斯（Richard Harris）：伦敦伯克贝克学院人文地理学讲师。他的研究兴趣是地理人口统计和区域社会分析、城市地理学、空间分析和 GIS。

　　斯蒂芬·哈里森（Stephan Harrison）：考文垂大学（Coventry University）地貌学讲师。他的研究兴趣是山地地貌，研究区范围从南美的巴塔戈尼亚（Patagonia）到哈萨克斯坦的天山山脉。

　　伊恩·海（Iain Hay）：澳大利亚阿德莱德弗林德斯大学（Flinders University）地理学教授。他是关于压迫地理学和研究方法六本书的作者和编者，也是《伦理、地方和环境》（*Ethics，Place and Environment*）以及《地理学高等教育学报》（*Journal of Geography in Higher Education*）委任的亚太地区编辑。

　　大卫·L. 希吉特（David L. Higgitt）：杜伦大学自然地理学讲师。他的研究兴趣是土壤侵蚀和沉积，研究区域包括中国亚热带地区、约旦和南地中海地区。他擅长使用放射性核素追踪技术和伽马能谱测定法。他是《地理学高等教育学报》的编辑，并对基于计算机学习法在地理学中的应用和野外实践创新很感兴趣。

　　布莱恩·霍斯金（Brian Hoskin）：英格兰普利茅斯圣马可和圣约翰学院地理系讲师。

　　彼得·杰克森（Peter Jackson）：谢菲尔德大学人文地理学教授。他的研究和教学兴趣是消费文化和种族与种族主义的社会地理学。近来与人合编了《商业文化》（*Commercial Cultures*，2000），合著了《追寻男性杂志的意义》（*Making Sense of Men's Magazines*，2001）。

　　罗宾·卡恩斯（Robin Kearns）：新西兰奥克兰大学地理系副教授。他和威尔伯特·盖斯勒（Wilbert Gesler）合作出版了《将健康置于地方：景观、身份和福利》（*Putting Health into Place：Landscape，Identity and Well-being*，1998）和《文化、地方、健康》（*Culture/Place/Health*，2002）。他也是《健康和地方》（*Health and Place*）以及《社区中的健康和社会关怀》（*Health and Social Care in the Community*）等期刊的编辑。

　　克里斯托弗·凯洛克（Christopher Keylock）：加拿大温哥华不列颠哥伦比亚大学硕士毕业，现在是利兹大学讲师。

　　波林·E. 尼尔（Pauline E. Kneale）：利兹大学高级讲师，她研究水文学和泥炭、大学地理学学习和职业道路选择。

　　大卫·B. 奈特（David B. Knight）：加拿大安大略省圭尔夫大学（University of Guelph）地理学教授。他是一位文化和政治地理学家，具体研究包括政治身份、领土、领土性质和民族自决、地方感知和地方认知。他研究并撰写了关于地理学学生写作和报告技巧的若干文章。他也曾是《大英百科全书》（*Encyclopaedia Britannica*）的地理编辑，卡尔顿大学出版社（Carleton University Press）的社长和总编辑，圭尔夫大学社会科学部主任，国际地理联合会（IGU）世界政治地图委员会主席。

斯图尔特·莱恩（Stuart Lane）：利兹大学自然地理学教授。他的研究兴趣是河流地貌、环境过程监测和数字模拟。

马克·劳莱斯（Mark Lawless）：从加拿大约克大学（York University）获得硕士学位，现在利兹大学地理系攻读博士学位。

洛雷塔·丽丝（Loretta Lees）：伦敦国王学院人文地理学讲师。她是英国皇家地理学会与英国地理学家协会城市地理研究组主任。她的著述涉及伦敦、纽约、加拿大温哥华、美国波特兰与缅因州的绅士化和其他城市社会文化问题。她现在主要研究纽约布鲁克林高地的城市社区问题。

林初昇（George C. S. Lin）：香港大学地理系副教授。

大卫·N. 利文斯通（David N. Livingstone）：贝尔法斯特女王大学地理学教授。他是《地理学的传统》（*The Geographical Tradition*）等书的作者。他新近完成的关于科学历史地理学的专著名为《科学的空间：科学知识历史地理学中的篇章》（*Spaces of Science：Chapters in the Historical Geography of Scientific Knowledge*）。

雷切尔·A. 麦克丹尼尔（Rachael A. McDonnell）：牛津大学赫特福德学院（Hertford College）自然地理学讲师，对于 GIS 及其在水文学中的应用有广泛兴趣。

罗伯特·J. 梅修（Robert J. Mayhew）：曾就读于牛津大学，曾为剑桥科博斯克里斯蒂学院（Corpus Christi College）的研究人员，现为阿伯里斯特维斯的威尔士大学讲师，他的处女作是《启蒙地理学》（*Enlightenment Geography*，2000）。

约翰·摩根（John Morgan）：在布里斯托尔大学获得地理学研究生教育课程证书（Postgraduate Certificate in Education，PGCE）。他的研究兴趣是社会和文化地理学。

凯瑟琳·纳什（Catherine Nash）：伦敦大学皇家霍洛韦学院地理系文化地理学讲师。她与人合编了《现代历史地理学》（*Modern Historical Geographies*，2000）。

大卫·J. 纳什（David J. Nash）：布莱顿大学（University of Brighton）自然地理学讲师。他的研究兴趣是干旱区环境地貌与南非的环境变化。

菲奥娜·奥卡罗（Fiona O'Carroll）：杜伦大学国际办公室副主任。她是苏格拉底计划（SOCRATES programme）的大学机构协调者，该计划在设立后六年被纳入欧洲交换计划（European exchange programmes）。

迈尔斯·奥格伯恩（Miles Ogborn）：伦敦大学玛丽女王学院地理系讲师。他讲授文化地理学和世界历史地理课程，是《现代性的空间：伦敦地理学，1680—1780》（*Spaces of Modernity*：*Londons' Geographies*，*1680-1780*，1998）的作者。

斯考特·奥福德（Scott Orford）：加的夫大学（University of Cardiff）城市和区域规划系 GIS 和空间分析讲师。他的研究兴趣是空间统计模型、城市地理学和社会科学问题可视化。

本·佩奇（Ben Page）：最近完成了关于 20 世纪喀麦隆水供给商品化的博士论文，现在是牛津大学圣休学院（St Hugh's College）讲师，从事欧洲水政策形成的公共参与研究。

雷切尔·佩恩（Rachel Pain）：杜伦大学社会地理学讲师。他的研究兴趣包括犯罪、犯罪恐惧和社区安全、健康地理学、青年地理学、老年地理学、性别地理学以及教育。

乔·佩恩特（Joe Painter）：杜伦大学地理学讲师。他是苏格拉底-伊拉斯莫斯计划（SOCRATES-ERASMUS programme）在杜伦大学地理系的协调者，该计划是英国地理学中运营时间最长的伊拉斯莫斯计划之一。

阿兰·彭特科斯特（Allan Pentecost）：伦敦国王学院地球微生物学讲师。他的研究兴趣是微生物组织及其对环境的影响。

阿里斯代尔·罗杰斯（Alisdair Rogers）：任教于牛津大学地理和环境学院，并是基布尔学院（Keble College）的研究员。他的研究兴趣是城市和社会地理学，特别关注移民和跨国社区。他也是《全球网络：跨国事务期刊》（*Global Networks*：*A Journal of Transnational Affairs*）的编辑。

罗伯特·辛德勒（Robert Schindler）：从加拿大约克大学获得硕士学位，现正在利兹大学地理系攻读博士学位。

帕米拉·舒默-史密斯（Pamela Shurmer-Smith）：普利茅斯大学地理系首席讲师。她著有《印度：全球化和变化》（*India*：*Globalization and Change*，2000），和 K. 汉姆（K. Hannam）合著《渴望的世界，权力的王国：文化地理学》（*Worlds of Desire*，*Realms of Power*：*A Cultural Geography*，1964），还编写《从事文化地理学》（*Doing Cultural Geography*，2001）一书。她现在研究印度的社会运动。

伊安·西蒙斯（Ian Simmons）：杜伦大学地理系教授。他研究人地关系的过去、现在和将来，是几本关于人类对环境影响的书的作者。

迈克尔·C. 斯莱特瑞（Michael C. Slattery）：现就职于美国得克萨斯州沃思堡市德克萨斯基督教大学（Texas Christian University）地质学系，他曾在南非维特沃特斯兰德大学（University of Witwatersrand）、加拿大多伦多大学、牛津大学工作。他的研究兴趣是土壤侵蚀和河流系统的沉积运移，以及航片在环境分析中的运用。

马克·帕特里克·泰勒（Mark Patrick Taylor）：澳大利亚悉尼的麦考瑞大学（Macquarie University）自然地理学讲师。他讲授"资源和环境管理""地球表面过程"两门课，并指导新西兰的南阿尔卑斯山沉积学实习课。他的研究兴趣是泛滥平原系统的演化、重金属污染和河流栖息地的自然退化、碳酸钙沉积物的沉积和风化。

彼得·J. 泰勒（Peter J. Taylor）：英国拉夫堡大学（Loughborough University）地理学教授，全球化和世界城市研究小组和网络的联合主管。

克里斯·托马斯（Chris Thomas）：雷丁自治市议会（Reading Borough Council）可持续发展政策和项目官员。此前十年他是人文地理学讲师和研究者，专长是社会和文化地理学。他对可持续发展和地方社区与景观关系的地理学特别感兴趣。

提姆·昂温（Tim Unwin）：伦敦大学皇家霍洛韦学院地理学教授。他于2001年被借调到英国国际发展部工作三年，主要领导 Imfundo 团队，该组织的主要任务是合作发展非洲的信息技术教育，并用信息技术强化非洲教育。

海瑟·A. 威尔斯（Heather A. Viles）：牛津大学地貌学讲师、伍斯特学院（Worcester College）研究员。她研究地貌学，尤其是干旱区、海岸、喀斯特地区的气候和城市环境。她是《区域》（*Area*）期刊的联合编辑。

罗伯特·L. 威尔比（Robert L. Wilby）：伦敦国王学院地理系讲师。他主要研究长期气候波动与淡水环境界面的水文气候学。

斯蒂芬·威廉姆斯（Stephen Williams）：英国斯塔福德郡大学（Staffordshire University）地理学首席讲师。他主要讲授娱乐和旅游课程，此外，他近期的研究工作拓宽到城市娱乐和后工业社会变革方面。他是《户外娱乐、城市环境和旅游地理学》（*Outdoor Recreation and the Urban Environment and Tourism Geography*）的作者。

卡蒂·威利斯（Katie Willis）：利物浦大学地理学教授。她的研究兴趣是性别、家庭和发展，以拉美和亚太地区为重点研究区域。她也对女性地理学的广泛争论，特别是女权主义方法论感兴趣，研究区域是新加坡、中国以及拉丁美洲。她与杨淑爱合编了《性别与移民》（*Gender and Migration*，2000）。

希拉里·P. M. 温切斯特（Hilary P. M. Winchester）：澳大利亚阿德莱德弗林德斯大学的前副校长（主管学术）。

特丽莎·王（Theresa Wong）：最近从新加坡国立大学地理系获得荣誉学位。

杰米·C. 伍德沃德（Jamie C. Woodward）：现在利兹大学地理学院。

杨淑爱（Brenda S. A. Yeoh）：新加坡国立大学地理系副教授。

　　杨伟聪（Henry Wai-chung Yeung）：新加坡国立大学地理系副教授，《环境和规划：A辑》（*Environment and Planning A*）、《经济地理》（*Economic Geography*）的联合编辑，《全球网络》（*Global Networks*）的亚太区编辑。

　　克里斯·杨格（Chris Young）：英国坎特伯雷基督堂大学学院（Canterbury Christ Church University College）自然地理学高级讲师。

导　言

海瑟·A. 威尔斯（Heather A. Viles），阿里斯代尔·罗杰斯（Alisdair Rogers）

本书的所有作者都坚信地理学是一门引人入胜、激发思考和值得研究的学科。本书是为大学层次的地理学学生而写，伴随你研习地理学之前、中间和之后，是一本供你了解这门学科诸多面貌的案头书；我们希望它能使你信心满满地投身地理学的学习和思考。本书需要你花费精力并定期查阅，而不是一读了事。它不能回答你全部课程论文的问题，也不能提供给你碰到的每个与地理学相关的问题的答案；它只是提供给你正在学习和研究的地理学的一些最重要方面的最新信息，它将帮助你开始选课和参与课题，并指导你的课堂学习和论文写作。每一章都附有我们推荐的来帮助你进一步学习的文献。

第一部分对"为什么学习地理学"提供一个简要答案，说明了为什么地理学是一门值得钻研、密切关联现实且颇具挑战性的学科。

第二部分对现今大学地理学广泛主题不同方面的最新进展提供了一系列评论。我们邀请了许多相关领域的顶尖学者就什么是地理学的关键问题和研究主题发表见解。这些文章的作者都是世界某地大学的地理学教师。这些简明的概括性文章为你提供了关于地理学是什么的一系列实例，它不仅对那些仍然想修地理学学位课的学生有用，而且对那些紧接着将选课或选择某个研究方向的学生同样有用。

第三部分提供更多关于怎样学习地理学的实际知识。前四章介绍一些重要的技术，它们一般是早期地理学课程要讲授的，而且是后期选修课的基础。接下来的四章谈一些核心的学习技能，如论文写作和应对考试，并提供了一些如何成功的实用忠告。这些技能对任一地理学者学术生涯的所有阶段都很有用。其余几章阐述如何设计和实施一个独立的研究计划和专题论文。许多地理学课程鼓励学生进行独立研究，而且必做一篇专题论文。论述的技术从访谈、数据分析到关于历史论题的档案调查，并为怎样处理它们提供一些实用的建议。第三部分的最后一章论及许多独立研究面临的重要伦理问题，为所有研究者提供了一个极为宝贵的、发人深省的指南。

第四部分逐步展开"画卷",即通过将地理学置于其历史以及现在它与其他学科之关系的背景下来考察。许多地理学课程都向学生传授地理学背景知识,此部分的几章将为你简短介绍一些关键问题和争论。

第五部分为地理系学生提供一些主要的信息资源清单,大部分是可用的互联网资源。包括一些主要的地理学门户网站,以及一些提供数据、影像、与地理学家相关的事实、电子杂志和讨论小组的网站。特别指出,考虑到网上信息快速变化的情况,这一部分的目的只是为地理学习者提供可用在线资源的入门知识,而不是更复杂的知识。

本书最后一部分即第六部分,展望你如何延展在大学修习地理学课程前、中、后阶段的经历。有两章涉及在上学位课时到海外(主要是欧洲)学习的机会,以及获得自由旅行和现场考察的资助。有七章探讨在硕士及以上层次和在讲英语的国家和地区进行研究的可能性。这一部分提供关于深入研究时乐趣与挑战的各种不同见解,指点你发现更多正确的方向。最后一章则是为正在找工作的地理学习者提供一些通过写好简历、推销自己的实用建议。

第一部分　为何研习地理学

　　阅读本书的你可能正处于决定未来如何在大学或研究生院进一步深造的时刻。无论是单独学位还是荣誉双学位，都面临选择合适的课程的困难抉择。尽管我们毫不犹豫地推荐地理学学位，但重要的是每个人在做出自己的选择时都要有正当的理由。我们希望本书各章，尤其是第二部分，有助于你做出选择。在此，我们简明地罗列几点学习地理学的理由。我们认为地理学具有多样性和相互关联的特征，能开拓我们的视野和思维，在研修地理学的过程中，你会面临一些新的挑战，也会学到一些新的技能。我们用斯图尔特·富兰克林的一组摄影杂记来支持我们的观点，他诉诸"地理学者之眼"来观察英格兰的一个地区。他的图片及文字揭示了地理学的趣味是如何蕴涵在日常生活的点点滴滴及我们身边的人和事上的。地理学的想象力就是时而作为科学家，时而作为艺术家来重新审视这个世界。

1 为何研习地理学？

海瑟·A. 威尔斯（Heather A. Viles），阿里斯代尔·罗杰斯（Alisdair Rogers）

在大学里决定研修哪些课程总是一种挑战，你会收到老师、家人、朋友及其他人给你的一大堆建议。学校开放日及课程简介也会给你提供很多信息，但很难去比较每门课程，也很难去估量自己在每门课程上的收获。任何给你建议的人总会带有某种程度的偏见；除了你，没有人能真正回答"我该学什么？"的问题。笔者作为曾经的学生以及现在的地理系教师的经验都使我们相信，地理学是一门令人兴奋的、很值得研修的学科。下面我们将简述其原因，劝君认真阅读，看看你作何感想。

作为一门学科的地理学，其多样性简直令人难以置信。从本书第二部分各章的标题上你就能看出地理学研究和教学所涉及的广泛程度。访问任何一个地理系，或者浏览一下它们的网页，你就会发现研究的领域从硬核科学（hard-core scientific）（如利用泥炭沼泽沉积芯中采集的孢粉重建过去的环境状况），到娴熟而仔细地研究国内外各种不同的文化背景。一些地理系教师及科研人员会整天坐在电脑屏幕前紧盯着复杂计算机模型的输出结果，而另一些则跋涉于严寒的山峦之间去监测水体动态。一些地理学者深入吸引他们的社区生活并参与其中，而另一些则会沉浸在图书馆专注于学术文献研究。地理学研究前沿领域所固有的这种多样性，直接决定了地理学的课程结构和内容。在今天的大学里，很少有学科能够提供如此丰富、对了解我们周围世界至关重要的信息和认知。地理学横跨所谓社会科学与自然科学之间的分界，能让你作出一名 21 世纪公民所需要的那类有见地的关键决断。

地理学作为一门学科至关重要。地理学者们正在研究当今世界面临的许多重大问题，例如，环境如何运作，人类社会如何与之相互作用。地理学就在你周围，在报纸上、在电视中以及在你周围的环境中。这种相关性意味着地理学总在不断变化和发展，以适应来自现实世界的各种新挑战。例如，对全球变暖和气候变化日益增长的关注，已经对地理学的教学和研究产生了实实在在的影响，就像全球新经济对全球化的对抗所产生的那样。无论是全球安全、基因工程，还是洪水风险、新通信技术的传播及影响等问题，地理学者都以其通常很独

4 　特的视角，贡献出很有意义的研究成果。诸如自然灾害或国际移民等主题的课程讲授，都必须不断根据新事件、政策变化和科学发现加以更新。

　　学习地理学能开拓你新的视野，给你带来新的挑战，也能使你学到新的技能，进而改变你的生活。一方面，题材上的多样化能使你追踪非常广泛的论题，抓住或综合不同领域的全部主题。这是非常有益的，能使你建立联系并提出见解，面向较窄的学科就做不到这点。另一方面，地理学论题的多样性也使学生可以更深入地专注于一两个领域，以至于成为某一范围论题里的专家，这在他们上学时是未曾预料到的。大学地理学的多样性不仅体现在学科内容上，也体现在研究方法和技能上。在大多数地理学课程里，你将学习某些方面的计算，进行实地实习（通常有分组）、社会调查、文本解读、实验室工作、辩论与讨论、阅读与写作，以及做具体的研究项目或者学位论文。地理学从成为一门学科的那时起，一直具有一个关于地图和空间格局的核心焦点；近年来，基于计算机的地理信息科学（GIScience）已成为许多地理学学位课的重要组成部分。地理学学生的生活从来不会乏味和重复，你学到的很多技能将夯实你的事业基础并使你终身受益。

　　地理学作为一门学科极具挑战性。如果某人胡言乱语，说地理学就是教一帮笨蛋给地图着色，根本无法与一门真正的学科相提并论，你千万勿信其言。曾有人引述爱因斯坦的日记：他本打算研修地理学，但觉得地理学太难而决定转修物理学！学习地理学不仅可以完善你的世界知识，还会让你重新评估你的观念，挑战你的创造力。笔者中就有人曾在地理学位课程的第一个学期陷入了"泥沼"，或感觉像遭遇了暴风雪，但通过阅读一些引人入胜且鼓舞人心的书籍而倍受激励，以至于能在小组讨论中为自己的想法据理力争。很多地理学课程都要求或者鼓励学生在自己独立研究的基础上撰写论文，还有部分课程会提供一些相关工作经历或者到其他地方学习的机会。写论文（正如你在第三部分会详细了解的）既是挑战又是机遇。选一个你感兴趣的论题深入研究之（这一研究通常会对老师的较大项目有所贡献，有时还可产出能够发表的成果），或许是该课程最吸引人的地方之一。例如，笔者有一个学生近来想去研究火山，而最终她去了兰萨罗特（Lanzarote）（有家人给她当野外助手！）研究古熔岩流的风化，回来后她在我们的实验室对她的样品做了详细分析。她的实验结果如此有趣，她为此写了一篇论文，很快就在一个科学期刊上发表。完成了这样一篇论文，做出如此优秀的成果，使这个学生确信，她应乐此不疲，继续深入研究，这就是她目前在另外一所大学做的事情。

　　地理学之门是开放的，尽管（甚或正因为）地理学并不是一门职业性学科，地理学者有很多选择职业和深造的机会。雇主们似乎都喜欢地理学专业的学生——也许是因为我们大多友善、热情，具备基本的计算和写作技能，还常常具有设计项目的能力。据英国皇家地理学会与英国地理学家协会（RGS-IBG）的统计，在所有毕业生中，地理学专业学生一直处于最好就业者之列。地理信息系统（GIS）技术已广泛应用于众多商业和政府机构中，因此对GIS感兴趣和具有相关学习经历的地理学生的就业前景被看好。然而大多数地理学专业学生获得了行政和管理、市场营销或金融等方面的职位，其他一些学生则在完成地理学位之后再修法律课程。另外一个职业选择是地理教育。此外，还有许多工作岗位需要具备环境科学背景，通常也是地理学专业学生的选择。很多学生在获得本科学位之后继续深造，选择能培养自己兴趣和技能的特别领域，如地理信息系统与遥感、地域研究或者环境与发展等，攻读硕士学位（如本书第六部分所述）。并非所有的学生都直接利用其地理学学位来获得职位，不过他们大多认为所学到的技能使之受益匪浅。诸如英国皇家地理学会（http://www.rgs.org.uk）和地理协会（http://www.geography.org.uk）那样的组织，都有广受欢迎的地理学课程计划，能让对地理学感兴趣的人紧跟地理学前沿，在各种层次为不同人等提供活跃的论坛，以促进地理学发展。

　　如同任何学位课程一样，地理学取决于你如何对待它，投入多少决定能收获多少。你已经知道了我们的观点，肯定还有其他人从他们的角度看到了地理学其他方面的优势。地理学是什么？其证据在学科本身，并非我们说它是什么就是什么。当代地理学能提供的益处很多，本书后续章节将娓娓道来。

深入读物

Craig, L. E. and Best, J. (eds.) 2000：*Directory of University Geography Courses 2001*. London：Royal Geographical Society with Institute of British Geographers. 这是英国本科生和研究生地理学课程的综合指南，有关于课程论题、结构和工作者的信息。

　　[下一章（6—10 页）是一篇摄影杂记，题为《地理学者之眼（在纽卡斯尔的四天）》。见第 10 页关于照片的评论。]

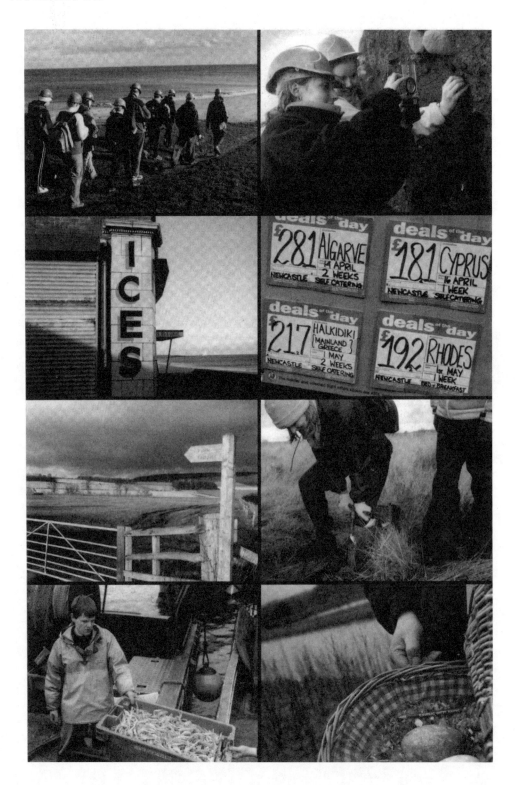

2 地理学者之眼（在纽卡斯尔的四天）[1]

斯图尔特·富兰克林（Stuart Franklin）

这份摄影杂记的前几页内容都隐含了地理学的多样性特征。照片摄于纽卡斯尔（Newcastle）及其周边地区，除一张外的其余照片拍摄于四天之内。这些照片是否为地理学者所摄并不重要，但无疑都具有地理学思维和地理学者之眼。该杂记从纽卡斯尔大学地理系的地图室开始，我们看到城市涂鸦，然后是地理信息系统制图、性别角色的变化。再者是泰恩赛德城中改造区，巴尔干面粉厂（为何叫巴尔干呢？）变成了艺术区；下游棚户区发掘出一个遗产博物馆，曾征战于日德兰半岛的几艘巡洋舰停泊在沃尔森德码头，这里现在成了一个大型职业介绍中心。森德兰有多产的尼桑汽车制造厂；我们看到旁遮普语周六课堂、洗衣店和商店，无论是等公交、在市场淘便宜货的人群，还是在星巴克喝咖啡、在水石书店翻书的人们，他们之间都存在着巨大的贫富差距。一名婴儿在维多利亚皇家医院呱呱坠地；众多锡克教徒聚在黛安娜街上为他们的领袖祷告。日常生活（融入一定时间和空间）中的文化、社会和经济竞争构成了人文地理的核心。

地理学者试图破解地方的困惑。"地中海村"明媚温暖，矗立在一个灰色城市边缘购物中心内。韦尔[2]的一个湿地保护区呈现了一派非洲和新热带[3]景象。去佛罗里达还是去哈尔基迪基？谁享受了这些恩惠？格兰杰市场上的猕猴桃是谁种的？在哪儿种的？北谢尔兹的渔船在捕捞什么？谁在以最近距离开车到杰斯蒙德的学校？在惠特利海湾，地理专业的学生在学习描述冰川沉积物。（雨后的）阳光照在安全帽上；映红了保护着诺森伯兰郡沙丘的滩草；挥洒在切维厄特山的步行道上；照耀着贝里克郡附近发掘出的拥有 8 000 年历史的榛子；照耀着正在观察泥炭的地理学者，当然，也照耀着无处不在的**地理**。

---

① 笔者感谢纽卡斯尔大学地理系教师和学生的合作与支持。
② 韦尔是英国一地区名。——译者注
③ 新热带指北、南回归线之间的美洲。——译者注

第二部分　地理学者何所为

　　地理学是一门多样及广泛的学科，这已为人们熟知；实际上地理学通常也在特定主题上有深入研究，只有在你完成了相关课程时，才会充分明了广泛与深入之间的相互关系。这里，我们提供 24 个简短的篇章，每章专注于一个特定主题。这些主题的选择基于一个假设：无论何处的地理系，也无论各自课程的性质如何，都应该有一个共同的主旨。这种选择肯定不够全面，为简洁故，无疑漏掉了一些内容。我们要求相关领域的专家围绕一两个热点问题进行深度剖析，而不是面面俱到。这些问题可能是紧迫的科学问题和社会问题，新技术与新方法，或是新的理论见解。目的就是要鉴明能刻画各自领域"研究前沿"的重要发现和有待解决的问题。本书的作者们都致力于保证各章内容能让地理学初学者易于理解。因此，读完这些简短的说明之后，你就会对诸如地理学者都做了些什么、他们认为自己的研究将何去何从之类的问题有一个理性的认识。

　　这些篇章按自然地理和人文地理组织成两大版块，尽管好多内容（如地理计算和环境知识）横跨两者。每章都配有相关主题的进一步读物和网络资源。

3 长期环境变化：第四纪气候波动
及其环境影响

安德鲁·S. 高迪（Andrew S. Goudie）

随着近年来人们对长期（整个第四纪甚至更长时间）环境变化认识的不断提升，今天的地理学已发生了革命性的变化。新的定年手段（包括同位素和光释光方法），结合长期地层序列（来自深海、湖泊、泥炭沼泽、黄土沉积和冰盖的记录），使我们能够重建长时间尺度、高分辨率的环境变化历史。显然，这些变化具有频繁性、突变性、高变幅，对环境与人类都产生了重要影响。

变化的频繁性

曾经在第三纪主导地球气候的渐进、非均衡变冷趋势（即所谓新生代气候衰变），在第四纪（由过去 200 万年左右的更新世和全新世组成）让位于反常的不稳定气候。气温从近似或略高于现在间冰期的数值急速地降低，以至足以使陆地冰川体积扩大三倍。来自深海沉积记录的证据表明，变化不仅幅度显著，而且频率也加快。总的来看，在过去 160 万年里大约有 17 次冰期-间冰期旋回。这些旋回以一个冰量累积期（约 9 万年为一个周期），伴随着一个仅约 8 000 年的冰川突然"消亡"期为特征。

末次冰期旋回大约在 1.8 万年前达到顶峰，冰盖从斯堪的纳维亚扩展到德国北部平原，覆盖了除英国最南端的所有区域，并跨越了北美，延伸至北纬 39°。斯堪的纳维亚冰盖的南部是一个冻土干草原，其土壤为永冻土，地中海北部森林相对稀少。对海洋钻孔氧同位素组成的研究表明，冰消期在北大西洋开始于距今约 15 000 到 14 500 年，在南大洋为距今 16 500 到 13 000 年（Bard *et al.*，1990）。末次冰盛期和全新世开始之间的这段时间通常被称为"末次冰期"，以各种小冰碛层（minor stadials）和中间层（interstadials）为主要标志，但其间的特性、确切的时间及相互关系仍然需要进一步澄清（如 Anderson，1997 所评）。

　　然而，末次冰期的结束并不意味着大范围环境变化的结束。事实上，全新世环境波动的一个原因是越来越多的人类活动导致了气候变化（见本书第 4 章伊安·西蒙斯所述）。全新世中一些比现在略微暖和的时段，如"气候适宜期"的术语被用来指示可能存在一个中全新世暖期，此时气温可能比现在高 1—2℃。也可能有一个中世纪气候适宜期（公元 750 至公元 1300 年）。不过，也有一些时段较之现在更冷，阿尔卑斯山谷中冰川的推进（新冰期）证实了这一点。这些最近的新冰期被称为"小冰期"，大约在公元 1700 年达到顶峰，在接近 19 世纪末结束（Grove，1988）。

　　全新世气候波动也发生在低纬地区，其中特别重要的是在早全新世至中全新世洪水期，其间撒哈拉地区曾一度变绿（如 Ritchie *et al.*，1985 所述）。这一大干旱带在公元前 7000 年前差不多消失了一两千年。与现在相比，撒哈拉荒漠草原的北界在距今 18 000 年向北移动了 1 000 千米，而南界在大约距今 6 000 年向南移动了 600 千米。

变化的突发性

　　古气候研究在过去 10 年的特点之一是认识到了气候变化可能非常突然（Adams *et al.*，1999）。冰芯记录在这里非常重要，诸如来自南极的 Vostok 冰芯（Petit *et al.*，1999），不仅提供了相当高的时间分辨率，而且包含了大量有价值的环境指标。一些指标如同位素和粉尘含量的高频率波动，表明环境条件在相当短的时间内发生了剧烈的变化。这就是所谓 Dansgaard-Oeschger events（DO 事件）。例如，丹斯果等人（Dansgaard *et al.*，1993）从格陵兰 GRIP 冰芯记录中辨识了末次冰期有不下 24 个中间层（暖期）。而且，这种高频率转换也可以从末次间冰期（如欧洲艾木间冰期）得知。但一些人担心冰层形变可能早已损坏了冰芯记录。

　　从深海洋芯中也确认了高频率的气候突变（如 Oppo *et al.*，1998；Maslin and Tzedakis，1996 的研究表明的），所观察到的锯齿状气候波动模式已被命名为"邦德循环"（Bond cycles）。深海洋芯沉积记录中，沉积层富含白云石和石灰石岩屑，但小型海洋有机物有孔虫的含量较少，这被解释为北大西洋周围冰盖大规模前进时冰山留下的沉积结果（Bond *et al.*，1992）。这些冰筏的记录被称为海因里希事件（Andrews，1998），显然它们表现了持续时间较短（少于 1 000 年）的寒冷阶段（冰碛层）。而末次冰期结束时的新仙女木冰碛层就是这样一个来去匆匆的例子（Anderson，1997），或许是对主要洋流变化的响应。

变化的幅度

在冰期，冰川覆盖了将近三分之一的地球陆地表面，但是增加的冰川覆盖区域几乎全分布于北半球，仅有大约百分之三分布在南半球。然而，大冰盖却曾经覆盖了巴塔哥尼亚和新西兰，其冰层厚度可能超过 4 千米，一般厚度为 2—3 千米。海洋也发生了非常重大的变化。在目前的全新世间冰期，大西洋北纬 78° 的挪威海域至少是季节性的无冰冻。这种情况反映了墨西哥湾暖流将温水带到了这一地区。但是在末次盛冰期，海洋极地锋可能会延伸到约北纬 45°，在这以北的大西洋在冬季主要被海冰覆盖。目前研究的重点已特别地转向了北大西洋温度和盐度的变化趋势，这种变化主要是北半球融冰大规模解体所致。向海洋输入的大量寒冷淡水上涌，即所谓的温盐环流或"大西洋传送带"，改变了大洋中不同海水层的密度，从而改变了主要洋流的状态和位置，进而影响气候。

温度变化的幅度在大冰盖附近的陆地上尤其剧烈。来自英国南部永冻土的证据（Ballantyne and Harris，1994）表明，此地温度可能降低了 15℃ 之多。中纬度地区可能下降较小（大约 5—8℃），在一些受海洋气团控制的地区温度可能只降低了 4—5℃。

一般而言，第四纪间冰期温度处于峰值时，可能比现在温暖 1—2℃，但持续时间较短，气候、动物、植物和地形方面似乎与目前的全新世间冰期基本相似（Birks，1986）。最重要的一个特征是，第四纪间冰期见证了北半球温带大陆上大冰盖的迅速消退和森林代替苔原的过程。

气候变化的影响

导致大冰盖扩张和收缩的事件在低纬度地区也有同样的影响。较湿润期（雨期）与欠湿润期（间雨期）交替出现，这些变化的证据在大沙漠的边缘尤其明显，在干旱阶段大沙漠发展和扩张，而在湿润期沙丘被植被固定，原来满是盐屑的大湖泊也充满了水。

多雨期经常形成一些大湖泊。洪积湖泊最集中的一个区域是美国西南部的岭盆区。由断裂形成的 100—120 个凹陷全部或部分被更新世各期的巨大淡水水体占据。相反，在间雨期大沙丘向外扩张。残余地形仍存在于现在植被发育良好、年总降雨量 800 毫米左右的地区。当年总降雨量低于 100—300 毫米时，植被覆盖不能抑制沙子的移动，就可能形成沙丘（Goudie，1999）。

温度降低和冰期大气二氧化碳的减少，也在低纬度环境条件的变化中扮演了重要角色

16
（Olago et al.，1999）。对热带高地湖泊和沼泽中孢粉的详细分析，可以揭示冷期热带山地植被垂直分带发生非常显著的变化，植被带的海拔高度可能移动了大约 1 700 米。此外，温度和降水组合的变化对非洲和南美洲热带雨林植被的种类和面积也有巨大的影响（Goudie，1999）。

除上述已经讨论的气候和植被的变化外，值得注意的是第四纪海平面也发生了重大的变化。许多因素都会影响某一特定区域海平面的变化，其中最重要的有两个：冰川变动（glacial eustasy）和冰川均衡（glacio-isostasy）。前者源自大冰盖的消长变化。末次冰期以来，冰盖融化已导致全球海平面上升了大约 100—150 米。这种事件有如**佛兰德里安海侵**，曾淹没了其大陆架，创造了当今海岸线的很多港湾。海平面在距今 6 000 年前稳定到大约目前的高度（高或低几米），从那时起一些海湾就被陆地和近海的沉积过程填充。

海平面变化的另外一种机制即冰川均衡，源自地壳上冰川重量导致的压力施加和释放。如上所述，许多冰盖非常厚，在高纬度的一些地方能够造成大约 200—300 米的地壳凹陷。一旦冰川压力释放，陆地就会上升（并将继续上升），但离前述冰盖较远的地区会发生某种代偿性沉降，导致沿海低洼地区加速泛滥，如在北海南部。

结论

人类居住在地球的约 300 万年间，我们目前经历的气候状况从整个第四纪而言是相对短暂的和不具有代表性的。世界已经历了很多环境变化，并一直处于持续不断的波动状态。为了认识地貌、生物地理和人类历史，我们需要知道地球已经历过的震撼而复杂的历史。

参考文献

Adams, J., Maslin, M. and Thomas, E. 1999: Sudden climate transitions during the Quaternary. *Progress in Physical Geography*, 23, 1-36.

Anderson, D. 1997: Younger Dryas research and its implications for understanding abrupt climatic change. *Progress in Physical Geography*, 21, 230-249.

Andrews, J. T. 1998: Abrupt changes (Heinrich events) in late Quaternary North Atlantic marine environments. *Journal of Quaternary Science*, 13, 3-16.

Ballantyne, C. K. and Harris, C. 1994: *The Periglaciation of Great Britain*. Cambridge: Cambridge University Press.

Bard, E., Labergrue, L. D., Pichon, J. J., Labracherie, M., Arnold, M., Duprat, J., Moyes, J. and Duplessy, J. C. 1990: The last deglaciation in the southern and northern hemispheres. In V. Bleil and J. Thiede (eds.), *Geological History of the Polar Oceans: Arctic versus Antarctic*, Dordrecht: Kluwer,

405-415.

Birks, H. J. B. 1986: Quaternary biotic changes in terrestrial and lacustrine environments, with particular reference to north-west Europe. In B. E. Bergland (ed.), *Handbook of Holocene Palaeoecology and Palaeo-hydrology*, Chichester: Wiley, 3-65.

Bond, G. and 13 others 1992: Evidence for massive discharges into the North Atlantic Ocean during the last glacial period. *Nature*, 360, 245-249.

Dansgaard, W. and 8 collaborators 1993: Evidence for general instability of past climate from a 250-kyr ice-core record. *Nature*, 364, 218-220.

Goudie, A. S. 1999: The Ice Age in the tropics. In P. Slack (ed.), *Environments and Historical Change*. 17 Oxford: Oxford University Press, 10-32.

Grove, J. M. 1988: *The Little Ice Age*. London: Methuen.

Maslin, M. A. and Tzedakis, C. 1996: Sultry last interglacial gets sudden chill, *Eos*, 77, 353-354.

Olago, D. O., Street-Perrott, F. A., Perrott, R. A., Ivanovich, M. and Harkness, D. D. 1999: Late Quaternary glacial-interglacial cycle of climatic and environmental change on Mount Kenya, Kenya. *Journal of African Earth Sciences*, 29, 593-618.

Oppo, D. W., McManus, J. F. and Cullen, J. L. 1998: Abrupt climate events 500,000 to 340,000 years ago: evidence from sub-polar North Atlantic sediments. *Science*, 279, 1335-1338.

Petit, R. J. and 18 collaborators 1999: Climate and atmospheric history of the past 420,000 years from the Vostok ice core, Antarctica. *Nature*, 399, 429-436.

Ritchie, J. C., Gyles, C. H. and Haynes, C. B. 1985: Sediment and pollen evidence for an early to mid-Holocene humid period in the eastern Sahara. *Nature*, 314, 252-255.

深入读物

Cronin, T. M. 1999: *Principles of Palaeoclimatology*. New York: Columbia University Press.

Lowe, J. J. and Walker, M. J. C. 1997: *Reconstructing Quaternary Environments*, 2nd edition. Harlow: Longman.

Williams, M. A. J., Dunkerly, D., De Dekker, P., Kershaw, P. and Chappell, J. 1998: *Quaternary Environments*, 2nd edition. London: Arnold.

Wilson, R. C. L., Drury, S. A. and Chapman, J. L. 2000: *The Great Ice Age: Climate Change and Life*. London and New York: Routledge and the Open University.

4　人类对环境的影响

伊安・西蒙斯（Ian Simmons）

已无人怀疑世界自然环境的变化：气候在改变，因而植被在变；火山喷发，冰川融化所以海平面上升。伴随这些现实，正如安德鲁・高迪在本书第3章中所讨论的，我们必须应对至少1万年来由人类社会导致的环境变化。如果仍有人怀疑发生了这些事实，那么美国科学促进会的《人口与环境地图集》里的若干地图（Harrison and Pearce，2000），可以揭示当今这一现实：从公元1700年到1900年人口的膨胀已经导致了地球表面的巨大变化。

紧迫问题：与我们何干？

如果人类导致周围环境的变化在历史上很正常，如果这种变化使人类受益，如果它产生了能不断生产资源的稳定系统、美丽的地方或者能消纳废弃物的环境，那么问题何在？我们不是想保留世界的自然生物多样性、某些荒野和引人入胜的地方吗？我们不是很关心某些社群比另一些更富有，因而能更容易地决定哪些环境变化是可接受的吗？所有这些问题都与人类的影响相关联，它们发生在同一个世界里，没有哪个问题会独立于其他问题而存在，有些问题可能与我们大多数人的日常生活关系不大，而其他的问题则是我们生活经历的一部分。进而言之，有些问题已在科学调查和数据收集的范围内，而另外一些则是我们应该采取行动（例如道德规范）的问题（见本书提姆・昂温所撰的第45章）。

对于大多数人来说，局地尺度上的兴趣似乎就是考虑在山坡上建造房屋。使用世界上这样一些地方是因为任何平坦的土地都已用作农业或建设公路；在其他地方，潜在购买者眼中的景色也许更重要。进而言之，城市周边的土地是山地，而这正是消费者想住和开发商想买的土地。其负面后果众所周知：一旦地震，房屋就会顺着山坡下滑或被山体滑坡吞没；如果在高山上，滑坡或者雪崩都是一种风险；在温带环境中，混凝土和沥青使雨水不能下渗，雨水在流域内汇集，导致流域下游洪水泛滥。山地区无法达到稳定性的阈值。在上面的案例中

我们需要考虑的道德问题是，一些人的幸福是否应该以牺牲他人的利益为代价。在区域尺度 19
上，人们普遍关注热带森林的消失。发展中国家需要资金，或有贪婪的统治集团，或不断增长的人口需要土地生产粮食，这都使人们认为木材是一种可开采的资源，所以热带地区天然森林自 1950 年以来就迅速缩减。近年来人们对保护热带森林有了较强的意识，1990—1995年发达国家的造林对发展中国家退化的 6 500 万平方千米森林有所补偿，即使这样，仍然有 5 600 万平方千米的森林消失了。森林消失的地区由于土壤肥力的逐渐耗竭，陡峭山坡上有肥力的土壤被侵蚀，导致当地以发生滑坡和区域洪水以及生物多样性丧失为代价，换取更好的长期收入（如与廉价的牛肉相比），这给种植业和养殖业的稳定发展带来许多问题。林冠的蒸腾、蒸散效应对区域的气候有重要作用，当森林消失，这种作用可能也就改变了。从伦理的角度来说，这些森林是否是人类公共生态系统的一部分（例如就像大气碳汇），这是一个全球尺度的问题。又如原住民是否应被排挤出去，给新经济让路。对于全球水平的变化，大多数人关注气候的变化及其可能产生的后果：增加的大气碳负载，作为气候变暖趋势主要的驱动力，似乎已经超出了自然的变化速率。大多数社会群体都会在某种程度上受到海平面上升、动物区系损失、新害虫和紫外线辐射增加这些因素中的一个或多个因素的影响。若气候在几十年从状态 A 反转到状态 B，而不是在几个世纪里稳定地渐变，那么所有人都会深受其害。国际会议提出一些"应当"实行的措施，如对于那些经济繁荣强烈依赖于较高人均能源消费的新兴国家，限制其碳排放量。

环境影响研究必须包含社会维度，也就是说，必须思考我们如何看待这个问题。许多关于人类对环境影响的讨论是按照西方世界观进行的，例如，认为允许用技术改变自然世界，因为人类处在进化金字塔的顶端；西方工业化的生活方式是发展中国家应当努力追求的典范；大学的一个任务就是稳固地坚持这样的世界观并批判性地寻求替代方案。

主要发现

人类对环境的影响研究可以在一系列不同的时间尺度和空间尺度上进行。地理学者、生态学者和历史学者一样，一直关心人类长时期的改变，以利审视我们当前的担忧。这种情况以前发生过吗？今天的活动与 17 世纪的活动是在一个完全不同的量级上吗？这些就是今天正在追问的问题（McNeill，2001）。

一项发现涉及古人对其环境的改变。当古人能在景观尺度（例如在灶台之外）上控制火的时候，他们即用火来狩猎和提高食用植物的数量。一些学者认为这大约出现在 50 万年前**直立人**进化之时，而另一些学者则认为 4 万年前**智人**的出现才使这一技术迈出了必要的一步。无论如何，世界上大多数地区都经历了受控于人类的火烧；我们也知道，这一做法延续到了全新世，在此期间，狩猎—采集是人类社会的主要生产方式。从食物采集过渡到食物生产（常称为"农业革命"）的转变，使人口迅速增长，实际上开启人口从在非洲时非常低水平的增长，到公元 1650 年后爆炸式的膨胀，再到 1999 年达到 60 亿水平的快速增长。虽然将环境影响的强度和类型简单地归因于人口的增长是不全面的（Mannion，1999），但毫无疑问，如果由于某种原因人口总数仍保持在公元 1600 年的水平，地球表面将会显著不同（同样，如果人口数量超出预测的 100 亿，地球表面也可能会大不一样）。人口及其资源之间的关系可能早在人类在非洲活动时就已受到关注，但我们常把它诉诸 18 世纪托马斯·马尔萨斯（Thomas Malthus）最著名的著作。技术的发展似乎"证明"马尔萨斯错了，显然机器可以对各种事物产生强有力的影响，推土机就是这类机器的标志。这类机器的共同点是靠化石燃料推进（Smil，1993），在 19 世纪主要是煤炭，在 20 世纪和现在主要是石油。在西方国家，不仅推土机主导了这些领域，而且从田间到嘴边所有的步骤都以使用能源的技术为基础：试看从加拿大的小麦转变成英国面包的那些阶段，包括使机器运转的所有能源消耗吧。所以，这些影响可以通过技术乘以人口这样一般的方法来度量，而技术的度量可以用商业能源的使用作为替代指标。社会"生态足迹"的通用概念正在获得共识（Chambers *et al.*，2000）。

即使粗略地阅读新闻也会得到这样的印象：人类对环境的影响在技术水平较低的贫困国家通常也很强烈。在季风雨季，当洪水沿着被砍伐了森林的喜马拉雅山咆哮而下而且没有任何防御设施能够抵御时，我们耳闻了孟加拉国洪水引起的破坏。我们也听到了安第斯山坡上农民造成的土壤侵蚀，或热带红树林被转变成虾类养殖场后导致的海岸洪灾。显然，这些地方的穷人因为别无选择而陷入边际系统：增长的人口拥有的只是陡峭的山坡，或者财政紧迫驱使人们生产出口作物而不管下一年的后果如何。如此高强度的环境影响并非发生在技术密集的富裕地区，而是发生在人们别无选择的地区。在生产过剩的欧美国家，农业土地可以留出一部分给野生鸟类而不会使任何人挨饿；但在非洲萨赫勒地带，这简直就是一种奢望。

关键疑问

这种情况数不胜数，这里略举一二足矣。第一是变化的整体性和发生的快速性：大气中增加的二氧化碳主要是近 100 年来的产物，河流中的鱼被化学品雌性化也是最近才出现的事。之所以忧虑之，是问题的不可预测性。如果太平洋中一个居住在珊瑚环礁上的社会将在 100 年内被淹没，那么还有时间去适应。如果海平面发生突然的、无法预料的急剧上升，那就非常容易陷入混乱。如果"大西洋输送带"逐渐消失,那么英国人还有时间来安装双层玻璃;如果它在下周突然改变,那么下一个冬天就需要定量供给能源。而对过去气候变化的研究表明,气候的迅速转变是非常普遍的。如果几乎所有的转基因作物在同一种病菌前倒下,那么世界食物何来安全?第二个关键问题分为两部分:这些对我有影响吗?以及我对这些会有影响吗?第一部分有明确的答案,所有学生都可以坐下来画一张你们与地球上其他部分或其他民族之间联系的框图(想起约翰·邓恩 1624 年的话:"任何人都不是一个孤岛,可以完全地自顾自。")。接着的第二部分则让人不安,我们大多数人已经习惯的消费模式与时代的许多变化密切关联,西方在经济和政治上的支配地位使我们的影响所及远矣。了解科学,正如地理学者所必须的那样,并不能免除我们自己首先要拷问那些伦理问题。

参考文献

Chambers, N., Simmons, C. and Wackernagel, M. 2001: *Sharing Nature's Interest: Ecological Footprints as an Indicator of Sustainability*. London and Sterling, VA: Earthscan Publications.

Harrison, P. and Pearce, F. 2000: *AAAS Atlas of Population and Environment*. Berkeley, Los Angeles and London: University of California Press.

McNeill, J. 2001: *Something New Under the Sun: An Environmental History of the Twentieth-century World*. London: Penguin.

Mannion, A. M. 1999: Global change: prospects for the next 25 years. *World Futures*, 54, 211-230.

Smil, V. 1993: *Global Ecology: Environmental Change and Social Flexibility*. London and New York: Routledge.

深入读物

Clarke, R. (ed.) 2000: *Global Environmental Outlook 2000*. London: Earthscan Publications. 联合国环境规划署(United Nations Development Programme, UNDP)千年之交的官方总览。大多数资料是关于环境状况和政策响应的,资料的组织有很显著的区域考虑。出于显而易见的原因,通篇保留了一种政治上四平八稳的语气。大多数资料也可在互联网上通过 UNDP 官网查阅。

IHDP-WCRP. 2002: *Earth System Atlas*. 一部关于全球环境变化及其影响演变的在线互动地图集。2001 年测试,计划于 2002 年向公众开放。在同行评审之后将会更新,因此它将具备书刊资料的某些标准。

Simmons, I. G. 1996: *Changing the Face of the Earth*, 2nd edition. Oxford: Blackwell. 对于那些仍然能够面对纸质页面的学生来说,这是一本直截了当的关于历史原则的书。它采用了基于能源获取的时间顺序进行叙述,特别强调太阳能社会不同于获取化石燃料的社会。

5 树木生长：人类引起全球变暖的证据

罗伯特·L. 威尔比（Robert L. Wilby）

严峻的问题

在过去 30 年里，全球近地面平均气温以 0.2℃/10 年的幅度上升，而整个 20 世纪气温的增幅约为 0.6℃。这种上升幅度乍看上去似乎并不引人注目，但是与过去 1 000 年的温度估计比较就会发现，这种上升幅度是异常迅速的（Jones *et al.*，2001）。与此事实相伴的是，全球平均气温记录在 20 世纪 90 年代（1990 年、1995 年、1997 年和 1998 年）被打破了四次，全球变暖成为头条新闻也就不足为奇了。事实上，1998 年的温度异常是在 1961—1990 年的平均水平上增长了 0.58℃，类似情况可能自公元 10 世纪甚至更早之前都没有出现过。

面对这样的统计数据，众多观点大体上分为两大阵营。流行的科学观点是，自然因素（如太阳辐射增强和大火山爆发减少）在 20 世纪早期的变暖中起到重要作用，但人类因素（如温室气体排放）对 20 世纪 60 年代以来观测到的变暖有贡献（Stott *et al.*，2000）。对全球变暖持怀疑态度的人现在也承认，大气二氧化碳浓度的上升会带动平均气温的升高，但他们认为人类贡献的重要性被夸大了。所以，在全球变暖的争论中少有关于趋势的**检验**，多**集中**在已观测到的变暖的归因上。

本章考察气候学者正在使用以揭示和模拟 20 世纪气候变暖之人文和自然因素相对重要性的一些技术。这项新研究的结果对我们模拟 21 世纪气候变化可信情景的能力具有重要意义。

气候变异

多年代气候变异可分为三个构成部分：（自然）内在的变异、外部驱动的变异以及不明就里的"噪声"。了解每个部分的相对贡献对解释过去的气候变异和预测未来的气候变化至关重要。

（自然）内在的变异源自海气之间和不同物质状态（如从气态到液态，或从水到冰）之间热量的不断重新分配。这种交换发生在从秒到千年的全部时间尺度上。两个最重要的变化模式是厄尔尼诺-南方涛动（El Niño-Southern Oscillation，ENSO）和北大西洋涛动（North Atlantic Oscillation，NAO）。两种变化模式都显示了气候异常和年代变化的特征模式。例如，NAO 是一个东大西洋南-北气压梯度的指标，它与横跨西北欧的冬季气候在许多方面都有关系（Wilby *et al.*，1997）。在过去几十年里，特别强的 NAO 正相位趋势与显著的冬季变暖一致。NAO 强度一般以 6—10 年的时间尺度变化，虽然有些研究人员声称他们发现了 60—70 年的更长周期。

外部驱动的变异可能是由于自然或者人类活动引起的大气能量平衡的变化。例如，不断增加的证据显示 17 世纪火山喷发将硫酸盐气溶胶渗入平流层，显著地降低了向下的短波辐射，导致了小冰期气候变冷（见本书第 3 章安德鲁·高迪所述）。相反，工业革命以来温室气体（二氧化碳、甲烷、氮氧化合物和氯氟烃）的排放有助于大气的净辐射强迫，减少了对流层顶部向上的红外辐射量，增加了平流层向下的辐射量。

不明就里的"噪声"包括内在变异和外部驱动变异能说明的部分之外的气候变异。此部分变异一般降水比气温大。二阶因子如地表的变化（其影响地表的能量反射量），或海洋环流的变化（其可重新分配从赤道地区到高纬度地区的热量），被认为改变了半球的气温，但目前难以量化。

不幸的是，1850 年之前仪器测量网络非常稀疏，限制了对全球气温变化的解释。然而，近年来仪器测量气候记录的延伸，对认识气候变化有多迅速、最近的气候状况如何不寻常，以及内部和外部驱动因子的响应程度等，做出了重要贡献。

气候重建

目前，几种高分辨率的古气候记录已经被用于重建过去 1 000 年的气候（Jones *et al.*，1998）。可以使用两种对温度（或代用指标）敏感的数据：文献档案和生物/物理证据。例如，图 5.1 显示了重建的过去千年北半球夏季温度，研究利用了观测气候变化与反映温度信息的多种代用指标（结合树轮、冰芯、珊瑚和历史文献）之间的统计关系，推算了早期的温度。这个记录表明该千年初的温度比千年平均大约高出 0.1℃，但仍然比 1961—1990 年的平均温度低 0.1℃。

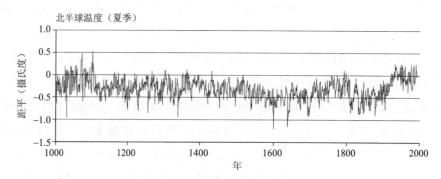

图 5.1　北半球夏季温度估计（Jones *et al*.，1998）。温度距平根据 1961—1990 年的均值计算

资料来源：世界古气候数据中心（http://www.ngdc.noaa.gov/palaeo/data.html）。

当有了潜在的内部和外部动力记录，长期的温度重建甚至可以提供更多信息。然而，很难获得 ENSO 和 NAO 的代替记录，因为不存在可以直接转化为大气环流的代用指标。代用指标只不过是用来度量环流模式对环境的影响，因此在将其记录与拟重建的温度序列关联起来时，就存在一种循环论证的危险。我们也知道，间接的因果关系（譬如大气压模式与树轮生长模式之间）在长时间段内变化极大。因此，1820 年之前的各种 NAO 指标之间缺乏一致性就不足为奇了。

从解释长期温度变化趋势的视角已重建了各种外部动力。例如，在太阳变化和火山活动对百年尺度气候变化的影响方面已进行了某些讨论。宇宙核素[10]Be 的冰芯记录表明，20 世纪太阳活动普遍增强。同样，来自格陵兰岛和南极洲冰芯中的电导率和硫酸沉积记录，揭示了 20 世纪初有一个火山爆发频繁时期和一个发生在 1920—1960 年的静止期（Crowley，2000）。无论是单独还是组合起来看，太阳变化和火山活动都不能完全解释 20 世纪的温度变化。因此，围绕原因不明的气候变异，应该归因于温室气体的人为增加、气候的内部变异还是两者的结合，仍有争议。

气候模式试验

在气候模式试验中，通过量化自然变异、太阳、火山和人为动力的作用，可以检验这些假说。使用的典型模式有两种。能量平衡模式（energy balance models，EBMs）可以从给定的行星反照率、热容量和太阳入射之输入和输出辐射间的差异，计算全球平均温度的变化。

更为复杂的 EBMs 结合了纬度温度梯度、海洋与大气层的简要描述、陆地表层的反馈和深海的热惯性。这些模式的计算需求极小，非常适合做气候敏感性分析。然而，必须将它们调节以拟合观测，而如果"推论"太远以至超出其校准范围，则会产生难以置信的结果。

　　EBMs 最近被用于研究过去千年北半球气温变化的原因。在一个此类试验中，利用了重建的过去 1 000 年的太阳和火山活动，以及 1850 年以后人为温室气体强迫来运行 EBM（Crowley，2000）。同期温度重建和仪器记录的比较显示，1850 年前十年年际尺度上温度变异的 41%—64%，是由太阳辐射和火山爆发的变化引起的，其余变异与气候模式估计的非受迫、内在气候变异相一致。然而，当 EBM 被用于排除 1850 年以后太阳变化和火山活动（但**不是**温室气体）的影响时，仍然发现 20 世纪有前所未有的变暖趋势。在这个案例中，气温升高远超过去 1 000 年见证的最大变化范围。这个结果意味着温室效应已经超过了气候系统的自然变异水平。

　　EBMs 虽然简单，却能提供关于全球尺度气候行为的有用见解，但它们不能提供由内在或外部动力变异导致的气候变化**空间**格局的信息。第二种模式更强调这个任务，它们（使用初等方程控制质量、能量、动量和水蒸气）模拟气候系统 200—300 千米空间分辨率上的三维时间变化行为。在已观测到人类和自然驱动变化的情况下，巧妙地耦合海洋/大气总体环流模式（ocean/atmosphere general circulation models，O/AGCMs），成功地模拟了已观测到的全球平均温度响应（Stott *et al.*，2000）。O/AGCM 试验的结果也成为一个支持人类活动导致了全球变暖观点的重要证据。它们也被进一步用于计算前工业时代气候变异的自然水平。

　　例如，英国气候办公室的哈德莱中心假定目前的辐射强迫贯穿一个 1 400 年的控制期，然后用耦合气候模型（Hadley Centre coupled climate model，HadCM2）来研究冬季 NAO（Osborn *et al.*，1999）。气候模式能否忠实地模拟 NAO（或其他自然变异方式），能很好地检验其物理现实性，以及其用于处理其他重要问题（例如 NAO 近期正位相如何不寻常，或者 NAO 如何加剧或受制于全球变暖）的可能程度。

　　这项研究发现，在海平面压力的空间格局、温度和降水异常方面，HadCM2 展示了一个真实的 NAO。然而，这个模式没有捕获 1960—1990 年 NAO 趋向正位的强趋势。事实上，观测到趋势并不在模式整个 1 400 年运行中产生的变异范围内，这意味着要么模式有缺陷，要么这种趋势不是内在产生的自然变异。人为温室气体和硫酸盐气溶胶导致的外部动力被认为解释了该趋势的约 20%，但太阳和火山活动尚未得到充分考虑。

结论

　　大气组成的变化会影响气候的想法并非新鲜事。瑞典科学家斯范特·阿伦尼乌斯

(Svante Arrhenius) 早在 1896 年就估算出，二氧化碳浓度翻倍将会使地表大气温度增加 5.7℃（大约两倍于目前使用的气候模式的估计）。阿伦尼乌斯对气候变化持一种温和的看法，这与现代的观点则相当不同。现在普遍认为，人类引起的气候变化正在损害人类福祉，并严重威胁环境系统。

然而，从不断涌现的代用指标数据集和气候模式输出来看，自然驱动（内在和外部产生的）显然对 20 世纪的气候变异做出了重要贡献。然而气候模式的结果表明，人为因素将会淹没 21 世纪全球变暖的自然原因。但是仍存在一个重要的不确定性，即未来的全球变暖将如何表现。是通过放大气候系统的自然模式（如 ENSO 或 NAO），还是因为气候系统而转变到新的状态？其他的不确定性包括如何在这些模式试验中最好地包含太阳和火山活动驱动。

我们不能非常确定未来的辐射强迫水平（包括人类的和自然的），但是对过去一个世纪气候变化的成功反演，至少已经增加了我们对用气候模式预估 21 世纪温度变化之潜力的信心。由于古气候重建和气候系统模拟的互补，这项研究已经希望初现。

参考文献

Crowley, T. J. 2000: Causes of climate change over the past 1,000 years. *Science*, 289, 270-277.

Jones, P. D., Briffa, K. R., Barnett, T. P. and Tett, S. F. B. 1998: High-resolution palaeoclimatic records for the last millennium: interpretation, integration and comparison with general circulation model control-run temperatures. *The Holocene*, 8, 455-471.

Jones, P. D., Osborn, T. J. and Briffa, K. R. 2001: The evolution of climate over the last millennium, *Science*, 292, 662-667.

Osborn, T. J., Briffa, K. R., Tett, S. F. B., Jones, P. D. and Trigo, R. M. 1999: Evaluation of the North Atlantic Oscillation as simulated by a coupled climate model. *Climate Dynamics*, 15, 685-702.

Stott, P. A., Tett, S. F. B., Jones, G. S., Allen, M. R., Mitchell, J. F. B. and Jenkins, G. J. 2000: External control of 20th century temperature by natural and anthropogenic forcings. *Science*, 290, 2133-2137.

Wilby, R. L., O'Hare, G. and Barnsley, N. 1997: The North Atlantic Oscillation and British Isles climate variability 1865-1995. *Weather*, 52, 266-276.

深入读物

Harvey, D. L. D. 2000: *Global Warming: The Hard Science*. Harlow: Prentice Hall.

Houghton, J. T., Ding, Y., Griggs, D. J., Noguer, M., van der Linden, P. J. and Xiaosu, D. (eds.) 2001: *Climate Change 2001: The Scientific Basis*. Contribution of Working Group I to the Third Assessment Report of the Intergovernmental Panel on Climate Change (IPCC). Cambridge: Cambridge University Press.

6 生物多样性：生命的形形色色

理查德·菲尔德（Richard Field）

为什么赤道带相比两极带具有更多的有机体类型呢？这种生物多样性的纬度梯度是一个宏大的渐变群，是生物地理学中最普遍的格局。虽然格局的细节有所不同，在世界上所有主要区域都发现多样性随纬度升高而降低的趋势，涉及全部分类学层次（亚种、种、属、科、目等），并在最主要的分类组群内（如树、昆虫、哺乳动物、鱼和浮游生物）重现。正如我们能从化石记录中所见的，这个模式也存在于整个地球生命史中。我们知道这个现象已经有两个多世纪了，但关于其原因仍然未达成共识。对这个宏大梯度变化的解释被很多人视为生物地理学的"圣杯"。在探究生物多样性的意义及其历史和研究范围之后，我们将会再次回到这个问题上。生物地理学的焦点是生命的时空格局，这比生物多样性本身更具普遍意义。然而，生物多样性是生物地理学的核心主题之一，目前的生物多样性研究正在增加我们对地球上生命的理解，并帮助我们解决如何更好地管理动植物群落的许多关键问题，因此非常重要，而且与地理学者直接相关。

何谓生物多样性？

生物多样性比全球丰度格局具有更多的含义。例如，考察一下如何测量生物多样性（见Magurran，1988；Gaston，1996），最简单最常用的方法是调查物种在某一范围的数量，即"物种丰度"。研究的范围可以从显微镜所见到整个地球。变化也涉及一定范围内其他分类单元（类型）的数量——这些单元可能是科、属、亚种甚或基因。通过比较在这些分类层次上的格局，常常可以揭示有趣的差异，这可为研究范围内有机体的历史生物地理学提供线索（例如 O'Brien et al.，1998 的发现）。生物多样性的一个相关度量是周转率（通称"β 多样性"）。为了理解这个概念，考虑如下的例子：在两块样地上测量树种数，如果都是 20，则任何地方可发现的树种总数会在 20（没有周转，两个地块有完全相同的树种）与 40（百分之百的周转，无共同的树种）之间。

　　然而，简单地计数类型会忽视许多重要的信息。第一，无法得到不同类型的相对丰度信
息。某范围可能包含一个优势种和许多地方稀有种，而另一范围可能包含有相同但均匀分布
的物种。第二，独特性也是一个重要的问题。某范围内可能主要被地球上绝无仅有的物种
（"特有种"）占据，而另一拥有相同物种数的范围可能包含的是全球性广布种。生物多样性
研究多关注特有种的格局和相对丰度，而不是一般的物种丰度，两者的度量并不一定相关
（表 6.1）。例如，大洋岛屿常常具有与其面积不相称的很高的特有种数量。然而，就大多数
自然群落而言，几乎所有的多样性度量结果总趋向于与物种丰度密切相关，这就是两个术语
常常混用的原因之一。不能正确分辨生物多样性各种度量方法之间的区别，可能已在力图解
释观测到的格局时造成了许多困惑。

图 6.1　喀拉喀托（Krakatau）山上在被火山大爆发灭绝 111 年后再生的森林。喀拉喀托
（6°06′S, 105°25′E）包括四个小岛，总面积仅约 36 平方千米。由于受到 1883 年火山爆发及
其后小规模喷发的影响，所支持的生物多样性仍然较低。但它却是超过 100 个树种的故乡，
比整个英国的本地树种还要多。为什么在热带有比在高纬度带多得多的物种？这在生物地理
学中是一个最重要却悬而未决的问题

　　　　　　　　照片来源：Whittaker（1994）［Whittaker（1998）的图 8.7］。

生物多样性简史

对生物多样性的兴趣至少可以追溯到亚里士多德（Aristotle，公元前 384—前 322 年），他思考了生命从何而来、如何多样化并传播到全世界，他也注意到生物多样性的海拔梯度。亚里士多德的主要问题是缺乏相关的知识积累，所以他不可能回答提出的这些问题。这种情况一直持续到探险时代，在此期间欧洲的博物学者开始周游全世界，收集和记录他们发现的生物。卡尔·林奈（Carolus Linnaeus，1707—1778）是一个伟大的编目学家，他发展了今天仍在使用的物种名称、拉丁文双名系统，他认识到解释多样性格局以及简化物种数量的重要性。孔德·德·布丰（Comte de Buffon，1707—1788）认为物种（和气候）是易变的，而不是上帝安排的，他也指出了环境相似但隔离的区域有着截然不同的生物区系——这就是"布丰定律"，被视为首要的生物地理学原理。跟随库克船长（Captain Cook）环航全球（1772—1775）的约翰·雷茵霍尔德·福斯特（Johann Reinhold Forstter，1729—1798）通过观察，发现植物多样性从赤道到极地逐渐减少，这可能是对纬度多样性梯度的首次明确陈述，他把这归因于地表热量的纬度倾向。亚历山大·冯·洪堡（Alexander von Humboldt，1769—1859）将这些思想发展到引人注目的程度，论证了植物和动物都有相似的纬度梯度，并认为这可能是气候（特别是冬季温度和水分流动性的重要性）决定的。查尔斯·达尔文（Charles Darwin，1809—1882）和阿尔弗雷德·拉塞尔·华莱士（Alfred Russel Wallace，1823—1913）都做出了重要的贡献，他们更多地关注令人惊讶的生命多样性而不仅是多样性格局。他们充实了洪堡的观察，但当追问有利的气候为什么会增加多样性而不是增加几个优势种的丰度——这个问题，至今依然困扰着我们。

在 20 世纪上半叶，生态学开始作为一门独立的学科出现。学者做了许多关于生物区系长期变化的工作，反映出古生物学（研究化石遗迹）极大地影响了当时的思想。同样，关于进化（特别是物种形成）的新思想也有重大的影响力。科学家们也开始开发数学模型来模拟生态过程。由于尚无电脑的帮助，这些工作必然局限于研究单一物种内的变化格局。哈钦森的一篇研讨会论文（Hutchinson，1959）复兴了对生物多样性的兴趣，他认为要认识多样性，就需要知道如何获得可利用能量并在物种间分配。

大量研究追随哈钦森的论文，但在尺度和术语上存在混淆，很大程度上又忽略了热力学的核心焦点，取得的进展很有限。与此同时，四项重要进展深刻地改变了生物地理学。第一，板块构造学说革新了人们对地球历史的认识。第二，麦克阿瑟和威尔逊的《岛屿生物地理学理论》（MacArthur and Wilson，1967）改变了学科的方向，提出了关于进化格局和物

表 6.1 世界上一些国家高等植物本地种及特有种的数量估计。岛屿（特别是大洋岛屿）的
物种丰度在其纬度和区域可能相对较低，但往往拥有高的特有种量数水平

国家	处于大陆或岛屿	面积（万平方千米）	高等植物种数	特有种数	特有种百分比（%）
喀麦隆	大陆	47.5	8 260	156	1.9
加拿大	大陆	997.1	3 018	147	4.9
智利	大陆	75.7	5 280	2 698	51.1
哥伦比亚	大陆	113.9	35 000	1 500	4.3
法国	大陆	55.2	4 630	133	2.9
德国	大陆	35.7	2 682	6	0.2
洪都拉斯	大陆	11.2	5 355	148	2.8
印度	大陆	328.8	16 000	5 000	31.3
意大利	大陆	30.1	5 598	712	12.7
马拉维	大陆	11.8	3 765	49	1.3
墨西哥	大陆	195.8	26 000	3 624	13.9
巴基斯坦	大陆	79.6	4 938	372	7.5
巴拿马	大陆	7.6	9 590	1 222	12.7
卢旺达	大陆	2.6	2 290	26	1.1
苏丹	大陆	250.6	3 137	50	1.6
土耳其	大陆	77.5	8 579	2 651	30.9
古巴	岛屿	11.1	6 514	3 229	49.6
斐济	岛屿	1.8	1 628	812	49.9
格陵兰	岛屿	217.6	529	0	0
印度尼西亚	岛屿	190.5	22 500	15 000	66.7
日本	岛屿	37.8	5 372	2 000	37.2
新喀里多尼亚	岛屿	1.9	3 094	2 480	80.2
新西兰	岛屿	27.1	2 371	1 942	81.9
波多黎各	岛屿	0.9	2 493	235	9.4
塞舌尔	岛屿	0.1	1 640	250	15.2
所罗门群岛	岛屿	2.8	3 172	30	0.9
英国	岛屿	24.5	1 623	16	1

数据来源：采自 Groombridge (1992)。

种多样性的一些新型问题。第三，系统发生学方法（从遗传信息重建演化历史）的发展使人们能更精确地追溯分类单元的历史和关系。第四，技术（电脑和野外仪器）的进步加上统计学方法的进展，以及覆盖面很广的高质量数据的增加，开辟了新的研究领域，使得可以对宏观尺度的生命格局进行严谨的研究。所有这些进展都影响了生物多样性研究，而且随着对人类环境影响的担忧与日俱增，现在学者对生物多样性的关注比以往任何时候都更加强烈。

从对生物多样性研究兴趣的历史长河看，有趣的是，"生物多样性"这个术语本身直到1986 年在华盛顿举办的一个关于"生物多样性"的论坛上才被首次使用。这个术语的传播之快速是相当惊人的：它是保护生物学文献中自 1987 年来最常使用的术语之一，之后它在学术、政治、公共领域中被大量使用。这部分反映了今天相关话题的极端重要性。

当今的生物多样性研究

随着对生物多样性兴趣的迅速增长，出现了大量的研究，其中部分研究旨在记录世界上的物种。过去 20 年已做的重要工作显示，迄今我们已记录的 170 万个物种只占世界物种总数的一小部分。在热带雨林树冠下使用杀虫剂喷雾后，所收集到的昆虫有很多是科学上的新发现。在使用深海海底拖网时，通常都会发现许多新物种。在仔细研究我们脚下的土壤时，我们会意识到目前我们已描述的细菌、线虫和其他微生物种类何其稀少。确实，我们并不知道有机体类型到底有多少，对世界物种总数的各种估计差别之大，可达两个数量级——从300 万到 5 亿。

这对生物多样性研究具有重要启示：如果我们的兴趣是在试图解释格局，尤其是在宏观 31 尺度上，我们就不得不将研究限制在我们已有较合理认识的有机体组群。在实践中这通常是指树、哺乳动物、鸟、其他脊椎动物和某些特定无脊椎动物（如蝴蝶和虎甲虫）的群体。我们不得不假设其他种类的有机体遵循类似的"规律"。对于为自然生物保护而使用的"指示种"，也要做类似的假设。有一些引人注意的物种，常常受公众关注，围绕它们设计了许多自然保护区，也希望其他物种在此过程中得到保护。对这种方法的有效性测试产生了不一致的结果，说明必须谨慎对待基于特定组群研究得出的关于生物多样性格局的任何一般结论。

实际上，如今关于生物多样性可想到的每一方面几乎都在被研究着。许多研究关注的是为什么有如此多的物种，而另外一些研究则对解释多样性的时空格局更感兴趣。前者倾向于聚焦物种形成及其与物种灭绝的关系。后者对于试图解释生物多样性梯度变化的研究一般分为两大阵营，要么强调气候或其他环境影响的重要性，要么更重视生物地理的历史。生物多样性的研究仍有许多争论和尚未解决的论题，包括地理隔离和扩散的对抗、避难所理论、特有种格局、生物多样性热点地区、岛屿进化、嵌套结构、集群规则、演替、生物入侵和人类的影响。大部分甚或所有的研究都与生物保护的理论和实践有关。

生物多样性与地理学者

生物地理学是地理学的一个代表性分支学科，认识生物出现的地理格局需要广泛的专业领域知识：生物地理学是生态学、地理学、进化生物学、古生物学、系统学、气候学、水文学和地质学的交叉。由于地理学者都受过此类交叉学科的训练，我们一般（或应该）都适合做生物多样性和生物地理学的研究。地理学者的整体思维和较好把握尺度的趋向，能在大多数以高度还原论和微观方法为代表的生物学研究中起到重要的补充作用。回到本章开头的问题，我相信地理学者可以对认识纬度多样性梯度贡献良多，而且我们也正在开始如此行事（如见 Whittaker *et al*.，2001 的研究）。

纬度多样性梯度

从这极其重要的问题上看，我们已接近取得重大突破。过去几十年的文献提出的关于纬度多样性梯度成因的假说之多，估计有 30 到 100 多个。大多数假说在特定背景和分析尺度上可能是正确的，但普适的假说几乎没有。合理化或简化这些假说的尝试（特别是 Currie，1991；Rohde，1992；Rosenzweig，1995）已被广泛引用，但都未能提供令人信服的答案。20 年前布朗发表的一篇非常贴切的论文（Brown，1981）重申了热力学的作用，倡导开始于呈现格局的研究且自上而下的途径，而不是开始于微观尺度研究且自下而上的途径。布朗概述了建立"容量法则"和"分配法则"的必要性；前者应界定可用能量（某一环境支持生命的容量）的可得性和变化性；后者应界定这种能量如何在物种间分配。布朗的想法已经被某些研究采纳，但许多研究仍忽视之甚或抵制之。

影响物种丰度的因子在类型和相对重要性上都依据尺度而变化，厘清这种复杂性是生物多样性学者目前面临的最大挑战之一。最有希望的进展与采纳布朗的思想框架有关，这些进展不仅承认尺度的重要性，而且考虑跨尺度综合。它们旨在详细说明影响多样性格局的每个因子起作用的尺度（多尺度），并力图明确指出在任何给定的尺度上哪些因子最可能影响多样性格局。目前在进行的进一步工作，重视造成当下过多假说之最可能的原因；用以解释多样性梯度的大多数现象之间是相互关联的，也与多样性相关。换言之，每件事之间彼此相关，但现在研究的格局太大，以致无法进行控制试验。如果能解决这个问题，我们的认识很可能会有极大的进步。

21 世纪前十年的其他关键生物多样性问题

关于生物多样性仍然有很多需要研究的问题。要充分解释生物多样性格局的形成，应该涉及高度（在陆地）、深度（在水下）以及纬度相关的梯度变化。因此我们需要做比迄今所做更加综合的研究。最近研究对生物多样性热点地区（世界上一些被认为有特别高多样性和/或特有种的部分）、特有种格局以及生物入侵的兴趣不断增加，尤其强调与自然保护的联系。与此相伴的是集合种群（由基因流关联起来的片段种群）研究，并与破碎化景观的保护关联起来。继续确定有哪些和有多少有机体类型的工作也非常重要。最后，越来越多的研究关注生物多样性对诸如生产力等群落其他属性的影响，反映了学者对人类引起全球生物多样性减少的担忧不断增加。在多大程度上可将生物多样性看作生态系统的一个驱动力，而不是对环境条件的响应，这是一个有趣的论题，这方向研究在未来几年可能会异军突起。

参考文献

Brown, J. H. 1981: Two decades of homage to Santa Rosalia: toward a general theory of diversity. *American Zoologist*, 21, 877-888.

Currie, D. J. 1991: Energy and large-scale patterns of animal- and plant-species richness. *American Naturalist*, 137, 27-49.

Gaston, K. J. (ed.) 1996: *Biodiversity: A Biology of Numbers and Difference*. Oxford: Blackwell.

Groombridge, B. (ed.) 1992: *Biodiversity: Status of the Earth's Living Resources*. London: Chapman and Hall.

Hutchinson, G. E. 1959: Homage to Santa Rosalia, or why are there so many kinds of animals? *American Naturalist*, 93, 145-159.

MacArthur, R. H. and Wilson, E. O. 1967: *The Theory of Island Biogeography*. Princeton, NJ: Princeton University Press.

Magurran, A. E. 1988: *Ecological Diversity and Its Measurement*. Princeton, NJ: Princeton University Press.

O'Brien, E. M., Whittaker, R. J. and Field, R. 1998: Climate and woody plant diversity in southern Africa: relationships at species, genus and family levels. *Ecography*, 21, 495-509.

Rohde, K. 1992: Latitudinal gradients in species diversity: the search for the primary cause. *Oikos*, 65, 514-527.

Rosenzweig, M. C. 1995: *Species Diversity in Space and Time*. Cambridge: Cambridge University Press.

Whittaker, R. J., Willis, K. J. and Field, R. 2001: Scale and species richness: towards a general, hierarchical theory of species diversity. *Journal of Biogeography*, 28 (4), 453-470.

33 **深入读物**

Brown, J. H. and Lomolino, M. V. 1998: *Biogeography*, 2nd edition. Sunderland, MA: Sinauer Associates.

Gaston, K. J. and Spicer, J. I. 1998: *Biodiversity: An Introduction*. Oxford: Blackwell.

Tudge, C. 2000: *The Variety of Life*. Oxford: Oxford University Press.

Whittaker, R. J. 1998: *Island Biogeography: Ecology, Evolution and Conservation*. Oxford: Oxford University Press.

Wilson, E. O. 1992: *The Diversity of Life*. London: Penguin.

World Resources Institute: *Biodiversity* 〔online〕. Available from http://www.wri.org/wri/biodiv/brintro.html.

7 地考古学

杰米·C. 伍德沃德（Jamie C. Woodward）

　　地球科学者，包括地理学者和地质学者，曾多年与考古学者紧密合作，以增进我们对人类历史的了解。这种方法和思想的融合在近几十年已形成著名的地考古学（geoarchaeology）。地考古学基于如下原理：只有在其特定的环境背景中加以考察，考古发现所记录的人类活动才能得到理解。

　　考古学者和地学者之间的合作，可以追溯到维多利亚时代早期，那时的地层学专业知识助力挖掘方法、遗址描述和考古记录分类的发展。但重要的是要知道地考古学所及，远多于对形成考古遗址的沉积地层的系统调查，它还关注文化记录的广阔环境背景，因为考古遗址和过去的社会构成了目前可能已被气候变化和人类活动改变了的更广阔景观和生态系统的一部分（Butzer，1982）。

　　全球环境变化的现代研究促进了对考古记录的新见解，并引发了关于早期人类发源地和全部文明消亡的新辩论（参见 Weiss，2000）。例如，近来从冰芯、热带湖泊沉积物、洞穴堆积物和三角洲沉积物中采集到的数据都表明，突然的气候变化大约发生在公元前 2200 年。这段时期见证了古埃及王朝的崩溃，还揭示了东非季风强度的减弱并转向较干旱气候，导致了尼罗河流量的急剧下降（Krom *et al.*，2002）。

一项跨学科的事业

　　地考古学是一个发展着的多元化研究领域，横跨若干学科，包括地形学、土壤科学、沉积学、矿物学、古生态学、地球物理学、地球化学，当然还有考古学和人类学。没人敢声称具备所有这些领域的专业知识，而地考古学的魅力之一，就在于在野外和实验室中，经常可以与来自不同背景和研究传统的科学家们进行团队合作，这具有重要性。许多地考古调查的一个核心焦点，是关注气候和景观变化对过去人类社会的影响。例如，一个主要挑战是了解末次冰期期间为应对资源和栖息地的反复变化而采取的策略。约 1 万年（全新世）以来的末次间冰期也发生了重大的气候变化。在全新世期间，人类活动成为环境变化中一个越来越重要的因素，伊安·西蒙斯在本书第 4 章探讨了这个主题。揭开全新世气候波动和人类对景观影响的复杂历史，也是地考古共同体的一个主要研究目标。

现代地考古研究在二十世纪五六十年代有了长足的发展。那时许多史前考古学者在探究与考古遗址和过去社会的古经济和古地理有关的概念和研究策略时，把生态学方法应用到考古学中。剑桥大学考古学者格雷厄姆·克拉克（Grahame Clark）是这些先驱者之一，在他颇具影响力的《考古学和社会》第 3 版（1957 年）中，他写道：

> 史前考古学者必须联系所探索范围的气候、地形、植被和动物群的历史，来研究人类聚落的历史。研究的最大困难之一，是要区分由纯自然过程产生的环境变化和由人类社会活动有意或无意导致的环境变化，而这只能通过与该领域内气候学者、地质学者、土壤学者、植物学者、动物学者和古生物学者在第四纪研究中的同舟共济、密切合作来解决（Clark，1957：20）。

克拉克的议题包含了自然地理学的大部分面向，突出了地考古学的跨学科性质，并提出了景观变化研究中的因果关系这个棘手问题。几十年后，现在涉及地考古学的学者名单已扩充到包括放射定年和卫星遥感领域的专家，可能还包括研究生态系统动力学和气候变化计算机建模的专家。

冰芯、古气候和人类活动

20 世纪下半叶，在海洋和陆地沉积记录研究方面随着新的定年技术和环境重建方法的发展，第四纪冰期研究有了革命性的进展。地学家开始应用一系列新工具和新思想来解决考古问题，特别是在放射性碳定年测定的过去约 4 万年里的史前社会研究中。大量研究都聚焦末次冰期结束时的全球气候变化，以及冰期向间冰期条件转变期间狩猎—采集社会的行为（Straus *et al.*，1996；Bailey，1997a、1997b）。正是在这后一时期，发现了动物驯养和早期种植活动发展的最早证据（Bar-Yosef and Belfer-Cohen，1992；Whittle，1994）。

近十几年来从格陵兰岛和南极冰芯获得的数据，提供了引人注目的关于全球气候变化性质的新见识（见本书安德鲁·高迪所撰的第 3 章）。这些记录由末次冰期期间若干年度的冰层组成，包含全球气候频繁而突然变化的令人吃惊的证据。十年至百年时间尺度上全球气候不稳定性的新框架，对地层划分和区域关联提出了若干问题（Walker，2001），这导致研究人员考虑如此频繁的振荡会如何影响人类活动。一些地考古学者已经开始在旧石器时代的岩石庇护所和洞穴的沉积序列中寻找气候突变的证据（Courty and Vallverdu，2001）。

在末次冷期，大气圈和海洋表面是一个紧密耦合的系统，反复经历了百年或更短时间尺度的大重组。越来越多的证据表明，陆地生态系统对这些突然的气候变迁是很敏感的（Walker，2001）。气候突变对全球水文循环、动植物资源和人类生计策略的影响是当前一个重要的研究问题。然而，长期植被变化的完好数据和高分辨率记录在目前都很有限。此外，岩石庇护所和洞穴的沉积记录虽然含有关于旧石器时代人类的大量考古证据，但常常有严重断裂，可获得的时间分辨率总是比冰芯信号粗糙很多，这使得进行这些记录之间的直接比较变得困难（Woodward and Goldberg，2001）。

放射性碳同位素时间表

定年框架的健全发展，是地考古学以及广义第四纪科学的一个必须部分，而且是任何企图比较考古记录和气候记录的关键要素。阻碍很多晚更新世环境变化研究的一个主要问题，是放射性碳同位素所定年代不能直接和日历年代相比较。例如，放射性碳同位素测定的距今20 000年，代表的日历年是距今大约23 000 年。鉴于冰芯记录已揭示了气候变化的频繁而突然，当试图了解某特定地区占领顺序和资源开发策略更广泛的环境背景时，这种差异显得至关重要。大多数旧石器时代早期的考古遗址和后冰期的孢粉记录用放射性碳同位素法控制年龄，而来自冰芯的高分辨率记录采用日历年绘制（见 van Andel，1998；Walker，2001）。这是一个与放射性碳同位素全球生产的长期变异性有关的重要而复杂的问题，这意味着对所有的放射性碳同位素年龄必须应用一个校正因子，以确保它们与由其他方法得出的时间表相协调。

地考古调查的构成

环境重建和放射性碳同位素定年虽然重要，但只是地考古学的两个方面。各种各样的野外和实验室技术已从地球科学引进并在考古关联领域里得到应用。起源于地质学的若干方法就是很好的例子。这些方法使我们对诸如史前石头工具以及希腊、罗马大理石和硬币的考古材料的来源有了宝贵的见识。这种途径可提供关于过去社会贸易和航海活动的重要数据。例如，黑曜石是一种黑色的火山琉璃，可被加工成十分锋利的切削工具，在史前时期晚期它是东地中海地区一种非常珍贵的原材料。黑曜石有独特的"化学指纹"，可以与源火山匹配。

痕量元素分析已证实，在希腊陆地弗兰克西洞穴（Franchthi Cave）沉积序列中发现的黑曜石，实际上出自 9 000 多年前南爱琴海米洛斯岛的采石场。

地考古学常常使用地球物理学的方法，例如用探地雷达探测已被风成、水成作用或其他类型沉积物掩埋的考古遗迹（如炉灶、房屋和桥梁）。英国第四频道"时间团队"（Time Team）栏目在电视的黄金时段播放了许多罗马、铁器时代和中世纪遗址调查中使用地球物理探测的例子。

37　地考古研究在多个尺度进行。从经常采用航空摄影或卫星遥感对地貌特征、遗址分布与保护进行的区域研究（见 Adams *et al*., 1981），到对与考古发现相关的沉积物、土壤和有机体遗骸的显微镜观察（Goldberg, 2000）。在卡尔·布泽尔（Karl Butzer）1982 年出版的《作为人类生态学的考古学》中，他陈述了地考古研究的如下基本组分（Butzer, 1982）：

1. 景观背景
2. 地层背景
3. 遗址构成
4. 遗址修正
5. 景观修正

这些组分可在各种各样的遗址类型和环境下考察，更详细的陈述见表 7.1。后面会介绍一个旧石器时代早期希腊西北部的研究案例，包含景观背景、地层背景、遗址构成和遗址修正等信息。表 7.1 中列出的许多组分自身已经发展成专门的研究领域，河流环境的地考古学（见如 Brown, 1997；Woodward *et al*. 2001）、岩石庇护所和洞穴沉积记录的研究（Woodward and Goldberg, 2001）就是很好的例子。

遗址域分析和微形态学

许多地理学者都涉足野外考古项目，此类合作已促成通过野外和实验室调查获得考古数据和地理数据的新理论和新方法的发展。在野外调查方面的一个例子是遗址域分析（site catchment analysis）方法，是考古学者艾瑞克·希格斯（Eric Higgs）和地理学者、地质学者克劳迪奥·维塔-芬齐（Claudio Vita-Finzi）于 20 世纪 60 年代末提出的（Vita-Finzi and Higgs, 1970）。这一方法包括对考古遗址（或遗址复合体）周边领域的详细野外调查，以记录景观中关键资源的类型和范围，从而提供关于遗址性质和功能的信息。然后可将调查数据与从遗址挖掘得到的植物和动物遗骸进行比较，以确定遗址探测领域的范围，以及附着在特定资源上随时间流逝的价值。

在实验室方面，从土壤科学中引进了一种技术，使得从考古关联域中获得的松散沉积物和土壤在显微镜下可以完整无损地得到观察，这就是所谓的"微形态学"（micromorphology）。用树脂浸渍未被干扰的沉积物块使其硬化，形成可在显微镜下观察的大幅（12 cm×6 cm）薄片（Goldberg，2000）。这种方法使我们在认识大范围考古遗址的沉积过程方面取得了重要进展，它产生了由传统挖掘和采样方法不能获得的信息，并且常常突显了沉积记录中文化残骸的重要意义。

一个地考古案例研究：末次冰期结束时希腊西北部的旧石器时期聚落——克里特项目

我的第一次野外地考古工作是在 1986 年的夏天进行的，那是我从阿伯里斯特威斯（Aberystwyth）取得地理理学学士学位后，在剑桥大学开始攻读博士学位的第一年。我参加了一个由旧石器时代考古学者和地学者组成的国际团队，在希腊西北部的品都斯山脉（Pindus Mountain）进行了三个季节的野外考察。那时我们调查了沃杜马提斯河（Voidomatis River）深切石灰岩峡谷中的一个大型岩石庇护所（在海平面以上 430 米）——克里特（Klithi）——中保存的考古学序列（图 7.1）。

表 7.1　地考古研究的基本构成

Ⅰ景观背景

　　1. 遗址微观环境，根据影响原始遗址选择的当地环境因素、其利用时期、随即掩埋或后续保存来界定。对于一个未发掘的遗址，遗址地层的沉积物分析是一个明确的研究步骤。

　　2. 遗址中观环境，主要是直接用于维持生计的地形背景和该地区的土地利用形式。这种地貌信息结合生物考古数据，有助于界定邻近的考古学嵌合体。

　　3. 遗址宏观环境，实质上是由特定生物群系或交错群落提供的区域环境。在构建区域生态系统模型时，一系列有效的地貌过程结合生物信息是必不可少的。

Ⅱ地层背景

　　1. 诸如土壤发育、侵蚀和沉积等序列自然事件的重建，在遗址及其周边的详细沉积单元（微地层）中有记录。

　　2. 根据区域景观历史评价当地自然序列，并与已定年的次大陆乃至全球地层相匹配。外部相关性可作为一种定年辅助，有助于古环境的解译，可促进不同类别数据间的交叉检验，可用于检验考古范围的时间有效性。

　　3. 直接的古生物学相关和放射性测年。

续表

Ⅲ 遗址构成

　　1. 作为地貌营力的人和动物，与需要鉴定和解释的自然、生源和文化组分一起，产生考古学沉积。

　　2. 物质的区别：① 以原始形式或作为成品被人类或动物带入遗址的物质；② 象征在遗址上加工或生化分解的改造产物的物质；③ 通过人类和其他自然营力从最初的遗址废弃物和残骸转化为新沉积物的物质。

　　3. 考古沉积过程的评价，以帮助阐明特定时空中的聚落和生计活动。

Ⅳ 遗址修正

　　1. 流水、重力、霜冻、吹蚀、动物践踏和人类蓄意移除等活动对埋藏前考古残余物的疏散。

　　2. 各种营力（穴居动物和低等生物、土壤冻胀、黏土的胀缩、重力、微断层作用以及生化改变等）对沉积后遗址的干扰。

　　3. 各种动力因素（风化、流水、吹蚀、滑塌和人为干涉等）导致的遗址破坏和遗物分散。

　　4. 根据原生、半原生和次生背景，解释尚未知或已暴露的文化残存。

Ⅴ 景观修正

　　1. 以扰动或切余土壤剖面和再沉积土壤的形态，辨识人类对土壤景观的干扰。

　　2. 侵蚀沟、冲积填充物和湖泊沉积物记录所反映的人类对水循环的干扰。

　　3. 景观中的人类构筑物：充填的沟、井、坑；土方工程和弃渣堆；道路、梯田和灌溉网；中心聚落附近的垃圾堆和墓葬。

　　4. 以景观持续生产力或退化的空间和时间视角，评估人类土地利用的累计直接影响和间接影响。

　　资料来源：基于 Butzer（1982）。

39　　杰夫·贝利（Geoff Bailey）领导了这个项目，该团队包括鉴别专家、地貌学者和古生态学者。鉴别专家识别从挖掘场（遗址工作）发掘出的骨头和燧石工具，古生态学者调查更广泛沃杜马提斯河流域及其外地区（遗址外工作）的景观和植被变化证据。从这个岩石庇护所的挖掘沟里采集到一些木炭样品用于放射性碳同位素定年。这些样品表明，在距今 16 500 到 13 500 放射性碳同位素年之间的晚冰期期间，该遗址连同附着的大量文化遗骸被使用了一个相对较短的时期（Bailey，1997a）。有趣的是，在同一地区海拔较低处的其他岩石庇护所遗址却有更长时间（大于 10 万年）的文化记录，而在克里特出现的一个主要地考古学挑战就是对占领史环境背景的重建。

　　马克·麦克林（Mark Macklin）、约翰·列文（John Lewin）和我的地貌学野外工作表明，该流域的最高山峰在末次冰期受冰川作用，形成欧洲最南部的一块冰蚀地面（Woodward *et al.*，1995）。沃杜马提斯河在最后冷期的大部分时间受冰雪融水补给，呈宽

广的辫状河道流淌。该河易发大洪水，并占据了岩石庇护所下峡谷两峭壁间的整个谷底
（Macklin *et al.*，1997）。因此在那时到达克里特是相当危险的，促使峡谷两峭壁冻融风化
和山区河源结冰的寒冷气候在高地创造了一个极端严酷的环境。然而，随着最后冷期结束时
气候的回暖，河流沉积物的供应减少，并开始下切，在河道带的两边形成阶地。因为狭窄的
河道现在局限于谷底内，阶地表面提供了通向克里特的峡谷通道。大约在距今 16 500 放射
性碳同位素年之后，旧石器时期的猎人能够在春天和夏天进入整个峡谷捕猎周围山坡上的北
山羊和岩羚羊。

图 7.1 沃杜马提斯河峡谷中的克里特岩石庇护所。这个遗址的底部在
现沃杜马提斯河面以上 **30 m**。地考古研究的一个主要挑战，是发展能
把基于遗址挖掘的考古资料，与地方、区域和全球的古环境资料集结合
起来的方法（包括健全的年代表）

在岩石庇护所发掘出大量石器工具和燧石碎片（工具类型较少，包括切刀和处理兽皮用
的刮刀），以及数以千计的北山羊和岩羚羊的骨头和骨头碎片。这个组合指示了这里是一个
以屠宰、肉体加工及组合工具制造活动占优的非常专业的场所。得自湖泊和泥炭沼泽的孢粉
记录表明，在距今约 13 500 放射性碳同位素年，林地扩张已经取代了大部分北山羊和岩羚

40

羊偏爱的空旷山区栖息地，以致克里特周边地区已不再是一个可用于狩猎的基地（图7.2）。简言之，在上一个寒冷阶段结束时相对短暂的环境机会窗口上，克里特是品都斯山脉的一个季节性狩猎基地和肉体加工场所。

　　至关重要的是包括放射性碳同位素在内的各种定年方法，使不同的证据线索——考古学的、地貌学的、沉积学的和植物学的——可以对比和评估，以建立一个上旧石器时代之前、期间和之后在克里特盛行的地方和区域的生态系统图景（图7.2）。从更广（遗址外）环境获得的资料，对识别岩石庇护所的文化和沉积记录至关重要（Woodward，1997）。许多项目都包含表7.1所列Ⅰ到Ⅳ部分的工作。相关结果已发表在两部重要专著里（Bailey，1997a、1997b），其中提供了通过多学科合作了解过去社会和环境变化的一个最新杰出范例。

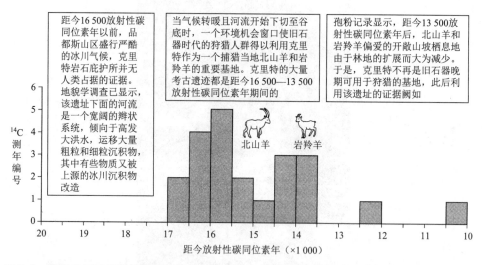

图7.2　得自克里特的放射性碳同位素年代，以及上旧石器时代晚期在使用该庇护所之前、期间和之后的环境条件概览。注意，时间标度是放射性碳同位素年，北山羊和岩羚羊在整个占领期间都在动物族群中占优势

结论

　　必须指出，要认识到地考古研究贯穿从早期人类起源到工业时期的整个考古记录，而这里只可能举几个例子。这种研究正在世界上从极地到温带再到热带的各地区展开。研究者已在一系列地理和沉积背景，包括洞穴、岩石庇护所、湿地、冲积平原、海岸带、干热沙漠和高山环境中，发展了地考古学。直到最近，在一个十年挖掘活动的最后一个季节的最后一

周，地质学者或地貌学者进入考古遗址挖掘沟才成为普遍的实践。幸运的是，在过去20年，地考古学已经取得了很大进展，现在考古项目在项目规划、野外调查和挖掘的各个阶段都包含地球科学知识，已成为常态。

在本书第一版，伊恩·道格拉斯（Ian Douglas）指出人及其环境之间的关系可能是地理学最重要的核心论题。地考古学就是一个关注过去的人及其环境之间相互作用的、令人激动且发展迅速的研究领域。地理学者在地考古学的发展中起到了关键作用，提供了与其他学科互动，并通过扩展时间尺度考虑许多重要地理学问题的机会。通过研究过去的环境和社会，我们可以对现在的地理学有更多的了解。

参考文献

Adams, R. E. W., Brown, W. E. and Culbert, T. P. 1981：Radar mapping, archaeology and ancient Maya land use. *Science*, 213, 1457-1463.

Bailey, G. N. (ed.) 1997a：*Klithi: Palaeolithic Settlement and Quaternary Landscapes in Northwest Greece. Volume 1: Excavation and Intra-site Analysis at Klithi*. Cambridge：McDonald Institute for Archaeological Research.

Bailey, G. N. (ed.) 1997b：*Klithi: Palaeolithic Settlement and Quaternary Landscapes in Northwest Greece. Volume 2: Klithi in Its Local and Regional Setting*. Cambridge：McDonald Institute for Archaeological Research.

Bar-Yosef, O. and Belfer-Cohen, A. 1992：From foraging to farming in the Mediterranean Levant. In A. B. Gebauer and T. D. Price (eds.), *Transitions to Agriculture in Prehistory*, Monographs in World Archaeology 17, Madison, WI：Prehistory Press, 21-48.

Brown, A. G. 1997：*Alluvial Geoarchaeology*. Cambridge：Cambridge University Press.

Butzer, K. W. 1982：*Archaeology as Human Ecology*. Cambridge：Cambridge University Press.

Clark, J. G. D. 1957：*Archaeology and Society*. London：Methuen.

Courty, M.-A. and Vallverdu, J. 2001：The microstratigraphic record of abrupt climate changes in cave sediments of the western Mediterranean. *Geoarchaeology: An International Journal*, 16, 467-500.

Goldberg, P. 2000：Micromorphology and site formation at Die Kelders Cave 1, South Africa. *Journal of Human Evolution*, 38, 43-90.

Krom, M. D., Stanley, D. J., Cliff, R. and Woodward, J. C. 2002：River Nile sediment fluctuations over the past 7,000 years and their key role in sapropel development. *Geology*, 30, 71-74.

Macklin, M. G., Lewin, J. and Woodward, J. C. 1997：Quaternary river sedimentary sequences of the Voidomatis Basin. In G. N. Bailey (ed.), *Klithi: Palaeolithic Settlement and Quaternary Landscapes in Northwest Greece. Volume 2: Klithi in Its Local and Regional Setting*. Cambridge：McDonald Institute for Archaeological Research, 347-359.

Straus, L. G., Eriksen, B. V., Erlandson, J. M. and Yesner, D. R. 1996：*Humans at the End of the Ice Age: The Archaeology of the Pleistocene-Holocene Transition*. New York and London：Plenum Press.

van Andel, T. H. 1998：Middle and Upper Palaeolithic environments and the calibration of ^{14}C dates beyond

10,000 BP. *Antiquity*，72，26-33.

Vita-Finzi，C. and Higgs，E. S. 1970：Prehistoric economy in the Mount Carmel area of Palestine：site catchment analysis. *Proceedings of the Prehistoric Society*，36，1-37.

Walker，M. J. C. 2001：Rapid climate change during the last glacial-interglacial transition：implications for stratigraphic subdivision, correlation and dating. *Global and Planetary Change*，30，59-72.

Weiss，H. 2000：Beyond the Younger Dryas：collapse as adaptation to abrupt climate change in ancient West Asia and the Eastern Mediterranean. In G. Bawden and R. Reycraft (eds.)，*Confronting Natural Disaster：Engaging the Past to Understand the Future*，Albuquerque：University of New Mexico Press，75-98.

Whittle，A. 1994：The first farmers. In B. Cunliffe (ed.)，*Prehistoric Europe：An Illustrated History*，Oxford：Oxford University Press，136-166.

42　Woodward，J. C. 1997：Late Pleistocene rockshelter sedimentation at Klithi. In G. N. Bailey (ed.)，*Klithi：Palaeolithic Settlement and Quaternary Landscapes in Northwest Greece. Volume 2：Klithi in Its Local and Regional Setting*，Cambridge：McDonald Institute for Archaeological Research，361-376.

Woodward，J. C. and Goldberg，P. 2001：The sedimentary records in Mediterranean rockshelters and caves：archives of environmental change. *Geoarchaeology：An International Journal*，16，327-354.

Woodward，J. C.，Lewin，J. and Macklin，M. G. 1995：Glaciation, river behaviour and the Palaeolithic settlement of upland northwest Greece. In J. Lewin，M. G. Macklin and J. C. Woodward (eds.)，*Mediterranean Quaternary River Environment*. Rotterdam：A. A. Balkema，115-129.

Woodward，J. C.，Macklin，M. G. and Welsby，D. A. 2001：The Holocene fluvial sedimentary record and alluvial geoarchaeology in the Nile Valley of Northern Sudan. In D. Maddy，M. G. Macklin and J. C. Woodward (eds.)，*River Basin Sediment Systems：Archives of Environmental Change*，Rotterdam：A. A. Balkema，327-356.

深入读物

Goldberg，P.，Holliday，V. T. and Reid Ferring，C. 2001：*Earth Sciences and Archaeology*. New York：Kluwer Academic/Plenum Press.

Lewin，J.，Macklin，M. G. and Woodward，J. C. (eds.) 1995：*Mediterranean Quaternary River Environments*. Rotterdam：A. A. Balkema.

Renfrew，C. and Bahn，P. G. 2000：*Archaeology：Theories，Methods and Practice*，3rd edition. London：Thames and Hudson.

van Andel，T. H. and Runnels，C. 1987：*Beyond the Acropolis：A Rural Greek Past*. Stanford，CA：Stanford University Press.

网络资源

- *Geoarchaeology：An International Journal* 创刊于 1986 年，现在每年出版 8 期。该刊发表的论文代表了世界上很多地区野外和实验室研究的成果，对现代地考古学的性质提供了一种有用的指导。该刊可见于 www. interscience. wiley. com/jpages/0883-6353/的 the Wiley Interscience pages (Earth Science section)。

- The Society for American Archaeology (SAA) 是一个活跃的地考古学兴趣团队。其《通讯》和活动详情

可见于 www. saa. org/membership/i-geo/。

- 地考古学通常指环境考古学。在英国，环境考古学协会（the Association for Environmental Archaeology）拥有一个综合性网站 www. envarch. net/，而第四频道"时间团队"（Time Team）的网页可见于 www. channel4. com/timeteam。
- *Current Archaeology* 是英国考古学带头的杂志之一，保持着一个有用的地址，提供很多正在进行的考古学和地考古学项目的链接，见 www. archaeology. co. uk。
- 对于放射性碳同位素时标的电脑程序和校准图已经产生，归属于牛津放射性碳同位素实验室的网页为这个重要研究领域提供了一个很有价值的指导，见 www. rlaha. ox. ac. uk/orau/index. htm。
- 很多大学在地理学和考古学中提供（文学学士或理学学士）联合荣誉课程，这可以是作为学位论文计划之一部分，为从事地考古学野外研究提供机会。在很多单独的地理学荣誉学位中，致力于地考古学的模块现在也很普遍，而关于第四纪环境变化的模块也普遍包含地考古学的重要组分。这种互动提供了一个最好的方式去审视学术教员的研究兴趣和他们的课程内容。

8 河流环境

马克·帕特里克·泰勒（Mark Patrick Taylor）

河流环境表述的是由贯穿泛滥平原和河道内的水流形成的不同沉积层。虽然河流和泛滥平原都可能会显得表面均一，但当代的过程和长时期的冲积研究已经表明，河流和泛滥平原都是复杂的环境。单个河流环境可反映流域形态、河谷构型、土地利用和植被历史，以及沉积物的性质和可利用性。河流环境是地理学研究的一个重要领域，因为河流环境的类型和范围被认为反映了河流系统内侵蚀和沉积之间的微妙平衡。确实，可将河流环境表述为"变化的晴雨表"，因为众多的泛滥平原研究已经表明，在过去整个 1 万年间（全新世时期），河道及其相联系的泛滥平原被不断地调整以适应优势环境。

除了河道的天然调整（内在变化），某些最显著的影响是响应重要外部（外在）动力因素——气候波动，植被覆盖和土地利用类型调整（如放牧、林业、采矿、城市发展等）变化的结果。众多物理因素会结合起来产生特殊的河流形态和相应的河流环境，因此河流类型具有巨大的范围和多样性。在这里我们考察构成当前河流研究焦点的三个主要问题：① 河流环境的历史和对形成河流环境结构的动力因素的梳理；② 过程、河道、泛滥平原形态之间的关系；③ 河流的前景——河流环境及水系的保护、修复和管理。

河流环境：变化的原因和性质

麦克林和勒温（Macklin and Lewin，1993）以及更近的麦克林（Macklin，1999）指出，全新世期间河流行为的变化与气候的不连续密切相关。但是其他的研究表明，局地范围尺度的地貌因素，如土地利用变化、谷底坡度、边坡重塑率和沉积过程等，可能导致河流对全新世环境变化不均一、复杂甚而独特的响应 ［参见《河道形态与过程》（Knighton，1998）第 6 章，有关于这个问题的精彩总结］。

虽然可以证明局地地貌因素在决定河流对环境变化的响应上起到了关键作用，但毋庸置疑的是，诸如末次冰期末尾时经历的那种重大气候不连续，已对河流系统产生重大影响。例如，许多北欧和东欧的晚近冰期河流是辫状型的，随着全新世气候变暖，植被恢复和沉积负载减少，河道的俯视形态逐渐发生调整，在全新世中后期形成了蜿蜒型河流。然而，这种转变的时机总是不一致的，往往在几千年内发生于整个邻近地区，产生复杂的沉积序列（参见 Kozarski and Rotnicki，1977）。由于河道的极大幅度敏感性和相对稳定状态，系统对形态形成事件的响应和时机也可能发生变化。例如，接近其物理变化阈值的系统很可能在环境影响和响应（原因和结果）之间只有一个短暂的滞后时间。与此相比，其他地貌系统则可能由于其固有的稳定性而表现出显著的滞后响应（图 8.1）〔建议读者参阅《解读地球》（Schumm，1998）第 75-94 页有关于此论题的精彩讨论〕。

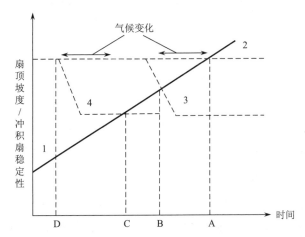

图 8.1 气候变化对形态响应时间的影响。线 1 刻画冲积扇顶坡度随着时间而增加。在不变的条件下（线 2），扇顶坡度在时间 A 超过了其稳定性的阈值，下切开始。这种情况下的气候变化建立了一个新的低稳定性阈值（线 3），在时间 B 引发下切。如果同样的气候变化在更早的时间 D 发生，那时冲积扇表现出更强的内在稳定性，那么如线 4 所示，在时间 C 的扇顶切沟本质上与气候变化无关（Schumm *et al.*，1987；Schumm，1998）。尽管这个理论案例是针对冲积扇行为的（河流环境的一个子集），原理同样适用于正在下切的河道

泛滥平原的演变可以通过详细考察河流沉积物的形态、年龄、海拔、沉积相、沉积速率和沉积单元形成的环境条件来了解。此类资料的梳理有助于解释和重建气候、水文的变化。但长时间和连续的河流序列的复原，总是为冲积单元遗存的破碎和可确定年代资料的缺乏所限制，尤其是在沉积物被冲刷和再塑往往最厉害的高地地区。因此，解释河流变化的流域内和区域格局，需要多重地点的研究（参见 Macklin，1999）以涵盖整个流域范围（高地、山

麓和低地），涉及河流环境、沉积种类（如辫状型、游荡型和蜿蜒型）和河段类型等（如河源、河谷、垂向共生的河漫滩，见 Brierley and Fryirs，2000）。此类资料不仅提供了全新世期间所呈现的形形色色的泛滥平原样式和类型的详情，而且揭示了泛滥平原如何响应文化和气候变化，尤其是欧洲的河流系统。

确定外界动力因素与被观察地形之间的关系往往问题较多，尤其是当人类引发的土地利用变化和气候变化交织在一起，产生"气候驱动但文化模糊"（Macklin and Lewin，1993）的冲积响应时。因此，全新世河流环境研究的学生需要谨慎考察所采集数据的类型、冲积记录的完整性和代表性，以及统计分析的严谨性如何（参见 Tipping，2000，关于此论题的详尽讨论）。尽管破译不同的动力因素存在固有的困难，河流环境仍是一个重要的研究领域，因为没有这些资料就不可能估计未来土地利用变化或水文气候改变对河流系统的影响何在。

泛滥平原形态

楠森和克罗克（Nanson and Croke，1992）制订了一个泛滥平原分类框架，将泛滥平原分为 13 个不同的类型，归为 3 组：① 高能非聚合；② 中能非聚合；③ 低能聚合。这种分类特别有用，因为它提供了将单个泛滥平原及其环境与宽范围已知系统相比较的框架。单个泛滥平原可能由单个（单相）或多个（多相）单位组成，这与特定的河流结构有关（Nanson and Croke，1992）。结构转变可以发生在多种时间尺度，并可能形成连续的或成序的冲积层，每层都关联着水文或气候系统隐约的差别。这种变化在以旱涝灾害著称的澳洲大陆尤其明显，澳大利亚内陆低梯度河流和泛滥平原以这种极端的流量变率为特征。在严重的洪水期，如 1990 年发生在达令和邻近河流的洪水（Gale and Bainbridge，1994），被分散在纵横 300 km 的地区。这些河流系统显示出多重相邻的河流环境，以及相应的复杂沉积序列和景观形态（参见 Nanson and Croke，1992）。图 8.2 是澳大利亚昆士兰西南河道地区洪水期间拍摄的航空照片，显示了整个泛滥平原地带河流环境的多样性。

虽然多数河流研究都聚焦碎屑系统（以泥砂和砾石为主），主要是因为它们在现代和古代的沉积环境都更普遍，但是从淡水碳酸盐（石灰华）河流环境中也能挖掘出重要的环境数据。石灰华形成于泉水补给河流和湖泊中，它们比大气层溶解更多碳酸钙和二氧化碳的。当水流出源泉，二氧化碳逸出，碳酸钙浓度升高到饱和点以致发生沉淀，就形成石灰华。与沉积物可以同时在整个宽广的泛滥平原沉积的碎屑系统不同，石灰华主要沉淀在河槽里，由此产生的沉积特征包括河堤或河坝、瀑布、流水结壳和胶结砾石（Pentecost and Viles，1994）。在这些较大尺度上的河流沉积物中，较小尺度的特征是多种多样的，例如，藻垫

（通常具有薄层和叠层特征）、植物碎屑和由活无脊椎动物带入沉积系统中的生物物质（Drysdale，1999）。由于石灰华相对耐侵蚀，特别是与松散的河流沉积物相比，其存留使得能够重建特殊地点的古环境（通过河坝方向、地貌学和层序地层学的测量），复原可用于破译优势生物和地貌环境的含化石物质。石灰华及其保存的化石（软体动物）不仅可以用多种放射性和稳定同位素技术（如放射性碳同位素、铀钍比、$d^{13}C$ 和 $d^{18}O$）来测定年代，也可以用痕量元素（锶、钡、镁等）的含量来推断过去的气候条件（如见 Andrews *et al.*，2000）。由于石灰华蕴含着丰富的古环境信息，因此可以认为石灰华河流环境比单纯的碎屑环境更具利用的潜力。

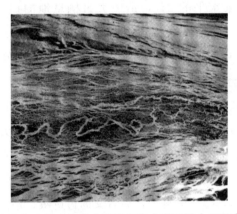

图 8.2 1949 年 4 月 6 日洪水期间于澳大利亚昆士兰西南部拍摄的倾斜航空照片。可看出多重河流环境和沉积类型。在最显著位置是辫状型河道，中间是蜿蜒型河道，最上方是大片洪水

河流特征

泛滥平原及其环境具有最为肥沃的农业用地，它们往往是人类定居的主要集聚地。此外，泛滥平原固有的低地势起伏和高可达性，往往使其成为人口最为稠密的景观地区（如恒河畔的加尔各答、泰晤士河畔的伦敦、密西西比河畔的新奥尔良、塞纳河畔的巴黎）。另一方面，由于是主要的食物和营养物源区，泛滥平原也是最为重要的代表物种多样性的生物物理栖息地。为了认识河流环境的作用过程，地貌学者必须处理一系列广泛学科的科学资料。例如，可能需要了解整个泛滥平原沉积物和污染物的分布，量化沉积、营养物和污染物通量，认识渠道化和渠网化的生物物理影响，以及河岸植被的作用等。这些问题与自然气候波动的影响（如厄尔尼诺、拉尼娜现象）交织，加上可以改变河流系统的人类影响，这些影响可以通过洪水频率、大小和（或）格局，以及河流环境地貌、河道形状和相应的泛滥平原形态等的变化显现出来。

以改善河道管理计划为目标，辨识地貌过程与栖息地可利用性之间关系的研究兴趣正日益增长。尤其是对环境管理者、土地所有者和利用河流资源的娱乐者而言，足够的环境河流流量安排对维持适当的河流栖息地（范围、结构和大小）特别重要。在澳大利亚东南部的雪河（Snowy River），1967 年大坝建设和流量调节而诱发的严重退化，成为有关流量分配争论的核心。流量改变的影响是灾难性的。雪河上游部分在金德拜恩大坝（Jindabyne Dam）以下的流量立即减少到原来水平的 2%，造成大量栖息地的损失和河道形态的显著改变（Erskine et al.，1999）。

毋庸置疑，地貌单元（如沙洲、水塘、浅滩）可形成相对分离的栖息地单元（Brown and Brussock，1991），以至于一个系统的地理生态功能依赖于可用栖息地的范围和多样性。河流环境范围和多样性的破坏，特别是河道和泛滥平原栖息地的损失，以及养分和有机物的减少和转移，将不可避免地影响河流的生态功能。河道内地貌单元如水塘、浅滩和沙洲的分布，表征了河道沉积或侵蚀的倾向性，它们还为动植物提供了一系列河道栖息地，诸如堤后沼泽、古河道和死水洼地之类的泛滥平原特征，为生物提供了重要的栖息地和营养源。如此，河流环境为非水生动植物提供栖息地，后者又通过遮蔽、枯落物输入、养分流通（经由河岸植物）或捕食直接影响河流的生态功能。由于自然栖息地的结构和动态被认为设定了生物有机体赖以进化和群落赖以组成的模板（Townsend and Hildrew，1994），河流地貌学者在各种河流系统（即辫状型、蜿蜒型、峡谷型）内部和系统相互之间界定自然栖息地的范围是至关重要的，这样才能辨识各种河流系统的相应栖息地。

河流地貌学者未来面临的一个最关键问题，是以某种综合的方式开展连接物理和生态两种结构的适当基准研究，以利河流管理者能够开展可持续性实践。已认识到可根据不同的物理尺度来组织流域，这促成了把相关部分组合进一个综合流域框架的层次物理模型（hierarchical physical models）的发展（Frissell et al.，1986；Brierley and Fryirs，2000）。生态参数和物理参数的综合已经取得某种程度的进展，如英国的河流栖息地调查（Raven et al.，1998）、澳大利亚的河流情况指数（Ladson et al.，1999）和美国河流分类的罗斯根计划（Rosgen，1994）。虽然最近开发的河流形态框架（River Styles framework，见 Brierley and Fryirs，2000）也集成了地学和生态学结构，但它不同于上述方法，因为它以地貌单元（形成于不同的河流环境）的组合为基础，而地貌单元已经显示出与栖息地可用性直接相关。河流形态框架是一个一般性的模板，它使地貌结构、功能性栖息地与生物群落之间的关系建立在一个有生态意义的尺度上。最近的研究在用以评价河流系统的地貌模板中，已将河流形态框架发展到包含水力单元（流水一致带和相当于栖息地生态位的底层）（Thomson *et al.*，2002）。现在的程序已具备确定适当参比条件的潜力，据此可以测量既有栖息地的数量和质量，从而使管理决策建立在从相关且有意义的各种尺度上可采集到的数据基础之上。

显然，河流环境本身会是很复杂的，还在空间和时间两方面形成复杂的序列，但它们确实具有潜力揭示河流系统的主要生物物理结构，以及它们如何响应环境影响。河流地貌学者的作用是揭示和解释古代的和当代的序列和环境，以便认识河流系统内部的物理结构和运作过程。研究河流系统的科学家面临的一个主要挑战是，保护未退化河流，重建因污染压力和栖息地丧失而被破坏的系统。将研究的河段设定在一个流域背景内，以便正确地理解周围自然和生态组分的相互作用，并把它们整合到随后的补救或管理计划中，唯此河流系统的修复才能实现。

参考文献

48

Andrews, J. E., Pedley, H. M. and Dennis, P. F. 2000：Palaeoenvironmental records in Holocene Spanish tufas：a stable isotope approach in search of reliable climatic archives. *Sedimentology*，47，961-978.

Brierley, G. J. and Fryirs, K. 2000：River styles, a geomorphic approach to catchment characterisation：implications for river rehabilitation in Bega Catchment, New South Wales, Australia. *Environmental Management*，25，661-679.

Brown, A. V. and Brussock, P. P. 1991：Comparisons of benthic invertebrates between riffles and pools. *Hydrobiologia*，220，99-108.

Drysdale, R. N. 1999：The sedimentological significance of hydropsychid caddis-fly larvae（order：Trichoptera）in a travertine-depositing stream：Louie Creek, northwest Queensland, Australia. *Journal of Sedimentary Research*，69，145-150.

Erskine, W. D., Turner, L. M., Terrazzolo, N. and Warner, R. F. 1999：Recovery of the Snowy River：politics and rehabilitation. *Australian Geographical Studies*，37（3），330-336.

Frissell, C. A., Liss, W. J., Warren, C. E. and Hurley, M. D. 1986：A hierarchical framework for stream habitat classification：viewing streams in watershed context. *Environmental Management*，10，199-214.

Gale, S. J. and Bainbridge, S. 1994：Megafloods in inland eastern Australia, April 1990. *Zeitschrift für Geomorphologie*，38（1），1-11.

Kozarski, S. and Rotnicki, K. 1977：Valley floors and changes of river channel patterns in the north Polish Plain after the late Wurm and Holocene. *Quaestiones Geographicae*，4，51-93.

Ladson, A. R., White, L. J., Doolan, J. A., Finlayson, B. L., Hart, B. T., Lake, P. S. and Tilleard, J. W. 1999：Development and testing of an Index of Stream Condition for waterway management in Australia. *Freshwater Biology*，41，453-468.

Macklin, M. G. 1999：Holocene river environments in prehistoric Britain：human interaction and impact. *Quaternary Proceedings*, *Journal of Quaternary Science*，7，521-530.

Macklin, M. G. and Lewin, J. 1993: Holocene river alluviation in Britain. In I. Douglas and J. Hagedorn (eds.), Geomorphology and geoecology, fluvial geomorphology. *Zeitschrift für Geomorphologie*, (Supplement) 88, 109-122.

Nanson, G. C. and Croke, J. C. 1992: A genetic classification of floodplains. In G. R. Brakenridge and J. Hagedorn (eds.), Floodplain evolution. *Geomorphology*, 4, 549-586.

Pentecost, A. and Viles, H. A. 1994: A review and assessment of travertine classification, *Géographie Physique et Quaternaire*, 48, 305-314.

Raven, P. J., Holmes, N. T. H., Dawson, F. H. and Everard, M. 1998: Quality assessment using river habitat survey data. *Aquatic Conservation: Marine and Freshwater Ecosystems*, 8, 477-499.

Rosgen, D. L. 1994: A classification of natural rivers. *Catena*, 22, 169-199.

Schumm, S. A., Mosley, M. P. and Weaver, W. E. 1987: *Experimental Fluvial Geomorphology*. New-York: Wiley.

Thomson, J. R., Taylor, M. P., Fryirs, K. A. and Brierley, G. J. 2002: A geomorphic framework for river characterisation and habitat assessment. *Aquatic Conservation: Marine and Freshwater Ecosystems*, 11, 373-389.

Tipping, R. 2000: Accelerated geomorphic activity and human causation: problems in proving the links in proxy records. In R. A. Nicholson and T. P. O'Connor (eds.), *People as an Agent of Environmental Change*. Oxford: Oxbow, 1-5.

Tooth, S. 1999: Floodouts in central Australia. In A. Miller and A. Gupta (eds.), *Varieties of Fluvial Form*. Chichester: Wiley, 219-247.

Townsend, C. R. and Hildrew, A. G. 1994: Species traits in relation to a habitat templet for river systems, *Freshwater Biology*, 31, 265-275.

深入读物

Knighton, D. 1998: *Fluvial Forms and Processes: A New Perspective*. London: Arnold.

Schumm, S. A. 1998: *To Interpret the Earth: Ten Ways to be Wrong*. Cambridge: Cambridge University Press.

9 冰川和山地环境：作为一种景观变化动因的冰川消退

斯蒂芬·哈里森（Stephan Harrison）

地貌研究的一个重要方向，是研究复杂景观系统组成部分间的相互联系。这意味着要最好地实现此类系统分析，不能通过还原论者对各单独部分的深入处理，而要通过认识各变量之间的相互作用。从用以调查山地和冰川系统的方法中可以看出这个观点的成功。这里的关键问题并不一定是了解高山和冰川如何各自独立运作，而是要考察它们如何相互作用，因为这使我们能更深刻地认识现实世界中此类多变量系统的行为。

近来山地和冰川地貌研究的一个最重要的发现，是认识到景观对冰川消退的响应非常迅速。众所周知冰川在推进阶段能够显著地改变景观，但冰川在消退期间的作用往往被认为基本上是被动的。然而，过去 30 年左右的工作已证明这种观点是不正确的。冰川退缩时期与相关地貌系统的沧桑巨变有关，在陡峭斜坡提供动能和势能输入来驱动斜坡、水流和冰川过程的山区尤其如此。因此，当代冰成山地地貌研究的一个主要动向，是了解变化发生的过程以及由此导致的景观改变速率。这项研究由调查更新世期间受冰川作用的景观开始，近今的工作考虑了冰川消退在影响目前景观变化上的作用，以及未来气候变暖对冰川和山地的可能影响。

冰川退化期间和之后景观急速变化的这种思想，最早或许是琼·赖德（June Ryder）在20 世纪 70 年代早期进行的研究中提出的。她的研究工作（Ryder，1971）聚焦加拿大不列颠哥伦比亚中央高地山谷，该地在更新世期间最终受到冰川作用。她识别出众多含有厚层冰碛物再造序列的冲积扇。那时对这些沉积物还不能准确定年，但全新世斜坡演化模型表明，这些沉积物和类似的沉淀物应该是在冰川作用后的整个时期稳步堆积的。然而，这些冲积扇表面以下 2 米的火山灰层的定年表明，这些巨量的物质在距今约 6 600 年前的全新世早期就已经堆积了，此后的全新世只表现出 2 米厚的沉积物层。显然，大多数冲积扇的发展是冰川从该地区消退后不久发生的。这项工作导致赖德和她的丈夫迈克·丘奇（Mike Church）在

1972 年发表了一篇经典的地貌学论文。该文提出了一个新的地貌学术语"类冰川"（para-glacial），用以刻画冰川作用条件下的非冰川过程，最初用来指代流水过程。丘奇和赖德在巴芬岛和不列颠哥伦比亚的工作提出了谷底沉积物供给的概念模型（图 9.1，见 Church and Ryde，1972）。在这里，沉积作用于冰川消退后立即达到最高，然后慢慢降低到非冰川环境下的预期水平（地质"常态"）。这一类冰期作用阶段可能被复活的冰川进退重塑，使沉积作用永远达不到"背景水平"。

发生于冰川消退和类冰川作用期间的过程同样发生在非冰川环境，但大量研究已经表明，过程的强度和速率在整个非冰川系统中都被增强了。类冰川作用涉及很多过程（Evans and Clague，1994）。

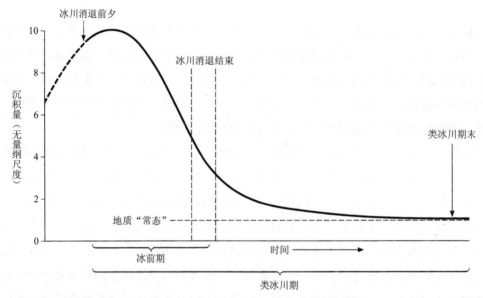

图 9.1　丘奇和赖德的类冰川对冰川消退的响应模型。河流沉积物供给在冰川消退期间显著增加，又随着沉积源的耗尽呈指数下降。这种冰川萎缩期被称为"冰前"期

资料来源：据丘奇和赖德的研究（Church and Ryder，1972）修改。

超陡冰川谷两侧的岩石崩塌在冰川消退后是很常见的，这是支撑物（或来自峭壁的冰川"支持物"的移动）压力释放和岩石表面节理系统内的流体静压力波动（部分由冰川融水压力的变化引起）共同作用的结果。在冰川消退伴随着峡谷两侧永久冻土融化的地方，永久冻土融化时峭壁节理面之间摩擦力的减小也会引起岩石崩塌。此外，冰川消退时景观的卸载意味着那时小规模的地震活动也较频繁，这进一步加剧了峭壁面的不稳定。所有这些过程意味着在冰川消退后数千年都会不断地发生偶发性岩石崩塌。

陡峭山谷两侧的流水活动，意味着泥石流是冰川消退期间冰川侧碛和冰碛物中的物质赖以向谷底再沉淀的主要过程。这其间从冰川主体分离并被埋在冰碛物质之下的冰块的融化增强了流水的作用。

在许多冰川前端，陡峭的冰川侧碛服从冰缘过程，如泥石流作用、融冻分选和冻土蠕动等。随着时间的推移，它们会降低松散物质构成的地形的坡角。来自冰块的强烈下行风意味着风成过程通常在冰川前端非常活跃，并随着沙层顺山谷下滑而从冰碛物和沉积物中筛选出细粒物质。

有河流排水的冰川集水区也呈现类冰川行为。冰川融化将大量水和沉积物释放到河流系统中，对此的响应可能是河漫滩的加速沉积或下切侵蚀。此外，河流也会改变其平面形态，并通过河道分汊或改变其比降来响应沉积物供给的增加。

因此可将这个迅速变化的时期看作各种地貌系统对压力水平变化的调整，是走向与新施加的气候和环境条件的平衡。它也是一个"复杂响应"观念的好例子，地貌系统通过复杂响应，以非常不同的方式和在不同的时间尺度响应同样的系统扰动。

从已完成的类冰川作用研究中我们可以确认若干重要发现。首先，沉积物向谷底供应的模式表明，系统紧随着冰川消退即发生快速再调整。随着时间的推移，由于所有可得沉积物已经被再造，又由于冰川消退后运作过程的强度和频率式微，该系统达到平衡和稳定状态。这段时期被称为类冰川期，会持续数年乃至数千年。在某些冰川正在消退的温带高山环境，类冰川期泥石流活动在约 10 年后就会终止；而在保留有更新世冰川活动遗迹的陡峭基岩悬崖，与类冰川再调整关联的岩石崩塌会在冰川消退后持续 2 万年左右。

其次，来自正在发生或最近已经发生冰川消退的山地环境的大量研究支持这个类冰川作用模式。在智利南部圣拉斐尔冰川两侧进行的研究（Harrison and Winchester，1997）就是一个例子。目前该冰川正沿着一个两侧陡峭的狭窄河谷下滑，而且自 19 世纪末以来一直在后退和消融。最近这种消退已经加速，自 1975 年以来该冰川表面消退了约 100 米，这使不稳定的冰川侧碛暴露于地表过程。这些过程中最重要的是泥石流，它重新分配冰碛沉积物并把它们沉积在下坡形成泥石流堆。联合使用树木年代学和地衣测年法对该冰川两侧泥石流堆沉积物的定年表明，泥石流堆的发展、稳定和水流下切都发生在冰川消退的约 15 年内。这是地貌系统的一种显著快速调整，其实现既有赖于该地区与高降水量相关的流水活动的剧烈性，又有赖于使堆面稳定的植被的快速定殖速率。

再次，此类强调类冰川作用功效的研究使地貌学家需要重新诠释更新世间经历过冰川作用和冰退作用的景观。例如，许多英国高地地区常见的大峡谷底漂移层和台地，曾经被看作冰缘泥石流沉积物，其随着大规模基岩的融冻崩解和相应的物质而向下坡移动。曾经在末次冰川作用期间（距今约 26 000—18 000 年）被冰川冰覆盖的英国高地地区，这些"泥石流层"被假定主要在距今 11 000—10 000 年短暂存在的洛蒙湖冰退（Loch Lomond Stadial）阶段已经形成，那时多年冻土在不列颠群岛广泛分布。因此，这种解释说明了这些地形的地貌演变是以缓慢堆积和谷底物质移动为主，这是一个历时几千年才完成的过程。我们可以把这个假说称为"冰缘泥石流"假说。

类冰川期概念使一个替代假说发展起来（Harrison，1996），它认为沉积物在冰退后不久就通过泥石流过程迅速地铺陈开来。如果这是正确的，那么沉积作用发生期间的环境可能相对温暖，沉积期早在冰缘泥石流假说所指年代的数千年前就发生了。

目前尚不清楚这两个假说哪个是正确的，但我们现有的沉积学证据和（有限的）测年证据趋向于支持类冰川假说。

最后，如果未来全球迅速变暖的预测是正确的，那么在许多高山和山区我们可能会经历一段冰川消退增强时期。我们关于山地系统响应过去这种冰退的认识，使我们能够比较准确地预测它们在未来可能的响应。对山区经济和其他人类活动来说，类冰川作用重现的含义是严峻的。例如，由于侧碛和终碛失稳而增加山区河流的沉积物供给，将反过来影响山区水力发电并淤积水库；岩面失稳将使缆车站易受落石和灾难性岩崩冲击；冰雪崩塌和冰碛堰塞湖的快速排泄可能会使数千人丧命。秘鲁安第斯山发生的一个重大灾难就属于后者，那里称此类突发事件为"冲积流"（alluviones），其行为可作为一种模式和对其他山地系统未来冰川行为的一种预报。

结论

综上所述，我们或许可以确定两个关键问题。首先，如果伴随将来的冰川消退将重现类冰川作用，我们如何把这种地貌不稳定性纳入山区经济和社会利用模式中？其次，可以在多大程度上用类冰川作用模式来解释经历更新世最后一次冰川作用的山区景观地貌？许多先前被解释为冰缘起源的地形和沉积物（如岩石冰川、岩屑坡、落石），或许最好被解释为强烈类冰川作用的结果。这种重新解释已在前文描述的高地"泥石流层"有所尝试，研究焦点已转向这些另类地形，并再次说明准确定年是把握关键之所在。采纳一种新的景观发展模式将是一个极其重要的起点，有助于降低先前所认识的在冰川作用区作为一系列景观形成过程的冰缘作用的重要性。

参考文献

Church，M. and Ryder，J. M. 1972：Paraglacial sedimentation：a consideration of fluvial processes conditioned by glaciation. *Geological Society of America，Bulletin*，83，3059-3071.

Evans，S. G. and Clague，J. G. 1994：Recent climatic change and catastrophic geomorphic processes in mountain environments. *Geomorphology*，10，107-128.

Harrison，S. 1996：Paraglacial or periglacial? The sedimentology of slope deposits in upland Northumberland. In S. Brooks and M. Anderson（eds.），*Advances in Hillslope Processes*. Chichester：Wiley，1197-1218.

Harrison，S. and Winchester，V. 1997：Age and nature of paraglacial debris cones along the margins of the San Rafael glacier，Chilean Patagonia. *The Holocene*，7，481-487.

Ryder，J. M. 1971：The stratigraphy and morphology of paraglacial alluvial fans in south-central British Columbia. *Canadian Journal of Earth Sciences*，8，279-298.

深入读物

Ballantyne，C. K. and Harris，C. 1994：*The Periglaciation of Great Britain*. Cambridge：Cambridge University Press. 该书提供了与英国第四纪类冰川过程和冰缘过程有关的一些地形和沉积物的评论。

Benn，D. I. and Evans，D. G. 1999：*Glaciers and Glaciation*. London：Arnold. 该书被普遍认为是关于冰川地貌学目前可得的最为综合的教科书。

10   海岸环境：地貌学对海岸管理的贡献

彼得·W. 弗伦奇（Peter W. French）

一生从未到过海岸的人不会很多，毕竟海岸是许多包团旅游的主要目的地。然而，对海岸带作为田园生活或休闲度假地的感知，却是当代更广泛海岸管理问题的基础。年复一年参观同一段海岸线的人会注意到，每次看到的它都发生了变化，例如，海滩上的沉积物在某些年会比其他年多，海岸可能被侵蚀退向内陆，或者海滩剖面可能变得更浅或更陡峭。这些变化反映了海岸线的动态性质，并彰显了海岸作为一个天然运转的自然环境与作为一个人们生活、娱乐和工作地之间的根本冲突。造成这些变化的形态学过程对海岸科学工作者来说正变得越来越重要，因为认识它们可以为海岸线管理提供有价值的信息。越来越多的海岸科学工作者（包括地貌学者）为我们全面了解海岸如何"工作"贡献了宝贵的知识，这是通过加强对海岸地貌过程和变化的监测和模拟实现的。

"海岸"或"海岸线"这两个术语涵盖了范围广泛的景观，包括海滩、沙丘、海崖和盐沼等。海岸地貌学者可能研究少数几个或全部类型，但某些景观如海滩和海崖在近年来得到了更多的关注，因为它们的动态性质日益使它们与人类的活动和发展相冲突。海岸同任何自然环境一样，都力争与塑造它们的自然因素（那些典型者被称为"强迫因子"）达到和维持一种动态平衡状态。这些强迫因子有很多，包括风暴、海平面上升和波浪活动变化等过程。如果我们考查以下一个简单公式，我们就可以开始了解这是如何发生的：

$$总波能＝侵蚀能＋沉积物输送能$$

这个等式被高度简化了。纯粹主义者会认为波浪还可能以其他方式，如通过沉积物与水界面的摩擦，失去能量。然而，从我们的目的出发，可以考虑一处背靠海崖的沙滩。如果这个海滩从上升流中得到大量沉积物，那么冲击它的波浪将消耗其能量的大部分来沿着该海滩输送沉积物，从而达不到海崖。如此，上述等式的侵蚀方面就是零。这里我们有一个海滩，它正获得的沉淀物补偿了被波浪运移走的沉积物。因此它并不产生任何管理问题，海滩总是在接受新的沉积物并同波浪态势处于一种动态平衡。

现在考虑同一个海滩，在波浪活动增加，而且沉积物的补给不能弥补波浪输移损耗的条件下，波浪在输移沉积物后有能量剩余，用于侵蚀海崖。换句话说，海岸与其波浪态势未处于动态平衡，因此会努力调整到一个稳定形态。这个调整过程即众所周知的侵蚀。

在现在许多海岸线都处于后一种形势的情况下，海岸管理者面临的问题是，很多海岸正在通过调整来响应诸如波浪活动增强和海平面上升等因素［多罗托夫的研究（Dolotov，1992）对这些问题给出了很好的说明］。这些过程正在导致海岸形态的巨大变化，如海崖和盐沼侵蚀。这就提出一个关键问题：

> 如果侵蚀的状况是不稳定海岸线试图调整以重新达到一种动态平衡，难道不应该允许它发生吗？

对此的简单回答是应该允许，因为一旦海岸线达到了平衡，它将停止侵蚀，即趋于稳定。然而，这就回到我们开始的那一段了。关键的问题是，由于人们趋向于尽其所能地利用海岸，这种自然的调整过程经常同人类活动相冲突，因此存在阻止它发生的巨大压力。换言之，我们需要抵抗这些侵蚀力以保护我们的海岸。人类对阻止侵蚀发生的典型响应就是建造某些形式的工程，如海墙、岸上防波堤等。然而，海岸会对强迫因子的变化作出响应，沿海岸修建某种建筑物会加剧这些强迫因子变化，这绝对是一种会恶化此类变化的方式。

一个重大决策：是否保卫海岸？

当下海岸管理的一个现实问题是明确回应上述观察。一方面，全球变暖正在引起冰帽融化和海洋膨胀，导致海平面上升、风暴期增多。因此，我们的海岸正在努力调整这两个因素（因而侵蚀盛行）。逻辑告诉我们，我们应该允许海岸的自然调整，而不是试图阻止它。然而另一方面，就社会经济而言，侵蚀意味着被某些人拥有的或有产生收益潜力的土地的损失。

海岸防护规划者一直采取一些"软措施"（如滩涂养殖）来部分地响应这种两难问题。滩涂养殖实质上是人为地向海滩供给沉积物，以弥补海浪所移除的比自然替换更多的泥沙（见上面的例子）。这意味着，滩涂养殖作为一种海岸防护的方式虽已非常流行，但它仍然有其问题或有其抵制者（Davison et al.，1992）。

海岸管理者对当地居民呼吁对付侵蚀问题的另一种可能响应是"什么也不做"。"无为"已日益被公认为对侵蚀的一种响应，在海岸防护计划规划阶段所进行的每一成本-效益分析和环境影响评价都应受到重视。这实际上就是基线情况，即如果听任自然，要预测海岸将发生什么。在成本-效益分析和环境影响评估后，首选的管理解决方案很可能是选择基线情况，不干预海岸。即使这意味着房屋可能掉进海中，也仍可能选择这个解决方案。这样的决策肯定会导致海岸管理人员与当地居民之间的冲突，尤其是当人们的家园和生计受到威胁时。

　　因此，考虑到这种决策的重要性，近来的发展强调需要预测海岸线响应的可靠方法。这个日益增强的关照有两方面的要求。首先是增加对海岸如何行为的可靠监测。每一条海岸对上述多种强迫因子的响应都不相同，因此需要单独评估每一条海岸对海平面上升和风暴活动的响应。其次，需要将这些数据应用到预测海岸地形会如何响应的模型中。关注侵蚀的历史趋势，并通过与导致这些趋势的强迫因子的变化做对比，就有可能预测未来的趋势。例如，弗伦奇（French，1993）和弗伦奇等人（French et al.，1995）已经模拟了整个盐沼表面响应海平面上升的垂向加积率变化，同时欧洲和其他一些国际动议已经产生了很多预测海滩响应海平面上升和沉积物输入变化的模型。

　　海岸模拟的进一步发展使我们有能力预测未来的海岸位置，从而了解某段海岸线如何对侵蚀力做出响应。通过了解历史侵蚀率及其发生的条件（即一定的海平面上升率），就有可能模拟海岸线对未来海平面上升的响应。布雷和胡克（Bray and Hooke，1997）把这个思想发展成一个针对软海崖后退的预测模型，但一般也适用于任何均一岩石或沉积体（如沙丘前缘或盐沼）的后退。以经历了一定海平面上升率（S_1）的历史海岸线后退（R_1）为基础，并利用对未来海平面上升的预估（S_2）加以推测，该模型以其最简单的形式预测未来的侵蚀率（R_2），根据公式：

$$R_2 = (R_1/S_1) \times S_2$$

假定一般可估计某时的海平面上升高度，例如，到 2020 年前海平面上升了 20 mm，那么将现在与未来的时间结合起来，可提供现在到 2020 年之间海崖后退总量的估计。而且，可以针对未来的任何日期，特别是未来海平面上升预测所涉及的日期，从而给出不同时间间隔的一系列后退值。可以把它们绘制在地图上来显示预定时间间隔的海岸线预测位置。这个方法在决定未来防护战略的类型和时机时可能会被证明是很有价值的。

　　图 10.1 提供了一个假设的例子。利用上述方法，分别标出了未来 25 年、50 年、75 年和 100 年海崖的四个预测位置。海岸管理者可以此类地图作为基础作出决定，以回应当地居民对解决侵蚀问题的呼吁。据图 10.1 可以认为，基于预测，至少在 25 年内崖顶的发展不会经受侵蚀的任何影响，因此这个时期可以"无为"。这种方法的一个优点是把源自海崖侵蚀的沉积物输入纳入海岸沉积物预估。然而，它预测 50 年后建筑（a）将落入大海，所以在此之前必须对是否需要防御工程或者这些工程是否值得投资作出决定。显然，这种方法还有优点，即允许随时间作出灵活和错开的响应。例如，如果建筑（a）是一家工厂，而且它在未来

时日本身已可能不可用，那么这种需要就是多余的。如果那时任建筑（a）落入大海，下一个要预测的问题就是当临近 75 年后该怎样，那时不仅建筑（b）处于危险中，主要海岸公路也将受到威胁。很清楚的是，这就产生了更加重要的管理问题，因为不仅单个建筑物濒临危险，当地的基础设施也将受到威胁。

这种方法正被越来越多地应用于现实的海岸管理中。在英国，萨福克郡的韦弗尼区市政局（Waveney District Council）已使用这个预测方法作为未来海岸管理动议的一部分。在一个规划地图中标识出 2068 年（政策实施 75 年后）的海岸预测位置，并把它作为未来海岸发展的一个规划指导。该范围在地理上位于距 1993 年海岸线 150 m 和 190 m 之间的陆地上。在苏塞克斯海岸费尔莱特湾（Fairlight Cove）采用了一个类似的方法。潘宁-罗塞尔等人（Penning-Rowsell *et al.*，1992）以费尔莱特村在 7 年后退线间隔的建筑阐述了这个例子。用这个预测模型的例子来主张进行海岸防护建设，并导致了崖前离岸防波堤的建设以使村庄免遭不断加速的侵蚀。

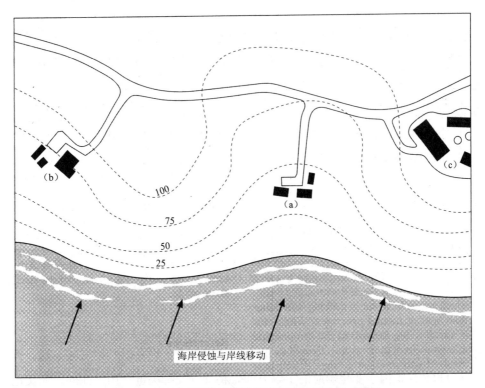

图 10.1 利用预测的后退线拟定岩壁海岸的管理策略

资料来源：弗伦奇（French，2001）。

58　　　当然，需要了解这种方法的局限性。关键是要记住我们对付的是预测，而这些预测的可靠性依赖于作为其基础的模型和数据的可靠性。显然，数据集覆盖的时间长度至关重要，因为它构成了预测未来响应的基础。许多海岸线管理的一个现实问题是，这些数据根本无法获得。这代表了我们对海岸地貌过程研究和强迫因子之地貌响应研究的一个主要短板。如果我们要获得关于海岸的更好认知，将来必须进行更准确和更多的海岸监测。另一个因素是模型的可靠性。上面采用的模型就其方法而言都是过分简化的，它假设岩石或沉积物类型不变以及海平面是海岸侵蚀的唯一驱动力。显然，其他因素可能都很重要，布雷和胡克（Bray and Hooke，1997）就概述了一些更复杂的模型。然而在精确模拟海岸方面，我们仍然只是刚刚起步，方法还在迅速地发展。为了实现准确的预测，我们需要更多的监测数据和更精确的模型。这是下一代海岸地貌学者所面临的任务。

最后的思考

　　　无论人类如何干扰，海岸线都将会继续对强迫因子的变化作出调整。实施承认这种形势而不是与之对抗的海岸管理政策，将会产生对别处影响最小的海岸防护。最近走向软工程的趋势就有据可查，它主张与自然过程协同而不是对抗。这是走向合意的海岸线管理的重要一步，同时所涉及的技术已产生了广泛的影响。然而，最近已经进一步提倡尽可能不干扰海岸。当顾及这将使房屋落入海中时，会产生不幸的后果。但是，不应该贬低贯彻此类过程的管理主张，因为在陆地用途和价值不是太珍贵的任何地方，任由海岸自然地应对条件变化肯定是最好的解决办法。

　　　通过利用模拟来预测海岸线的未来位置，可以改善海岸防护实践并有可能将其推延到未来的某个时候。这个过程允许来自海岸线被侵蚀部分的沉积物尽可能长时间地自由移动。

　　　在前面的讨论中，我们已考察了海崖的状态，此类方法同样也可以用于调查其他海岸问题，如在未来年份可能破坏基础设施的沙丘向陆移动，或可能引发洪水防御问题的盐沼后退。当然，由于承认并要提升将被遗弃土地的潜力，海岸规划者和开发商很可能开始认识到他们的某些工作的含义并作出相应的调整。因此开始排除不适合海岸发展的岸防工程理由。这样的任务非常适合地理学者。毕竟，正是自然地理学者，在提供基线监测数据，提高我们对海岸行为和对强迫因子变化响应的了解方面，将继续发挥关键作用。此外，人文地理或社会地理学者在对某些决策的人类和社会成本提供日益增加的见识方面，也能够发挥同样的作用。

参考文献

Bray, M. J. and Hooke, J. M. 1997: Prediction of soft cliff retreat with accelerating sea level rise, *Journal of Coastal Research*, 13, 453-467.

Davison, A. T., Nicholls, R. J. and Leatherman, S. P. 1992: Beach nourishment as a coastal management tool: an annotated bibliography on the developments associated with artificial nourishment of beaches. *Journal of Coastal Research*, 8, 984-1022.

Dolotov, Y. S. 1992: Possible types of coastal evolution associated with the expected rise of the world's sea level caused by the greenhouse effect. *Journal of Coastal Research*, 8, 719-726.

French, J. R. 1993: Numerical simulation of vertical marsh growth and adjustment to accelerated sea level rise, North Norfolk, U. K. *Earth Surface Processes and Landforms*, 18, 63-81.

French, J. R., Spencer, T., Murray, A. L. and Arnold, N. S. 1995: Geostatistical analysis of sediment deposition in two small tidal wetlands, Norfolk, UK. *Journal of Coastal Research*, 11, 308-321.

Penning-Rowsell, E. C., Green, C. H., Thompson, P. M., Coker, A. M., Tunstall, S. M., Richards, C. and Parker, D. J. 1992: *The Economics of Coastal Management: A Manual of Benefit Assessment Techniques*. London: Belhaven Press.

深入读物

Carter, R. W. G. 1988: *Coastal Environments: An Introduction to the Physical, Ecological and Cultural Systems of Coastlines*. London: Academic Press.

French, P. W. 1997: *Coastal and Estuarine Management*. London: Routledge.

French, P. W. 2001: *Coastal Defences: Processes, Problems and Solutions*. London: Routledge.

11   干旱区环境：变化的动态景观感知

大卫·J. 纳什（David J. Nash）

干旱区是重要的环境

表面上看，干旱区地理学研究似乎是一个相当枯燥的论题。事实上，干旱地区占据了地球陆地面积的 1/3 以上，使之成为世界上最大的气候—植被带。由于气候的极端性以及地表水和食物的缺乏，干旱区在历史上大多数时间都被视为避之不及的地域。这种感知一直持续至今，以至于我们对世界干旱区的普遍印象大部分都是负面的，那里空旷、干燥、沙地广布，白天气温灼热，旱灾、贫困和饥荒频发，人们在失去控制的沙漠化面前显得无助。确实，甚至较近的地理学文献中也频频出现此类感观。研究者们今天面临的最大挑战可能就是要克服此类老套的先入之见，摆脱这种对干旱地区的陈旧看法。干旱区远非贫瘠的不毛之地，它包含地球上最独特、美丽、有活力、有规律的地貌，是多种多样错综复杂的生态系统之所在。从人类的角度看，干旱区并非人烟稀少的荒野，而是世界约 1/5 人口的家园，其中有很高比例的人口生活在大型城市聚落，其余生活在农村社区。对这些地区的研究，一个关键应该是更深入地了解景观过程的运作，以使我们能够认识这些过程如何影响人类群体，并提出更恰当的可持续性策略来帮助干旱区的人民。

干旱区气候条件的变动性

过去 20 年来，我们对干旱环境的认识发生了某些巨大转变，此间我们已认识到这些地区环境条件尤其是气候条件的变动性和多样性。往往以年均降水量为基础将全世界的干旱区分为极干旱（年降水量低于 25 mm）、干旱（25—250 mm）和半干旱（250—500 mm）几 个类型，但这是误导，因为它掩盖了内在的气候变动性，我们现在知道正是这种变动性成为这些区域的一个特征。例如，极干旱地区年际降水量的变化是非常剧烈的，经常有超过 12

个月的时间无降水；而干旱区（低于 50％的年际变化）和半干旱区（25％的年际变化）的年际降水量变化程度下降。平均降水数字的使用也忽视了诸如降水时间和类型、蒸散水平之类的因子在决定水分有效性方面的重要性。例如，半干旱的喀拉哈里沙漠（Kalahari Desert）的部分地方整一年的降水量高达 600 mm（比英国的许多地区都湿润），但其中大部分发生在夏季的显著暴雨期，而该时期的潜在蒸散率会超过 1 500 mm。此外，并非所有干旱地区的降水都以降雨的形式发生，海雾和露水给干旱的阿塔卡马（Atacama）和纳米布（Namib）海岸沙漠提供了不少水分，融雪也给高海拔大陆沙漠如奇瓦瓦（Chihuahuan）沙漠贡献了水源。

曾经认为干旱区终年炎热，然而我们现在知道的情况并非如此。由于海拔、纬度和位置的不同，沙漠年均温度范围具有显著差异。世界上 43％的沙漠是炎热沙漠，最热月均温不低于 30℃，最冷月则为 10—30℃；18％的沙漠是温暖沙漠（最热月均温为 10—30℃，最冷月为 10—20℃）；15％的沙漠是温凉沙漠（最热月均温为 10—30℃，最冷月为 0—10℃）；其余 24％的沙漠称为凉冷沙漠（最热月均温为 10—30℃，最冷月低于 0℃）（Thomas，1997）。在炎热的热带和亚热带沙漠会发生超过 50℃的极端气温，土壤表面温度会超过 80℃，而夜间气温将会降到 10℃以下。与之相对，某些高海拔大陆干旱地区的冬季温度会显著低于冰点。

近来的干旱区地理研究

由于对干旱区研究投入的增加以及更好的测量仪器的使用和监测水平的提高，我们对气候条件变异性有了更深入的了解，这反映在今天地理学者开展的尖端研究工作中。自然地理学中对可得性水分的时空变异性的认识，对鉴识干旱区地貌过程的运作产生了重要影响。例如，早期沙漠风化过程研究倾向于过分强调温度变化对岩石破裂的重要性，这主要是由于没有意识到水分可以驱动化学和生物风化机制。然而，今天通过实验室模拟实验和野外监测进行的很多研究，赋予了水分在风化环境中更多的重要性。我们现在知道，即使在世界上最干旱的地区，作为露水和雾气输入的结果，在短期内是可以产生水分的（Eckardt and Schemenauer，1998）。通过对比近期关于纳米布沙漠花岗岩残丘（Cockburn *et al.*，1999）和南澳大利亚类似残丘（Fleming *et al.*，1999）主要由风化速率控制斜坡后退率的研究，可以看出这个现象的潜在意义。纳米布斜坡后退率高出一个数量级，很可能是由于海滨含盐海雾的频繁发生增加了盐风化过程作用的潜力（Goudie and Parker，1998）。

其他干旱地貌学领域也发生了类似的研究转变。比之其他领域，对沙漠河流系统动力学

62 的了解直到最近还相当贫乏。这部分是由于在洪水期间测量沙漠河流的流量和沉积运输量存在诸多困难，但也因为洪水发生时不容易实际把握正确地方和正确时间的机会。尽管洪水对基础设施和人类生命安全具有潜在危险，但已经开展的研究往往是定性的，或关注集水区的一般特征，对干旱区洪水的了解却乏善可陈。然而现在有许多国家，包括以色列和美国，已采用广泛的仪器测量网对干旱区河流流域进行详细的水文监测。这种监测在洪水控制和沙漠河流系统运作方面取得了令人振奋的结果。例如，随着最近在内盖夫沙漠（Nagev Desert）的研究揭示了洪水瞬时性和大小的显著变异性（Reid *et al.*，1998），所有干旱地区的洪水都是剧烈突发性洪水的"神话"已基本消失。我们现在也知道，干旱区河流，特别是砾石河床河流，与较湿润地区的河流相比，在给定河床剪切力范围内可以给河床输送更多的床载沉积物（Tooth，2000）。在内盖夫的研究表明，当洪水经过干旱河床时，在挟带阈值上的推移质运输率可以比在一条同等规模的温带河流高出约 100 万倍（Laronne and Reid，1993）。

人文地理和自然地理学者协同研究干旱区

干旱地区气候变异的重要性也日益在人文地理学领域得到认同，尤其是在那些关注发展问题的领域。在被称为影响全世界干旱区的诸多问题中，一个最普遍提及的问题是荒漠化。荒漠化的定义多达数百种，广义而言，荒漠化指干旱区的土地退化过程，通常关联当地人口不合理的土地经营和不恰当的技术使用，再加上气候变化。尽管科学上对荒漠化是否是一个实际存在的过程还有某种程度的怀疑（Thomas and Middleton，1994），但这个术语在诸如联合国那样的组织内几乎已获得"公认事实"的地位。然而，认为沙漠正在扩张和声称有大面积可耕地的久远观念并没有显示其真实性。例如，对苏丹撒哈拉沙漠边缘 10 年序列的卫星影像研究表明，植被覆盖（其缺乏往往被错误地认为是荒漠化的一个指示）同年降水量的模式密切相关。在研究期间，沙漠边界南北摆动幅度高达 3 个纬度，最极端的波动发生在 1984—1985 这一年里，当时由于降雨量的增加，边界移动了 110 km（Tucker *et al.*，1991）。荒漠化通常关联人类的不良活动，如过度放牧、土壤退化和林地清除等，但正如这个例子所示，即使没有人类的影响，世界干旱区边界分布的变化也会迅速发生。如果世界上的沙漠以 20 世纪 70、80 年代预设的速率推进，那么撒哈拉沙漠现在应该已经吞没了整个萨赫勒地区。同理，如果过度放牧和土壤退化发生了达几十年的地区，那么我们应该在很久以前就看到干旱区农业经济的彻底崩溃了。情况显然并非如此，虽然在严重干旱的某些片段时期似乎如此。许多涉及干旱区管理之类问题的人文地理学开创性研究现在正放弃全球尺度的研究，而聚焦更为地方性的尺度，重视环境变化地方的绘图和预测（往往基于对过程的贫乏理解）（Mortimore，1998）。这些地方性研究寻求当地居民参与到管理中，而不是把专家主导的新技术和系统强加给社区以防止土地退化（van Rooyen，1998）。这一变化反映了对本土土地利用实践的认同，它往往比由外部引入的管理系统更加有效和适于当地条件，这就有效地扭转了先前认为的所有传统方法都不适当并对环境有害的看法。

　　总而言之，涉及干旱环境所有方面的地理研究正在经历观念的转变。自然地理学正摆脱干旱地区气候不变的传统观点而转向更全面的观点，认识到日、季、年和年代尺度气候变异对地貌过程的重要性。在人文地理学领域，干旱区是荒芜之地的认知正被"干旱区是变化景观"的观念取代，管理中更需要咨询当地社区。然而，最重要的也许是自然地理学和人文地理学的干旱地区研究活动日益汇聚，在诸如土地退化和荒漠化的有关问题上尤其如此。这些问题包含了人类的和"自然"的环境变化，需要了解科学过程和社会过程。此类协同和合作在地理学领域相当难得，展示了走向此类脆弱环境进行有效和敏锐管理的最好途径，愿其能长期持续。

参考文献

Cockburn，H. A. P.，Seidl，M. A. and Summerfield，M. A. 1999：Quantifying denudation rates on inselbergs in the central Namib Desert using in situ-produced cosmogenic ^{10}Be and ^{26}Al. *Geology*，27，399-402.

Eckardt，F. D. and Schemenauer，R. S. 1998：Fog water chemistry in the Namib Desert，Namibia. *Atmospheric Environment*，32，2595-2599.

Fleming，A.，Summerfield，M. A.，Stone，J. O.，Fifield，L. K. and Cresswell，R. G. 1999：Denudation rates for the southern Drakensberg，SE Africa，derived from *in-situ*-produced cosmogenic ^{36}Cl：initial results. *Journal of the Geological Society*，156，209-212.

Goudie，A. S. and Parker，A. G. 1998：Experimental simulation of rapid block disintegration by sodium chloride in a foggy coastal desert. *Journal of Arid Environments*，40，347-355.

Laronne，J. B. and Reid，I. 1993：Very high bedload sediment transport in desert ephemeral rivers. *Nature*，366，148-150.

Reid，I.，Laronne，J. B. and Powell，D. M. 1998：Flash-flood and bedload dynamics of desert gravel-bed streams. *Hydrological Processes*，12，543-557.

Tooth，S. 2000：Process，form and change in dryland rivers：a review of recent research. *Earth-Science Reviews*，51，67-107.

Tucker，C. J.，Dregne，H. E. and Newcomb，W. W. 1991：Expansion and contraction of the Sahara Desert from 1980-1990. *Science*，253，299-301.

van Rooyen，A. 1998：Combating desertification in the southern Kalahari：connecting science with community action in South Africa. *Journal of Arid Environments*，39，285-297.

深入读物

Mortimore，M. 1998：*Roots in the African Dust：Sustaining the Drylands*. Cambridge：Cambridge University Press.

Thomas，D. S. G. （ed.）1997：*Arid Zone Geomorphology*，2nd edition. Chichester：Wiley.

Thomas，D. S. G. and Middleton，N. J. 1994：*Desertification：Exploding the Myth*. Chichester：Wiley.

12　环境建模

斯图尔特·莱恩（Stuart Lane）

2000 年 11 月，英国的许多河岸被水淹没。这一事件与异常的天气格局有关，其导致了一系列锢囚锋停滞在整个英国，并产生强降水。很多机构都把洪水当作气候变化的征兆，将这种情况归因于温室气体排放影响气候系统的假说。那么我们如何证明这个假说是正确的呢？很遗憾，由于种种原因我们不能用常规的实验来检验这个假说。全球环境系统的复杂性，以及人类改变气候的长时间尺度和大空间尺度都有待辨识，这意味着基于参数处理（如通过改变一个密封箱中的温室气体水平来研究能量平衡）的简单实验室试验既无意义也不可能。第二种选择是研判人类影响环境时期的气候趋势记录。这同样使我们面临不确定性，所观测到的全球平均温度变化幅度仍明显低于从过去百万年环境重建中所估计的温度变化。观测到的变化远小于与环境自然变化有关的变化（见彼得·弗伦奇所撰的本书第 10 章）。当可以清晰地将温室气体引发的某种气候"信号"从环境自然"噪音"中分离出来时，因气候对温室气体排放响应的滞后很可能使问题更加复杂。为了解决实验室试验和环境记录在扩大我们对环境认识的时空范围局限性，环境模型就成了重要工具。

概念模型

最好将模型定义为对现实的某种抽象：它不能囊括现实世界的全部复杂性，但因具有一些关键特征使得模型和模型行为能表征真实世界。有人（如 Huggett，1993）将其表述为用以将现实简化到可控范围的过程。实际上，模型具有层次。概念模型是理解上最简单的模型类型，但有时是最难开发的。它仅仅是一种简单的陈述，说明一个模型中有哪些实体，以及它们相互联系的方式何在。图 12.1 为一个富营养化浅水湖泊的生态学案例（Scheffer，1998）。它显示了关键实体之间的联系，是决定模型中需要包含哪些实体和哪些过程的第一步。正是在这个阶段做出了建模过程中的最先假设，即决定什么因其重要性而应被包括进来，什么可以被设想为不重要而不被包括在内。

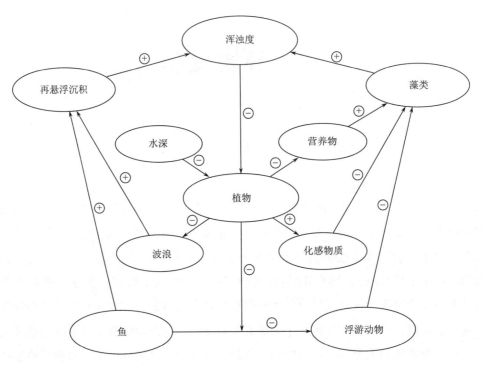

图 12.1 浅水湖营养负荷和生态过程之间相互作用的一个概念模型。富营养化研究的传统重点包括营养负荷和藻类生长之间的正相关关系。然而此图也说明了藻类生长如何既受化感物质（由水生植物产生）、又受浮游动物取食的影响，二者都降低了藻类数量。此图也显示了藻类生长如何增加了湖泊的实际浑浊度。于是这些连接包括了通过这些参数能追踪到的各种反馈。例如，如果藻类生长导致水体更加浑浊，那么由于光将不能再深透水体，湖床植物的生长量将下降。然后更多的营养物因为根部约束效应的丧失而被释放，化感作用将会减少。二者都促进了藻类更多地生长。此图对核心相互作用做出了简单的概念性说明。不幸的是，实际的相互作用比这复杂得多，通常是生态系统甚或物种的变异作为生物有机体应对生态系统相互作用的演化结果。罗和莱恩（Lau and Lane, 2001）对此做了综述

数学模型：经验性的

基于经验性途径的数学模型包括对若干现象进行一组观测，然后用这些观测建立现象之间的关系。这通常使用统计方法，并基于如下假设：一个或多个（独立）强制变量的变化导致某个（非独立）响应变量的变化。浅水湖泊的富营养化是一个很好的例子。富营养化涉及

水体初级生产力递增。研究表明湖泊的初级生产力受可溶性磷的可得性限制，因为光合作用需要磷。于是建立起磷负荷和富营养化水平（如叶绿素 a 浓度）之间的经验关系（如见 Stefan，1994），以至于给定一个磷负荷就可以预测可能的富营养化水平（图 12.2）。可以用两种方法建立这种关系：① 在同一时间点观测若干不同的湖泊和河流；② 在一个湖泊观察磷浓度和富营养化水平之间随时间变化的关系。一旦建立了这种关系，重要的是切记经验关系包括对不确定性的陈述。在图 12.2 中，数据的散布意味着对一个给定的磷负荷，存在很多可能的富营养化水平。数据越分散，不确定性就越大。这是一个很简单的经验模型的例子。更复杂的经验模型要考虑一个以上的强制变量和更复杂的变量相互作用。

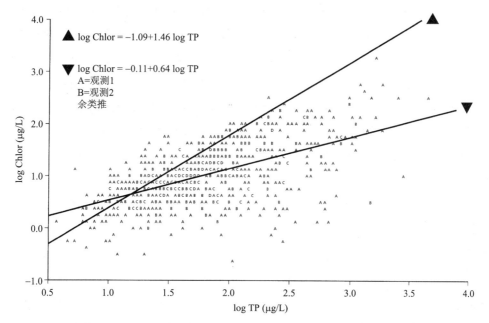

图 12.2 一个基于回归分析的经验模型：水体叶绿素（chlorophyll）含量和营养负荷［此例为总磷（total phosphorus）］之间的关系。此图显示了两个回归关系，表明经验模型一般而言趋向于不确定性。它们是否适用于其所基于的数据时间段以外？它们是否适用于不同的场所？这个关系仍然有显著的分散

　　用经验方式建模需要很多前提条件。首先，经验关系必须有一个坚实的理论基础。虽然使用统计方法可以评价一个模型好在哪里（如通过评价该经验关系的适合度），但这通常不是对模型的充分检验：经验关系可能是虚假的，因而预测能力很差。其次，当用于作为其基础之观测范围以外的预测时，很多经验模型的表现都乏善可陈。以希和奥彭肖（See and Openshaw，2000）报道的将神经网络建模用于预报洪水为例，是基于使用人工智能方法来

建立强制变量（如上游降雨）和关键响应变量（如水位）之间的某种经验关系。研究表明，这些模型只在预测以前已发生过的与强制参数模式有关的水位时才表现良好。这个问题有两个重要含义：经验模型并非任何时间都有效；它们往往不适宜推广到其他地方。这些问题的根源是经验模型缺乏普适性，通常还认为这是因为它们并不一定都有一个好的物理学基础，它们是建立在统计学相互作用而不是在关键物理学过程基础之上的。

数学模型：确定性的

确定性数学模型直接应对了关于经验模型缺乏物理学基础的指责。它们建立在基本的物理学、化学，偶尔还有生物学原理的基础上。在自然环境尺度上，我们很幸运地知道许多关键原理，大多得自牛顿力学，如：① 储存规律；② 传输规律；③ 转换规律。储存规律基于物质不灭定律：物质既不能被创造也不会被毁灭，而只能从一个状态转换到另一个状态。正如所遵循的物质不灭定律一样，传输规律也基于牛顿力学，例如，物体会保持原有的静止或匀速运动状态，除非受到外力作用。转换规律承认化学反应引起一个实体的状态发生改变的可能性。例如，如果环境弱化，附着在铝或铁上的磷酸盐会在富营养湖泊里变得可溶解，从而能加剧富营养化。

图12.3a显示一个数学模型的构建步骤，图12.3b以一个浅水湖富营养化过程为例加以说明（据Lau，2000）。两图都介绍了模型构建的许多重要组成部分。首先，它表明了对模型加以恰当概念化的重要性。此过程涉及决定包括什么和排除什么。如果比较图12.3b和图12.1，你会发现图12.1忽略了很多组分。这一过程通常称为"闭合"，包括界定模型要处理的系统的边界。理想上，所有相关过程都应包括进来，"闭合"不排除任何可能要紧的过程。而实际上却要排除某些过程，这有两个原因：① 它们对所研究的特定系统无关紧要；② 包括进某特定过程的可能性受限制。在情况①中，通常只包括进情况较简单的某过程影响。在湖泊富营养化建模的例子中，系统可能被营养物限制和食物链相互作用两者共同驱动。后者又被为浮游动物（以藻类为食）提供避难所而出现的底部生长植物控制。并无必要模拟大多数浅水湖的植物生命循环，因为那是相对简单的季节性功能。于是就可以用简单的参数化处理它们（见下文）。在这种情况下，我们用一个简单的规则来处理藻类高生长水平对浑浊度及随后植物损失的影响。该规则认为，如果藻类浓度达到一定水平会发生植物死亡，因而湖床释放营养元素的速率会突然增加。这就没有忽略植物的影响，而是以与模型中所考虑变量相符合的方式加以表达。

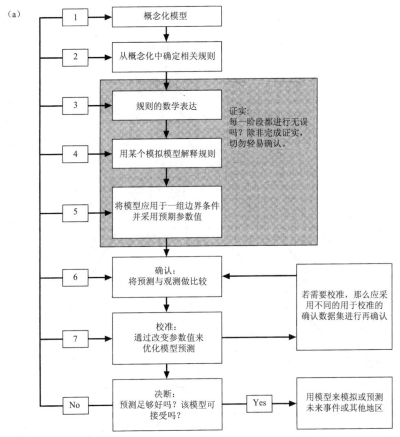

（a）

1 模型被正确概念化了吗？
　　各种过程都表达得足够充分吗？是否表达了太多的过程？
　　各种该表达的过程都得到表达了吗？
2 是否确定了恰当的规则？
　　是否正确说明了规则？
　　这里引入了什么假设？
　　可接受它们吗？
3 这些规则的数学表达正确吗？
　　表达时是否引入了任何不能接受的假设？
4 各种规则是否得到正确的解释？
　　计算机程序有无程序错误？
　　数值解是否足够准确？
　　模型离散化健全吗？
5 是否恰当地说明了边界条件？
　　边界条件中是否有会影响模型的误差？
　　模型表现不好是因为缺少必要的边界条件吗？
6 用于确认模型的各种观测是否正确？
　　观测与模型预测是否等效？
　　观测是否能表征模型预测？
　　当对观测和预测做比较时，模型会在哪里（空间和时间上）出错？
7 校准过程是否产生了实在的参数值？
　　当再确认模型时，该模型是否产生了一组以上具有同样好预测效果的参数值？
　　模型对参数化是否过度敏感？

69

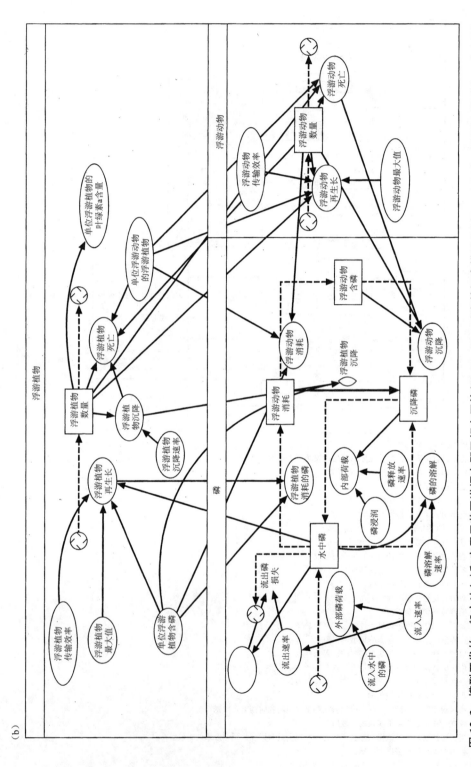

(b)

图 12.3 模型开发的一般方法 (a) 和应用于英国诺福克郡巴顿布罗德 (Barton Broad) 湖的概念模型 (b) (Lau, 2000)。显示该模型有三个主要组分：藻类组分 (浮游植物)、营养盐组分 (磷) 和食藻组分 (浮游动物)。这三个主要组分内部和之间都存在相互作用。例如，浮游植物依赖磷，浮游动物依赖营养物质的可得性再生，并自然死亡。它们又被浮游动物捕食。随着浮游植物的产生，死亡和被食，磷在能被储存的多种组分中转换

模型建立的第二组分包括引入概念模型、确定恰当的过程规则并将其转化成一个可以求 70 解方程的模拟模型。这可能是模型开发最困难的阶段，因为许多方程自身并没有简单解。通过排水网络预测洪水路径的案例可以很好地说明这个问题。进入网络的流量作为时间的一个函数是变化的。简单说来，洪水通过网络某部分的运动速率依赖于那一部分的水面坡度（坡度越陡意味着水流越快），于是存在空间依赖性，这就出现了两个问题：第一，洪水路径的时空组合依赖性意味着主导方程是部分微分的（因为它们包含时间和空间的导数）。几乎所有的环境模型皆如此，因为我们要考虑事物如何在空间运动。空间运动需要时间，因此所有模型都应该既涉及空间又涉及时间。而部分微分是非常难解的。第二，所有的模型都要求有某种形式的初始条件。在这个例子中，我们需要整个排水网络水位和流量的初始值，我们还需要知道入口流量。因此，模型严重依赖用以初始化模型之数据的可得性。

求解控制方程一般要求我们引入参数。这是因为我们在概念化过程中会选择排除某些过程，但我们仍然需要表达它们的影响。在藻类建模里，我们考察了湖泊植物的例子。在洪水路径演进的例子里，我们选择忽略水的侧向和垂向运动以及湍流，而所有这些都影响排泄路径。但如果我们感兴趣的是排水网络尺度的洪水路径，那么要在模型中包含它们就会使求解产生不可想象的耗时。然而，参数化也是如下事实产生的结果：虽然方程可能有一个很好的物理基础，但不足以直接决定方程。当求解方程时，方程中会出现一些不能直接确定的项（如洪水路径模型中的湍流），于是就引进一些参数来表达这些影响。而很多这样的参数并无物理基础，很难测度。因此参数的指定，或参数化，是所有建模的核心任务之一。参数化过程不能独立于数据检验进行，要通过改变参数值来优化模型，以使验证数据和模型预测之间的差值最小化。

模型评估包括两个重要步骤：确认和校准。确认指检验模型以确保它求解方程的过程正确。这可能包括调试计算机代码，检验数值求解过程和进行灵敏度分析。后者可以用以确保模型行为敏感地响应边界条件或参数值的变化。校准是将模型与现实相比较的过程。这通常涉及定义一组描述模型预测与现实相匹配程度的"目标函数"（见 Lane and Richards，2001）。目标函数的一个很好例子是均方根误差（εRMS）：

$$\varepsilon RMS = \frac{\sum\limits_{i=1}^{n}(p_i - o_i)^2}{n-1}$$

式中，p_i 是模型预测值；o_i 是观测值；n 是可得观测的总数。

一旦确定了目标函数，就可以改进模型以减少目标函数所限定的误差大小。这会涉及前 71 述的在优化过程中改变参数或检查边界条件。它可能包括通过纳入少数新过程或对现有过程作替代处理而将模型进行更彻底的再开发。图 12.4 显示了通过将前述富营养化模型应用于英国诺福克郡巴顿布罗德湖而获得的叶绿素 a 浓度默认值（a）、优化值（b）及预测值（c）（Lau，2000）。该模型用 1983—1986 年的数据进行了优化，然后用这些优化的参数针对 1987—1993 年作了运行。这表明该系统对优化的依赖（比较图 12.4a 和图 12.4b），还显示了一个重要的建模问题：从数据优化时段结束起，优化模型的表现会随着时间的推移而逐渐变差。正如前述的经验模型那样，参数化似乎只在有限的时间段内有效，这就对模型在更长时间段内可以应用到什么程度提出了质疑。

到了这一步，建模者必须作出一个至关重要的判断：优化后的模型是否足以用来在它建立的条件范围之外进行模拟或预测？正如我们在引言中指出的，这是模型的核心目标——扩展时间和空间的边界。无论如何，这个判断使我们要批判性地审视确定性数学模型。

对确定性数学模型的批判性透视

假设

对于所有建模的努力，在可获得的空间分辨率和时间分辨率量级，与所考虑的物理、化学和生物过程范围之内，最终都依赖计算机资源提供一种权衡。这要求我们对要包括什么过程、使用什么时间跨度和处理什么空间尺度作出一些假设。这是一种闭合形式，那么我们的模型结果是对现实的反映抑或是我们所用闭合类型的产物？在富营养化模型的例子里，我们已排除了很多过程（如与鱼相关的那些高级食物链相互作用）。但如果这些过程并非无关紧要，却被忽略或仅得到部分表达，那么该模型就不一定是一个可靠的决策工具。

归并过程和亚网格尺度过程

我们在建模时必须规定模型采用的时间和空间尺度，这就是所谓的离散化。然而，我们知道大多数过程都在一定的时间和空间尺度范围内运行。计算上的限制意味着离散化只能置于比所关心的尺度略小的尺度上。小于离散尺度的尺度并不直接得到模拟，但必须以某种方式体现在模型中，通常涉及对它们在被模拟尺度上的最终影响做某种类型的归并，这就是所谓的亚网格尺度过程，可以是在时间上或在空间上的。不幸的是，研究表明亚网格尺度过程可能对大尺度过程有某种无法预料的影响。爱德华·罗伦兹（Edward Lorenz，1963）在混沌理论中提出的一个问题对此做了极好的说明："在巴西的一只蝴蝶扇动翅膀（很小尺度的过程）何以能在得克萨斯州引起一场龙卷风（大得多的尺度的过程）？"有人认为，混沌理论挑战的正是可以确定性地模拟环境这个假设。

确认

确认过程的问题更严重（Lane and Richards，2001）。确认的基本假设是：检验数据是正确
的。不管它们是否因测量得无误差而正确，这些检验数据都不可能一定充分。例如，我们在野
外进行测量的空间尺度可能与模型用以预测的空间尺度大相径庭。土壤湿度状况的测量是一个
好例子，这通常在野外的一个点进行，而山坡径流模型则是在数米次序的网格尺度上运行，因
此会在非常不同的空间尺度上作预测。类似地，一个模型往往产生各种预测。一个二维洪水路
径模型可以提供某河段下游末端随时间而变的水位预测，也可提供淹没空间格局的预测。于
是可通过很多方法（如洪峰大小、洪峰时间、溢流持续时间）来检验这些预测。研究表明
（如 Beven，2000），虽然这些预测值中可能不乏足够精确者，但这并不意味着所有的预测都
足够精确。同样，河岸淹没模型可能产生对水位随时间变化的真实估计，但这不意味着水位
记录的上游河岸淹没格局也是准确的。这些问题表明，模型确认并非简单易行。

参数化和优化

参数化和优化是所有模型的必要部分，但是它们也引起了许多问题。首先，环境系统通
常是不确定的：模型参数的数目总是比用以刻画系统之方程的数目要多。大量可变参数导致
了如下可能性：由于错误的原因（如使用了错误的参数值），优化产生了正确的结果（如正
确的预测）。贝文（Beven，1989、1996、2000）已经指出这是水文模型的普遍特征，并断
言模型受害于等效性（我们用非常不同的参数值集合可以得到很多等同的模型预测）。其次，
如果检验数据的质量或数量贫乏，优化是成问题的。这导致了因为错误原因（归于等效性）
获得错误结果（如根据不正确的检验数据判定预测）的可能性。第三，如果数学模型所依赖
的概念模型存在根本性的缺陷，那么后续的参数化和优化都不会有效。当模型预测和观察之
间存在某种不一致时，会非常急迫地专注于优化。但是，如果模型的根本概念基础不正确，
这就是一种无效的举动。许多数值模型过分依赖参数化和优化，这导致一些人（如 Beven，
1989）质疑环境模型的物理基础：即使模型有某种物理基础，但其产生的各种预测所包含的
信息往往在很大程度上是参数化的结果。图 12.4 对此作了说明，它表明巴顿布罗德湖藻类
模型的参数依赖性。这意味着模型只能在它们被参数化的时间段（如图 12.4a）、地方和预
测上起作用。

在此关于数学模型的讨论中，我们发现绕了一个大圈子，却不得不承认，我们感到茫然
不知所措的，正是通过采用数学方法孜孜以求的普适性。

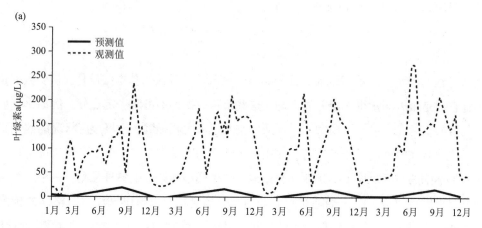

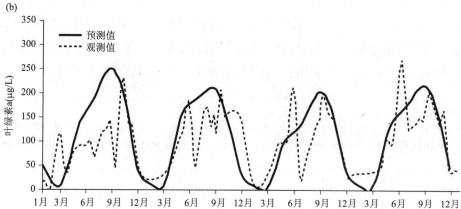

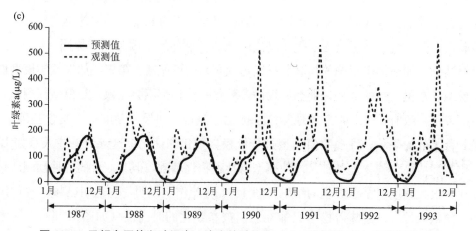

图 12.4 巴顿布罗德湖叶绿素 a 浓度的默认值（a）、优化值（b）和预测值（c）

资料来源：据 Lau（2000）。

结论

以这样一个令人沮丧的结论来结束，对建模人员为解决这些问题而开发的复杂方案和所

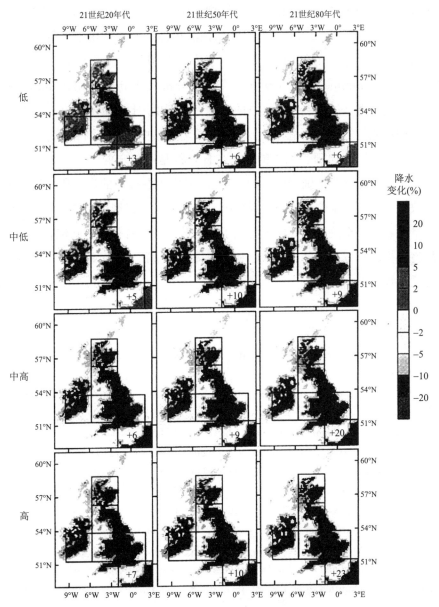

图 12.5 英国气候影响计划预测的冬季降雨量变化百分比

资料来源：Hulme and Jenkins（1998）。

采用的各种方法来说是不公平的。大部分进展围绕着妥善处理和报告数学模型中的不确定性
进行。参数值、边界条件以及检验数据误差的可能性，意味着大多数模型都涉及在某一空间
和时间点上可能有多种预测。正是数学建模的这些问题，可以转化为一个关键优势：通过进
行大量的模型模拟，并探究作为边界条件和参数值不同组合结果的模型预测的变化，我们可
以得到很多可能的模型预测，从而显示出与模型有关的确定性（或不确定性）。虽然这并非
总是直截了当的（如 Beven，2000），但对我们预测正确性的置信水平进行概率陈述，能使
我们对模型的正确性产生信心。图 12.5 显示了来自英国气候影响计划（United Kingdom
Climate Impacts Programme，UKCIP）的一个此类分析（Hulme and Jenkins，1998）。其中
既包括了气候变化管理（如温室气体排放的变化）的不确定性，也包括了模型参数的不确定
性，以提供多种可能的气候变化情景；不确定性分为低、中低、中高和高。这反映了数值模
型预测的本质状态：同任何预言未来的方法一样，都是不确定的。不幸的是，作为一个社
会，我们极不愿意接受这些不确定性。2000 年 11 月发生在英国的洪水所导致的很多损害就
包含若干离散事件，河流水位超过了岸堤阈限，产生了对河岸居民有实质性影响的后果。对
不确定性的量化和报告至关重要，更广泛地了解与数学模拟有关的不确定性也至关重要。无
论如何，最终的挑战是减少不确定性，以利我们提高模型预测的可靠性，从而改善模型作为
决策工具的适用性。

参考文献

Beven, K. J. 1989: Changing ideas in hydrology: the case of physically-based models. *Journal of Hydrology*,
    105, 157-172.

Beven, K. J. 1996: Equifinality and uncertainty in geomorphological modelling. In B. L. Rhoads and C. E.
    Thorn (eds.), *The Scientific Nature of Geomorphology*, Chichester: Wiley.

Beven, K. J. 2000: *Rainfall-Runoff Modelling*. Chichester: Wiley.

Huggett, R. J. 1993: *Modelling the Human Impact Upon Nature*. Oxford: Oxford University Press.

Hulme, M. and Jenkins, G. J. 1998: Climate change scenarios for the United Kingdom: summary report,
    UKCIP Technical Report 1, Norwich: Climatic Research Unit.

Lane, S. N. and Richards, K. S. 2001: The 'validation' of hydrodynamic models: some critical perspectives.
    In P. D. Bates and M. G. Anderson (eds.), *Model Validation for Hydrological and Hydraulic Re-
    search*, Chichester: Wiley.

Lau, S. S. S. 2000: Statistical and dynamical systems investigation of eutrophication processes in shallow lake
    ecosystems. Thesis submitted in partial fulfilment of the requirements for the Ph. D. degree, University
    of Cambridge.

Lau, S. S. L. and Lane, S. N. 2001: Continuity and change in environmental systems: the case of shallow
    lakes, *Progress in Physical Geography*, 25, 178-202.

Lorenz, E. N. 1993 [1963]: *The Essence of Chaos*. London: UCL Press.

Scheffer, M. 1998: *Ecology of Shallow Lakes*. London: Chapman and Hall.

See, L. and Openshaw, S. 2000: A hybrid multi-model approach to river level forecasting, *Hydrological Sciences Journal*, 45, 523-536.

Stefan, H. G. 1994: Lake and reservoir eutrophication. In M. Hino (ed.), *Water Quality and Its Control*, IAHR Hydraulic Structures Design Manual, 5, 45-76.

深入读物

- 关于概念模型参见 R. J. 休格特（R. J. Huggett）的《模拟人类对自然的影响》(*Modelling the Human Impact Upon Nature*, Oxford: Oxford University Press, 1993)。关于数学建模参见 M. J. 柯克比（M. J. Kirkby）、P. S. 内登（P. S. Naden）、T. P. 伯尔（T. P. Burr）、D. P. 布彻（D. P. Butcher）的《自然地理学中的计算机模拟》（*Computer Simulation in Physical Geography*, Chichester: Wiley, 1993)。生态建模的一些案例研究参见 M. 吉勒姆（M. Gillman）、R. 黑尔斯（R. Hails）的《生态学建模导论：理论与实践结合》（An *Introduction to Ecological Modelling: Putting Practice Into Theory*, Oxford: Blackwell, 1997)。K. J. 贝文（K. J. Beven）的《降雨径流建模》(*Rainfall-Runoff Modelling*, Chichester: Wiley, 2000) 给出了一些水文建模的研究案例。 76

13　地理计算①

雷切尔·A. 麦克丹尼尔（Rachael A. McDonnell）

无论是经济活动的格局还是沿山坡向下的运动，通过数值表达来捕获和探索形态和过程的空间动态，一直是很多地理学者研究的主要焦点。计算机技术是达到这一目标的一个重要推动力。数据获取、搜索和模拟的能力日益增强，以及计算机存储和处理器成本的下降，使得计算机能够处理愈发复杂的问题；与此同时，来源广泛的多种数字化地理数据不断增加，意味着利用计算机技术获取新知识、新见识的潜力比以往任何时候都大。所有这些发展的结果就是计算机已成为许多地理学者的实验室。

正是在这一背景下，"地理计算"（geocomputation）这一术语进入了地理学文献。它源自20世纪90年代中期利兹大学地理学院的一个研究团队，他们的工作聚焦于为人文地理学开发一个计算范式（Openshaw and Abrahart，2000）。他们正在发展的这些思想和方法显然同样可应用于自然地理问题，于是发明了地理计算一词。自此，这一术语在文献中不断增加。同时，在澳洲、欧洲和北美洲举办的地理计算系列年会推动了这一论题的发展并被广泛接受。这些会议吸引了很多不同学科的研究人员，他们来自计算机科学、地理学、统计学、工程学、气象学、经济学和规划等领域，且都在各自的科学探索中努力应对空间形式和过程的复杂性。

很多人都力图精确地界定地理计算这一概念，但是正如所有新发展的研究领域一样，很难断言什么是或什么不是其组成部分，仁者见仁智者见智吧。康克莱利斯（Couclelis，1998）把它看成不拘一格地将计算方法和技术应用于刻画空间性质、解释地理现象与解决地理问题。朗利（Longley，1998）将地理计算的标志性特征概括为：强调过程甚于形态、动态甚于静态、相互作用甚于被动接受的研究导向型应用。

该术语采用单词 computation 而不是相应的 computing，意在特别强调寻求通用的方法

---

① Geocomputation，原书误为 geocomposition。——译者注

而不只是一系列强大技术的应用。许多研究者已经发现，现有的软件系统如 GIS，由于对环境或运作过程强制采用了过分简化的表达，从而违背了其初衷（参见本书第 30 章）。地理计算关注的是用一套方法工具箱来模拟和分析一系列高度复杂且通常不确定的问题，从而丰富我们的研究［参见下文网络资源所列网址上马克·加希根（Mark Gahegan）的定义］。这往往会导致不同技术的整合，例如，连接 GIS、已编程模型、可视化软件等的统计软件包，以帮助回答这些问题。

地理计算方法

我们的讨论到目前还集中在地理计算的概念上，这些概念看起来不易理解。本节提供三个可归为正在发展领域（都被贴上了地理计算的标签）的例子，以帮助说明这一术语包含了什么。

探索性空间数据分析

现在已经能够广泛地获取数字化数据了，一些研究人员采用归纳方法，不受先入之见限制地从原始数据集中发掘信息（见 Gahegan，2000）。而现在很多领域中都可得到巨量的数据，这对传统表达方式和分析方式提出了挑战。探索性空间数据分析运用搜索、模式识别和分类技术来确定是否存在空间异质性、集聚、空间自相关，以及过程和空间结构。也就是说，通过使用多种算法，有可能发现两个不同数据集之间是否存在关联，例如，一个集合中的高值是否会带来另一个集合中的低值；或者如果一个在空间上靠近另一个，那么是否发生了特殊的相互作用；或者某一特殊现象的发生是否有特定的模式。不言而喻，此类工作需要强大的计算处理能力。

这类研究的例子越来越多。默里等人（Murray *et al.*，2001）结合 GIS 和空间分析技术，探索了澳大利亚布里斯班的犯罪发生情况。怀斯等人（Wise *et al.*，2001）阐述了如何将统计分析软件与 ArcInfo GIS 连接起来以查询和分析地理数据。两篇文章都展示了此类工作的可能性，同时也强调了探索性空间数据分析所面临的挑战。

可视化

搜索数据集的一个日益重要的途径，就是利用多种方法来将其可视化。这就会让我们立刻想到诸如绘制图表或地图那样的显性技术，但如今已有其他方法使我们能从不同的角度搜索数据，从而获得新的见解。这在现象复杂或多维的情况下特别有用。例如，在时间动态很重要的场合，动画就很有用，观看景观中断层形成的卡通式表达，远比看运动速率的统计更容易被理解。

在整合数据集以获得对相互作用的见解时，可视化技术也很有用。通过采用诸如动画地图和符号，以及不同观察视角的各式各样的可视化技术，研究人员和学生等都可以更直观地了解各个地理区域，并发展新的认识。例如，图13.1给出了一个数据集的三种视图，显示了选自1990年美国人口普查数据汇总到州一级的一些变量。第一个视图（左上图）是传统的专题图，用阴影方案来表示住宅租金值。底部图是一个由人口普查变量定义的特征空间窗口，显示了13个变量间的关系，用平行坐标图表示，每个州都提供了一条穿越该空间的单79 "弦"。右上图是一个神经分类器的"内部"视图（一种自组织地图），尝试根据人口普查变量对各州进行聚类。这三个视图是关联的，用户可以用某种协调的方式从每一个视角中搜索有关的数据。这些可视化是用GeoVISTA Studio（网址列在下文的网络资源中）生成的。

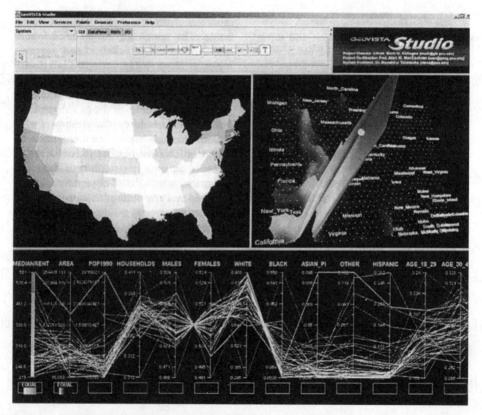

图 13.1 这里提供了对一个数据集进行的三种不同而又有联系的可视化，显示了一些选自1990年美国人口普查数据并汇总到州一级的变量

一个有趣的进展是在地理研究中使用虚拟现实环境，这使得可以通过视觉及其他感官来探究环境的过程和形态。例如，已设计出虚拟现实的现场考察，来帮助学生了解各种景观（利用搜索引擎查看互联网上的各个地点）。这并不意味着要取代宝贵的实地体验，但它们确实有助于填补课堂上用稍显距离感的方式去了解个别景观特征与面对现实中交错复杂环境之间的空缺。

虚拟现实系统也用在商业性勘探中。壳牌国际勘探和生产公司（Shell International Exploration and Production）于 2001 年展示了三维结构沉浸式可视化在评估和管理油气资源中的重要性。现在该公司在世界范围已拥有不少大规模虚拟现实中心。

建模与预测

80

建立输入变量与输出变量的数学联系以模拟和预测环境，已是几十年来地理学研究的一个重要部分。技术使之发生了革命性的改变，现在计算机模型已成为教学与研究中很常用的工具。模型化语言和数据采集技术的发展使我们可以处理地理系统中更多的复杂性问题。雷恩和贝茨（Lane and Bates，2000）给出了一些例子，说明在水流模拟中应用计算方法改善了对地貌学问题和水文学问题的认识。在其他一些工作中，研究人员使用诸如源自人工智能方法群的神经网络和遗传算法、基于元胞自动机规则的方法、基于概率的函数等，来帮助解决传统"A＋B＝C"式的决定论方法无法确切说明的问题（一些自然地理学的例子可参见斯图尔特·莱恩撰写的本书第 12 章）。这些精巧的工具使地理计算研究者在发展预测手段时能够应付诸如系统混沌行为、数据和过程表达中的不确定性等问题，无论是对于气候还是股市的预报。

实践中的地理计算

探索性空间数据研究的一个有趣案例是利兹大学在 20 世纪 80—90 年代对北英格兰白血病患儿进行的研究。该工作包括对地理数据集中的点值集群（即相同现象在邻近距离的出现）进行搜索和定位。这个工作虽然听起来很简单，但计算起来却很费劲，有多种可能的搜索方法，有海量的数据需要处理。在运算 20 世纪 80 年代的数据时，第一台计算机的主机中央处理器耗费了一个月的时间。采用搜索算法发现的一个集群在塞拉菲尔德（Sellafield）附近；令人意外的是盖茨黑德（Gateshead）出现了一个更大的集群，并被认为与一个焚化炉有关［奥彭肖总结了该项工作（Openshaw，1998）］。根据这些发现，后续的分析试图解决为何这些地区的儿童更容易患白血病的问题。这包括分析很多不同的数据集，以确定已发现的集群与其他任何现象之间是否存在空间关联。年龄组、性别等数据相对容易获取，但研究人员面临的一个问题是如何从数据集中提取难以测度的变量，如对疑似有害化学品的暴露程度。

儿童白血病研究项目中的此类相关性和聚集性分析不可能用纸质地图，甚至不能用标准空间分析工具包实现。想象一下搜索和综合可用来解释儿童白血病出现的所有不同的地理数据吧，只有采取各种计算方法并结合超级计算机处理能力，才有可能进行这种地理分析。

地理计算的未来

地理计算在地理学和其他学科中的地位仍有待确认。我们面临的许多问题都是多维且多变量的，标准的统计分析方法无疑不足以对付。处理这些多样化的地理学问题需要应用基于空间的新途径和新方法，可借鉴物理学、计算科学、工程学或经济学等其他学科。探索这一领域的研究人员是否能够在理论、实践和制度上找到足够的共同基础，以使其成为地理学内的一次变革或者一个分支领域（甚或成为地理计算科学），尚需拭目以待。现有主流技术限制着很多研究者感兴趣的特定领域，使得这一挑战值得接受。

从更广阔的背景上看，鉴于实践者对所用计算技术的假设和局限表现出清楚的认同，必须科学地接受从这一领域衍生出来的任务，特别是将其应用于空间问题时（Couclelis，1998）。在下一个十年里，随着地理计算研究数量的增长，这种研究的可靠性（或不可靠性）会逐渐变得清楚。这个工作所具有的激动人心的性质，将使对其正确性和有用性的验证成为一个令人高度愉悦的挑战。

参考文献

Couclelis, H. 1998: Geocomputation in context. In P. Longley, S. M. Brooks, R. A. McDonnell and B. Macmillan (eds.), *Geocomputation: A Primer*, Chichester: Wiley, 17-29.

Gahegan, M. 2000: On the application of inductive machine learning tools to geographical analysis. *Geographical Analysis*, 32, 113-139.

Lane, S. N. and Bates, P. D. (eds.) 2000: *High Resolution Flow Modelling in Hydrology and Geomorphology*. Chichester: Wiley.

Longley, P. A. 1998: Foundations. In P. Longley, S. M. Brooks, R. A. McDonnell and B. Macmillan (eds.), *Geocomputation: A Primer*, Chichester: Wiley, 3-15.

Murray, A. T., McGuffog, I., Western, J. S. and Mullins, P. 2001: Exploratory spatial data analysis techniques for examining urban crime. *British Journal of Criminology*, 41, 309-329.

Openshaw, S. 1998: Building automated geographical analysis and explanation machines. In P. Longley,

S. M. Brooks，R. A. McDonnell and B. Macmillan（eds.），*Geocomputation：A Primer*，Chichester：Wiley，95-115.

Openshaw，S. and Abrahart，R. J.（eds.）2000：*GeoComputation*. London：Taylor and Francis.

Shell International Exploration and Production. 2001：Visualise this. *GEOEurope*，10，34-35.

Wise，S.，Haining，R. and Ma，J. S. 2001：Providing spatial statistical data analysis functionality for the GIS user：the SAGE project. *International Journal of Geographical Information Science*，15，239-254.

深入读物

Burrough，P. A. and McDonnell，R. A. 1998：*Principles of Geographical Information Systems*. Oxford：Oxford University Press.

Cressie，N. 1993：*Statistics for Spatial Data*. New York：Wiley.

Longley，P. A.，Goodchild，M. F.，Maguire，D. J and Rhind，D. W. 2001：*Geographic Information Systems and Science*. Chichester：Wiley.

网络资源

- 地理计算年会详情，见 http://www. geocomp. org。
- 马克·加希根对地理计算的定义，见 http://www. Ashville. demon，co. uk/geocomp/definition/definition. htm。
- GeoVISTA Studio，见 http://www. geovistastudio. psu. edu/jsp/index. jsp。
- 用于利兹大学儿童白血病研究的程序，见 http://www. geog. leeds. ac. uk/research/geocomp. html。

14 另类自然：地理学与人类-环境关系研究

诺埃尔·卡斯特里（Noel Castree）

自然已经不是原本的样子了。看看下面的事实吧。仅在 2001 年，科学家们和所谓的"生命科学"公司［如孟山都（Monsanto）公司］就揭开了一系列新"转基因"（genetically modified，GM）生物的面罩，而且似乎并无要停下步伐的迹象。其中最引人注目的可能要数一只叫安迪（ANDi）的恒河猴，它被植入了取自水母的基因！还有一头叫贝茜（Bessie）的美国奶牛，生下了一头印度野牛—— 一种在世界另一端濒临灭绝的类牛动物。不出所料，这些非凡的生物工程成果引起了很大争议。例如，在英国，政府评估转基因作物安全性的尝试就被像绿色和平（Greenpeace）组织那样的环境团体蓄意破坏了。绿色和平组织在英国的

图 14.1　安迪，一只被植入了水母基因的恒河猴，是新一代转
基因实验之一的产物。但改变其他物种的生物构成在伦理上正确吗？

图片来源：PA Photos/美国环境保护署（EPA）。

领导人罗德·梅尔切特（Lord Melchett）曾因参与破坏田间实验点被捕而著名。更引人注意的是查尔斯王子毫不掩饰地反对转基因食品。就像他 2000 年 5 月在 BBC 广播第四套的演讲中所说的，生产这些食品无异于"对自然扮演上帝的角色"，所以他强烈倡导更加自然的有机耕种法，正如他在康沃尔（Cornwall）和其他地方拥有的农场所使用的方法。   83

2001 年，也是发生在康沃尔的一个著名事件，增强了查尔斯"在我们毁灭大自然前'回归自然'"的愿望。耗资 7 500 万英镑的伊甸园工程（The Eden Project），试图利用现代科技来保存自然而不是干预自然，这与转基因生物形成鲜明对照。它由关注全球范围物种 84 灭绝的环保主义者创立。伊甸园工程建在两个改造的黏土坑上，巨大球状顶棚的温室中具有世界上全部的生物群系，包括目前正遭受人类伐木等活动威胁的热带雨林。其命名仿照了《圣经》中那个闻名于世的花园，伊甸园工程试图成为地球上生命的储存库。它将自然移植进来，并在一种努力保证持续存在的人工环境中重现。

转基因生物的增殖和伊甸园工程的出现让我们瞥见了新千年自然的两个面孔：发达社会的新"工程化自然"（engineered natures）和长期演化形成却正在快速消失的"本真性自然"（natural natures）。二者性质如何呢？尽管它们明显不同，我认为这**两种**情况下的自然实际上都是人造物。换言之，即使是伊甸园工程，无论本意如何，依然是一个"非自然"或者"另类自然"。这似乎是一种奇怪甚至不能接受的断言，但并非只是我这么理解。很多人文地理学者近些年来都一直在论证，今天的自然已经不再自然，他们坚信它完全是一个**人类的建造物**。我在本章要解释这意味着什么，以及这为什么重要。为此，我会多讲一些关于转基因生物以及像伊甸园工程这样的自然保护计划。但首先有必要先简述一下地理学者通常是如何研究自然的。

地理学的"自然"

地理学自大约一个世纪或更早以前成为中学和大学的科目以来，就一直关注人与自然的关系。的确，英国大学里的第一批地理学家之一的哈尔福德·麦金德（Halford Mackinder），在 1887 年把地理学定义为社会科学与自然科学之间的"桥梁科学"，是一门在世界各地考察人类-环境关系的学科。自麦金德时代以来，地理学者一直宽泛采用三种方法去认识人与自然的关系。在 20 世纪早期像转基因生物这样的事物还只是科幻小说里的谈资时，"环境决定论"（environmental determinism）曾是一种流行的说教。环境决定论者认为，不同的环境在不同程度上决定了人类能做什么和不能做什么，某些极端的环境（如热带和两极的环境）对人类活动施加了严重的限制。环境决定论在 20 世纪 40 年代和 50 年代就名誉扫地了。那时人们已清楚地知道，人类**适应**环境的能力远比以前想象的强。于是地理学中出现了"环境或然论"（environmental possibilism）的思想，认为环境为人类提供了一系列可能性而不仅仅是限制。然而这种思想还未来得及站稳就受到了质疑。到 20 世纪 60 年代，发达国家在战后的大规模工业化开始对环境产生了显著影响。此后，"人类影响"（human impact）研究一直是地理学中人类-自然关系研究和教学的主流。诸如沙漠化、森林丧失或水污染之类的研究，特别关注不同社会如何不同程度地破坏、促使退化或改变了其所依赖的环境。这些研究通常试图指明人类在未来如何最优化地"管理"其活动以减少对环境的损害。

地理学中研究人与自然关系的这三种途径虽然大异其趣，但都采取了一套共同的自然观——一种你或许视为"常识"的观念。

85 　首先，自然被视为外在的和有别于人类的（例如，"环境"一词在很多方面都是"自然"一词的同义词，通常指非人类世界）。其次，自然被认为是不可改造的。人类可以"破坏"或"改变"自然，但普遍认为我们绝不可能创造或制造自然。

然而，正如转基因生物和伊甸园工程所表明的（我下面会解释），这种自然观可能已经"寿终正寝"。相应地，如同一个世纪以前环境决定论发生的那种逆转一样，很多地理学家现在感兴趣的是人类如何制造自然（或更确切地说，不同的社会如何制造不同的自然）。这意味着自然不再是外在于人类的或不改可变的，于是人与环境之间公认的区别就瓦解了（图14.2）。正如我将要根据转基因生物和伊甸园工程所解释的，在地理学家看来，现代社会通过两条主要途径来"构建自然"，即在物质上和在同样物质性的想象领域。

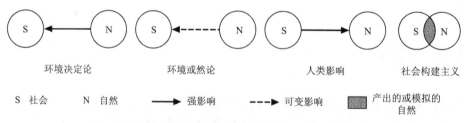

图 14.2　人类-自然关系的不同地理学理解

产出的自然

转基因生物例证了人类是在物质上"全盘"重构自然的新力量。自然与人类的区别被化解了，就像孟山都之类的公司现在能够"使自然变得有序"那样。但是，为什么人类想要在物质上重建自然呢？自然总是一直对社会展现机会和限制。直到近几十年，社会所希望的最好情况都是利用机会并适应限制。然而现在一些社会，特别是发达工业社会，拥有完全**克服**这些限制的技术。我们无需详细了解这些技术（转基因技术就是一例）是如何被开发出来的，在本章的语境里，更重要的是了解克服自然对人类活动限制的好处。看看安迪、母牛贝茜和转基因作物的例子吧。安迪是新一代转基因的一个试验对象，由于它与人类的基因相似（灵长类动物是与我们关系最近的生物学亲戚），可用于研发对付人类疾病的治疗手段。如果科学家把人类的重要疾病基因而不是水母基因植入安迪，那么研究这只恒河猴就有助于研发对付那些疾病的新药物和新疗法。转基因技术也可能有益于非人类。贝茜生下一头印度野牛，这可归入通过近亲繁殖来保护濒临灭绝物种的长期目标。贝茜虽然是奶牛，但它是野牛的遗传表亲，因此用其基因进行人工授精后能够繁育野牛。最后，像孟山都那样的公司声称，转基因作物既有益于人类，也有益于环境。因为可对这些作物进行"基因编程"，从而使其高产或抵抗天然病虫害。他们宣称，转基因作物可以解决世界的饥荒问题，同时又只需要较少的耕地，从而减少耕地和表土暴露的面积。

这些例子表明，在物质上克服自然一直以来施加在人类身上的限制，可以获得一些重要的潜在收益。不过，正如我在上文提到的查尔斯王子和梅尔切特所表明的，我们也应该承认一些潜在的问题。例如，改变其他物种的生物构成在伦理上正确吗？广而言之，如果在改变自然物质组成的道路上走得太远，我们是不是有永远失去自然的危险呢？这无关紧要吗？对自然"扮演上帝的角色"是不是有制造一系列难以预料的严重新问题的风险呢？这些都是现在很多地理学家在其关于人类-自然关系的研究中要思考的重要问题。答案绝非单一而是五花八门的，取决于由谁来回答。在政治家、环保人士和普通民众中，有很多人认为对自然的物质重建已经走得太远了。然而，对于我们应该在不太晚的时间"回归自然"的主张，尽管直觉上很吸引人，但实际上是否恰当呢？有几个当代地理学家认为不恰当，仔细考察伊甸园计划可以帮助我们理解这是为何。

模拟的自然

转基因生物是"非自然的"，如果你愿意这样表达的话，而伊甸园工程旨在呈现"真实的事物"，即原始的自然。在一个由于无休止的工业化和人口增长似乎已使自然迅速消失的时代，这看来是一个极其重要的目标，然而事实证明它是一个被误解的目标，因为几百万参观者在该工程中获得的自然体验绝无任何真实性。正如地理学家罗布·巴特拉姆和萨拉·肖布鲁克（Rob Bartram and Sarah Shobrook，2000：375）所指出的："该工程……（是）……

一个模拟的自然，创造一种超乎真实、密集而直接的体验"。巴特拉姆和肖布鲁克的意思是，该工程的游客陷入一种他们在亲近"真实的自然"的虚假感觉。虽然这个巨大穹顶下的土壤、植物和树木无疑都是真的，但它们是被设想其"代表"了更广阔世界的野生亲属的方式而安排的。于是，穹顶下不同的生物群落——热带的、亚热带的和温带的，等等——都被设想为更广大真实世界生物群落的样本。这对你来说可能并不意外，然而这种"再创造自然"的尝试并非像它看上去的那样单纯。首先，参观工程的游客们在娱乐于"真实世界"时无法知道他们所看到的东西是否正确无误。例如，因为他们无法到访穹顶下微缩世界所表现的真实世界的多样生物群落，这个微缩世界对游客而言就成了真实世界。其次，伊甸园工程倾向于把自然呈现得好像其几个世纪的变化都与人类无涉，但该工程生物群落中，即使是看起来最"自然"者——热带雨林——在真实世界里也有土著部落在其中居住了上千年。然而为了表现一个没有人类地位的"纯自然"，人类定居的历史被排除在展示之外。其效果是，一种关于自然应该为何样的特别伦理景象——一个保持清净、免受人类干涉的自然，取代了自然本身更为准确的图景。这种伦理景象可以说只是反映了该工程生态环境保护主义者和自然优先论创始人的环境保护观。

自然的终结还是地理学的终结？

87　　　我已指出，我们正在见证自然的终结，正如我们所知道的。自然既在物质上也在想象中被前所未有地构建。这使得作为地理学者也作为公民的我们要提出一个十分重要的问题："谁在构建自然？会有什么影响？"就像转基因生物和伊甸园工程的例子所显示的，这个问题没有简单的答案，而获得正确答案是需要高度担当的。在 21 世纪进行时，地理学的"自然的社会构建"研究将为揭示这一答案扮演某种角色。自然的终结远不会导致地理学者对人类-自然关系的兴趣的终结，而是标志着新一轮激动人心的研究的开始。这种研究既多样又有趣。在自然的物质重构方面，焦点在科学（因为科学家研究自然通常是为了改变它，见 Demeritt，1998）和行业（因为正如转基因生物所显示的，行业可以通过改变自然获得巨大利益，见 Castree，2001a）。而关于自然不断变化的表达，焦点从媒体里展现的方方面面，如戈尔·戴维斯关于野生动物影片的分析，到将野生动物隐喻为与环境抗争的竞争群体（Davies，1999），如布鲁斯·布劳恩关于加拿大克拉阔特海湾（Clayoquot Sound）的研究（Braun，1997）。简言之，通过研究经人类建造和再建造而愈发另类的自然，地理学者确信地理学科将推进我们这个时代一些最重要的发展。

参考文献

Bartram, R. and Shobrook, S. 2000: Endless/endless natures. *Annals of the Association of American Geographers*, 90 (2), 370-380.

Braun, B. 1997: Buried epistemologies: the politics of nature in (post) colonial British Columbia. *Annals of the Association of American Geographers*, 87 (1), 3-31.

Castree, N. 2001a: Marxism, capitalism and the production of nature. In N. Castree and B. Braun (eds.), *Social Nature*. Oxford: Blackwell, 1-21.

Davies, G. 1999: Exploiting the archive: and the animals came in two by two. *Area*, 31 (1), 49-58.

Demeritt, D. 1998: Science, social constructivism, and nature. In B. Braun and N. Castree (eds.), *Remaking Reality: Nature at the Millennium*. London: Routledge, 177-197.

深入读物

Castree, N. 2001b: Social nature: theory, practice and politics. In N. Castree and B. Braun (eds.), *Social Nature*. Oxford: Blackwell, 189-207.

Whatmore, S. 1999: Culture-nature. In P. Cloke, P. Crang and M. Goodwin (eds.), *Introducing Human Geographies*. London: Arnold, 4-11.

15　环境科学、知识与政策

萨莉·艾登（Sally Eden）

自里约会议以来，关于气候变化的科学争论被很多人忽视了，并且不时出现持怀疑态度的报道。但当人们看到和经历过那些凶猛的风暴、长期的夏季干旱，以及更为极端而频繁的暴雨的时候，他们知道事情有些不妙了，知道气候变化现在已影响到了他们。公众和我们新闻界都期待海牙协议取得成功。

这是英国副首相约翰·普雷斯科特（John Prescott）2000 年 11 月在海牙召开的气候变化框架公约第六次缔约方会议上向代表们发表的演说（引自一份新闻稿）。他很失望，国际会谈这次在海牙失败了，不得不延期至 2001 年 7 月在波恩举行，以达成一个无约束力的最终协议。像气候变化这样的环境问题总是充满争议，譬如关于科学的不确定性、社会的可接受性和政治上的讨价还价。正如普雷斯科特所认识到的，我们关于环境的知识和信念对于政策和环境会成何样都很重要。的确，如果不了解我们认识环境方式的复杂性，不了解为什么这样的认识方式并非总能产生有效的政策，就不可能理解关于环境的争论。

科学的角色

科学对于我们如何发现环境变化，特别是全球环境变化至关重要。这在气候变化方面体现得特别充分，1988 年联合国环境规划署和世界气象署成立了政府间气候变化专门委员会（Intergovernmental Panel on Climate Change，IPCC），以研究气候变化并为各国政府提供咨询。IPCC 气候报告现在是关于气候变化科学最权威的声音，但也是最有争议的，因为正如普雷斯科特所见，科学并不能结束争论。事实上，近些年来一些研究人员和媒体评论者已指出，科学在被（相对）认可了几十年之后，正不得不首次应对公众的批评和质疑。德国社会学家乌尔里希·贝克（Ulrich Beck）在一次很有影响的争辩中，列举了像核泄漏和水污染那样的环境问题，指出我们生活在一个"风险社会"，在这个社会中，我们的生活日益被一些看不见、解决不了和难以逃避的风险限定（Beck，1992）。在这样一个世界里，科学越来越努力地参与环境变化及其内在不确定性的管理。在这个过程中，科学变得"政治化"，政治变得"科学化"[参见奥赖尔登和雅格研究中的例子（O'Riordan and Jager，1996）]。所以 IPCC 已受到批评，批评其因由西方学者主导而在判断上带有政治偏见，批评其未能把握气候变化过程的极大复杂性，批评其提供的是一种排除激进观点后的虚假一致，批评其成为一种政治上的"踢皮球"（例见 Boehmer-Christiansen，1995）。

研究人员质疑环境科学能否自动地接近环境变化的"真相"。科学从来不是真正价值中立的，因为它受社会的影响，就其为取得资助而要研究的问题、所获得的信任，甚至谁来做研究和在哪里做而言。这并不意味着科学是错误或有偏见的，只是说它也是社会的产物，因此可以被社会批评（不仅仅被其他科学家批评）。因此，研究人员认为现在需要的是科学的民主化和环境争议的民主化。这就要求环境科学更多地反省其自身公然的不确定性和模棱两可，允许众多不同群体的观点参与到环境争议中来，并公开关于不确定性和风险的讨论（Beck，1992；O'Riordan and Rayner，1991）。值得赞赏的是，IPCC 已经在努力写出其遭遇的不确定性，在最近的《决策者摘要》（*Summary for Policy Makers*，网址列于下文）中，陈述了气候变化因素的可信程度。

知识构建

政府和科学家们也已向公众提供信息，通过这种方式来回应公众日益增加的关切和对"专家"的不信任，认为这种不信任根源于对科学的误解。这种方式有时被称为"逆差模式"（deficit model），因为它设想通过从"专家"到公众的单向信息流提供信息并"教育"人民，以此纠正问题（Wynne，1995）。但研究表明人们并不是简单地接受信息，而是在其日常生活的关联域内逆反性地研判和解释信息，通常会抗拒相冲突的其他信息。这种研究在很大程度上分享了某种形式的**社会构建主义**（social construction），即认为人对环境的知识或观念并非对环境直接的反映，而是一种社会构建。我们通过第一手信息（观察天气、漫步当地公园）和第二手信息（阅读报纸、与人聊天）了解环境，我们一直都在沿着自己的成见和伦理惯性不断思考我们的观点。所以，文化视角和符号象征而不仅仅是信息和事实，对我们的环境知识才是至关重要的，因而人们对环境的认知和态度比政治家或科学家所相信的更为复杂（例见 Myers and Macnaghten，1998；Harrison *et al.*，1996；Irwin and Wynne，1996）。而且构建与地理尺度有关。20 世纪 90 年代初以来媒体和科学中所讨论的环境，越来越被当作一个全球尺度的存在和全球尺度的政治议程（Taylor and Buttel，1992），而人们则一直努力把这种全球尺度的构建与自己的、通常更为地方性的尺度联系起来。

此外，研究表明，无论关于环境变化的消息是怎样的，如果它来自产业或政府，比之来自似乎"独立的"科学家或压力团体，我们倾向于有更多的怀疑。我们受到各种"诉求制造者"如压力团体、科学家、产业代言人和新闻记者们的影响，他们识别并界定某个环境问题，然后通过媒体引起我们的注意（例见 Hansen，1993）。他们常常会创造出某个引人注意的名字或比喻，像"温室效应"或"作法自毙的食物"（Frankenstein foods），这是一种用简单且常常高度情绪性的简略记号传达极其复杂环境观念的非常有效的方式。我们对环境认知的构建又是快速变化的。唐斯（Downs，1972）在一篇经典论文中指出，环境问题会经历一个生命周期：它们从相对朦胧发展为在公众中高度知名且能激发人们的行动热情，但之后就在人们的脑海中从显赫退为遗忘。马祖尔和李（Mazur and Lee，1993）通过测度 20 世纪80 年代美国媒体对不同全球环境问题报道的起起落落，描绘了这样的生命周期。气候变化的认知构建也受到季节性天气的影响：国家报纸（和前述雷斯科特的演说报道）就引用了英国 2000 年 1 月的异常湿润和 1995 年夏季的异常炎热作为气候变化的证据。

故此，强烈重塑我们的环境观念的是文化方面的设定和特定时间、地点的暗示，而不是单纯的环境变化本身。这似乎显而易见，但却导致巨大的争议。批评者认为，社会构建主义意味着环境问题并非"真实"，因此我们并不需要用政策去解决。批评者也认为所有的知识构建都同样是正当的，无法判断争论中谁对谁错，这就将争论当成毫无意义的练习，从而贬低了科学判断的价值。其实那些主张把环境知识看作社会构建的人并没有走得很远，但他们确实也在重新平衡各种尺度以形成有利于更加民主的环境争论，他们将接纳这些多元化的观点，而不是关闭争论却仅仅对特权群体开放。这样就并不排斥科学，但也不让其独霸舆论。

政策问题

这些争论也与政策有关。20 世纪 90 年代产生了一种新的"参与式"议程，它强调"普通"人群参与对环境政策制定和实施的重要性（Eden，1996）。其主张是，第一，环境政策要实现真正的民主，就不应自上而下地由政府独裁公众，而应有一个自下而上或源自草根的过程来反映每个人的关切。第二，环境政策要有实践性，为此需要易于为每个人所采纳或者融进他们的日常生活中。参与式议程的详细内容已写入《21 世纪议程》（Agenda 21），这是于 1992 年里约地球峰会达成的一幅全世界可持续发展蓝图；相应地，英国各地方当局也制定了《地方 21 世纪议程》（Local Agenda 21）策略。

但是这说起来容易做起来难。民意调查不断地显示，对环境变化的关注在 20 世纪整个 90 年代一直（相对）较高。然而，就循环利用、减少排放或其他支持环境的行为而言，人们的行为却很少与他们的关注相符。这就是心理学里所指的态度行为失调——我们相信一件事却去做另一件事。政治家通常设想通过提供环境变化信息和"好的"行动可以纠正这个问题（也将赢得选票！），这正反映了科学中描述的"逆差模式"。这里的假设是，如果提供信息可以填补这个逆差，那么人们将改变他们的观点或行为，特别是如果他们认识到某些行动（如节约能源以减少二氧化碳排放）或许可以节约他们的金钱时。可是尽管几十年来的信息都在告知人们吸烟导致癌症，但吸烟的人数依然巨大，这时政治家们竟然还作如是念想，真是个怪事。研究者都知道，信息不一定必然改变人们的行为，而这种不匹配的原因也是高度多变的，与对道德标准、便利性及个人能力的认知有关。因此，要理解政策为什么难以实践，就必须适当考虑其文化背景。

不仅个人如此，社会也常常有一些无可置辩的假设和偏见，它们干扰甚至破坏了关于环境政策的国际讨论，因为讨论涉及一些文化上不可接受的牺牲。例如，汽车的滥觞，对物质生活方式的追求，以及对政府干预（特别是在能源利用方面）的不信任，使"美国经济对化石燃料的依赖就像一个海洛因成瘾者对针头的依赖一样"（Rayner，1993：30），不能减少其消费。欧洲国家控制二氧化碳的不同途径同样也说明了不同的文化风格和政治个性。因此，对环境变化的认知构建不仅影响了我们作为个人的感受，也影响了我们的政府代表在国际舞台上如何主张或反对环境政策。

于是，各国政府开始承认社会科学家们一直主张的观点：环境问题也是社会问题，我们只有如此才能充分地认识它们（Taylor and Buttel，1992）。社会科学因此逐渐赶上自然科学，后者在环境变化研究经费和受政府重视的程度上迄今都占优势。一些我在这里只能触及的问题，例如，我们环境观中的信任度、自省性和复杂性，都将是今后研究的重要领域，如此，我们在 21 世纪就既能认识又能改善我们与环境之间的关系。

参考文献

Beck, U. 1992: *Risk Society*. London: Sage.

Boehmer-Christiansen, S. 1995: Britain and the Intergovernmental Panel on Climate Change: the impacts of scientific advice on global warming, Part 1: integrated policy analysis and the global dimension. *Environmental Politics*, 4 (1), 1-18.

Downs, A. 1972: Up and down with ecology: the 'issue-attention' cycle. *Public Interest*, 28, 38-50.

Eden, S. 1996: Public participation in environmental policy: considering scientific, nonscientific and counter-scientific contributions. *Public Understanding of Science*, 5, 183-204.

Hansen, A. (ed.) 1993: *The Mass Media and Environmental Issues*. Leicester: Leicester University Press.

Harrison, C. M., Burgess, J. and Filius, P. 1996: Rationalizing environmental responsibilities: a comparison of lay publics in the UK and the Netherlands. *Global Environmental Change*, 6, 215-234.

Irwin, A. and Wynne, B. (eds.) 1996: *Misunderstanding Science?* Cambridge: Cambridge University Press.

Mazur, A. and Lee, J. 1993: Sounding the global alarm: environmental issues in the US national news. *Social Studies of Science*, 23, 681-720.

Myers, G. and Macnaghten, P. 1998: Rhetorics of environmental sustainability: commonplaces and places. *Environment and Planning A*, 30, 333-353.

O'Riordan, T. and Jager, J. (eds.) 1996: *The Politics of Climate Change*. London: Routledge.

O'Riordan, T. and Rayner, S. 1991: Risk management for global environmental change. *Global Environmental Change*, 1 (2), 91-108.

Rayner, S. 1993: Prospects for CO_2 emissions reduction policy in the USA. *Global Environmental Change*, 3 (1), 12-31.

Taylor, P. J. and Buttel, F. H. 1992: How do we know we have global environmental problems? Science and the globalization of environmental discourse. *Geoforum*, 23, 405-416.

Wynne, B. 1995: Public understanding of science. In G. E. Markle, J. C. Petersen and T. Pinch (eds.), *Handbook of Science and Technology Studies*, London: Sage, 361-388.

网络资源

- IPCC《决策者概要》，见：http://www.ipcc.ch 2001。

16 旅游、环境与可持续性：日常世界，奇特世界

提姆·科尔斯（Tim Coles）

未来的依托：旅游与环境关注

英国政府在 1999 年发表了《未来的旅游》（*Tomorrow's Tourism*）（DCMS，1999），当时（现在仍然）意在"把旅游带入 21 世纪"作为一个基本策略。就像《未来的旅游》的许多前身那样，它高度赞颂旅游对经济和社会的贡献。旅游业有待得到公共部门和私有部门之间伙伴关系的培育，政府目标是提供适当的基础设施和监管环境，企业则被敦促提高旅游产品和体验的质量。该报告的始作俑者指出，《未来的旅游》不同于以往的策略，它显示了突出的创新方法和对环境的更强烈重视。英国首相托尼·布莱尔（Tony Blair）在其序言的第一段中声称，"英国是一个无与伦比的国家，她的人民、景观、文化、人物、历史和传统……使英国更伟大，也使人们（本国人民和来自世界各地的人民）都要看看英国、认知英国和理解英国"（DCMS，1999：1）。布莱尔充满溢美之词的陈述把环境（无论是作为自然的、物质的，还是作为人类产生的经济和社会文化的表现形式）视为所有旅游活动赖以为基础的广泛资源。应该以一种"精明增长"（下文将讨论）的态度来塑造旅游业。旅游业逐利的短期（经济）效益积累不应该以环境不可逆转的破坏为代价。相反，旅游的主要资产应受到尊重、保存和保护，使之能让未来世代继续受益。

这恰好与马西森和沃尔（Mathieson and Wall，1982）所表达的观点相同。他们认为，"很少有人会去一个缺乏吸引力的环境旅游。环境包括从阳光、大海和沙滩等基本吸引物，到无疑更具魅力的历史遗迹，都是旅游业的基础"。随后的讨论关注旅游发展的影响和管理含义。这两种关注相隔了将近 20 年，但作为其缩影，它们都包含了旅游地理学的关键主题：环境的持续性、环境的变化和环境的中心地位。环境从其发展、被开发和经营管理，到游客对它的阐释和消费，一直都是研究的焦点。变化源于 20 世纪 80 年代和 90 年代的社会经济

组织转型，及其对环境的生产和消费产生的后果（见 Ioannides，1995；Mowforth and Munt，1998）。这就使我们必须转变研究范式，即改变旅游地理学调查及知识的讨论、产生和竞争方式。

可持续旅游范式

过去 10 年迄今，争论最为激烈的话题就是可持续旅游。大部分讨论可追溯到 20 世纪 80 年代关于旅游的影响，以及当时盛行的大众旅游消费方式之未来的主流研究工作。对旅游影响（特别是对自然环境的影响）更为系统、精细的分析，产生了一些很规范且看起来颇具权威性的关于旅游业未来情景的预测（Shaw and Williams，1994）。人们越来越认识到大众旅游难以为继，因为它使东道主社区和环境付出沉重的代价。在很多沿海旅游胜地，诸如无计划无节制的发展、高度季节性的需求、高峰客流量常常超过承载力、效益流失很高而合规乘数效应很低、投资缺乏等问题，共同构成了对以往传统旅游发展智慧的挑战。

我们所知旅游的终结：替代性旅游

两项并行的发展催生了新形式的旅游。向更为柔性、精致且以信息科技驱动和市场导向（后福特主义）的累积模式转变，使工作场所的运行变得兴旺而灵活，这相应地促使休闲、娱乐和旅游方式所受的限制减少（Shaw and Williams，1994）。更频繁而短暂的几宿（通常在周中或周末）休假取代了一至两星期的长住假期。消费者不再老套地在海边"工作两周"，而是寻求与其变化的任务相适应的新旅游目的地、产品和体验。更快、更廉价的交通消除了空间距离，人们可以到达从前不可想象的远途目的地，从而有了更多的旅游选择。

马福斯和蒙特（Mowforth and Munt，1998）认为，消费者的期望和机敏都在增强，这导致了所谓"替代性旅游"（alternative tourism）形式的滥觞，包括探险旅游、农业旅游、文化旅游、生态旅游、民族旅游、绿色旅游、自然旅游、风险旅游、游猎旅游和荒野旅游。每一种形式都力图在不断细化的旅游市场上寻求尽可能多的商机。鉴于大众旅游模式已显得有些陈旧和老套，替代性旅游形式再一次引入了新鲜感和好奇感。旅游再次成为从日常生活到奇特世界的旅程。除体验要素不同外，替代性旅游的组织也与大众旅游大相径庭。卡特（Cater，1993）总结了替代性旅游的特征，"它会是一种地方权属的小规模活动，相应地对环境的影响较小，效益流失较少而当地所获的比例较高"。

与此同时，对环境的关注成为全球政治议程的中心舞台。1987 年世界环境与发展（布

伦特兰）委员会上发表的报告提出"可持续发展"，即必须满足当代人的需求，但又不损害 94
未来世代满足其需求的能力。正如弗朗斯（France，1999）指出，该报告虽然没有明确提到
旅游业（在 1992 年的《21 世纪议程》中才提及），但它倡导的很多原则，诸如环境意识和
环境保护、地方社区授权和社会文化责任，都非常适用于旅游业。可持续发展原则以及由此
而蕴含于可持续旅游中的相同措施，显然代表了对主流大众旅游范式的对照面和矫正方案。
人们开始追求可持续旅游，而替代性旅游形式事实上成了前者的同义语。据威勒
（Wheeller，1993）称，可持续旅游已获得相当程度的首度认可，因为它安抚了拥护者的良
心。正因为它不是大众旅游，所以它必然降低损害，有更负责任的行为方式，从而更加长期
可行。后来的调查显示，并非所有替代性旅游的所有形式都敢如此宣称。某些形式的替代性
旅游也有固有的不可持续性，而某些形式的大众旅游本质上显然是可持续的（见 Fennell，
1999）。

走向可持续旅游

可持续旅游与发展之间的关系一直是难以协调的，其逻辑常受质疑（见 Butler，1999）。
可持续旅游并非只是一种游客行为或活动，而是一种理念，是一种管理旅游、游客、环境和
当地社区之间关系的途径。事实上，这个术语的定义极成问题且饱受争议（见 Butler，
1999；France，1999）。布拉姆韦尔和雷恩（Bramwell and Lane，1993）的定义清楚地显示
出其最突出的特点。在他们看来，"可持续旅游是一种旨在减少由旅游业、游客、环境和作
为度假者东道主的社区之间复杂相互作用所导致的紧张和冲突的积极途径，一种为自然资源
与人文资源的长期活力和品质而努力的途径。它并不反对增长，而是承认增长具有极限"。
可持续旅游途径有四个基本指导原则：整体性规划和战略决策，维护各种生态过程很重要，
要保护人类遗产和生物多样性，以及关键要求——为了未来世代，发展要采取能够长期维持
生产力的方式（Bramwell and Lane，1993）。在赫泽（Hetzerl）看来（引自 Fennell，1999：
31），这些原则可转化为负责任旅游需要具备的四个务实愿景：对环境的影响最小，对东道
主文化的影响最小并给予最大程度的尊重，使东道主国家基层民众获得最大的经济利益，让
参与的游客获得最大程度的"娱乐"满足。

学术文献中充斥着大量可持续旅游的案例研究和行动实例，包括旅游目的地整体解决方
案、利益相关群体的实施以及游客对可持续旅游的反应（见 Hall and Lew，1998）。但也一
直存在一些批判的言论，使从大众旅游（与大规模生产或福特主义相关）向替代性旅游（关
系到后福特主义的市场细化和高度专门化特征）转向的理论**本质**及其存在本身受到挑战。早

期两种范式之间二元对立的理论被抛弃了，因为在各种极端情况之间都存在某种"可持续性谱系"的思想（Clarke，1997）。可持续旅游与利益相关者不同期望的目标冲突很难得到满意的解决，尤其是在可持续旅游研究缺少政治经济的考量时（Williams and Shaw，1998）。最终，一些或许最为关键的领悟集中为"大众旅游确实能在新千年旅游中发挥作用"的见解。就像它一度看上去的那样不可思议，大众旅游确实为东道主社区和环境带来了利益。一个切中要害的研究表明，与传统大众旅行团相比，善意的背包客们会带来更多或至少同等的环境准入费（Mowforth and Munt，1998）；而大众旅游的运作实际上可以像污物汇集池一样把有害影响引导至各汇集空间，从而为环境管理提供某些可能性（Becker，1995）。

未来的旅游

可持续旅游是否是一个明智的模式尚无定论。虽然存在这些争议，但可持续旅游已经成为全球旅游从业者和主管者的旅游管理指导原则。无论在发达国家还是发展中国家，很多地方、地区和国家的政府、非政府组织（non-government organizations，NGOs）和超国家组织都广泛支持负责任的旅游发展概念（见 Mowforth and Munt，1998）。例如，近年来英国政府确定了其"精明增长"途径。按照《未来的旅游》所言，"精明的"旅游增长战略是一种整合了旅游的经济、社会和环境内涵，并使效益尽可能广泛地普惠整个社会的战略（DCMS，1999），这其实是可持续旅游的另一种称呼，但避免了"可持续"标签的棘手问题。

"精明增长"（wise growth）及类似的其他国家主导战略，为进一步的学术研究指出了两个非常明确的方向。首先要关注可持续旅游战略达成后的行动。各种动议、政策和方案必须配以对转变之性质和速率的细致监测。到目前为止，监测一直是相对被忽视的，尽管它引发了重要的争议（见 Butler，1999）。英国旅游委员会提出的 20 个可持续性指标就是一个很能说明问题的例子（ETC，2001）。该委员会认识到变化是在长期过程中逐渐形成的。进一步的研究要求进行中长期过程的定标、测量和评估，测试所选指标是否合适，并确保这些指标仍然可靠且适应时代的变化。此外，在政府承诺实现更大可持续性的条件下，必须回答下列问题：那些措施是否与英国最息息相关，其选择是否被更为广泛的政治-环境目标激发，那些数据是否为了宣传目的而受操控。

仅仅依赖二手数据来考察旅游对环境的影响，这也是大可质疑的。相反，需要另一领域的进展来解决旅游研究中的一大悖论，即旅游对自然环境的影响通常是由社会科学家而不是人们所期望的自然科学家来衡量和评价的。许多"专家"往往缺乏相关的具体知识和训练，从而无法判断旅游发展的全部环境后果。例如，据巴特勒（Butler，1999）观察，很多评论家没有充分把握"承载力"（capacities）的概念，这就很清楚地说明了这个问题。以这种方式来扩展知识的边界并不容易。有必要协调各种研究计划，使"软"科学家和"硬"科学家（人文地理学家和自然地理学家）更加紧密地联系起来，也使受过跨传统知识和技能训练的各种研究人员紧密联系起来。由于分支学科不断增强的专门化而产生的自然地理学与人文地理学之间的鸿沟并非不可逾越。但是，为了实现更好的综合，必须协调各种研究传统中的某些显著差异，或许最紧迫的是协调本质上规范的知识生产和本质上可争议的知识生产之间的差异。在 20 世纪 90 年代，自然地理学中寻求硬道理并建立普适"真理"的强烈意愿，与人文地理学中的哲学发展大相径庭。人文地理学家一直固持如下观念：所有知识都是可争议的，因此取决于研究人员的背景（所谓"地位"），尤其是他（她）在研究中所持的哲学观和方法论途径。这一领域要体现出实实在在的进展尚需要很长一段时间，我们且拭目以待。

96

参考文献

Becker, C. 1995：Tourism and the environment. In A. Montanari and A. M. Williams（eds.）, *European Tourism：Regions, Spaces and Restructuring*. Chichester：Wiley, 208-220.

Bramwell, B. and Lane, B. 1993：Sustainable tourism：an evolving global approach. *Journal of Sustainable Tourism*, 1, 1-5.

Cater, E. 1993：Ecotourism in the Third World：problems for sustainable tourism development. *Tourism Management*, April, 85-90.

Clarke, J. 1997：A framework of approaches to sustainable tourism. *Journal of Sustainable Tourism*, 5（3）, 224-233.

Department of Culture, Media and Sport, Tourism Division（DCMS）1999：*Tomorrow's Tourism：A Growth Industry for the New Millennium*. London：DCMS.

English Tourism Council（ETC）2001：*National Sustainable Tourism Indicators：Monitoring Progress towards Sustainable Tourism in England*. London：ETC.

Fennell, D. A. 1999：*Ecotourism：An Introduction*. London：Routledge.

France, L. 1999：Sustainable tourism. In M. Pacione（ed.）, *Applied Geography：Principles and Practice*. London：Routledge, 321-332.

Hall, C. M. and Lew, A. A.（eds.）1998：*Sustainable Tourism：A Geographical Perspective*. Harlow：Longman.

Ioannides, D. 1995：Strengthening the ties between tourism and economic geography：a theoretical agenda. *Professional Geographer*, 47, 49-60.

Mathieson, A. and Wall, G. 1982：*Tourism：Economic, Physical and Social Impacts*. Harlow：Longman.

Shaw, G. and Williams, A. M. 1994：*Critical Issues in Tourism：Geographical Perspective*. Oxford：Blackwell.

Wheeller, B. 1993：Sustaining the ego. *Journal of Sustainable Tourism*, 1, 121-129.

Williams，A. M. and Shaw，G. 1998：Tourism and the environment：sustainability and economic restructu-ring. In C. M. Hall and A. A. Lew（eds.），*Sustainable Tourism：Geographical Perspective*. Harlow：Longman，49-59.

深入读物

Butler，R. 1999：Sustainable tourism：a state-of-the-art review，*Tourism Geographies*，1，7-25. 一个简明而通俗的关于可持续旅游的前沿性研究概要。

Mowforth，M. and Munt，I. 1998：*Tourism and Sustainability：New Tourism in the Third World*. Lon-don：Routledge. 关于"可持续旅游"产生的一个更为成熟的评论，其中考察了通过第三世界案例和证据的透镜所揭示的、围绕基于旅游之发展的批判性争论的许多复杂问题。

网络资源

- 埃克塞特大学（The university of Exeter）是一个杰出的旅游研究与教学中心。地理与考古学院内的旅游研究团队网址包含了其全部详细活动：其旅游联盟的咨询功能；新的"旅游、发展与政策"硕士课程；对近期成立的皇家地理学会（暨英国地理学家协会）"休闲与旅游地理研究组"的促进工作，见 http：//www. ex. ac. uk/geography/tourism/tourism. html。

17 批判地理学与发展研究：福音普降？

本·佩奇（Ben Page）

> 富裕国家现在仁慈地给贫穷国家强加了一件交通拥挤、医院限制和阶层固化的"紧身衣"，并通过国际协议谓之"发展"。
>
> ——伊凡·伊里奇（Ivan Illich，1971：162）

设想你正在看电视，在节目间歇的时候，某慈善机构开始为其在发展中世界的最新援助活动发出呼吁。一个严肃的男人声音告诉你，"难以置信，在 2000 年，非洲、亚洲和拉丁美洲竟然有 11.23 亿人不能获得改善的饮用水供应"。在他说话的时候，你看到一个黑人妇女走着去取水，她身上背着一个婴儿，头上顶着一个盛水容器，艰难地走过崎岖的地面。排队等候之后，她沿着泥塘边缘走向一个没有护栏的泉眼去取水。那个声音继续着，"2000 年 3 月，在海牙举行的第二届世界水论坛上，签约国同意在 2015 年前使这一数字减少一半，2025 年前向所有人提供付得起费用的安全水"。影片中的那妇女取好了水，摄影机镜头拉近她的脸庞。在呼吁你慷慨解囊的时候，你听到一个激昂的男人声音在理由十足地说明解决这个工程问题是多么轻而易举，你看到那沉默的妇女筋疲力尽的脸，这令你动容，使你想要打电话从你的信用卡里捐款。"通过你的帮助……"

当然，这是一个模仿情景。那时大多数致力于发展的慈善团体都很警觉此类老生常谈的电视画面，有些团体还警觉那些性别和种族的模式化见解，甚至试图在其文献中推翻它们，然而其观念的本质并无不同。世界上存在物质不平衡，但可以通过一个称为"发展"的过程校正。这在某些方面是毋庸置疑的。毫无疑问，为数众多的人民如果能够充分地获得安全、廉价的水，就可以活得更长、生活得不那么艰难。由于"发展"看起来是一个如此有价值的目标，它具有极大的道德权威性，进而可以用来为范围广大的政治项目辩护。地理学者近年来一直在更加批判性地思考发展过程。这不是把某些事物简单化并将其变成模糊不清的学术活动，其意在承认"发展"是可以被质疑的。本章阐述当代地理学者思考发展过程的若干方面。每个案例中都将供水问题提到前面，以显示一种批判性的发展地理学在不放弃全球人道主义情怀的同时可以丰富我们对一个重要问题的认识。

时下地理学里并不很盛行宏大思维，而很少有什么论题会比"发展"更宏大。自第二次世界大战以来，全球广大地区都把变得更像欧洲和美国作为其目标。各种宏大思维（或"元叙事"，meta-narratives）都不足为信，因为它们认为仅用少数几个概念就能了解人民和文化极其多样的整个世界。而选择哪些概念可用的人往往来自富裕地区，他们根据自己对世界应该是什么样的想象来描绘世界，对每个地方的理解也参照欧洲或美国的历史。在作者们谈论"整体化、均质化论题"时就含有这种意味。构成"发展论题"的语言和概念反映出权力的关系。它们不只是在叙述世界，也在积极地塑造世界。因此，有些作者甚至已开始谈论"后发展"时代的到来。

发展论题的均质化特征怎么影响到饮用水补给的供应呢？在整个非洲、亚洲、拉丁美洲和加勒比地区，同样的西方理念正在形成水政策。亚洲的"低收入国家"被设想为与非洲的"低收入国家"相同，每个地方都可以遵循相同的政策促进发展。例如，现在很多国际机构正在发展中世界竞相推行供水私有化。在布宜诺斯艾利斯、阿克拉和上海，原来由政府运作的供水正在进行私有化。在每一个地区，来自法国、英国和美国的相似跨国水公司正在竞相赢得相似措辞的合同，以相似的技术，成为供水网络的经营者（Bayliss，2001；Hall，1999）。私有化的拥护者认为，沿着商业路线组织起来的供水更有效率且更易普及，因为政府单独运作的旧供水方式已经失败（Uitto and Biswas，2000）。私有化被描绘成是迈向一种更先进供水系统的进步。当一些地理学者主张对私有化要有更多的地区控制（Marvin and Laurie，1999），或质疑将供水指向经济而不是社会目标的后果时，他们似乎是在阻挡进步。格里格·鲁依特斯（Greg Ruiters）和帕特里克·邦德（Patrick Bond）是两个一直积极参与对抗南非供水私有化的地理学者（Ruiters and Bond，1999），可是自由化的倡导者指责他们不现实、拉发展的后腿。

虽然当今的地理学者们都声称他们竭力避免围绕元叙事来组织他们的研究，但"发展"仍然是一个突出且广泛使用的概念。几乎每所大学的地理系都会有"发展地理学"这门本科课程，有称为发展研究领域专家的教师。还有许多致力于发展研究的学术期刊，地理学者们不断地对其做出贡献。《第三世界季刊》（*Third World Quarterly*）、《发展研究进展》（*Progress in Development Studies*）和《第三世界规划评论》（*Third World Planning Review*）正是地理学者经常在其中发表并提供许多有趣案例研究的三个期刊。关于地理学已经进入"后发展"时代的任何声明都必定是令人怀疑的（Power，1998）。发展地理学似乎已是一个盛行的分支学科，尽管对其框架所围绕的核心概念存在广泛的质疑。发展地理学者们该如何调停这个显而易见的矛盾呢？

发展的地理研究史

99

　　一些人特别是那些质疑发展机构诉求的人，已开始从一个更具批判性的新视角审视发展的历史。开创这种途径的无疑是历史学者，但地理学者对其也有独特的贡献，因为他们长期密切关注技术参与发展规划项目的历史，也因为发展是一个如此显著的空间过程（Crush，1994）。19 世纪和 20 世纪早期地理学家所做的工作大都与海外殖民地的开发与管理有关，正如迈克尔·赫弗南（Michael Heffernan，1994）关于法国地理协会和法国帝国主义的研究所表明的。第二次世界大战后，殖民政策融入福利和发展的话语，此时地理学仍然继续着其专家知识团体的角色，在土地利用、城镇规划与交通等方面为新的决策者提供咨询。设立了这项历史研究项目来揭示地理学观念、语言和机构在殖民时代晚期和后殖民时代早期发展被制度化的历史中所起的作用。例如，加思·迈尔斯（Garth Myers，1998）追寻了一个名叫埃里克·达顿（Eric Dutton）的英国殖民官员的职业生涯，他是非洲 20 世纪前半叶城市规划背后的主要力量之一，也是若干地理书籍的作者。在与供水发展有关的例子中，地理学者在可得资源的评估，以及饮用、灌溉水管理的咨询方面扮演了重要角色。要了解这种角色就需要追问一些问题：允许谁获得供水？与谁分享水资源的科学知识？水用于什么？

后殖民主义与发展地理学

　　对发展与殖民主义和当代地缘政治势力关系的相同反感，激发了批判性发展地理学的另一分支。它借鉴了文学和文化研究中涌现的所谓后殖民理论思想体系。这些地理学者力图通过复原被早期关于发展中世界的著作忽略了的特定地方和人民的历史，来对抗发展论题的整体性特征。两个关于南非的工作可说明这种路径：珍妮弗·罗宾逊（Jennifer Robinson，1998）考察了 20 世纪 30 年代以来妇女参与城市住房项目管理的方式，法利达·汗（Fareida Khan，1997）考察了南非黑人在自然保护史中所起的作用。地理学者还分析了发展的拥护者所采用的论述策略（Klak and Myers，1997）。在饮用水供给方面，此类研究会聚焦被遗忘的关于水和水资源的本土技术和前殖民知识的历史，例如，比尔·亚当斯（Bill Adams et al.，1997）和他的同事在肯尼亚所做的关于非洲灌溉系统的工作。然而，关于用发展的语言来使第三世界国家市民相信城市供水私有化具有好处的策略，还有一些问题需要探究。

地理学与替代发展

　　另外一些不怎么怀疑把"发展"作为一种观念，但对发展在实践中运作的方式仍持批判态度的地理学者，正在探寻发展的替代形式（Bebbington and Bebbington，2001）。这些地理学者常常受人类学者工作的激励，已采用各种有趣的人种学研究方法来记录那些过去听不见其声音的人们（如街头儿童）的观点（Young and Barrett，2001）。很多此类工作都侧重于新社会运动和社区发展（Peet and Watts，1996）。这些时而会具体化为更正规非政府组织的草根动议，被看作产生某种更具地方完整性的新发展形式的体制手段。查斯卡·特怀曼（Chasca Twyman，2000）关于博茨瓦纳地方社区参与保护项目的工作，抑或克莱尔·默瑟（Claire Mercer，1999）对非政府组织在当代坦桑尼亚所扮演角色的研究，都说明了这一研究路线。这种以社区为中心的运动多年来一直是供水发展的核心。譬如在喀麦隆，社区发展自 20 世纪 50 年代以来就被整合到扩展农村供水的机会中。但是，关于这些非政府组织扩大供给的能力，以及它们的责任心和它们日益增长之影响的政治后果，都产生了一些问题。

发展实践批判

　　尽管学院派日益反对发展的观念，但发展组织（发展机构、银行和非政府组织）继续对亚洲、非洲和拉丁美洲政府采用的政策发挥着巨大的影响。很多地理学者将他们的研究置于对当前发展项目进行批判性的评论上。特别是 20 世纪 90 年代的很多研究都专注于各种结构调整计划的后果——由诸如世界银行那样的主要出借方所倡导，作为促进经济增长和发展一揽子处方的新自由主义经济政策（私有化、减少保护主义和货币贬值）。将注意力置于与这些政策相关的失败和负面后果上，是一个至关重要的任务（Mohan *et al*.，2000；Robson，2000），尤其因为那些计划的拥护者们会用一套他们自己设计以证明其成功的巧妙研究机制来支持这些计划。在结构调整的大旗下，遍布全球的水权机构寻求从水用户那里收回成本——更多的人要支付更多的钱才能获得饮用水。关键问题在于：不顾人们的收入而仅按照他们消费的水量来让每个人付费公平么？

地理学、环境与发展

　　地理学者并非分析当前发展动议的仅有研究者，但他们在一些领域（城市研究、移民、性别问题）里有着特殊的专家知识，这使他们的工作进入最激动人心之列。然而，关于第三世界环境变化政治的研究获得了最高的声望。在过去几年里，在环境与发展的交汇点上已出现了一个被称为"政治生态学"的研究范畴，正是在这个范畴里，地理学者对发展研究领域做出了实实在在的新贡献（Batterbury, 2001; Bryant, 1997）。菲利普·勒·碧伦（Philippe Le Billon, 2001）的工作说明了诸如钻石、石油和木材那样的自然资源已成为理解柬埔寨和安哥拉战争与国家发展历史之关键的途径。由于地理学者不仅对政治经济和文化过程感兴趣，也对自然生态过程感兴趣，所以他们处于一种优势地位，能说明发展如何同时是一个社会变化和生态变化的过程。例如，在城市供水的例子中，全球贸易的模式可能影响对供水基础设施投资的模式，而水的自然可得性及其质量就不那么重要了。

回想竞相为其水项目的运转争取资金的发展慈善机构，它所依赖的国际协同是不言而喻的。对于很多人来说，地理学的吸引力在于它强调诸如世界范围内清洁水的获取等真正紧要的问题。然而，正因为这些问题极端重要，所以并不意味着分析家不能对过去已经付诸实施的体制和政策进行批判。确实，如要规制发展，就需要对它进行仔细审视。当前地理学的工作已开始破除发展宣传的简单化，以深化我们对不同地方的理解。发展地理学正处在一个激动人心的时刻，因为它持有一种观点，即任何事情既然贴上"进步"的标签，就应该是经得起论证的。

参考文献

Adams, W., Watson, E. and Mutiso, S. 1997: Water, rules and gender: water rights in an indigenous irrigation system, Marakwet, Kenya. *Development and Change*, 28, 707-730.

Batterbury, S. 2001: Landscapes of diversity: a local political ecology of livelihood diversification, SW Niger. *Ecumene*, 8, 437-464.

Bayliss, K. 2001: *Water Privatization in Africa: Lessons from Three Case Studies*. PSIRU report [online], http://www.psiru.org.

Bebbington, A. and Bebbington, D. 2001: Development alternatives: practice, dilemmas and theory. *Area*, 33, 7-17.

Bryant, R. 1997: Beyond the impasse: the power of political ecology in Third World environmental research. *Area*, 29, 1-15.

Crush, J. 1994: Post-colonialism, de-colonization and geography. In A. Godlewska and N. Smith (eds.), *Geography and Empire*. Oxford: Blackwell, 333-350.

Hall, D. 1999: *The Water Multinationals*. PSIRU report [online], http://www.psiru.org.

Heffernan, M. 1994: The science of empire: the French geographical movement and the forms of French imperialism, 1870-1920. In A. Godlewska and N. Smith (eds.), *Geography and Empire*. Oxford: Blackwell, 92-114.

Illich, I. 1971: *Celebration of Awareness*. London: Calder and Boyars.

Khan, F. 1997: Soil wars: the role of the African National Soil Conservation Association in South Africa,

1953-1959. *Environmental History*, 4, 439-459.

Klak, T. and Myers, G. 1997: The discursive tactics of neoliberal development in small Third World countries. *Geoforum*, 28, 133-149.

Le Billon, P. 2001: The political ecology of war: natural resources and armed conflicts. *Political Geography*, 20, 561-584.

Marvin, S. and Laurie, N. 1999: An emerging logic of urban water management, Cochabamba, Bolivia. *Urban Studies*, 36, 341-357.

Mercer, C. 1999: Reconceptualising state-society relations in Tanzania: are NGOs 'making a difference?'. *Area*, 31, 247-358.

Mohan, G. 1999: Not so distant, not so strange: the personal and the political in participatory research. *Ethics, Place and Environment*, 2, 41-54.

Mohan, G., Brown, E., Milward, B. and Zack-Williams, A. 2000: *Structural Adjustment: Theory, Practice and Impacts*. London: Routledge.

Myers, G. 1998: Intellectual of empire: Eric Dutton and hegemony in British Africa. *Annals of the Association of American Geographers*, 88, 1-27.

Peet, R. and Watts, M. (eds.) 1996: *Liberation Ecologies: Environment, Development, Social Movements*. London: Routledge.

Power, M. 1998: The dissemination of development, *Environment and Planning D: Society and Space*, 16, 577-598.

Robinson, J. 1998: Octavia Hill women housing managers in South Africa: femininity and urban government. *Journal of Historical Geography*, 24, 459-481.

Robson, E. 2000: Invisible carers: young people in Zimbabwe's home-based healthcare. *Area*, 32, 59-69.

Ruiters, G. and Bond, P. 1999: Contradictions in municipal transformation from apartheid to democracy: the battle over local water privatization in South Africa. *Working Papers in Local Governance and Democracy*, 99 (1), 69-79. Available online at http://qsilver. queensu. ca/ —mspadmin/pages/Project _ Publications/ Papers. htm (accessed 12 September 2001).

Twyman, C. 2000: Participatory conservation? Community-based natural resource management in Botswana. *Geographical Journal*, 166, 323-325.

Uitto, J. and Biswas, A. (eds.) 2000: *Water for Urban Areas: Challenges and Perspectives*. Tokyo: United Nations University Press.

Young, L. and Barrett, H. 2001 : Adapting visual methods: action research with Kampala street children. *Area*, 33, 141-152.

深入读物

Bryant, R. and Bailey, S. 1997: *Third World Political Ecology*. London: Routledge.

Crush, J. (ed.) 1995: *Power of Development*. London: Routledge.

Rahnema, M. and Bawtree, V. (eds.) 1997: *The Post-development Reader*. London: Zed Books.

18　全球化

杨伟聪（Henry Wai-chung Yeung）

"地理学依然重要。全球化并没有削弱区位的经济意义。"约翰·凯（John Kay）在世界著名的激进报纸《金融时报》（*Financial Times*，2001 年 1 月 10 日：第 14 版）上他的双周专栏中这样骄傲地宣称。其实，像凯这样的商业大腕写的关于全球化的文章并不新鲜。的确，一些地理学者早已呼应这些商业大腕在谈论作为 21 世纪关键词的"全球化"梦想（Taylor *et al*.，2001）。然而，凯的专栏的特别有趣之处在于，他为地方和区位在全球化中的重要性做了无保留的辩护。由于他关于全球化的观点来自作为一个知识学科的地理学之外，因此更提供了重要理由，说明地理学者可以对全球化发出一些极有用的声音。

作为实质过程和话语过程的全球化

虽然经济地理学家皮特·迪肯（Peter Dicken）早在 1986 年就发表了对现今仍有影响的教科书——《全球性转变》（*Global Shift*），但直到"地理学之终结"的论题在媒体、政界和学界中日益流行的 20 世纪 90 年代早期，地理学者在关于全球化的讨论中一直无足轻重（见 O'Brien，1992；Ohmae，1990）。上述论题的本质是，认为全球化作为一种行星级动力的巨大力量，能够穿透所有形式的国家边界并销蚀其内的任何地理差异。全球化的融合效应是如此强烈，以至于地理学在全球变化过程中占不到一席之地。

对这一全球化强势融合论题的严肃批判回荡在社会科学中（Held *et al*.，1999），特别是在人文地理学中（Yeung，1998）。泰勒等人（Taylor *et al*.，2001）在把地理学与全球化联系起来上付出了值得称赞的努力，他们指出，"无论你个人秉持什么观点，在 21 世纪对社会变化的任何知识观照都不得不认真地重视这个（全球化）概念，并评估其对我们当下居住之世界的解释潜力"。人文地理学者现在一般都认同以下观点，全球化应该被看作既是一系列转型与抵制的实质过程，**又是**一系列跨各种空间尺度运作的竞相争辩的观念形态。全球化看来已导致了全球经济的实质性转型，迪肯（Dicken，1998）恰如其分地称之为"全球性转变"。这些全球性转变表现为全球性公司和金融机构跨界贸易及投资的快速增殖，还集中反映为麦当劳、好莱坞电影、音乐电视（MTV）和互联网对全球文化的无情渗透，以及民族国家对全球治理权力不情愿的转移。

104

然而，这些全球性转型在地理上是不均衡的，在不同空间尺度和不同国家或区域里也并非没有遇到抵抗。首先，遍及全球的公司活动并没有将世界经济转型为单一的全球性生产厂家。事实上，更有说服力的似乎是区域化现象，各个地区经此成了全球经济的主要动力（Scott，1998）。全球性生产似乎都发生在诸如硅谷（北加利福尼亚）、第三意大利（艾米利亚-罗马涅大区）和巴登-符腾堡（德国南部）那样的高科技中心。全球金融依然高度扎根于伦敦、纽约和东京那样的既有全球金融中心，以及像中国香港地区、新加坡那样的新国际金融中心。因此，经济地理学者都主张探究特定区域和地区的集群以领会全球化过程固有的地理性质。另外一些地理学研究已表明，虽然经济全球化以跨国公司的跨境运作为先导，但商业和产业活动的空间转移并非顺理成章（Leyshon and Pollard，2000）。基于地方的对产业文化和经济活动全球化的体制限制仍然很显著（Yeung，2000）。例如，虽然资本可以几乎不费力地跨空间转移，但劳动力仍旧高度限制在地方并依赖区位（Martin，2000）。换言之，全球化在地方和区域尺度上遭遇到最大的空间"阻力"。即使在经济过程和治理领域，也显然不可能消除空间差异。以新加坡为例，尽管它常常被誉为当今世界最为全球化的经济体之一，但国家仍然稳固地作为驱动新加坡发展轨迹的关键幕后力量。事实上，新加坡每一轮的经济自由化和规制放松都伴随着另一轮的国家再规制（re-regulation），虽然呈现为不同的组织和制度形式（也可见 Yeung and Dicken，2000）。

其次，全球文化的出现已进一步凸显了地区差异和文化响应意识。电信和运输技术的进步极大促进了全球信息、形象和人工制品的流动，但同时对它们的接受和消费依然高度地方化并根植在特定的地理边界里。虽然在发达国家绝大多数人以包容和视之为商品的态度接受全球性文化，但在发展中国家有很大一部分人仍然高度依赖本地的产品和文化服务。例如，大多数菲律宾人和巴西人依旧在喝他们当地的饮料而不是可口可乐和百事可乐。此外，全球文化在很多国家都受到抵制，他们把这些文化的流入看作对其国家利益和政治合法性的威胁。通过不断地宣扬本地或本国的文化、宗教及其他社会身份形态，出现了各种反文化全球化的运动。虽然美国电影在英语世界大行其道，但是印度和中国香港地区的本土电影产业却继续从强盛走向更强盛。这些纠缠进文化流全球网络中的反抗运动，已创造出一个文化马赛克和差异性的世界。毫无疑问，我们离文化同质的地球村世界还相距甚远。

再次，全球化的政治经济并不表明民族-国家作为政治治理基本场所的消亡。一些地理学者认为，从治理的角度看，世界并没有变得更难控制和无序（Herod *et al.*，1998）。相反，出现了政治治理和体制权力的重构，一些超国家组织和其他机构（如非政府组织）由此进入民族-国家以管理全球化。在西雅图、墨尔本和热那亚的反全球化抗议活动恰恰见证了其背后极其复杂的组织。世界范围的民族-国家在控制全球公司行踪、为其公民提供社会福利，以及遏制"后冷战"（Post-Cold War）世界威胁方面的能力都正在经历相对下降的过程。然而，任性的全球化进程并非要压垮这些国家的既定实体。事实上，一些民族国家通过金融市场自由化还成为促进全球化的积极动因。还有一些民族-国家通过建立国家间共识并增进跨国权力和权威资源而使自身全球化。因此，宣布民族国家的死亡为时尚早。

　　正如一系列实质过程一样，全球化也是一系列有争议的意识形态和话语过程（见 Leyshon，1997）。表达全球化的方式对实质过程会有同样重要的影响。我们不能把全球化等同于新自由主义**本身**（即定义为倾向市场机制而不是国家干预的去政治化经济思想），但新自由主义的政策计划确实极大地促进了全球化的到来。想一下自由主义和基于市场的经济政策是如何导致一些大公司出现并盛行于全球经济的吧。换言之，全球化若没有其支持者和拥护者就不能顺利推进。不出所料，商业大腕、媒体权威和政策制定者（甚至学者）往往都是全球化最坚定的拥护者。为了支持全球化并使之看起来像一种客观力量，这些人把各种全球化过程"客观化"，把它们描绘为"必须""不可避免"和"超出我们控制"的。无权无势的老百姓不得不选择全部接受全球化，否则就选择经济衰退和社会排斥。

全球化的地理意义何在？

　　地理学者近期的工作清楚地表明，这种对全球化非此即彼的意识形态选择是大可质疑的（见 Cox，1997）。事实上，各地区都可以通过尝试某些操作和（或）构建另类全球化（alternative globalizations），来重新宣誓它们在全球经济中的权力。这些操作包括建立社会资本、试验经济交流的非市场形式、重新组织地方经营实践等。为挑战新自由主义的思想霸权及其更广泛的全球化进程，一些地区和社区已在积极地破除全球化是必须和不可避免现象的神话。例如，西欧很多地方市民社团的崛起，就是地方对全球化似乎难以驾驭的影响加以规制的直接响应。

　　总结一下到此为止的讨论，地理学认识到全球化是一系列跨不同空间尺度运作的实质过程和话语操作。空间尺度造成的差异在于，全球化改变了各种地理尺度之间的关系，而各种尺度都是借助意识和话语的社会构建（Taylor *et al.*，2001：3）。地理学家对全球化讨论的最大贡献，是认识到空间尺度对我们理解全球化过程复杂运作的重要意义。全球化有时是高

度地方化的，而在另一些时候区域又容纳了全球化的大部分影响。从这一地理学视角看，全
球化作为重要全球力量**并非**将国家和地区差异均质化之必须，它作为一个全球力量也具有很
多地方和区域的属性。

将地理学带回全球化议程

现在我们对全球化的地理特性有了更好的鉴识，或许是时候超越把全球化仅看作一系列
最终状态现象的过分简单观念了。全球化研究者在未来所做的研究中，至少要面对三个重要
地理问题。首先，我们需要对全球化过程进行更均衡的经验性评估。无论在研究还是政治层
面，全然地拥护全球化或无保留地谴责之都是无益的。从前述研究我们知道，全球化就像双
头罗马神杰纳斯（Janus）一样具有两副面孔，对地方既有害又有益。未来的研究亟待聚焦
全球化进程的地理不平衡结果，并批判性地评估这些结果，从而制定出更加明智的政策。其
次，全球化研究似乎采取了太多自上而下的途径，经由主体途径的自下而上全球化研究显然
应有其地位，也就是要更多地关注人民的所言和所为。我们需要了解的不仅是全球性公司和
国际组织的策略，同样重要的是我们还要鉴识社会行动者如何争议全球化。这里的社会行动
者就如你、我和那些反全球化的抗议者（及其在跨国公司和银行中的代理同人）。争议涉及
各种地理尺度，无论是宗教活动的区域复兴层面，还是个体户的决策层面。最后但也同样重
要的是，未来的研究者需要进行全球协同研究，并且切实地在地方执行。换言之，全球化研
究内在要求在研究动议和各跨国国家、区域的网络中进行全球合作。通过这些跨国或跨区域
的努力，我们会有更好的机会来把握作为一系列复杂现象的全球化，它可是在日益塑造这个
星球上大多数人的生活。

参考文献

Cox, K. (ed.) 1997: *Spaces of Globalization: Reasserting the Power of the Local*. New York: Guilford.

Herod, A., Ó Tuathail, G. and Roberts, S. M. (eds.) 1998: *An Unruly World: Globalization, Governance and Geography*. London: Routledge.

Leyshon, A. 1997: True stories? Global dreams, global nightmares, and writing globalization. In R. Lee and J. Wills (eds.), *Geographies of Economies*. London: Arnold, 133-146.

Leyshon, A. and Pollard, J. 2000: Geographies of industrial convergence: the case of retail banking. *Transactions of the Institute of British Geographers*, 25, 203-220.

Martin, R. 2000: Local labour markets: their nature, performance, and regulation. In G. L. Clark, M. A. Feldman and M. S. Gertler (eds.), *The Oxford Handbook of Economic Geography*. Oxford: Oxford University Press, 455-476.

O'Brien, R. 1992: *Global Financial Integration: The End of Geography*. New York: Council on Foreign Relations Press.

Ohmae, K. 1990: *The Borderless World: Power and Strategy in the Interlinked Economy*. London: Collins.

Scott, A. J. 1998: *Regions and the World Economy: The Coming Shape of Global Production, Competition and Political Order*. Oxford: Oxford University Press.

Taylor, P. J., Watts, M. J. and Johnston, R. J. 2001: Geography/globalization. *GaWC Research Bulletin*, 41, Department of Geography, Loughborough University.

Yeung, H. W. -C. 2000: The dynamics of Asian business systems in a globalising era. *Review of International Political Economy*, 7, 399-433.

Yeung, H. W. -C. and Dicken, P. (eds.) 2000: Special issue on economic globalization and the tropical world in the new millennium. *Singapore Journal of Tropical Geography*, 21, 225-373.

深入读物

107

Dicken, P. 1998: *Global Shift: Transforming the World Economy*, 3rd edition. London: Paul Chapman.

Held, D. (ed.) 2000: *A Globalizing World? Culture, Economics, Politics*. London: Routledge.

Held, D., McGrew, A., Goldblatt, D. and Perraton, J. 1999: *Global Transformations: Politics, Economics and Culture*. Cambridge: Polity.

Mittelman, J. H. 2000: *The Globalization Syndrome: Transformation and Resistance*. Princeton, NJ: Princeton University Press.

Yeung, H. W. -C. 1998: Capital, state and space: contesting the borderless world. *Transactions of the Institute of British Geographers*, 23, 291-309.

19　历史地理：造就现代世界

凯瑟琳·纳什（Catherine Nash），迈尔斯·奥格伯恩（Miles Ogborn）

地理学在很多方面都酷似一门历史学科。人文地理学者和自然地理学者都远非简单地描述地方，而是非常关注对过程的理解。这些过程塑造了现在的地方和景观，无论是记录在沉积物柱芯古生态学档案中的气候变化模式，还是可在人口调查、口述历史和城市增长地图中追溯的移民格局。在人文地理学中，对地方形成的这一兴趣也涉及追溯过去人们的生活，追溯塑造了人们的生活和地方、人们之间相互关系，以及人们用以认知世界反过来又塑造地方和社会关系的思想的社会、政治、经济和文化制度、系统与过程。这种对历史的关注时而聚焦近代，时而聚焦遥远的古代，时而又关注特定地方在特定时期的地理重构，或塑造现代世界的大尺度变化过程。地理学者对这种历史学工作所做的贡献在于，他们对空间分布和尺度的关注，对地方特性和地方间关联的重视，对地方的文化含义及政治、经济和社会特征的兴趣（Graham and Nash，2000）。

关键主题和资料来源

今天的历史地理学是一门非常多样的学科（Ogborn，1997、1999），其贯穿始终的研究主题包括：土地利用和人类-环境关系，聚落、移民和人口统计，经济、环境、政治、社会变化的关键时期和它们的新模式，以及生产关系、分配和消费（Dodgson and Butlin，1990；Graham and Proudfoot，1993）。这些内容贯穿于英国早期社会经济和政治组织由封建形式向资本主义转变的近代变革，及其所引致并推动的乡村景观、农业和劳动性质的变化之中。雄心勃勃的农学家和土地所有者造就了各种新景观，譬如排干的湿地、封围的荒地和改良的牧场。17世纪东英格兰沼泽地的排水就是英国历史地理学界的经典研究案例（Darby，1940）。这一时期的进步包括向新型雇佣劳动形式的转变，以及通过开始于15、16世纪并在18世纪末和19世纪初得到政府支持的圈地运动而巩固了的农村土地所有制。伴随着土地和牲畜的改良计划，这一将原先共同劳动的开放土地系统转变为个体劳动的分散地块的实践，109在改变农业劳动性质的同时也改变了乡村的景观。生产力的提升和开放土地系统的封围产生了社会和生态影响，例如随着公共土地的丧失人们也就失去了生计。乡村景观被重新安排，变得生产化、资本化和商品化。

当地土地和生活的转变与别处地理的变化密切相关。历史地理学往往通过聚焦地方案例并将其置于更大的经济、社会和政治网络中来探究这些变化。例如，乡村和城镇早期工业化的形成，就得益于日益扩展的贸易和投资网络，以及其他早先的近代全球化形式所提供的资金：西方人在欧洲人原先未知的世界部分地方进行探险和殖民，在全球贸易网络的早期阶段，包含为其他地区的工业和市场大规模生产原材料、食物、矿产和商品，包含广泛的新投资模式，以及将利润和资源从遥远的异邦转移到欧洲。至少从 15 世纪开始，全球间联系的发展和深化就与欧洲现代工业和城市的发展亦步亦趋。这些欧洲网络多方扩散，改变了或被植入先前存在的贸易和传播格局（Ogborn，2000）。

对现代化深远影响的这种关注与时俱进地延伸至起步于 18 世纪并在 19 世纪加速的那些戏剧性变化。快速的城市化和工业化、新型机械化集约农业的发展、运输的改善、人口增长及向城镇工业就业源地的迁移、新的官僚组织形式、新的国家体制，以及在各种尺度上加强了不同地方间互联程度的通信和接触范围的扩展。这种新的空间整合意味着地方或区域的治理形式要从属于中央集权的国家，而且通信、贸易和影响都得以深化和扩展，"改变了与日常生活息息相关的地理，在国家或全球尺度上推动了重大变革"（Ogborn，1998：19）。

与对过去千差万别且联系不断增强之地理的这种关注并行不悖的，是深切关照伴随现代化过程的社会差异思想的形成方式，关照拥有不同财富和权力的人如何对这些过程本身产生不同的体验。历史地理学者现在不仅关注阶级问题，也关注统治和身份的其他维度，诸如"种族"、性生活、国家观念和性别等。这包括关注物质景观的改造，关注意图、权力及认同问题，关注地方的形成，关注现代世界地理的转变所体现并营造的较少物质性却同样重要的文化信仰、实践及认同感。历史地理学者津津乐道人们赖以试图认知世界及其内各种地方的知识、实践和表达，从对事物、动物和人物进行制图、测量和分类的科学系统，到不同类型文本和可视图像中的文化表达。这就意味着要利用广泛的证据来源。理查德·丹尼斯（Richard Dennis，2000）在其关于城市化历史地理的讨论中指出：现代化发生"在大地上，在对隔离和专业化新空间、新尺度和新格局的创建过程中，以及新技术的形式中；同时也发生在人们的脑海中，在人们如何谈论城市，如何对城市加以形象化、制图、绘画和摄影时"。因此，他建议城市历史地理学者应该兼收各种资料和方法，对于能相互印证的资料，无论定110性还是定量的都应采用。这种不但对物质性变化而且对认同感、权力和文化等问题的关注，鲜明地体现在历史地理学近年的一个重要议题——殖民的历史地理上。

殖民主义的历史地理

欧洲的殖民地开拓是过去全球化的一个主要形式，它将各种规则制度以及文化规范和实践强加于殖民地人民，其影响是深远的。欧洲殖民主义的影响仍然以其全部形式继续着，这可见于现在不均衡发展的全球格局和原殖民地向原殖民强国移民的格局。殖民主义包括物质过程、知识和表达方式。它牵涉环境变化、殖民地人口的替代和欧洲移民在殖民地的定居。对殖民地人民来说，这意味着被强加上新的制度体系和文化，以及生活、生活方式和生计方式的破坏甚至毁灭。殖民主义蕴含着认识、表达、整理和想象世界的新方式，包括空间度量、分类形式、"进步"和"发展"的隐喻，以及把世界分为"旧"和"新"的一整套观念。欧洲人的探险、旅行和贸易不仅是文化和政治过程，而且是经济过程，它们为欧洲人想象的地理所塑造，也塑造着欧洲人想象的地理。它们深深地暗含在欧洲内部以及欧洲与世界其他地方之间的不平等权力关系中。被绑上欧洲资本主义发展和海外扩张之双向过程列车的人口、植物、动物、思想、文化、原材料、商品和资本的移动，改变了社会关系，也剧烈地改变了环境（Pawson，1990）。环境史学者和历史地理学者已将北美或"新世界"的资本主义和殖民定居，以及定居赖以为基础的农业系统及其引起的大规模环境变化记入历史，包括英国人和西班牙人入侵美洲和加勒比海地区造成的"生态系统震荡"，将新植物群、动物群和鸟类等生物物种引入澳大利亚和新西兰所造成的影响，以及"新世界"耕地和牧场扩张导致的生态变化。一些局地工程改变了特定地方的性质，常常具有深远的影响，它们反映了权力、金钱、身份和文化之间的关联，表明了人与人之间纠缠且通常是不平等的关系。

造就现代埃及

了解在地中海和红海之间挖掘苏伊士运河的幕后，能帮助我们将历史地理的这些不同方面整合起来。运河本身就是对自然景观的巨大改变。苏伊士运河基于法国工程师斐迪南·德·勒塞普斯（Ferdinand de Lesseps）和欧洲的冒险支持者所持有的科学和技术进步观念，基于从南部的埃及村庄征募的数以千计的劳工，是他们挖掘和建设了这个工程。在全球尺度上，苏伊士运河（以及类似工程的巴拿马运河），是"为商品自由流动打通世界"的一种途径（Mitchell，1988：16），它将世界其他地区及其原材料和市场更为充分地纳入欧洲轨道中。在北非，这是 19 世纪 60 年代埃及土地和生活广泛变化的最引人瞩目的部分，那时尼罗

河三角洲整个被用于为兰开夏（Lancashire）纺织厂种植棉花，这些厂子的其他供给源已被 111
美国内战切断。新的公路、铁路、大坝、电信线、土地所有制形式和农业劳动条件，均被由
利润驱动的欧洲财团强加于埃及的景观和人民头上。欧洲在埃及的形象（如现代、进步和强
大）以及埃及在欧洲的形象（如传统、落后和依赖）强化了这种经济依赖性。运河的开通恰
逢新歌剧院建设并委托盖斯佩·威尔第（Guiseppe Verdi）创作《阿依达》（Aïda），这是一
部为主流欧洲人描绘欧洲人眼中古老埃及的歌剧。然而，认识到埃及依附于欧洲（特别是自
1882 年被英国占领之后），也导致不断增强的民族主义，力图培养一种不同的埃及认同感。
最终的结果是，1956 年 6 月埃及人从英国人手里夺回了苏伊士运河，这预示着战后世界政
治地理的一个深刻变化。

结论

苏伊士运河的修建固然是新技术和艰苦劳动造就的，但是也有赖于**现代**观念。追溯历史
地理的现代化也包括探究这一观念的历史地理学（Nash，2000）。"现代"观念可以置于欧
洲人的话语内，他们一直利用现代、传统和原始的观念来区分世界广大范围、国家、地区之
间的差异和人民之间的差异。例如，将非西方的生计描述成生产力低下和原始的，已为西方
以现代化的名义进行侵略的长期历史找到了借口。前殖民环境史的重建为前殖民时期多产且
复杂、往往足以支撑稠密人口的农业系统提供了重要证据，这挑战了长久以来"荒芜或利用
不当的土地在等待欧洲人殖民和西方式发展"的殖民借口。如何理解历史显然至关重要，历
史地理学者日益关注人们记忆和表达过去的方式（Ogborn，1996），这就要求既考察作为一
门学科的地理学史，也考察在博物馆、遗址、纪念活动、电影和其他大众文化形式中对过去
的通俗表达。对过去的表达深深地附着了与当代相冲突的集体认同。如何理解过去，对于决
定个人和团体在国家、民族、地方、家庭或社区历史中所处地位的方式具有深刻的影响。

参考文献

Darby，H. C. 1940：*The Draining of the Fens*. London：Cambridge University Press.

Dennis，R. 2000：Historical geographies of urbanism. In B. Graham and C. Nash（eds.），*Modern Historical Geographies*. Harlow：Pearson Education，218-247.

Graham，B. J. and Proudfoot，L.（eds.）1993：*An Historical Geography of Ireland*. London：Academic Press.

Mitchell，T. 1988：*Colonising Egypt*. Berkeley，Los Angeles and London：University of California Press.

Nash，C. 2000：Historical geographies of modernity. In B. Graham and C. Nash（eds.），*Modern Historical*

Geographies. Harlow: Pearson Education, 13-40.

Ogborn, M. 1996: History, memory and the politics of landscape and space: work in historical geography from autumn 1994 to autumn 1995. *Progress in Human Geography*, 20, 222-229.

Ogborn, M. 1997: (Clock) work in historical geography: autumn 1995 to winter 1996. *Progress in Human Geography*, 21, 414-423.

Ogborn, M. 1998: *Spaces of Modernity: London's Geographies, 1680-1780*. New York and London: Guilford Press.

112 Ogborn, M. 1999: Relations between geography and history: work in historical geography in 1997. *Progress in Human Geography*, 23, 95-106.

Ogborn, M. 2000: Historical geographies of globalization. In B. Graham and C. Nash (eds.), *Modern Historical Geographies*. Harlow: Pearson Education, 43-69.

Pawson, E. 1990: British expansion overseas, c. 1730-1914. In R. A. Dodgson and R. A. Butlin (eds.), *An Historical Geography of England and Wales*. London: Academic Press, 521-544.

深入读物

Dodgson, R. A. and R. A. Butlin (eds.) 1990: *An Historical Geography of England and Wales*, 2nd edition. London: Academic Press.

Graham, B. and, C. Nash (eds.) 2000: *Modern Historical Geographies*. Harlow: Pearson Education.

20　新政治地理的地方和流

彼得·J. 泰勒（Peter J. Taylor）

美国是一个麻烦。我这么说略带法律意味。在英国法律中，当一个行为给他人造成了严重不适或不便时，它就构成了一个麻烦。例如，一个工厂向周边地区排放有毒烟雾就是一个危险的麻烦。推演到全球尺度，美国是迄今为止世界最大的污染者，并且通过拒绝批准关于限制温室气体排放的《京都议定书》，迫使世界上其他国家遭受其过量排放的影响。美国之所以能以这种令人厌烦的方式自行其是，盖因其政治权力。美国作为"唯一的超级大国"，首先寻求的是预设利益，然后才会考虑对其他国家的影响。

在国际关系的传统操行中这种自私自利的行为是常态。在国与国之间充满对抗的这个竞争世界，各国都不得不寻求自己的目标，并利用一切可能的手段去实现这些目标。因此，20世纪就是很多大小战争的世纪。冷战期间的几次危机险些导致核灾难，这不仅会殃及美国和苏联，而且会殃及全人类。现在那个危险的世界已一去不复返。分裂的政治世界已被经济一体化的世界继承，冷战已被全球化（见杨伟聪所撰的本书第 18 章）取代。在此新形势下，国家的行为比以往更多地受世界经济的约束。因此，与其采用"唯一的超级大国"这一倒退回冷战时期的术语，倒不如用"美国的麻烦行为"来描述最后一个具有高度国家主权的国家在全球连接的新世界所采取的行动（Martin and Schumann，1997：216）。这是一个不同的世界，一个需要我们以激动人心的新方式来思考其政治和空间的世界。

超越马赛克式的政治地理

传统的政治地理研究关注国家及其为领土而进行的竞争性侵略争斗的空间结构。这就把世界看成是一种政治空间和主权国家领土的马赛克，冷战期间的世界被简化为一种三部分的马赛克：第一世界、第二世界和第三世界。在当代全球化的条件下，用这种"马赛克式思维"来认识政治地理已不合时宜了（Taylor，2000、2001）。

我们需要一个新的空间构架。卡斯特尔（Castells，1996）所描述的新全球"网络社会"
就提供了这种构架。他的分析有赖于对"地方空间"和"流空间"的区分。领土国家马赛克
是前者的范例，金融市场的全球交易则是后者的实例。从地理上看，当在平衡这两种不同空
间类型的重要性时发生了变化，其结果就是全球化。通信技术和计算机技术的结合已促进了
世界范围内接触和联系的大规模增长，并往往在此过程中削弱了国家的领土完整。互联网就
是个很好的例子，它使政府感到要监管其领土范围内的互联网资料是非常困难的。网络社会
的兴起就建立在这种"流空间"之上。

千万不要以为"流空间"正在取代"地方空间"。两者对另一方的存在一直都是必要的。
因此，上述讨论的关键词是平衡，反映了两种空间类型不断变化的特点。所以，网络社会并
不意味着"国家的终结"。国家仍然是扎根在我们现代世界的重要制度。全球化正在迫使各
国重组其活动，因为其某些关键职能（如规范金融市场）已受到严重挑战。区域机构的发展
和深化（诸如北美自由贸易联盟和欧盟）就是空间重组的鲜明例子，其为成员国在面对世界
经济动荡威胁时提供了"安全港"。从这个意义上看，国家仍然举足轻重，但已不再是国际
关系的全部了。世界城市以多种方式成为重要的竞争主体。作为世界城市网络的结点，世界
主要城市在网络社会找到了新的生机。20 多年前，诸如纽约这样的大城市还被认为政治和
经济问题多多，人口和工作岗位不断流失，濒临破产。而今纽约却是典型的全球城市（Sas-
sen，2001），是世界城市网络中最重要的结点之一。大城市命运的这种华丽转变很可能就是
当代全球化的重要地理效应。

因此，21 世纪的新政治地理学将关注世界经济势力如何在"地方空间"（尤其是国家）
和"流空间"（尤其是城市）之间组织起来。笔者将通过重新解读传统政治地理学的三个核
心议题（疆界、首都城市和联邦制）来阐述之，从而揭示它们如何融入超越简单马赛克式的
政治地理中。

疆界：另类跨界组织

主权疆界界定领土国家。在其范围内，各种进出国家的流（人口、商品、货币）在传统
上都是受控制的。但是随着全球化，疆界渐趋不再被视为空间屏障，而较多地被视为接触之
地。于是，所有重要国家的曾经认定为处于边缘的社区，现在都在萌生成为交融之地的
意图。

这种机会在欧盟中尤其显著（Murphy，1993），一个特别有意思的例子就是横跨法国和
西班牙的沿地中海西北岸地区（Morata，1997）。那里有两个相竞争的组织在促进跨界合

作。第一个是加泰罗尼亚（Catalonia）和同与法国毗邻的罗塞隆（Roussillon）和米迪-比利牛斯（Midi-Pyrénées）之间的区域联盟。此"西地中海欧洲区域"界定了一片跨疆界领土。第二个是 C-6 网络，6 个城市的联盟，包括 4 个西班牙城市〔巴塞罗那（Barcelona）、帕尔马·马略卡（Palma de Mallorca）、华伦西亚（Valencia）、萨拉戈萨（Zaragoza）〕和 2 个法国城市〔蒙彼利埃（Montpellier）、图卢兹（Toulouse）〕。这界定了一个跨疆界网络。这两种安排都通过政治合作促进了跨疆界的经济发展，但是它们却基于截然不同的空间组织形式。"欧洲区域"是一个运作策略凭借一个确定范围的"地方空间"；C-6 网络则是一个创新型的"流空间"，其运作策略凭借欧洲城市网络中的局地结点。它们都是运作于同一区域中另类空间组织的最鲜明例子。然而，这两种组织是在竞争而不是合作，是地方和流之间张力的表现，我们可以在 21 世纪的政治地理中发现这些现象。

首都城市：全球化下的新角色

首都城市的重要性随着民族国家权力的增长而增长。直到 19 世纪末，欧洲的大城市都是欧洲巨大势力的"帝国首都"，如伦敦、柏林、巴黎和维也纳。这些城市完全地把控着国家/帝国的领土：它们稳稳地处于国家城市等级的顶端，伴随其政治中心地位的是经济增长和文化繁荣。首都城市这种包揽一切的模式，与首都城市除了首都角色外很少有其他功能的专一政治化模式形成对比。此类首都城市的选择或发展分明是要促进国家领土的整合。被选出来取代老首都的城市往往更为居中（如莫斯科取代圣彼得堡，安卡拉取代伊斯坦布尔，新德里取代加尔各答）。新首都城市的发展往往定位在空间上的协调（如美国南北之间的华盛顿特区，悉尼和墨尔本之间的堪培拉，安大略和魁北克之间的渥太华，亚马逊区域和巴西其他地区之间的巴西利亚）。在全球化新形势下，这些不同的首都城市如何实施其策略呢？

专于国家政治并不能成为一个能占据全球化新机会之优势的好平台。多数专一的首都皆因囿于"地方空间"的领土政治而乏善可陈。从全球范围看，安卡拉不是伊斯坦布尔的对手，巴西利亚（相较圣保罗）、堪培拉（相较悉尼）、渥太华（相较多伦多）、新德里（相较孟买）亦如是。相比之下，包揽一切的首都城市则更容易转而获得世界城市的地位。伦敦、东京和巴黎就是最好的例子。没有实现这种转变的特殊原因与 20 世纪战争的后果有关：维也纳是奥匈帝国在第一次世界大战中战败的受害者，而柏林则是德国在第二次世界大战中战败的牺牲品。

然而，有两个专一化首都城市已经能够实现向获得世界城市的地位转变，两者都是不同寻常的例子。第一个是华盛顿特区，它已经逐渐扩展了自身的职能，并提升了在美国城市中的等级（Abbott，1996）。作为 20 世纪超级大国和迄今世界上最大经济体的首都城市，华盛顿特区已为首都城市经济的增长和融合国内及国际交流所需公司的发展创造出一种态势（如全球律师事务所的游说活动）。第二个例子是布鲁塞尔，欧盟的非正式首都，作为欧盟最重要机构的驻地，其被选中是妥协的结果（位于比利时这个小而相对不重要的国家）。然而，作为世界上最大经济市场地区的决策中心，布鲁塞尔已经吸引了众多商家，这些商家都希望在靠近欧洲大陆政治中心的地方来运作其在欧洲的活动（Elmhorn，2001）。虽然华盛顿特区并不构成对纽约、芝加哥或洛杉矶的竞争，布鲁塞尔也不构成对伦敦、巴黎和米兰的竞争，但是这两座城市均已呈现出作为世界城市网络独特结点的世界城市态势，各种经济流和政治流都在此汇合于国家和全球的交互作用中。

116 联邦制：国家结构与世界城市结构

由于在中央政府和联邦成员之间划分了主权，联邦制被看成最具"地理性"的国家形式。这既体现了国家内不同的领土利益，又防止了分离主义趋势。这种空间策略后来宣告失败。然而这只代表了非常特殊的情况，在世界许多地方，联邦制一直成功地维持着各大洲若干大国的空间完整性，例如，美国、印度、巴西、德国、加拿大、尼日利亚和澳大利亚。然而，在当代全球化形势下，这种空间灵活性对于世界城市网络的布局却有意想不到的后果。

在联邦制体系中，权力向较低单元分散，而在中央集权制国家，权力则很集中。这两种供选的空间安排将创造不同的国家城市等级形式：在后者中，一个城市独大；而分权则创造出一种若干重要城市都能繁荣的局面。这种差别很可能会随着全球化而加强，因为国家权力集中于一个城市的好处会转化成国际竞争的特殊优势。譬如在高度中央集权的日本，人们一直认为对大阪获取世界城市地位梦想的主要障碍是它的"东京问题"（Hill and Fujita，1995）。表20.1 显示了分别从联邦制国家和中央集权制国家中选取的第一大城市与第二大城市在世界城市网络中的连通性比［按泰勒等（Taylor *et al.*，2001）采用的全球规模商业服务度量］。两类国家间的差异十分显著：在联邦制国家，第一大城市的连通性是其最接近对手的 1.5 倍左右；而在中央集权制国家这一比率大到超过 3。看来不仅大阪有其"东京问题"，曼彻斯特也有其"伦敦问题"，其他中央集权制国家的第二大城市同样也深受其害。与此对照，联邦制国家更有利于形成较广泛的世界城市。在一些国家，这种"不均衡增长"正在引发分权需求，例如，英国最近的权力下放和地区议会计划，以及印度尼西亚各省对雅加达统治的抵抗。

表 20.1　按国家类型分列的某国第一大城市与第二大城市的全球连通性比

中央集权制国家		联邦制国家	
对比的国家居前两位的城市	比率	对比的国家居前两位的城市	比率
伦敦/曼彻斯特	4.4	纽约/芝加哥	1.5
巴黎/里昂	3	米兰/罗马	1.7
东京/大阪	3.7	马德里/巴塞罗那	1.4
斯德哥尔摩/哥特堡	3.2	多伦多/蒙特利尔	1.5
哥本哈根/奥尔胡斯	5.4	悉尼/墨尔本	1.2
奥斯陆/卑尔根	3.7	法兰克福/汉堡	1.4

结论

　　以上论述介绍了一些政治地理学的新思路，其中交织着传统的地方空间和新生的流空间。在当代全球化条件下，领土国家之间的简单竞争已与网络城市之间的更复杂相互关系结合起来。这是 21 世纪政治地理学的一项重要议题，当然还有其他重要议程。笔者仅就全球化背景选择性地关注了少数几个论题——疆界、首都城市和联邦制，其实还有其他一些精彩的研究议题，其中引人瞩目的有：定量选举地理、批判性地缘政治和后殖民政治地理，这些都显示了当代政治地理学所涵盖的主题范围。

参考文献

Abbott，C. 1996：The internationalization of Washington，D. C. *Urban Affairs Review*，31，571-594.

Castells，M. 1996：*The Rise of Network Society*. Oxford：Blackwell.

Elmhorn，C. 2001：*Brussels：A Reflexive World City*. Stockholm：Almqvist and Wiksell International.

Hill，R. C. and Fujita，K. 1995：Osaka's Tokyo problem. *International Journal of Urban and Regional Research*，19，181-194.

Martin，H.-P. and Schumann，H. 1997：*The Global Trap*. London：Zed Books.

Morata，F. 1997：The Euro-region and the C-6 network：the new politics of sub-national cooperation in the West-Mediterranean area. In M. Keating and J. Loughlin (eds.)，*The Political Economy of Regionalism*. London：Frank Cass，292-305.

Murphy，A. 1993：Emerging regional linkages within the European Community：challenging the dominance of the state. *Tijdschrift voor Economische en Sociale Geografie*，84，103-118.

Sassen，S. 2001：*The Global City*，2nd edition. Princeton，NJ：Princeton University Press.

Taylor，P. J. 2000：World cities and territorial states under conditions of contemporary globalization. *Political Geography*，19，5-32.

Taylor，P. J. 2001：World cities and territorial states under conditions of contemporary globalization：looking forward，looking ahead. *GeoJournal*，52（2），157-162.

Taylor，P. J.，Catalano，G. and Walker，D. R. F. 2001：Measurement of the world-city network，*GaWC Research Bulletin*，43［online］，http：//www. lboro. ac. uk/gawc.

深入读物

Agnew，J. 1997：*Political Geography：A Reader*. London：Arnold.

Taylor，P. J. and Flint，C. 2000：*Political Geography：World-Economy，Nation-State，Locality*，4th edition. London：Prentice Hall.

网络资源

- 全球化与世界城市研究团队及其网站，见 http：//www. lboro. ac. uk/gawc。

21 流动的世界：移民与跨国社群

阿里斯代尔·罗杰斯（Alisdair Rogers）

联合国于 2000 年 12 月 18 日宣布当日为国际移民日，确认有 1.5 亿人生活在其出生的国家之外。虽然这一数字还不及世界人口的 3%，但已是 1965 年的两倍，并且普遍预测国际移民的数量和所及范围都将继续增长。当天还在西西里（Sicily）的巴勒莫（Palermo）签署了《联合国打击跨国犯罪公约》和两项打击贩运人口的议定书。当年 6 月在英国多佛港（Dover）发现海运集装箱（全球贸易不可缺少的工具）内有 58 具中国人的尸体，可怕地表明全球流动背后的强大动机和所涉及的个人代价。地理学者和其他学者对世界移民的研究，提供了关于现在宏观经济和技术变化以及个人跨越遥远而陌生的环境时维持身份和生计之体验的重要见识。

移民全球化

远距离移民并非新鲜事，据某些估计，与现在相比，19 世纪有更大比例的世界人口卷入其中。一个个家庭和众多单身劳工创纪录地从欧洲、印度和中国迁移到美洲、澳大利亚和非洲。从 1846 年到 1939 年，仅从欧洲移居国外的人口就有约 5 900 万。到 19 世纪中期，约有 1 200 万之多的非洲人被当作奴隶强运到美洲。两次世界大战和一场世界范围的经济萧条减少了人口的国际流动，正如减少了商品的国际流动一样。但是，正如卡斯特尔斯和米勒（Castles and Miller，1998）在《移民时代》（*The Age of Migration*）中指出的，多种因素在 20 世纪晚期的结合又恢复了其势头。这些因素包括：国家之间不断扩大的经济不平衡、冷战终结、政治动荡（如在巴尔干和非洲东北部），年轻社会和老龄社会之间的人口差异，环境退化及其对农民生计的影响，以及更便宜和广泛的航空运输。

随着全球移民强度的上升，其范围也在扩大。据国际劳工组织（The International Labour Organization）估计，在 1970 年至 1990 年，主要移民接收国的数量由 39 增至 67，

119 主要移民输出国的数量由 29 增长到 55。新的移民接收国包括在 1973 年石油危机后富裕起来的波斯湾诸国，以及诸如马来西亚、新加坡等新兴工业化经济体。新的移民输出国包括俄罗斯和中国，那里的政府在 20 世纪 80 年代解除了海外旅行禁令。虽然每 6 个移民中就有 1 个在美国，但南—北流动的旧模式正在分解为包括更多的南—南流动。

虽然总体上已了解国际移民的广泛原因和格局，但它们掩盖了国家内差异的重要性。现在正是在这里发现了很多重要的地理学问题（Gorter *et al.*，1998）。国际移民是减少还是增加了地方之间及人群之间的经济差异？寄回母国的资金是否能够弥补技术人才和适龄劳动力的损失？移民是否是区域和城市经济重构的一个原因或后果？一个空间尺度上的正效应是否会被另一尺度上的负效应抵消（例如，税收和福利支出在地方和国家政府之间的平衡）？为什么移民来自或流向少数几个地方，甚至集中在显然具有同等发展水平的国家和地区？大多数移民定居在大城市，其空间集中程度是否随着时间的推移而降低？这如何关联到种族主义、社会排斥或"文化保守"[参见《城市研究》（*Urban Studies*）1998 年特刊]？一些较富有的移民在城郊定居[例如，中国人和旁遮普人（Punjabis）定居温哥华]是否意味着种族分隔旧模式的终结（Li，1997）？由于形势变化如此之快，很难对这些简单问题给出结论性的答案。

新型移民

新的移民和迁移类型的多样性演变使得对移民的分类和认定变成棘手的事情。自愿迁移（包括劳动力迁移和家庭重聚）与被迫迁移（难民、寻求庇护者、流离失所者和环境移民）之间的标准区分正逐渐被依据阶级、性别、种族和性特征的其他分层形式重塑。不仅如此，一个人在跨越国境后可能会被国家重新定义。边境同时是重新确定法律地位的分界线、通道门和筛选器，在此一些人会轻松通过，而另一些人则会受拘留或虐待。在这里，寻求庇护者被电视和杂志妖魔化，而商业旅行者则被描绘成世界公民。公众对移民和移民社群的困惑正是有待进一步研究的重要领域。

移民类型和迁移经历的多样化正在拓展地理学探究的范围，这不仅是因为政府渴求更多的信息和了解。北方国家的强力移民管制迫使很多铤而走险者非法进入或者把自己托付给一些有组织的走私集团，这些集团在中国被通俗地称为"蛇头"，在墨西哥则被称为"土狼"。执法机构为这些犯罪网络绞尽脑汁。而另一方面，有越来越多的熟练临时人员或高薪职业人员在海外为跨国公司和非政府组织工作，他们有时被称为"外籍人士"（expatriates）（Beaverstock and Smith，1996）。诸如新加坡和中国香港地区等谋求成为世界城市者正在竭力通过塑造国际性环境来吸引他们。少数富有的移民可能对诸如伦敦（1/9 的劳工出生在国外）等世界城市之城市景观产生显著影响。但是海外工作给个人带来的压力意味着较高且代价不菲的失败率，这不仅是双职工家庭如此。一些特殊行业（特别是信息技术行业），还有服务行业（如健康护理行业）的熟练工也受到诸如英国、德国等传统上是敌视移民的国家的青睐。最后还有商业移民，获准迁入一个新的国家开展某项商业或巨额投资。但如此高地位的移民只不过是一个快速解决劳动力短缺问题的方案吗？他们的到来是否减少了本土劳工的机会呢？他们对其母国来说是"人才流失"吗？抑或这种在外籍人士中形成的"知识网络"可以为补偿发展项目而提供启示和借鉴？

19 世纪 80 年代 E. G. 拉文斯坦（E. G. Ravenstein）的先驱式移民研究中提出一个规律，即女性比男性较少愿意跨国迁移。但是自 20 世纪 80 年代以来，女性凭其自身权力越来越多地独自移居国外，她们不再仅仅是男性劳工"行李"的一部分。如今约有一半的国际移民是女性。南方女性享有相对较高程度的自由和平等，包括自力更生和自我抉择的能力。乡下人的生活正被城市产业变化颠覆。与此同时，在北方国家，那些通常雇佣妇女的行业和职位（健康护理、家政服务、宾馆饭店工作、娱乐和性行业）对员工的需求日益增长。布里奇特·安德森（Bridget Anderson，2000）在吸引人的研究成果《从事肮脏工作？》（*Doing the Dirty Work?*）中揭示了雇主和国家对女性移民家政员工的虐待（又见 Henshall Momsen，1999）。移民妇女为雇主照看孩子挣得收入，转而又付给在家照看自己子女的另一妇女，如此构成"全球护理链"（global care chains），表现出一种情感劳动的全球化（Hochshild，2000）。

跨国化：下一个研究前沿

另一个迄今指导着移民研究的假设，是一个人从国家 A 迁移到国家 B 并定居，随着时间的推移其或多或少会融入其中。这通常意味着从乡村农民背景向城市从业者背景的单向转变。这种假设正日益受到来自跨国研究这一新兴领域和移民研究前沿的审视和挑战。跨国化最初被社会人类学者定义为"跨国移民通过其日常生活活动，塑造和维持将其出生地和定居地社会联系在一起的多重社会、经济和政治关系的过程"（Basch *et al*.，1994：7），跨国化也可能延伸到跨越国界的其他社会网络，并涉及各个国际非政府组织、社会运动、有组织犯罪团伙、公司雇员和宗教运动之间的日常互动。地理学者对亚太地区跨国化已做了备受关注的重要研究，包括中国在海外商业网络（Olds and Yeung，1999），以及中国高端跨国公司对温哥华景观和政治的影响（Ley，1995；Mitchell，1997）。在英国，在经济与社会研究会

(Economic and Social Research Council，ESRC) 资助的一项包含 19 个跨国社群项目的研究计划中，地理学者的工作显得尤为突出。

　　将移民看作一种流动或者一种跨疆界社会场的观点，导致了对家乡、身份和民族归属的更精细、灵活和双重化的理解。它也被看成是移民社群研究新领域的一部分（Cohen，1997）。移民社群（Diasporas）本来是描述诸如犹太人和亚美尼亚人的，但是现在用于库尔德人（Kurds）、黎巴嫩人（Lebanese）或印度人（Hindus），具有复杂且常常是模糊或矛盾的三重关系：其祖国（可能已"失去"）、其居住国和与该移民社群其他人共同的伦理。它们是领土和身份之间关系重新组合在文化和经济全球化核心之上的例证。

121

移民研究途径

　　地理学者和其他学者的移民研究采用了很多途径和方法（一个很好的综述见 Silvey and Lawson，1999）。理论比较的途径一方面聚焦个体层次的行为和微观经济模式，另一方面也关注历史-结构概念（一个综述见 Gorter *et al.*，1998）。在社会网络和社会资本研究过程中已确认的某类解答，既可看作移民的背景，也可看作移民的源泉。道格拉斯·马西在美国-墨西哥移民中的工作（Massey *et al.*，1987）表明各种网络如何降低了迁移的风险和代价；托马斯·费斯特应用社会网络思想，解释了为何迁往德国的移民来自土耳其某个特定村庄而不是相邻的其他村庄（Faist，2000）。移民研究一直由于缺乏足够数据而显得残缺，特别缺乏能够帮助研究者追溯个别移民及其子女随时间进程而变的社会经济和空间路径的纵向或面板调查。精细尺度的人口普查数据、个体水平的数据集［诸如英国的匿名记录抽样调查（UK Samples of Anonymized Records）］，以及将人口普查数据与入境或税收记录联系起来，可使探究有更广的视野，尤其是在北美。此类数据将极大地为移民流及其影响之空间模拟增加价值。文化地理学中的族群志和传记报告较少关注移民，而较多关注移民的经历，例如，金、康奈尔和怀特（King，Connell and White，1995）编著的移民文学集《跨越世界的文字》（*Writing Across Worlds*）即是如此。要了解跨国社群，就要求既在其源地也在其目的地做研究，凯蒂·加德纳在孟加拉国和英国的研究（Gardiner，1993）就是一个范例。

参考文献

Anderson，B. 2000：*Doing the Dirty Work? The Global Politics of Domestic Labour*. London：Zed Books.

Basch，L.，Glick Schiller，N. and Szanton Blanc，C. 1994：*Nations Unbound：Transnational Projects，Postcolonial Predicaments，and Deterritorialized Nation-States*. Amsterdam：Gordon and Breach.

Beaverstock, J. and Smith, R. 1996: Lending jobs to global cities: skilled international labour migration, investment banking and the City of London. *Urban Studies*, 33, 1377-1394.

Faist, T. 2000: *The Volume and Dynamics of International Migration and Transnational Social Spaces*. Oxford: Oxford University Press.

Gardiner, K. 1993: Desh-bidesh: Sylheti images of home and away. *Man*, 28, 1-15.

Gorter, C., Nijkamp, P. and Poot, J. (eds.) 1998: *Crossing Borders: Regional and Urban Perspectives on International Migration*. Aldershot: Ashgate.

Henshall Momsen, J. (ed.) 1999: *Gender, Migration and Domestic Service*. London: Routledge.

Hochshild, A. R. 2000: Global care chains and emotional surplus value. In W. Hutton and A. Giddens (eds.), *On the Edge: Living With Global Capitalism*. London: Jonathan Cape, 130-146.

King, R., Connell, J. and White, P. (eds.) 1995: *Writing Across Worlds: Literature and Migration*. London: Routledge.

Ley, D. 1995: Between Europe and Asia: the case of the missing sequoias. *Ecumene*, 2, 185-210.

Li, P. 1997: The changing face of the suburbs: issues of ethnicity and residential change in suburban Vancouver. *International Journal of Urban and Regional Research*, 21, 75-99.

Massey, D., Alarcón, R., Durand, J. and González, H. 1987: *Return to Aztlan: The Social Process of International Migration from Western Mexico*. Berkeley: University of California Press.

Mitchell, K. 1997: Transnational subjects: constituting the cultural citizen in an era of Pacific Rim capital. In A. Ong and D. Nonini (eds.), *Ungrounded Empires: The Cultural Politics of Modern Chinese Transnationalism*. London: Routledge, 228-258.

Olds, K. and Yeung, H. W.-C. 1999: (Re) shaping 'Chinese' business networks in a globalizing era. *Environment and Planning D: Society and Space*, 17, 535-555.

Silvey, R. and Lawson, V. 1999: Placing the migrant. *Annals of the Association of American Geographers*, 89, 121-132.

Stilwell, J. and Congdon, P. (eds.) 1991: *Migration Models: Macro and Micro Approaches*. London: Belhaven.

Urban Studies 1998: special issue on ethnic segregation, 35 (3).

深入读物

Castles, S. and Miller, M. J. 1998: *The Age of Migration*, 2nd edition. Basingstoke: Macmillan.

Cohen, R. 1997: *Global Diasporas: An Introduction*. London: UCL Press.

网络资源

- 要了解全世界移民问题的新闻，可访问每月更新的《移民新闻》（*Migration News*）http://migration. ucdavis. edu/mn/。
- 要获取跨国社群的资料并链接其他有关移民的资料源，可查询 ESRC 的跨国社群网站，http:// www. transcomm. ox. ac. uk。

22 城市地理：城市之"死"？

洛雷塔·丽丝（Loretta Lees）

21 世纪伊始，越来越多的人已生活在城市，并且史无前例地受城市化过程的影响。1950 年大约有 3 亿人生活在城市。如今，这一数字在 30 亿左右，即约半数的世界人口生活在城市。具有讽刺意味的是，当代城市地理学和规划的话语却被城市之"死"的观念影响着。有三个"故事"尤其值得一提。将这三个故事"绑"在一起的是，每一个死亡故事都被一个相应的诞生（或重生）故事抵消。第一，一个衰败、濒临死亡的内城眼看着通过城市复兴或绅士化过程而重生（图 22.1）。第二，担忧无节制的城市增长所导致的蔓延、污染和拥挤等正在摧毁城市自身。但许多规划师现在坚持认为，如果城市和大城市区域都以更密集、更具城市化的因而更可持续的形式重建，就能缓解这些环境问题。第三，由于互联网和其他通信技术使极边远的地方也能获得原本只有在中心商务区才能拥有的服务网络和便利设施，

图 22.1　绅士化进程：1988 年的纽约市下东区（the Lower East Side）

未来学者预言城市将终结，而城市地理学者却在设计新的概念模型来表征后现代城市。

城市的复兴

绅士化（gentrification）过程肇始于 20 世纪 60 年代后期和 70 年代，那时主要在北美和英国的城市的一些中产阶级绅士开始购入并翻新内城附近荒废公地中的地产。战后快速的城郊化已导致中心城的"鬼影化"、收回投资和出现贫民窟。与此相反，绅士化是一种与预想的城市之"死"相抗衡的人口（再入住）和资本（再投资）返回城市的运动。围绕绅士化的华丽辞藻大多锁定在中心城的"重生"或"复兴"概念上，绅士化的始作俑者在新闻刊物上用诸如"凤凰"［在纽约城的布鲁克林（Brooklyn）］之类的名头，刊登的画面表现一只凤凰在死亡城市周边的灰烬中涅槃。

20 世纪 90 年代，城市地理学中充斥着对绅士化原因的讨论。主要有两大阵营，一个基本上是经济的，另一个基本属于文化的（见 Hamnett，1991）。马克思主义地理学者尼尔·史密斯（Neil Smith，1996）认为，绅士化是资本在整个城市环境中异化和均等化，即资本流通动态不均衡的结果，他称之为"地租豁裂"（the rent gap）。史密斯的解释带有一种基于阶级的维度，因为接手衰败内城工人阶级地盘并使"土著"人口流离失所的，是拥有资本的中产阶级。与此相对，人文主义地理学者大卫·莱（David Ley，1996）则认为绅士化是一帮新生（中产）阶级从所谓乏味的城郊生活撤回而作出的社会和政治选择的结果。他们努力在奄奄一息的中心城市生活的过程使城市恢复了元气。其他学者如利兹·波恩迪（Liz Bondi，1991）认为，性别才是绅士化过程的重要方面，例如，单身职业女性正在背弃带有性别歧视的男性郊区，而更愿意生活在多元化的中心城市（关于同性恋者的绅士化，见 Lauria and Knopp，1985）。现在大多数地理学者都赞成绅士化既是一个经济过程，也是一个文化过程。

当代绅士化的标志是城市政策在这一过程中起越来越重要的作用（Wyly and Hammel，1999）。无论在英国还是美国，近来的城市政策陈述都通过竭力填补成功城市与失败城市之间的裂缝，通过我们在下一节将会看到的竭力破解城市环境难题，显著地促进绅士化［见英国环境、运输和区域部（Department of Environment，Transport and the Regions，DETR，1999、2000）；美国住房与城市发展部（US Department of Housing and Urban Development，1999）］。除了政策的作用外，丽丝（Lees，2000）的关于绅士化文献的述评还为未来研究鉴识出一些关键问题，诸如绅士化与全球城市之间的特殊关系、种族与绅士化之间的关系等。她总结到："对'绅士化地理学'（geography of gentrification）的更详细检视将构建一个不断进步的研究计划，并引导我们重新思考绅士化作为解决世界各城市中城市衰败问题的一个实际解决办法的'真实'价值"（Lees，2000：405）。

城市可持续性

城市规划师和环境保护人士越来越关注当代城市化的可持续性。瓦克纳格尔和里斯（Wackernagel and Rees，1995）提出"生态足迹"（ecological footprint）概念，根据维持城市所需要的土地数量来表征其对环境的影响。他们估计，如果地球的全部人口都以洛杉矶典型居民的速率消耗资源，那么至少需要三个行星地球才能提供要消耗的物质和能量（又见Fokkema and Nijkamp，1996）。

城市因其（及城郊）蔓延、拥挤和空气污染而"奄奄一息"。既然如此，发展低密度城郊就不是医治城市病的办法（Blowers and Pain，1999）。一些规划师认为，让城市更可持续的办法是把城市建设得更紧凑和更具城市化（见 Blowers and Pain，1999）。相对于城郊生活，更紧凑的生活模式能保护开放空间，并使居民能使用节能的大众交通系统。因此认为城市居住区的密集化提供了一个解决诸如源于汽车使用的交通拥挤和空气污染等当地尺度环境问题的办法，还有助于减少温室气体排放和城市对全球气候的影响。城市密集化的思路被迅速地吸纳进很多国家的城市政策文件中（见 DETR，2000，"关于英国的情况"）。"紧凑型城市"是一种与城市更新和绅士化观念相联系的"宜居城市"（见 Lees and Demeritt，1998）。其倡导者认为，重新开发废弃的工业"棕地"块段而不是城郊"绿地"，不仅为保护自然环境，也为促进城市再生提供了一条途径。但是，鼓励城市密集化的政策往往与所谓增长管理政策相结合，通过土地使用分区管制和对驾驶车辆征税来阻止城郊化。这已被证明是有争议的，尤其在美国。

126　　"紧凑型城市"这一概念已饱受诟病，因为其不可行（不可能阻止城郊化）、不切实际（规划的作用受限）和不受欢迎（没有人愿意生活在彼此拥挤中）（见 Filion，1996）。人们提出了一些替代性概念，诸如"多样化城市"。这一城市可持续性途径提倡发展集群，包括城市填充和创建新的远郊居民区，其结果就是形成一种可持续的城市区域。这种远郊发展正成为普遍实践，如在下一节将会看到的那样。

迄今很多关于可持续城市的研究皆集中在问题的空间和物质环境影响上。布洛尔斯和佩因（Blowers and Pain，1999：296）指出：

存在一种危险，即简单化的技术和物质决定论将继续误导人们对城市不可持续性的更复杂且令人失望之认识的关注。关于如何在一个重视社会平等和政治参与的制度框架内重构城市空间和社会因素的争论，仍然关系到当代城市的状况，就像一个世纪以前那样。

后现代城市状况

互联网的出现凸显了一个事实，即城市不再像它们曾经的那样能尽占城市的优雅和功能了。传统上，"城市"概念一直被定义为人口密集、经济功能（如高阶服务）和社会文化设施（如画廊）集中，尽显一种荣耀的都市感。新型通信技术逐渐改变了这种定义，因为也为乡村居民提供了同城市居民一样的服务和便利设施（见 Graham and Marvin，1996）。城市文化形式如此普遍，以至于对农村地区和传统的特殊性构成挑战，所以农村地理学者们已在争论"农村"的终结，而此时在城市也应验了相关的结果。然而，也有地理学者抨击关于"距离之死"的大胆论调，指出互联网远不能标志地理的终结，它也没有均衡反而是加强了城市和农村之间的空间差异。光纤电缆和宽带接入还是在城市最为普遍，因为那里潜在消费者和已有基础设施密集，使得对此类设施的投资能够获得最大的收益（Graham and Marvin，1996、2001）。

互联网和联网城市（wired city）的出现只是社会经济变化长系列中的一个环节，这些变化促进城市分散，挑战早已印在地理学家脑海中的传统同心圆城市模式。同心圆城市模式是由被称为芝加哥学派（Chicago School）的城市社会学者于 20 世纪 20 年代提出的，其基础是对当时工业芝加哥形态的观察。他们用一系列同心环带来刻画该城市的空间结构：城市中心是 CBD（中央商务区），其外围相继环绕着工业区、工人阶级住宅区、中产阶级住宅区和通勤郊区。相较之下，迪尔（Dear，2000）认为"新"的后现代城市却日益变得无中心、多核化、分散化和多极分化。后福特主义大都市里的工业结构调整已催生了新的城市地理学，其中用诸如边城（edge city）、外城（exopolis）、科技城郊（technoburbs）和大都市等术语来描述新的城市模式（见 Garreau，1991；Soja，2000）。在英国，沿着连接伦敦和老牌铁路城市雷丁、斯温敦和港口城市布里斯托尔一直延伸到西部的 M4 高速公路走廊，可以见到这种发展。这种"新"城市是如此难以预测，以至于迪尔称之为泛中心形式的城市。标准的蓝图已不再是芝加哥现代工业城市，而是洛杉矶后现代后工业城市。与芝加哥不同，洛杉矶似乎没有公认的记述或故事，以至于很难描绘或表达。

在这里，"新"的分散化城市过程与城市复兴/绅士化的中心化城市过程共存。在从工业时代向后工业时代的转变中，中心城市已经脱掉了其污浊的工业外观，取而代之的是购物中心、滨水带开发、酒楼和艺术画廊。城市生活已被商品化、重新包装并向城市居民和游客兜售，人们曾经参观过的市区吸引物，如纽约市南街海港（South Street Seaport），曾一度是工作港口，现在却是酒楼和购物中心林立。看来当代西方城市正被拽进两个方向——走向中心化和走向外围化。城市可持续性的倡导者们要对付的是一种复杂的多极化。

结论

40 年前，简·雅各布斯（Jane Jacobs）在她的畅销书《美国大城市的死与生》（*Death and Life of Great American*）中谴责战后城市规划和更新动议是"对城市的劫夺"（Jacobs，1961）。关于城市应该是什么样，她满怀信心地指出，无论是旧城的衰败还是非城市地区新城市化初现的乏力，在经济层面和社会层面都不是不可避免的（Jacobs，1961：16）。在新千年之始，城市地理学者们却不再如此信心满满了。这里强调的三个故事各以不同的方式提出了一个问题，即城市是什么和应该是什么［见帕迪森（Paddison，2001b）著作的第一部分，"关于城市的定义"］。绅士化对某些人意味着城市的复兴，而对另一些人却是当地城市社区被置换和摧毁的表现。对城市可持续性的争论，提供了关于城市应该是什么的不同标准处方，而紧凑型城市是一种与可持续城市-区域完全不同的思想。不同于芝加哥学派的同心圆城市模式，迪尔的新后现代城市几乎不可表达，他尽力描绘的最好表达也不过是一种赌博游戏盘。城市已比以往任何时候更复杂。正如我们所说，城市并非已死而是在重生。当代规划并非对城市的劫夺而是在维护和重新审视城市。城市地理学者现在念念不忘的问题还是：城市是什么和应该是什么。

参考文献

Blowers, A. and Pain, K. 1999：The unsustainable city? In S. Pile, C. Brook and G. Mooney (eds.), *Unruly Cities*, London：Routledge, 247-298.

Bondi, L. 1991：Gender divisions and gentrification：a critique. *Transactions of the Institute of British Geographers*, 16, 190-198.

Dear, M. 2000：*The Postmodern Urban Condition*. Blackwell：Oxford.

Department of the Environment, Transport and the Regions (DETR) 1999：*Towards an Urban Renaissance：Sharing the Vision*. London：DETR.

DETR 2000：*Our Towns and Cities：The Future：Delivering an Urban Renaissance*. London：DETR.

Filion, P. 1996：Metropolitan planning objectives and implementation constraints：planning in a post-Fordist and postmodern age. *Environment and Planning A*, 28, 1637-1660.

Fokkema, T. and Nijkamp, P. 1996：Large cities, large problems? *Urban Studies*, 33, 353-377.

Garreau, J. 1991: *Edge City: Life on the New Frontier*. New York: Doubleday.

Graham, S. and Marvin, S. 1996: *Telecommunications and the City: Electronic Spaces, Urban Places*. London: Routledge.

Graham, S. and Marvin, S. 2001: *Splintering Urbanism: Networked Infrastructures, Technological Mobilities and the Urban Condition*. London: Routledge.

Hamnett, C. 1991: The blind men and the elephant: the explanation of gentrification. *Transactions of the Institute of British Geographers*, 16, 259-279.

Jacobs, J. 1961: *The Death and Life of Great American Cities*. New York: Random House.

Lauria, M. and Knopp, L. 1985: Toward an analysis of the role of gay communities in the urban renaissance. *Urban Geography*, 6, 152-169.

Lees, L. 2000: A re-appraisal of gentrification: towards a 'geography of gentrification'. *Progress in Human Geography*, 24, 389-408.

Lees, L. and Demeritt, D. 1998: Envisioning the livable city: the interplay of 'Sin City' and 'Sim City' in Vancouver's planning discourse. *Urban Geography*, 19, 332-359.

Ley, D. 1996: *The New Middle Class and the Remaking of the Central City*. Oxford: Oxford University Press.

Paddison, R. 2001a: Studying cities. In R. Paddison (ed.), *Handbook of Urban Studies*. London: Sage, 1-9.

Smith, N. 1996: *The New Urban Frontier: Gentrification and the Revanchist City*. London and New York: Routledge.

Soja, E. 2000: *Postmetropolis: Critical Studies of Cities and Regions*. Oxford: Blackwell.

US Department of Housing and Urban Development 1999: *The State of the Cities* [online], http://www.huduser.org.

Wackernagel, M. and Rees, W. 1995: *Our Ecological Footprint: Reducing Human Impact on the Earth*. Gabriola Island, BC: New Society Publishers.

Wyly, E. and Hammel, D. 1999: Islands of decay in seas of renewal: housing policy and the resurgence of gentrification. *Housing Policy Debate*, 10, 711-771.

深入读物

Pacione, M. 2001: *Urban Geography: A Global Perspective*. London and New York: Routledge.

Paddison, R. (ed.) 2001b: *Handbook of Urban Studies*. London: Sage.

Open University Understanding Cities series:

Allen, J., Massey, D. and Pryke, M. (eds) 1999: *Unsettling Cities*. London and New York: Routledge

Massey, D., Allen, J. and Pile, S. (eds) 1999: *City Worlds*. London and New York: Routledge.

Pile, S., Brook, C. and Mooney, G. (eds) 1999: *Unruly Cities?* London and New York: Routledge.

网络资源

网站

- 美国住房与城市发展部，http://www.huduser.org。

- 英国环境、交通与区域部，http://www.detr.gov.uk。
- 伦敦国王学院绅士化研究网站，http://www.gentrification.org。
- 纽卡索大学城市与区域研究中心，http://www.ncl.ac.uk/curds。
- 城市研究所，http://www.urban.org。
- 在线规划期刊，http://www.casa.ucl.ac.uk/olp。

列表服务器

- URBGEOG@LISTSERV.ARIZONA.EDU

23 女权主义地理：空间与性别的交叉

克莱尔·德怀尔（Claire Dwyer）

为什么地理学者应该关注性别呢？女权主义地理学者在 20 世纪 70 年代后期第一次回答这个问题时，其反应是指出当时很多地理学作品都是从男性视角来写作的。充斥在地理学课本页面中的"理性人"（rational man）或"人"（mankind），尽管表面上看起来"无视性别"（gender blind），但实际上绝对是男性形象——不承担照顾孩子或家务的责任，并得到社会网络（包括家庭妇女）的支持！蒙克和汉森写于 1982 年的文章（Monk and Hanson，1982）敦促人文地理学者不要在人文地理研究中排除"另一半"。他们指出，无论是忽略了包含妇女劳动的非洲农业研究，还是假设家庭成员中只有男性在养家糊口的移民模式研究，对地理格局和过程的描述都是不全面的。2002 年的文章对这个问题的一个回答是把性别问题进一步推到地理学议程的中心。他们认为，对世界不同地区男人和女人之间性别关系的认识，或者不同地方关于男性或女性之观念变化的认识，对于如何构建和讨论社会地理学、经济地理学和政治地理学都至关紧要。而我们的分析进一步表明，性别的话语和过程隐含在我们对地理学中采用的空间和地方的理解之内。

我在本章会先讨论我们如何思考性别和地理学。我将略述女权主义地理学者们用以界定性别的某些不同方法，以及这些关于性别的思想在重塑地理学中已发挥的重要作用。我将指出，女权主义地理学者的目标是探究关于性别（男性和女性）的思想在不同时间、不同地方被社会构建的各种方式，探究这些思想对男人和女人的生活有何影响。这将通过借鉴我自己和他人关于"新女性"地理学的一些工作来加以说明。最后我会提纲挈领地述及一些性别地理学的新方向。

界定性别

思考性别的最简单方式或许就是通过性特征（sex）的对比来界定。性特征说明生物学差异——男人或女人，而性别（gender）则说明社会构建特征——男性和女性。因此，人生为男人或女人的同时，他们会随着时间的推移而产生一种性别认同，即一种对男人或是女人意味着什么的理解。这种性别认同依赖生物学差异的概念，因而往往被认为是"自然的"（nature）而不是社会构建的。所以"自然的"女性可能意味着诸如母性、依偎、喜爱美丽服饰及情感外露等（Laurie *et al.*，1999：3）。既然这些属性被看作"自然的"，那么关于男性或女性的定义就成为固定的或规范的了，那些被视为在这些社会规范之外行事的人就要冒受社会谴责或制裁的风险。认识到性别认同（男性和女性）的方式是社会构建的，女权主义者就能够分析通过物质社会实践产生的（往往是高度不公平的）性别关系。然而这些分析显示，可以辨识出占优势或支配地位的性别关系形式（往往是父权型的性别关系形式，其中男性群体被构建成女性群体的支配者，对其具有权威性），同时性别关系和有关性别的思想在历史和地理上都是有差异的。所以在不同的时间和不同的地方，出现特定的"适当"男权和女权的社会结构，并逐渐固定在占主流地位的性别关系中。

　　同样重要的是，要认识到性别观念与身份的其他方面〔包括对阶级、种族特征、性行为以及能力（无能力）或年龄的理解〕彼此交叉。实际上许多早期女权主义者的文章就因忽视妇女经验的多样性而遭到批评。所以利奥诺·达维多夫和凯瑟琳·霍尔要阐明维多利亚时代英国中产阶级所定义的适当男性和女性之"道德秩序"是如何通过关于阶级和性别的思想来实现的（Leonore Davidoff and Catherine Hall，1987）。与此相似，罗伯特·康奈尔认为，白人男性对其性别身份的构建，既出于与黑人相关联的某种理想化男性特征，也出于与白人妇女的对照（Robert Connell，1995）。嵌入规范社会结构的性别关系也预示着规范的异性恋，因此"适当"性别的确认通常意味着异性恋的女性或男性。这使得理论家们把性别关系的主流形式界定为"异性恋父权型"（heteropatriarchy）。吉尔·瓦伦丁（Gill Valentine）讨论了女同性恋者通过不同家庭和工作空间来认定其性别身份的时空策略，提供了一个关于如何构建和抵制这种规范的异性恋女性的极好说明。

　　我要将以上讨论与地理学联系起来，此前需要提及后结构女权主义者的新近研究，这些研究已开始挑战前文简述的以生物学性特征为基础的性别观念。某些女权主义者特别受朱迪思·巴特勒（Judith Butler）工作的影响，已开始质疑"性特征体态是理所当然的"这一假设。巴特勒认为性别本身就是一种"表演"，维系在她所称的"异性恋规定的虚幻"中。她关于表演的论据，特别是具有颠覆性潜力的异性衣着或打扮，表明性特征体态本身可能就是社会构建的，且暗含在我们非男即女的性别观念中。这种洞察为性别及其体现的研究开辟了新的理论路径，就像生物医学技术日益挑战我们关于身体"自然性"的观念一样。

性别和地理学

琳达·麦道威尔（Linda McDowell，1999：12）在其对女权主义地理学的介绍中强调，女性主义地理学的目的是"研究、澄清并挑战性别分隔与空间分隔之间的关系，揭示它们的 131 相互构建，并质疑其表面上的自然性"。这个定义要表明的是，关于性别、空间和地方的观念彼此交织的方式是何其大异其趣且极其复杂。我们会研究男人和女人如何差异地体验空间和地方。麦道威尔（McDowell，1997）本人曾调查过伦敦商业银行业中男人和女人体验其工作空间的不同方式，而瓦伦丁（Valentine，1989）也曾考察过妇女在城市空间里的体验，特别是她们的恐惧。这些不同的体验揭示出我们关于性别的观念是如何通过不同空间而构建的。故此，妇女在像商业银行交易楼层那样充满大男子氛围的工作空间的烦恼体验，直接就是预想此类地方不"适合"女性的结果。这种性别观念和空间观念的纠结有一个重要的意识形态基础。女权主义者已表明，男性和女性之间二分的社会建构在西方思维中是根深蒂固的。考察下列各组二元对立的概念：

男性化	女性化
文化	自然
精神	肉体
理性	非理性
公开	私密
生产	消费
工作	家庭

西方思维中这种二分模式指明女性关联自然和肉体，它还凸显了一套强势的空间划分，男性与家庭之外的公开工作范围、生产和知识相联系，而女性则与家庭以及生育和消费的家庭氛围联系在一起。

女权主义地理学者已采用多种不同的方式分析了这些根深蒂固之空间分隔和性别分隔的相互构建（WGSG，1984），并且考察了地理学者如何以深入的性别研究途径去认识空间、景观和自然（Rose，1993）。同时，地理学者也强调了不同地方性别关系的多样性，以及在全球化和经济重构的宏观过程中性别的特异性（Laurie *et al.*，1999）。

这些分析表明，在更广泛的社会、经济和政治进程以及空间概念被深刻性别化的方式中，性别研究处于核心地位。但是正如上面麦道威尔的引文所表明，女权主义的工作却似乎在挑战这些关联。于是我们要问，是否存在某些方式可以通过重新探究不同空间来改变关于性别的主导思想？在 21 世纪开始之时是否正在出现构建男性和女性的新可能？此类分析既要求关注男性和女性如何体验不同的空间，又要求关注空间和地方的表达。

"新女性"（New Femininities）地理学

我们试图探索新女性地理学（Laurie *et al.*，1999）的动力，既来自理论上的冲动也来自社会-经济的现实。女权主义地理学者越来越认识到女性身份的多样性（WGSG，1997），尤其是在后结构主义主体性观点的影响下。与此同时，经由全球化过程的快速经济重构也显然为妇女开辟了"新的空间"——例如，在就业或社会互动方面。当然，此类过程并非总是积极的，全球化的力量也同样可能导致现存性别关系的重塑或重组（阿富汗塔利班的限制政策或许就是最极端的例子）。我们试图通过几个不同的案例研究来探讨这些问题，这些研究旨在超越欧洲中心论的"新女性"赞歌——所谓的"女孩力量"——来审视全球背景下的变化。

妮娜·劳里等人（Nina Laurie *et al.*，1999）讨论了 20 世纪 90 年代妇女参与秘鲁一个工作福利项目的情况。诸如建筑业那样的繁重人工劳动岗位本来是为男人设立的，却被下层阶级的妇女占据而作为养家的手段。劳里认为，当妇女在家庭之外的"公共"空间工作时，就为她们创造出工作的"新社会空间"，于是性别空间分隔受到挑战。妇女获得了自信，发展了新的社会网络，并且常常改变了她们家庭的社会关系。然而，劳里也说明了妇女们为了其"传统的"女性地位不受损害而与这些空间妥协的复杂方式。妇女们采用各种策略来保持自己"好母亲"或"道德女性"的身份，虽然这些身份会通过不同的方式被再造。因此，一个"好母亲"已不再是一个待在家里的女人，而是一个为养家糊口而走出家门的女人。

我本人关于英国穆斯林年轻妇女的研究（见于 Laurie *et al.*，1999）也考察了性别身份通过不同空间的再造。从一系列年轻女性的经验中，我阐明了英国的南亚穆斯林年轻妇女是如何在不同的地点（家里、街道、学校）以特定的方式被归类的。于是"街道"也就成了一种空间，在其中的年轻妇女就需要根据基于社区的女性、种族或宗教身份话语而表现出"恰当的女性化"（appropriate femininity）（通过着装或行为）。然而对年轻妇女的采访揭示出，妇女们采取了某些不同的方式来在策略上应对（甚至是颠覆）此类期望，无论是通过穿着更正统的伊斯兰款式的服装，还是通过与所谓"西方"风格相联系的规范作对抗。

这些简短的例子说明，性别身份是复杂且易变的，需要通过主流的性别关系来不断加强，因为它们总是面临着再造或挑战的可能性。空间是这些争论过程的中心。

新性别地理学？

女权主义地理学者强调，对性别关系的分析是理解地理所必须的。所以性别地理学在很多方面就其本身应该是不同分支学科的领域，而不是一个分支学科内的中心议题。对此的一个借鉴是看看经济地理学的变化，那里的所谓"文化转向"已确保消费（一度只归为"个人"或"家庭"范畴）问题现在成了中心议题。性别化方法在地理学史研究中也至关重要（Domosh，1991），而女权主义方法还为地理学研究的定量方法发展做出了重要贡献。

正如我已指出的，女权主义地理学越来越注重男女之间的差异以及性别身份与其他社会差异因素的相互构建。因此焦点在于性别与性特征（Bell and Valentine，1995）、性别与年龄（Katz and Monk，1993），以及性别与能力（无能力）（Butler and Parr，1999）、性别和"种族"（Peake and Trotz，1999；Twine，1996）。很久以来，对男性的关注都少于女性，但现在对男性的社会和空间建构研究正在兴起（Bonnett，1996；Jackson，1991；Hopkins，2000）。与这些视角相联系的是日益受关注的新焦点——性别身份和身体的交叉（Duncan，1996；Longhurst，2001）。如何表征性别身份？主观性后结构主义方法会如何改变我们思考将身体看作"自然"的或"固定"的方式？ [133]

尽管有如此重要的评论，最后还是值得强调，随着女权主义理论家越来越多地争论性别的重要性并承认性别的不定性和多面性，在认识性别关系和性别分隔与空间分隔的相互构建方面，地理学家仍然处于可以提供地方特性分析的重要地位。

参考文献

Bell，D. and Valentine，G. 1995：*Mapping Desire*. London：Routledge.

Bonnett，A. 1996：The new primitives：identity，landscape and cultural appropriation in the mythopoetic men's movement. *Antipode*，28，273-291.

Butler，J. 1993：*Bodies that Matter*. London：Routledge.

Butler，R. and Parr，H. 1999：*Mind and Body Spaces*. London：Routledge.

Connell，R. 1995：*Masculinities*. Cambridge：Polity.

Davidoff，L. and Hall，C. 1987：*Family Fortunes：Men and Women of the English Middle Class*. London：Hutchinson.

Domosh，M. 1991：Towards a feminist historiography of geography. *Transactions of the Institute of British Geographers*，N. S. 16，95-104.

Duncan，N. (ed.) 1996：*Body Space*. London：Routledge.

Hopkins, J. 2000: Signs of masculinism in an 'uneasy place': advertising for 'Big Brothers'. *Gender, Place and Culture*, 7 (1), 31-56.

Jackson, P. 1991: The cultural politics of masculinity: towards a social geography. *Transactions of the Institute of British Geographers*, 16, 199-213.

Katz, C. and Monk, J. (eds.) 1993: *Full Circles: Geographies of Women Over the Life Course*. London: Routledge.

Longhurst, R. 2001: *Bodies: Exploring Fluid Boundaries*. London: Routledge.

McDowell, L. 1992: Doing gender: feminism, feminists and research methods in human geography. *Transactions of the Institute of British Geographers*, 17, 399-416.

McDowell, L. 1997: *Capital Culture: Gender at Work in the City*. Oxford: Blackwell.

Monk, J. and Hanson, S. 1982: On not excluding the other half from human geography. *Professional Geographer*, 32, 11-23.

Nast, H. *et al.* 1994: Women in the field: special issue. *Professional Geographer*, 46, 54-66.

Peake, L. and Trotz, A. 1999: *Gender, Ethnicity and Place: Women and Identities in Guyana*. London: Routledge.

Valentine, G. 1989: The geography of women's fear. *Area*, 21, 385-390.

Valentine, G. 1993: Negotiating and managing multiple sexual identities: lesbian space-time strategies. *Transactions of the Institute of British Geographers*, 18, 237-248.

Winddance Twine, F. 1996: Brown skinned white girls: class, culture and the construction of whiteness. *Gender, Place and Culture*, 3, 205-224.

深入读物

Domosh, M. and Seager, J. 2001: *Putting Women in Place*. New York: Guilford Press.

Jones, J. P. , Nast, H. and Roberts, S. 1997: *Thresholds in Feminist Geography*. Lanham, MD: Rowman and Littlefield.

Laurie, N. , Dwyer, C. , Holloway, S. and Smith, F. 1999: *Geographies of New Femininities*. London: Longman.

McDowell, L. 1999: *Gender, Identity and Place*. Cambridge: Polity.

McDowell, L. and Sharpe, J. 1997: *Space, Gender, Knowledge: Feminist Readings*. London: Arnold.

Rose, G. 1993: *Feminism and Geography*. Cambridge: Polity.

Women and Geography Study Group (WGSG). 1984: *Geography and Gender: An Introduction to Feminist Geography*. London: Hutchinson and Explorations in Feminism Collective.

WGSG. 1997: *Feminist Geographies: Explorations in Diversity and Difference*. London: Longman.

24　绘制文化地图

彼得·杰克森（Peter Jackson）

《卫报》（*Guardian*）（1999 年 11 月 4 日）问及"英国对世界烹饪的重要贡献是什么？"答案不是烤牛肉、约克郡布丁、玉米饼或烤馅饼，而是马萨拉烤鸡块（chicken tikka masala）。无论是在超市里购买即食食品、在家里烹饪还是在"印度"餐馆用餐，英国人都对咖喱显示出贪婪的胃口，这暗含着国家认同、帝国遗产，以及多元文化社会中生活之挑战和机会的复杂性。本章并非追溯英国烹饪地理的演变轮廓或当代消费政治，这些主题已在别处讨论过了（Crang and Jackson，2001）。本章是要论证，英国烹饪文化边界变动的背后是一系列处于当代文化地理学核心的问题，而受社会理论和文化政治的影响，文化地理学近年来已大为改观。

起源与新方向

文化地理学现在涵盖的议题包括消费和身份、种族和地方、性别地理学和代际地理学、性和空间，以及对文化景观演变传统的更多关注。文化地理学历史悠久，但其现代形式可以追溯到卡尔·索尔及其加利福尼亚"伯克利学派"同人的工作。索尔的同事和学生们对"土地与生活"之间的关系（Leighley，1963）、植物和动物的驯化、农业创新的起源与扩散以及他们称为"人类在改变地球面貌中的作用"（Thomas，1956）等论题都感兴趣。在对文化生态学仍然兴趣盎然的同时，今天的文化地理学者注重对当代大都市文化进行制图，犹如关注乡村景观的历史演化。文化地理学聚焦发达世界和发展中世界，聚焦从地方到全球广泛尺度上把人和地方联系起来的文化过程和社会实践。当代文化地理学者也经常突破学科界限，借鉴艺术、人文学科和社会科学、环境科学的争论，并对这些学科做出贡献。在对日常生活地理的探索中，文化与经济、社会与政治之间的传统区分快速地失去其意义，特别是在不断增强的跨国流动导致的一个压缩世界背景下。

因此，文化地理学的转变在某种程度上反映了物质世界的变化——更灵活的资本积累模式的出现［诸如与因特网相关的技术变化以及"时空压缩"过程（Harvey，1989）］，但它也反映了地理学普遍融合社会理论，特别是融合"文化转向"（Cook *et al.*，2000）所带来的一系列知识变化。相对于被经济全球化力量驱动的文化同一化趋势，出现了一种更强烈的文化相对主义意识，承认不同文化视角的正当性，而不是强加一种单一的"普遍"真理。尤其是与女权主义和后殖民主义研究相关的社会运动，进一步促进了对文化权威（无论是白种人、西方人，还是男性）的普遍质疑。

文化转向

自 20 世纪 80 年代中期以来，地理学和其他人文科学经历了一系列后来被称作"文化转向"的变化。经历政治和经济问题一度占主导地位的时期之后，文化转向将文化问题提到首位。它也导致对表征政治的日益关注，质疑社会科学家们对于表达其自身之外的文化的权利。尤其是在女权主义科学批判的影响下，文化理论者不得不承认他们自己主观立场的政治性，并采取一条更具反省性（自我质疑）的途径来探索社会差异和文化多样性（Jackson，2000；WGSG，1997）。

同样经由女权主义，我们作为人所体现的身份也受到了关注。因为不能把我们个人的主体性理解为一种脱离我们具体身体的抽象（见克莱尔·德怀尔所写的本书第 23 章），所以文化地理学者已开始强调男性身份和女性身份的特殊性，并挑战传统上关于人类理性的大男子主义（完全脱离身体）概念。文化地理学者也开始探究与怀孕、童年和养育、青春和年龄、健康和疾病相关的不同主体的空间特性。

经由后殖民研究，我们的身份通过社会上重要的"其他人"（无论是种族或地区、种姓或肤色、性别或世代）承认而被构建的方式越来越引起关注。爱德华·萨义德（Edward Said，1978）的《东方学》（*Orientalism*）是东方文化研究这方面的一部里程碑式教科书，他探索了西方人多年来通过杜撰一个异国情调的东方而加强西方人自己身份的构想地理。据萨义德所言，"东方"为欧洲人提供了他们最深刻且最持久的与众不同感，一个同时是愿望和畏惧、迷恋和忧虑的源泉。这种构想工作得到几个世纪殖民剥削和军事冒险的支持，其影响可以在从高雅的歌剧和博物馆文化，到流行的电影和小说世界等广泛领域里追溯到。

文化转向也导致重视一些过程的文化嵌入性，这些过程曾无疑被认为是"经济的"。我在前面提到的英国人对咖喱口味的偏好例子，与其说是一个有关移民和营销的（经济）问题，不如说是一个关于身份认同和生活方式的（文化）问题。流动性日益增强的不仅仅是资本、劳动力和商品。正如货币、人口和货物在世界范围内的流动一样，我们的思想和构想也在为不断增强的跨国方式所重塑。确实，近来消费地理和商业文化地理方面的工作（Jackson and Thrift，1995；Jackson et al.，2000），都在呼吁超越所有此类二元论（经济和文化、生产和消费、全球和地方）。

物质的世界？

136

在文化地理学原先以分析符号意义的文本方法和景观图像的视觉解释为主导的那些议题上，再现问题现在越来越多地融入了实践、表征和表现等问题（见 Thrift，1996；又见约翰·摩根所撰的本书第 43 章）。这在一定程度上源于对现有再现理论的不满，以及视觉或口头文本可以被"阅读"以揭示其"真实"隐含意义的启示。同样，将人类经验和社会实践的感官世界简化为一个纯粹语言和文本的话语世界的趋势，也受到越来越多的检视。因此，文化地理学的新近发展也已见证了对物质世界的重新关注，认识到物质实体以及人类学者所谓的"事物的社会生命"（Appadurai，1986）也有着独特的社会地理学特征。当前的研究重视对人类实践的重新关注，强调需要考虑日常生活及话语形成的物质性，所以诸如食物、服饰等物质实体的文化地理已受到关注。文化地理学现在正在跟踪特定商品从原材料供应，到营销网络、分配和零售，直到消费地点（包括二手物品的循环利用和再利用）的整个链条。这类研究的重点是惯常的零售空间（如超市、商业街和购物中心）以及"另类"的消费场所（如车上销售、慈善商店、二手服装商店）。

这些研究通过一系列方法进行，包括调查和访谈、族群志工作和文本解构。研究人员也越来越多地试图超越某种再现政治，采用行动者网络方法和非再现理论，从根本上挑战我们对文化与自然之间关系的认识（Whatmore，1999）。

一个有争议的领域

正如前面诸例所示，当代文化地理学是一个既活跃又有争议的领域，有很多问题亟待解决。堂·米切尔（Don Mitchell，2000）试图捕捉对知识和政治不确定性的感受，他批判性地介绍文化地理学，称之为一系列"文化战争"的领域；而凯·安德森和费伊·盖尔采用了一种权利和抵抗的语言，包含了资本和文化的冲突以及包容与排斥的地理（Kay Anderson and Fay Gale，1999）。对于我们通过它来感知世界的各种"涵义地图"，它们不单纯是充斥于我们头脑的精神构建，它们是凭借特定社会行动和制度力量的具体事物。在这个意义上，迈克·克朗（Mike Crang，1998）对文化实践的强调，对于重视话语和再现以致排斥更为物质性力量的那些研究是一个有益的校正。

理解这个充满激情的智力世界对学生来说可能是一种令人生畏的经历。文化地理学的议题既广博又具挑战性，既要智慧又要扫除妄自尊大的野心。一些人甚至全然质疑"绘制文化地图"是否明智，因为这种制图式的隐喻常常与某种殖民构想和从属愿望相关联。但是，文化地理学当前议程诉求的一部分就是其开放性。"绘制文化地图"的深层隐喻是，承诺探究文化多样性的诸多当代问题，坚持看待世界的多视角和多途径。

¹³⁷ ## 参考文献

Appadurai, A. （ed.） 1986：*The Social Life of Things：Commodities in Cultural Perspective*. Chicago：University of Chicago Press.

Cook, I., Crouch, D., Naylor, S. and Ryan, J. （eds.） 2000：*Cultural Turns/Geographical Turns*. Harlow：Pearson Education.

Crang, P. and Jackson, P. 2001：Consuming geographies. In D. Morley and K. Robins （eds.）, *British Cultural Studies*. Oxford：Oxford University Press, 327-342.

Harvey, D. 1989：*The Condition of Postmodernity：An Enquiry into the Origins of Cultural Change*. Oxford：Blackwell.

Jackson, P. 2000：Cultures of difference. In V. Gardiner and H. Matthews （eds.）, *The Changing Geography of the United Kingdom*. London：Routledge, 276-295.

Jackson, P., Lowe, M., Miller, D. and Mort, F. （eds.） 2000：*Commercial Cultures：Economies, Practices, Spaces*. Oxford：Berg.

Jackson, P. and Thrift, N. 1995：Geographies of consumption. In D. Miller （ed.）, *Acknowledging Consumption*. London：Routledge, 204-237.

Leighley, J. （ed.） 1963：*Land and Life：A Selection from the Writings of Carl Ortwin Sauer*. Berkeley：University of California Press.

Said, E. W. 1978：*Orientalism*. New York：Pantheon.

Thomas, Jr, W. L. （ed.） 1956：*Man's Role in Changing the Face of the Earth*. Chicago：University of Chicago Press.

Thrift, N. J. 1996：*Spatial Formations*. London：Sage.

Whatmore, S. 1999：Culture-nature. In P. Cloke, P. Crang and M. Goodwin （eds.）, *Introducing Human Geographies*. London：Arnold, 4-11.

Women and Geography Study Group （WGSG） 1997：*Feminist Geographies：Explorations in Diversity and Difference*. London：Longman.

深入读物

Anderson, K. and Gale, F. （eds.） 1999：*Cultural Geographies*. Harlow：Longman.

Crang, M. 1998：*Cultural Geography*. London：Routledge.

Mitchell, D. 2000：*Cultural Geography：A Critical Introduction*. Oxford：Blackwell.

25　新疾病地理：艾滋病毒/艾滋病

罗宾・卡恩斯（Robin Kearns）

国务卿科林・鲍威尔（Colin Powell）宣布美国承诺提供 5 000 万美元支持乌干达艾滋病预防计划，他指出"我们看到的撒哈拉以南非洲国家与艾滋病毒/艾滋病的战斗比任何战争都更严峻"。路透社在 2001 年 5 月的同一天报道，随着该疾病造成的死亡人数增多，约翰内斯堡的墓园已无剩余空间。自第二次世界大战以来的 50 年里，所有国家似乎只是在这场新战争中形成了同盟。

然而，最早的某些新闻条目还认为艾滋病只是其他地方的问题。虽然不可否认非洲国家受该流行病袭击最为严重，艾滋病毒/艾滋病的影响范围却是全球性的，而目前一个关键扩散媒介是波音 747。随着人类流动性的增长，人们创造出来使其能够响应和对付变化的各种网络，成了一个错综复杂的为疾病扩散开辟路径的影响网络。对预防计划的挑战在于，发现能够在此类路径中产生行为障碍的信息以促进健康。

健康地理学者已在关注艾滋病毒/艾滋病和其他健康问题，涉及四个方面：分布、扩散、决定因素和处置（Kearns，1996）。

- 疾病和医疗设施被看成是有空间**分布**（distribute）的；
- 疾病和医疗创新能够通过时间和空间**扩散**（diffuse）（如传播）；
- 所有疾病都有隐伏的**决定因素**（determinant）；
- 各种机构和个人都提供健康和社会关怀的**处置**（delivery）系统。

自艾滋病流行以来的过去十年，健康地理学研究又添加了第五个方面：**差异**（difference）。"空间差异的形成"涉及一种包容性，不仅包括健康效果和服务品质，还更应包括对健康本身的经验（Kearns，1995）。以下几节依次考察关注下列方面的研究工作，包括：病毒、医疗服务以及最直接受艾滋病毒/艾滋病影响的人们的地方经历。

疾病的尺度和特征

　　近几十年来艾滋病毒/艾滋病的出现和蔓延已发出警告：尽管传染病死亡率在过去一个世纪中已普遍下降，但人类还不能自满。人类免疫缺陷病毒（human immunodeficiency virus，HIV）已导致获得性免疫缺陷综合征（艾滋病，acquired immunodeficiency symdrome，AIDS）成为比任何预测都要广泛得多的全球性流行病。死亡数字令人毛骨悚然：估计自该流行病开始以来有 2 180 万人死亡，仅 2000 年后就有 300 万人死亡。然而死亡仅仅表明问题的一部分。联合国报告称目前有 3 610 万人正带着艾滋病毒/艾滋病生存[①]。此外，与任何疾病一样，刻板的死亡数字并没有呈现患病的经历及其对家庭和社区的影响。

　　AIDS 是缩写，其含义是一种由于身体疾病抵御能力受损而发展起来的综合征（各种指标和症状的集合）。这种受损包括抑制免疫系统，以及损害身体对一系列病毒、感染和恶性肿瘤的防御能力。艾滋病毒（病原体）感染与艾滋病发作之间的潜伏期差异极大，可能长达 10 年。艾滋病毒是通过体液交换扩散的。在欠发达国家，艾滋病主要通过异性恋者扩散；而在西方国家，艾滋病毒呈阳性者主要是特定人群成员，如男同性恋者和静脉毒品使用者。

地图表达的力量

　　地理学者主要关注与艾滋病毒/艾滋病相关的两个方面：**分布**与**扩散**。在这两个方面倾向于作为兴趣中心的一直都是病毒，而非带病生存的经历。空间分析技术在艾滋病研究中的应用有三种形式。首先，艾滋病的全球扩散一直都是研究的主要焦点（Gould，1993）。其次，地理学者已运用预测模拟技术绘制未来艾滋病的地理分布图（如 Loyotonen，1991）。再次，地理学者已绘制了该病毒跨国和跨区域扩展的地图（Dutt *et al*.，1988）。已一致认同"艾滋病毒/艾滋病的流行遵循一种经典但复杂的空间扩散模式"（Golub *et al*.，1993：86）。

　　医学地理学者最初关注的是病原体——人类免疫缺陷 HIV-1 型病毒，这是可以理解的。此类病毒的复杂性意味着对感染者的治疗迄今只是延缓艾滋病的发作。已观察到艾滋病毒的"分层节点模式"，即从中部非洲蔓延至大西洋两岸的大城市中心（Shannon and Pyle，1989）。之后，研究人员分析了流行程度较低的 HIV-2 扩散模式。

---

　　① 见 http://www.unaids.org 2001。

由于兴趣在于病毒而非人**本身**，预测模拟语言不幸地远离该疾病的经历者，其托词是"可以将染病者与易感者配对"（Golub *et al.*，1993：95）。迈克尔·布朗（Michael Brown）认为，西方国家这种对病毒的固执，是倾向在地理学与同性恋者及其日常生活之间制造隔离的征兆。布朗（Brown，1995）将地理学中看不到艾滋病（尤其是同性恋者）的经历，归因于过度使用趋于减少地图上相关点数的空间分析。他认为，空间分析研究的制图和测绘只关注**病毒**，以致忽视了面对疾病的**人**，结果"男同性恋者被关闭在作为空间科学的地理学之外"（Brown，1995：3）。具有讽刺意味的是，将同性恋者经历"抹除"之时，正是同性恋群体对艾滋病的响应获得可见成果之时，此类成果包括他们作为政治代表、参与公开集会以及制作高度可见的纪念品（如艾滋被单等）。

尽管病毒的**分布**和**扩散**问题已引起大量关注，但很少有人致力于揭示疾病的社会文化和政治含义。对此的一个响应是罗宾·威尔顿（Rob Wilton）对洛杉矶艾滋病毒携带者或艾滋病男性患者日常生活经历的人种志研究。威尔顿将日常生活分为社会的、物质的和心理的三个方面，这使他发现疾病的许多赤裸裸事实被铭刻进人类的地方经历中。他认为人们在诊断后会经历"缩小的世界"，通过威尔顿的分析，我们知晓了受访者生活路径的动态，涉及社区组织、服务机构和个人社交网络。在威尔顿的调查结束时，受访者们不仅已成为其研究的参与者，而且也成为让我们了解艾滋病毒/艾滋病的参与者。

隐喻与误解

地理学者对疾病传播的强烈兴趣引出了疾病从哪里传播到哪里的问题。就艾滋病而言，该疾病的非洲起源说已导致恐惧、瘟疫及"黑暗大陆"之类的陈词滥调，这与约瑟夫·康拉德（Joseph Conrad）的小说《黑暗之心》（*Heart of Darkness*）所描述的殖民时期一脉相承。就像贯穿人类历史从瘟疫到流行性感冒的种种灾难那样，流行病的地图表达途径已将艾滋病归因于"他们"而非"我们"。一些针对非洲外国人（白人）感染当地人的高调法律案例已显示出潜伏在疾病预防伪装下的种族主义可能性。

正如柯替斯和塔克特（Curtis and Taket，1996）指出的，许多与艾滋病毒/艾滋病有关的法案所采用的术语都在助长污名化谬论。诸如"艾滋病传播者"和"艾滋病受害者"之类的术语都严重误导，因为它们混淆了感染的阶段，并分别暗示了先后的无助。术语上的这种混淆增加了耻辱感，这是一个社会空间过程，涉及将谁认定为要避开的异类，并往往从字面上加以区分。在艾滋病毒/艾滋病的情况里，由于艾滋病本身已成为西方思维中一系列忧虑的一种隐喻或固定术语，更加强了这种污名化的势力。按阿尔特曼（Altman，1986：194）

的说法，"艾滋病与性行为和血液的联系使其特别容易受隐喻性使用的影响"。诸如艾滋病是"同性恋瘟疫"或"非洲的问题"等谬论得到媒体的推动，试图借此普及医学研究。然而，此类简明话语的背后有加强对同性恋恐惧、对外国人恐惧，以及种族主义的可能性。在西方国家对这些过程的抵制中，艾滋病这个现实已越来越成为创造新社区和服务网络的聚集点，就如劳和高桥（Law and Takahashi，1997）在西好莱坞（West Hollywood）所记载的那样。

从风险的地理到缓解的地方

考虑到疾病的死亡率，认识其传播机制对于建立控制艾滋病毒蔓延的策略是极其重要的。在发展中国家，许多易受感染的人群是移居者或流动工作者，健康研究者已在监视他们的信仰和行为。公共卫生研究中已建立起"危险群体"和"危险行为"的概念，并被地理学者作为鉴别健康生活方式的决定因素。虽然"危险群体"概念针对病毒传播方向，但这一概念的初衷就预示着将危险（性行为）习惯与社会中特定的"他人"混为一谈。一些研究者主张将研究重点由高危险**行为**转向高危险**状况**。高危险状况涉及发生在地方的人与人互动，阿桑娜（Asthana，1998）对马德拉斯商业化性产业的调查，以及福特和科查旺（Ford and 141 Koetsawang，1991）在泰国的工作，就是试图避免将行为泛化为风险群体的范例，他们界定了艾滋病毒传播的地方限制背景。

地理学者的研究兴趣在于**医治**艾滋病的地方而不是医治本身，必然关注**照护**的地点。艾滋病患者需要既充分又安全的居所，但是由于患者的健康每况愈下且无力支付住房费用，他们常常必须寻求诸如安养院那样的"打包"式治疗。

基奥蒂和约瑟夫（Chiotti and Joseph，1995）关注凯西之家（Casey House），那是多伦多城区为艾滋病患者提供的一种设施。作为一处为处于疾病后期的同性恋男性患者提供的护理场所，凯西之家很可能导致耻辱感。在北美其他地方，为艾滋病人（尤其是那些还受无家可归和药物成瘾折磨的人）提供的设施已遭到人们特别是来自附近居民的强烈反对，他们表达出"不要在我的后院"之类引人注意的话语（Takahashi and Dear，1997）。然而，凯西之家却几乎没有遇到反对，这是由于其位置处于多伦多的一个同性恋聚集区，那里已经有了一系列其他的社会服务机构。追求包容性城市的规划者所面临的挑战在于，进一步了解公众态度与服务提供潜在点特征之间的关系。如果设施由当地人运作并被当地居民了解，就有可能减轻人们对各种机构和机关进驻的恐惧。

病毒之外的地理

研究艾滋病毒/艾滋病的分布和扩散的地理学者采取全球、区域和国家尺度，这使他们能对公共卫生知识做出重要贡献。然而，如果说这是其优势的话，那么其劣势就是基本上看不见人的经验。本章简短的综述已表明，艾滋病毒/艾滋病的残酷事实已导致两类地理知识：患病率或死亡率的空间格局，和对艾滋病毒携带者或艾滋病患者地方经历的探究。赋予疾病地图绘制的优先权已遭到许多地理学同行的批评，这与有第一手疾病经历的群体一致。之所以有这种批评，是因为健康地理学的传统形式将人体简化为一个疾病的容器而已，然而健康已越来越多地要求地理学者关注人们地方感和认同感的更广泛现实。面对艾滋病毒/艾滋病和其他疾病，健康地理学者的挑战是，寻求各种方法去整合病毒分布和扩散的全球、国家、省级层级决定因素分析，以及组织应对、服务提供、个人生活经历的地方特殊性（诸如差异）。

本章选择艾滋病毒/艾滋病为主题，已引起健康地理学广泛领域的讨论。应当鼓励学生通过参考琼斯和穆恩（Jones and Moon，1987）、柯蒂斯和塔克特（Curtis and Taket，1996）、米德和厄里克森（Meade and Earickson，2000）、盖斯勒和卡恩斯（Gesler and Kearns，2001）的论著（见深入读物），来考察其他健康和健康护理问题。

参考文献

Altman，D. 1986：*AIDS and the New Puritanism*. London：Pluto.

Asthana，S. 1998：The relevance of place in HIV transmission and prevention：the commercial sex industry in Madras. In R. A. Kearns and W. M. Gesler (eds.)，*Putting Health into Place：Landscape，Identity and Well-being*. Syracuse，NY：Syracuse University Press，168-190.

Brown，M. 1995：Ironies of distance：an ongoing critique of the geographies of AIDS. *Environment and Planning D：Society and Space*，13，159-184.

Callwood，J. 1995：*Trial without End：A Shocking Story of Women and AIDS*. Toronto：Knopf Canada.

Chiotti，Q. P. and Joseph，A. E. 1995：Casey House：interpreting the location of a Toronto AIDS hospice. *Social Science and Medicine*，41，131-140.

Dutt，A. K.，Monroe，C. B.，Dutta，H. M. and Prince，B. 1988：Geographical patterns of AIDS in the United States. *Geographical Review*，77，456-471.

Ford，N. and Koetsawang，S. 1991：The socio-cultural context of the transmission of HIV in Thailand. *Social Science and Medicine*，33，405-414.

Golub，A.，Gorr，W. L. and Gould，P. R. 1993：Spatial diffusion of the HIV/AIDS epidemic：modelling implications and case study of AIDS incidence in Ohio. *Geographical Analysis*，25，85-100.

Gould, P. 1993: *The Slow Plague: A Geography of the AIDS Pandemic*. Oxford: Blackwell.

Kearns, R. A. 1995: Medical geography: making space for difference. *Progress in Human Geography*, 19, 249-257.

Kearns, R. A. 1996: AIDS and medical geography: embracing the Other. *Progress in Human Geography*, 20, 123-131.

Law, R. and Takahashi, L. 1997: HIV, AIDS and human services: exploring public attitudes in West Hollywood, California. *Health and Social Care in the Community*, 8, 90-108.

Loyotonen, M. 1991: The spatial diffusion of the human immunodeficiency virus type I in Finland 1982-1987. *Annals of the Association of American Geographers*, 81, 127-151.

Shannon, G. W. and Pyle, G. F. 1989: The origin and diffusion of AIDS: a view from medical geography. *Annals of the Association of American Geographers*, 79, 1-24.

Takahashi, L. M. and Dear, M. 1997: The changing dynamics of community attitudes towards human services. *Journal of the American Planning Association*, 63, 79-93.

Wilton, R. D. 1996: Diminished worlds? The geography of everyday life with HIV/AIDS. *Health and Place*, 2, 69-84.

深入读物

Curtis, S. and Taket, A. 1996: *Health and Societies*. London: Arnold.

Gesler, W. and Kearns, R. 2001: *Culture/Place/Health*. London: Routledge.

Jones, K. and Moon, G. 1987: *Health, Disease and Society*. London: Routledge and Kegan Paul.

Meade, M. and Earickson, R. 2000: *Medical Geography*, 2nd edition. London: Guilford Press.

网络资源

· 联合国艾滋病计划 (United Nations Aids Program), http://www. unaids. org。

26　社会排斥与不平等

克里斯·托马斯（Chris Thomas），斯蒂芬·威廉姆斯（Stephen Williams）

> 在 1979—1997 年，美国最富有的 1/5 人口的收入与最贫穷的 1/5 人口的收入之比从 9 倍飙升到近 15 倍。英国 1999 年的收入不平等程度达到了近 40 年来的最高值。
>
> ——《经济学人》（*Economist*，2001 年 6 月 1 日，第 11 页）

法国哲学家、作家让-雅克·卢梭（Jean-Jacques Rousseau）在 1755 年就观察到，"从一个人开始需要他人帮助的那一刻开始，从一个人具有为两个人提供帮助之优势的那一刻开始，平等就消失了"（Rousseau，1966：199）。卢梭与《经济学人》虽相隔两个半世纪，却持有相同的观点：不平等是现代社会的特征。

作为地理学的一个重要关注点，不平等研究出现于 20 世纪 70 年代激进派及相关学科的发展过程中。这标志着与 20 世纪 60 年代学科中占主导的空间科学方法相对抗，但也反映了对地理学探究新议程的一种认识，即关注城市和乡村空间的社会经济问题。贫穷、犯罪、健康、种族歧视，以及诸如住房和教育服务提供等问题，都引起了学术界的广泛关注，就像戴维·M. 史密斯（David M. Smith，1977）的福利地理学方法所例证的那样。近年来，此类关注开始通过社会排斥的棱镜而重新受到重视，这一发展为人文地理学者理应参与的那些关键问题提供了新的途径。

社会排斥、政策与地理学

"社会排斥"（social exclusion）这一术语于 20 世纪 70 年代出现在法国，它描述了生活在城郊大规模住房建造项目里的人群的状况，他们的生活因同时出现的收入低、犯罪率高和住房恶劣问题而陷入困境。在 20 世纪 90 年代初欧盟内部通过《社会宪章》（Social Chapter）后，社会排斥迅速成为整个欧洲流行的政治话语（Room，1995），而且自 1997 年以来一直被列为英国的政治议程。英国政府采用的定义将"排斥"视为另一种观察困境的方式，指出"当个人或地区同时遭受诸如失业、缺乏技能、低收入、住房恶劣、高犯罪环境、健康状况糟糕、家庭破裂等相互关联的问题时，用'社会排斥'来简略地表示可能发生的状况"（SEU，2001a：11）。

然而，菲洛（Philo，2000）认为地理学界对社会-空间排斥的关注先于近来的政策关注（至少在英国如此），这可以追溯到西布利（Sibley，1981）的开山之作《城市社会中的局外人》（*Outsiders in Urban Societies*）。地理学对社会排斥探究的不断深入反映了如下事实：此概念为人文地理学者提供了一种新方式来检视已有的对跨越空间和地方内不平等的关注。不仅如此，地理学者在"排斥"名头下关注的议题日益多样化，表明对这一概念的关注已不仅仅限于经济不平等范畴。特别是对贫穷、困境和剥夺等已有观念，已产生的最重要改变就是，该术语的内涵不仅强调结果，还强调人被排斥的过程。正是这种动态性质为地理研究带来最大希望，因为它提出了人**如何**被排斥这一最重要问题，从而使我们超越对被排斥群体的辨识这一简单问题。如此，我们很快就发现一个重要真相：即排斥是在多种方式下形成的，除了社会维度之外，排斥也可能由经济、政治和文化的维度来界定。每一维度都能提供对问题的不同解释，并都能为地理学设定不同的研究议程。

探究社会排斥的各种维度

社会维度

排斥的社会维度与地理学对不平等的传统关注有着最为清晰的联系。正是对社会问题的认识促使 30 年前发展出一门批判性社会地理学（critical social geography），它有一系列相同的关切，推动了社会排斥的术语、概念和政策焦点的发展。前文引用的英国政府对社会排斥的定义展现了一幅困境图景，简洁地勾勒出排斥的社会维度，但更重要的是，相关的分析和争辩也强调了导致此类问题出现的过程。这就激发了一种更深层、更细微的认识，要关注一系列关键的社会问题，包括传统家庭的破裂、少年群体妊娠数量的上升、犯罪发生率以及青春期叛逆等。

经济维度

杨（Young，1999：vi）详细阐述了他称为"排斥性社会"（exclusive society）的发展，他将上述社会变化与"一系列结构性变化"并列："包括初级和次级劳动力市场的根本变化、妇女就业模式的剧烈变化、大规模结构性失业的产生、社区困境的出现"。全球化经济和后福特组织的出现，伴随着对重工业和男性就业传统的依赖性下降，已经与社会维度紧密地纠缠在一起。经济维度与社会维度之间的这种联系反映在政策上：首先，经济指标被用来作为识别社会排斥（例如，贫穷和金融排斥、劳动力市场排斥、就业临时化等）的手段；其次，将解决社会排斥问题的经济办法置于中心地位，特别是通过有偿就业。所以，虽然许多问题被广泛地看作社会排斥，但是目前的许多认识都是围绕参与（或被排斥于）生产过程的经济维度形成的。

政治维度

这种认识强调社会排斥之政治维度的重要性，于是就顺理成章地成为界定和解决问题的 145
一种方式。正如 20 世纪 70 年代在法国那样，现在英国的核心关注点也是将个人和群体排除在正常日常生活之外的社会排斥，这降低了公民社会的参与性。因此政策认定要包容他们，部分基于平等原则，但更为实际的是为了有效治理。

然而许多作者已注意到，包容目前被看作"被排斥者"的政治认定是有问题的。利维塔斯（Levitas，1998：7）总结了其中的困难，她写道："社会排斥表现了社会中主要的重大分裂，即被包容的多数和被排斥的少数之间的分裂。"这就隐含着如何理解被包容群体和被排斥群体的问题，以及社会本身的隐性政治模式问题。这种关注避开了被包容群体内的不平等和差异，而且将排斥看成一个存在于社会边界的外围问题，"而不是社会的一个特征，这个特征造成全体成员中大量的不平等及对少数成员的长期剥夺"。在这方面，她同意拜恩（Byrne，1999）的观点，即政治解读本质上是选择性的，这说明很容易跨越包容和排斥之间的边界，同时使晚近工业资本主义固有的不平等不会受到挑战。

文化维度

关注排斥的文化维度可以有效地挑战将排斥视为社会边缘问题的政治解读。对此，地理研究指出排斥无处不在。西布利（Sibley，1995：ix）认为"可将人类景观解读为排斥的景观"，排斥的文化维度以其微妙、有力和特有的方式存在于其中。他概述了现在的社会地理学在关注现代城市和乡村社会的组成以及资源利用的空间结果时，如何含蓄地指出了某些排斥形式（虽然未用那些术语）。在《排斥的地理》（*Geographies of Exclusion*）一书中，西布利进一步揭示了一些形式更模糊、"被视为日常生活中理所当然部分"的排斥实例（Sibley，1995：ix）。在后一种意义上，排斥是主流通过对认为是被排斥者所拥有的属性的反应，而对个人和群体的"排挤"，这是一个既使排斥"正常化"又促进主流社会接受它的过程。因此，当人们被他人或（不明显地）被自己认为是无所归属的时候，就成了被排斥者。显然，这种情况常发生于失业者和穷人（他们是社会排斥政策的核心关注点）身上，但也会不时地影响妇女、儿童、移民、旅客、残疾人、有色人种和老年人。排斥，而不是脱离社会的简单状况，显著地存在于社会中。

一个社会排斥的案例：休闲与老年妇女

为了阐明这些不同维度在日常生活中如何共同作用以致产生实实在在的排斥实例，我们诉诸关于老年妇女被城市休闲空间排斥的近期工作（Hague *et al.*，2000a、2000b）。这项研究与斯托克河畔特伦特（Stoke-on-Trent）周边住宅区里的老年妇女群体合作，揭示了这些妇女被排除在城市中心休闲场所之外的复杂过程中的某些情景。

首先，排斥的社会维度强烈地受年龄影响，其中一个群体的例子还受妇女社会阶层的影响。这些妇女感觉到再开发城市中心里的购物中心、"时尚"饭店和"时髦"酒吧倾向于为其他社会群体（尤其是年轻人和有钱人）提供空间。此外，对发生在已觉得是"他人"（尤其是年轻人）主导之地的犯罪的恐惧，又加强了被排斥感，因为妇女"选择"不去那些社会环境明显与她们的需求和期望相冲突的地方。

其次，妇女日常生活的经济维度又普遍增强了社会排斥。作为抚恤金领取者，她们中很少有人能支付得起去市中心的公共交通费用，尤其不能支付休闲场所（如剧院和电影院）的入场费。虽然这些妇女清楚地表达了想游览市中心娱乐设施的强烈愿望，但是此类愿望皆因价格过高而落空，这普遍被认为简直就是禁止，是延伸开来的排斥。

再次，该研究揭示了各种政治排斥形式的明显证据。无论从空间意义上，还是更根本的在当地政治过程中，老年妇女群体只能发出一种边缘的声音。在她们看来，自己的观点在关于城市设计或当地交通服务的讨论中根本没被听取，致使她们只能不情愿地接受在当地决策中所处的边缘地位，而那些决策并没有真正考虑她们的特殊需要和愿望。

最后，该研究强调强烈的文化排斥感，这种排斥围绕着她们在一个处于重塑和复兴过程的城市中作为老年妇女的身份。这些妇女一再地表达城市中心休闲场所"并非为她们所建"的观点。这种文化上的不适与诸如年龄、阶层、性别和收入水平等个人特征紧密相关，而城市空间的再开发被认为与她们无关。这些妇女不仅遭受着归因于机会和支付能力的"显性"排斥，而且还经受着某种几近切实的"文化脱位"（cultural dislocation），这又导致了她们自我排斥在城市中心必须提供的很多服务。

更引人瞩目的是，上述各种排斥结合在一起，并被例行化为该群体的日常生活和荒诞故事。因此我们认为，按照当前确定众多政策和实践的准则，许多形式的排斥已变得"正常化"，因而看不出是"社会排斥"。

空间、地方与排斥

那么地理学者该如何有效地参与关于排斥的讨论呢？上述社会排斥的不同维度可能已为这种参与提供了策略，但或许更为重要的是，地理学者建设性地提出了一种研究排斥的地理学，这是一种在不同尺度上运作的地理学。社会排斥跨越空间发生在地方。在地方尺度上，政策已将"居住区"（基于地方的社区）认定为焦点（SEU，2001b）；而在全球尺度上，边界让金融变得更易流动，但对流离失所的人却越来越难以通过。在这两者之间，地理研究的一个关键用武之处是城市和农村空间的晚近产业重构。

尽管社会排斥的地理已引起众多关注，但当前这些关注压倒一切的焦点是晚/后工业化城市的都市空间（Byrne，1999；Hague *et al.*，2000b；Young，1999）。然而社会排斥在农村空间同样是一个重要问题，正如最近关于剥夺、劣势和生活方式的讨论（Cloke *et al.*，1994）所揭示的那样。因此，既有机会也有需要发展一种更全面的排斥地理观点，以真正的整体性方式揭示当代社会中排斥的空间发生和变化结构。从已完成的工作来看，排斥显然具有不同的表现，并在家庭、邻里、地区、城市、区域和国家里有不同的结果。当我们考虑排斥的社会、经济、政治和文化维度，同时考虑空间和地方交叉的全部地理背景时，将社会排斥视为观察不平等的一种新方式，人文地理学对此显然贡献良多。

147

参考文献

Byrne, D. 1999: *Social Exclusion*. Buckingham: Open University Press.

Cloke, P., Milbourne, P. and Thomas, C. 1994: *Lifestyles in Rural England*. Salisbury: Rural Development Commission.

Hague, E., Thomas, C. and Williams, S. 2000a: Political constructions and social realities of exclusion in urban leisure: the case of elderly women in Stoke-on-Trent, England. *World Leisure Journal*, 4, 4-13.

Hague, E., Thomas, C. and Williams, S. 2000b: Equity or exclusion? Contemporary experiences in post-industrial urban leisure. In C. Brakenridge, D. Howe and F. Jordan (eds.), *Just Leisure: Equity, Social Exclusion and Identity*, Brighton: Leisure Studies Association, 17-34.

Levitas, R. 1998: *The Inclusive Society? Social Exclusion and New Labour*. Basingstoke: Macmillan.

Philo, C. 2000: Social exclusion. In R. J. Johnston, D. Gregory, G. Pratt and M. Watts (eds.), *The Dictionary of Human Geography*, 4th edition. Oxford: Blackwell.

Room, G. (ed.) 1995: *Beyond the Threshold: The Measurement and Analysis of Social Exclusion*.

Bristol：Policy Press.

Rousseau, J.-J. 1966：*The Social Contract and Discourses*. London：Dent/Everyman.

Smith，D. M. 1977：*Human Geography：A Welfare Approach*. London：Arnold.

SEU（Social Exclusion Unit）2001a：*Preventing Social Exclusion*. London：Cabinet Office/Stationery Office.

SEU 2001b：*A New Commitment to Neighbourhood Renewal*. London：Cabinet Office/Stationery Office.

Young，J. 1999：*The Exclusive Society：Social Exclusion，Crime and Difference in Late Modernity*. London：Sage.

深入读物

Sibley，D. 1981：*Outsiders in Urban Societies*. Oxford：Blackwell.

Sibley，D. 1995：*Geographies of Exclusion：Society and Difference in the West*. London：Routledge.

网络资源

- 内阁办公室社会排斥处（The Social Exclusion Unit of the Cabinet Office），http://www. cabinet-office. gov. uk/seu。

第三部分　如何研习地理学

　　研习地理学能为你提供掌握很多而且将越来越多的技术和技能的机会。地理系现在更为强调一系列方法的系统而全面的训练，这是为了使你成为较优秀的地理学者并有利于你今后的职业生涯。诸如制图法和野外调查之类的传统技术已增加了许多新的技能，其中有些依赖于越来越先进且易于获得的计算机软件，如地理信息系统、数学模拟和可视化技术；另一些则需要更多的社会经验和个人技能训练以用于分析和解释，如民族志和图像解译。然而，除了这些技术能力外，你还会掌握一些不那么吸引人但重要性不减的技能，如写作、倾听和口头陈述能力。

　　以下由地理教育专家撰写的四章内容旨在帮助你把握最好的学习环境。其后有一些关于写论文和作业、完成考试、作报告和充分利用讲座的实用技巧和建议。这部分还向你介绍了一些地理学、地图学和可视化、遥感和空间建模的关键技术领域。对于如何着手个人的研究项目以及如何从一系列可能的研究方法（从问卷调查到实验室分析）开始，本部分也将提供许多指导。你还能了解在国外执行项目的潜力和困境。

　　独立从事你自己的研究会使你遇到一些尴尬的情况，例如，涉及保密和隐私。现在期望地理学研习者思考自身行为的道德规范以及地理研究的普适伦理，提姆·昂温所撰的那一章强调了这些问题。

27　地图学与可视化

斯考特·奥福德 (Scott Orford)，丹尼·多灵 (Danny Dorling)，
理查德·哈里斯 (Richard Harris)

21 世纪的地图学

地图学一直都与地理学相连。确实，在某些人的印象中，地理学者与地图不可分离。一般认为传统意义上的制图就等于表达地理信息，它利用手绘地图将图纸上的地理意义传达给广泛读者。这种看法有道理但也不全面，已受到制图学过去 15 年间发生的重要技术和概念变化的挑战。与这些变化相关的是计算机技术的快速发展、数字资料可得性的不断提高以及认识更复杂世界之需要的与日俱增。现在已极少用手工绘制地图了，任何有电脑和制图软件的人都能较轻松地创作出一幅数字地图。更为重要的是，地图学正在从（被动）呈现地理信息的传统角色中分化出来，向一种认知能力更强的角色发展，地图的使用更具有挖掘、研究的能力。21 世纪的地图学已不再仅仅是绘制地图以向他人传递信息，它越来越多地采用各种计算方法和视觉显示，借助互动学习环境，增加我们对周围世界的了解（MacEachren and Kraak，1997）。地图学正在建立与计算机科学和统计学等学科的联系，结果之一是正在改变其在地理学内的地位，逐渐整合在"地理信息科学"（geographic information systems，GIScience）或"地理计算"（geocomputation）的旗帜下，包括地理信息系统（GIS）和数据挖掘分析（exploratory data analysis，EDA）等（Unwin，1999）。

近期制图学发生的变化在某种程度上是响应科学可视化的出现（McCormick *et al.*，1987），强调将各种视觉方法（或"观看方式"）用作知识构建方式的重要部分。科学可视化的动机是在科学家使用的日益巨量和复杂的数字数据集里"看见不可见者"，在这方面，计算制图（computational mapping）被视为挖掘空间数字数据的一种极好的潜在手段。为了促进这些创新的概念化，迪比亚兹（DiBiase，1990）和麦凯克伦（MacEachren，1994b）开发了可以解释各种地图可能具有的不同作用的概念模型。在迪比亚兹的分类中，地图可用于

152　视觉思考（**挖掘**地理信息）或视觉交流（**表达**地理信息），然而这两类并非互斥。在视觉思考方面，地图作为研究工具被用来帮助研究者挖掘数据的属性，即揭示格局和关系、标示不寻常事件。它们被用于研究的探索和验证阶段，而非旨在"最终发表"或"最终结果"，其目的是帮助研究人员。相比之下，与视觉交流相联系的地图则用来向普通读者阐述一个观点、表达一些想法或论证一些关系，其目的是帮助他人。麦凯克伦（MacEachren，1994b）通过计算机技术可提供的对互动、动态要素的整合扩展了该模式。他的地图学模式（图27.1）称为［**CARTOGRAPHY**］[3]，在该立方体空间中区分出用于可视化（视觉思考）的地图和用于交流（视觉交流）的地图。麦凯克伦用这个模式表示，地图可视化是一种个人行为，其中各种未知事实是在一种高度互动的环境中揭示出来的。相比之下，地图交流则涉及与之相对的公共活动，其中各种已知事实是在一种非互动的环境中呈现出来的（Slocum，1999）。这两种行为对于我们认识和交流地理数据都起到了某种重要作用。然而，虽然我们对地图交流已了解得非常多了，关于地图可视化的知识仍然处于认知的起步阶段。

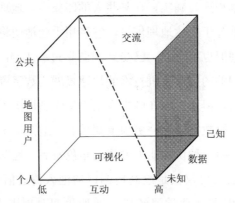

图 27.1　［CARTOGRAPHY］[3]——一种如何使用地图的图示。坐标轴关联地图用户、数据使用的目标以及制图环境的互动程度。在此立方体的三个维度上都将地图可视化与地图交流做了对比

资料来源：改编自 MacEachren（1994b），图 1、图 3、图 6。

地图可视化：看见不可见者

虽然地图学总是关注视觉思考，但计算制图及其提供的互动性已从根本上改变了人们利用地图可做的事。能够高度互动的地图允许刷擦、平移、缩放、旋转、动态再现（更改后地图会自动更新）以及动态比较（关联各视图）（Dykes，1997）。例如，关联视图使得用户能

够选择一幅地图中某点以识别其在另一幅地图中的位置。此类功能可用于空间数据的挖掘分析，使得用数据能分析未知关系或回答某些问题，如"该数据集的性质是什么"，以及"不同特征之间是否存在某种空间关系"。地图可视化中的另一个重要创新是引入了动画、多媒体、虚拟现实等动态视觉变量（Orford *et al*.，待出版）。动态视觉变量结合各种互动工具，能够使人们对数据挖掘的环境有更深刻的了解。它们在用户"开始掌握数据"时的可视化初期阶段特别有用。

　　在过去 10 年间影响制图学的最重要创新之一或许就是万维网（World Wide Web，153
WWW）。其高度图像化的性质加上其多媒体的内容，意味着万维网是实现地图可视化的一种理想媒介。它的互动性和灵活性已促使"按需绘图"的增长（Cartwright，1997）。地图表达正快速地接纳万维网的互动性，从而使地图信息能动态且互动地传播。为了更好地了解基于网络的地图学，推荐学生们参考卡拉克和布朗的著作（Kraak and Brown，2001）。

　　塔夫特（Tufte）在 1990 年写道（Tufte，1990：9）：

　　　　世界是复杂的、动态的、多维的；图纸是静态的、平面的。我们仅在平面上如何呈现所经历和测量的世界丰富画面呢？

　　正如我们已认识到的，技术创新可能使地图可视化摆脱二维的惰性世界观。但是，与地图可视化有关的研究仍处在发展阶段，许多问题尚待解决。例如，与地图交流传统技术的情况不同，我们对一些实际问题几乎一无所知，使用地图可视化技术在何时为好，在何时不好？（Dorling，1998）。又如，利用动画来探索数据变化并不一定容易，尤其是如果很多变化都发生在特定的显示时间和整个显示区域内。可视化中的一个常见问题是仍然看不见那些最重要趋势或模式（MacEachren and Ganter，1990）。

地图交流：好的地图为何重要？使之正确为何需要实践？

　　尽管变化中的研究强调向更复杂的可视化发展，但对大多数用户来说，地图学仍然是生产地图以交流地理信息。具有讽刺意味的是，计算机化和基于网络的地图学已经能够既使地图绘制"民主化"，又使很不充分的地图得以完善！于是卡拉克和布朗（Kraak and Brown，2001）诉求地图学"回归基础"。既然大多数地理学学生将仍把地图主要用于视觉交流（而非视觉思考），那么对地图设计原则有一定的了解就依然至关重要。

　　地图设计原则旨在帮助一般用户理解地图的一系列标准规则和程序。有很多教科书对此有详细说明（某些已包含在参考文献中），建议学生参考这些文献以闻其详。简略地说，地图设计遵循五个基本阶段。在第一阶段，确认地图的目的和潜在的使用者。地理学者的兴趣通常是绘制展示一个或多个变量空间变异的"专题"地图，而不仅是用于强调空间现象位置的"地形"地图。在第二阶段，获取适当的数据，解决平面位置、投影系统以及比例尺等问题。在第三阶段，通过确定填图对象的空间维度——点、线、多边形（面）或表面（体）——来简化数据，并根据这些数据的标度［标称（nominal）、序数、间隔或比率］进行分类。在第四阶段，在一个称为符号化的过程中使用标准化图形来将各种特征填图，同时也添加图例等地图要素。在最后阶段，评估地图以确定其对用户是否有用且富含信息。

以上五个阶段中，第四阶段对于决定一幅地图能否成功传递信息或许是最重要的。符号化过程是很关键的步骤，是众多地图设计研究的焦点。这里没有篇幅来深入讨论这些设计问题，但要展开叙述其中的几个问题。虽然地图包含的图形要素有多种不同类型，但可以将它们全都归为八种基本视觉变量：大小、色值、纹理、色调、方向、形状和图纸平面的两个维度（Bertin，1983：42）。表 27.1（改编自 MacEachren，1994a）显示了这八种视觉变量如何与绘制对象特定特征的空间维度和数据标度相关联。各视觉变量在地图上表现不同类型信息的能力是不同的，绘图者的技能就在于知道选择哪一个变量来最好地展示信息。一个很好的例子是颜色的使用。彩色打印近年来已变得非常普及，这使得学生们能更容易地在地图绘制中使用颜色。但使用颜色应谨慎，因为虽然它可以有效地显示名义类别之间的差异，但不能有效地显示数值数据的差异（Bertin，1983）。还需铭记，传统出版媒体可能觉得印制彩色地图较为困难且昂贵。这个框架已被采用并扩展到包括一些新的视觉变量，如格局、清晰度（MacEachren，1995）和投影（Dorling，1992、1994），这些都使得人们能在地图上添加更为详细的内容。

表 27.1   视觉变量与填图对象特征之间的关系

	标称	序数	间隔/比率	点	线	面
位置	G	G	G	G	G	G
大小	P	G	G	G	G	M
色值	P	G	M	G	G	G
色调	G	M	M	G	G	G
纹理	G	M	M	M	P	G
方向	G	M	M	G	P	G
形状	G	P	P	G	M	G

注：G＝好；M＝略有效；P＝差。

资料来源：改编自 MacEachren（1994a），图 2.28、图 33。

一旦数据被符号化，就要添加其他图形要素，以使地图清楚且尽量少有歧义地交流信息。虽然对地图设计的原则尚有争议（见如 Tufte，1983、1990、1997；Cleveland，1985），但普遍认同需要包含如下五个要素：图题、图例、数据源、指北针和比例尺。图题应该解释制图主题、地理区域和数据年份，并应置于地图顶部附近。图例应包括对每个符号所代表内容的明确解释，并将文字写在每个图例符号的右侧。较大值应该显示在图例的顶部，较小值则在底部。数据源应置于地图底部，并包含数据在何处获取、何时采集以及由谁采集的信息。还可以包括其他一些图形要素，诸如指示地图上可能受关注特征的标签。但是，装饰不必要的信息或"图表垃圾"（Tufte，1983）是很糟糕的做法，它们会搞乱地图，分散读者对地图上重要信息的关注。当地图完成时，它应该在视觉上显得很平衡，没有过多的空白空间。关于地图设计问题的更多信息可参考斯洛克姆（Slocum，1999）、麦凯克伦（MacEachren，1995）或鲁滨逊等（Robinson *et al.*，1984）。 155

最后的评论

地图学在 20 世纪 90 年代响应迅速演进的技术以及科学界内对数据挖掘和分析的新关注，经历了快速变化。虽然目前大多数地图学研究都是针对使用高度互动的地图显示进行视觉思考，但学生们对地图学的应用依然主要在视觉交流领域。计算机化和基于网络的地图学的发展意味着有比以往更多的人可以创作地图，所以确实需要在地图学中促进"回归基础"。由于科学和社会共同体要求更快地获取地理参考信息，构建一幅设计良好的、支持诸如"是什么"或"在哪里"之类的查询并有效地向用户传达事实的地图，就得越来越重要。

参考文献

Bertin，J. 1983：*The Semiology of Graphics*. Madison，WI：University of Wisconsin Press.

Cartwright，W. 1997：New media and their application to the production of map products. *Computers and GeoSciences*，23，447-456.

Cleveland，W. S. 1985：*The Elements of Graphing*. Monterey，CA：Wadsworth Advanced Books and Software.

DiBiase，D. 1990：Visualization in the earth sciences. *Earth and Mineral Sciences，Bulletin of the College of Earth and Mineral Sciences，PSU*，59，13-18.

Dorling，D. 1992：Visualizing people in space and time. *Environment and Planning B*，19，613-637.

Dorling，D. 1994：Cartograms for visualizing human geography. In D. Unwin and H. Hearnshaw（eds.），*Visualization and GIS*，London：Belhaven，85-102.

Dorling，D. 1998：Human geography：when it is good to map. *Environment and Planning A*，30，277-288.

Dykes, J. A. 1997: Exploring spatial data representation with dynamic graphics. *Computers and GeoSciences*, 23, 345-370.

Kraak, M. J. and Brown, A. (eds.) 2001: *Web Cartography*. London: Taylor and Francis.

McCormick, B. H., DeFanti, T. A. and Brown, M. D. (eds.) 1987: Visualization in scientific computing: a synopsis. *IEEE Computer Graphics and Applications*, 7, 61-70.

MacEachren, A. M. 1994a: *Some Truth With Maps: A Primer on Symbolization and Design*. Washington, DC: Association of American Geographers.

MacEachren, A. M. 1994b: Visualization in modern cartography: setting the agenda. In A. M. MacEachren and D. R. F. Taylor (eds.), *Visualization in Modern Cartography*. Oxford: Pergamon, 1-12.

MacEachren, A. M. and Ganter, J. H. 1990: A pattern identification approach to cartographic visualization. *Cartographica*, 27, 64-81.

MacEachren, A. M. and Kraak, M. J. 1997: Exploratory cartographic visualization: advancing the agenda. *Computers and GeoSciences*, 23, 335-343.

Robinson, A. H., Sale, R. D., Morrison, J. L. and Muehrcke, P. L. 1984: *Elements of Cartography*, 5th edition. Chichester: Wiley.

Slocum, T. A. 1999: *Thematic Cartography and Visualization*. Upper Saddle River, NJ: Prentice Hall.

Tufte, E. R. 1983: *The Visual Display of Quantitative Information*. Cheshire, CT: Graphics Press.

Tufte, E. R. 1990: *Envisioning Information*. Cheshire, CT: Graphics Press.

Tufte, E. R. 1997: *Visual Explanations: Images and Quantities, Evidence and Narrative*. Cheshire, CT: Graphics Press.

Unwin, A. 1999: Requirements for interactive graphics software for exploratory data analysis. *Computational Statistics*, 14, 7-22.

深入读物

Dorling, D. and Fairbairn, D. 1997: *Mapping: Ways of Representing the World*. London: Longman.

MacEachren, A. M. 1995: *How Maps Work: Representation, Visualization and Design*. New York: Guilford Press.

156 Orford, S., Dorling, D. and Harris, R. in press: *Introduction to Visualization in the Social Sciences*. Norwich: Environmental Publications.

网络资源

- GeoVista 中心, http://www.geovista.psu.edu/。该中心致力于地理参考信息可视化的基础和应用科学研究, 以及发展地理可视化技术。它是一个介绍与地图信息挖掘有关的先进可视化技术的网关站点, 包括演示、教程、深入读物等。
- 地图史/地图学史, http: l/ihr.sas.ac.uk/maps/。这是一个关于地图制作史所有方面主题的网关, 包括会议、书籍和论文、新闻、研究等信息, 并链接其他网站的众多地图图像。
- 英国地图学会, http://www.cartography.org.uk/。
- 地图学家协会, http://www.soc.org.uk/。

28　人文地理学中的空间和区位建模

迈克尔·巴蒂（Michael Batty）

何为模型？何为建模？

　　模型是现实的简化。在过去 50 年里，随着计算机风靡世界，利用数学来改善我们的认知并获得一些预测手段的意图已司空见惯。建模本质上就是构建此类简化模型的过程。它通常包括定义有限数量的变量（称为输入），这些变量决定要解释的现象（称为输出）。将输入和输出连接起来的是构建数学等式的各种关系，其中包含科学家意欲解释的一些假设。模型构建者基本上是通过"校准"参数（模型内的常数）来"调优模型"，以重现关于现象的某些已知数据，从而使模型预测尽可能逼近已知现象。如果模型与数据之间拟合得好，则视为模型证实了预先的假设。至此，模型构建者就要探讨模型是否适合于在那些不同于已校准的情况里作预测。

　　这在某种意义上与实验室里进行的事并无不同，科学家在那里建立一个试验来检验某些假设。而在数学建模的情况里，试验是虚拟的和抽象的，但正如实验室对被测试对象要施加严格控制一样，计算机模型也是如此。这一通用过程在过去半个世纪里已在地理学中得到发展，地理学一直致力于解释地球表层现象如何在不同空间尺度上变化。然而，空间和区位建模的大发展并不限于人文领域，为了说明该过程，值得举一个简单的例子。

　　设想你欲预测一个城市中的不同地区拥有汽车的家庭比例。我们的假设是：汽车拥有率与有房产的家庭数量密切相关，因为这表明收入和财富较多。任一地区（i）中拥有房产家庭（x）的比例为 x_i，这是我们的独立变量或输入变量；我们想要预测同一区域 i 中拥有汽车的家庭比例 y 是输出变量。输入和输出之间的关系为一简单的线性方程，我们可将其表达为 $y_i = \alpha + \beta x_i$。希腊字母 α 和 β 就是模型构建者必须"校准"以产生尽可能逼近观测数据的汽车拥有率预测的参数。一般通过使预测值与观测值之差的平方和最小而自动完成这一步。一旦完成此过程，模型构建者就要采用各种检验来评估模型质量，其根据是模型对数据的拟合好到何程度，各参数的显著性如何。

以伦敦 33 个行政区的汽车拥有率和房屋拥有率为例，我们用 1991 年的人口普查数据可以将模型拟合为：$y'_i = 20.705 + 0.676x_i$。汽车拥有率观测值与预测值之间的相关性高达 97%，两个参数都高度显著。该模型表明，在伦敦，如果你发现某个地区 70% 的房屋归其住户所有，那么该模型预测这些住户中的 68% 会拥有一辆甚至多辆汽车。许多空间和区位模型要比这复杂得多，因为方程彼此连接的复杂系统通常是特定的。对于可能发生什么有时会附加一些限制，体现为简单的决策规则。归根结底，多数模型的构建目的与我们上面展现的这个简单线性模型并无太多不同，其焦点是从最简单的可得数据集中作出尽可能多的解释。

经典传统：社会物理学与区域科学

从启蒙运动开始，自然科学与社会科学就纠缠在一起。在艾萨克·牛顿（Isaac Newton）的巨著《原理》（*Principia*）[①] 墨迹未干之前，科学家们一直在思索如何将经典物理学应用于解释人文现象。从本质上讲，存在一些可以用机械类比来解释的人类力量，这个观念逐渐得到推动。到 20 世纪，认为从迁徙到交通高峰、从国际贸易到购物行程的广泛人类运动都可通过类比引力来模拟的思想占了主导。在过去的 50 年里，这些模型支配着空间分析，并被有差别地称为"社会物理学"或空间互动建模。其基本概念是，相互作用直接因产生或吸引运动之物体的大小而变化，并相对于空间阻抗的某种度量（通常基于这种相互作用原点与终点之间的距离）而反之。如果假设位于某地的每个人都牵涉进某种运动，那么区位是可以作为这种相互作用的一个函数而被预测的。这种模型已被特别地用以显示购物者如何被吸引到购物中心，且与早先的中心地及其腹地理论一致。预测人们的居住地也是此类模型的主题，这种模型基于住房市场内的机制，在作出区位决策时要权衡其中的交通成本和地租。

我们来考察一种典型形式：预测从居住区位 i 到购物中心 j 的费用流量 S_{ij}。该流量是在 i 处可得到的购物费用 C_i、j 处购物中心的规模 F_j（用其楼层空间度量）以及 i 和 j 之间的旅费 t_{ij}（用距离的某种指标度量）的函数。模型表达为 $S_{ij} = GC_i F_j / t_{ij}^a$。正如线性模型那样，有两个参数 G 和 α 需要不断校准，直到所预测的购物中心销售量 S_j（由全部 I 的 S_{ij} 加和计算，即 $S_j = \sum_i S_{ij}$）最接近观测到的销售量。该模型有效地预测了与每一个购物中心

---

① 指《自然哲学的数学原理》，简称《原理》。——译者注

相关的每一个中心地腹地所发生的销售量。商业零售商和开发商广泛地使用这些模型。例如，像英国特斯科（Tesco）那样的大型连锁超市，在通过发现新商店点位以获取市场份额的探索中，至少每周使用一次此类模型做预测。

在此经典传统内还有许多其他相关模型。工业区位和经济区位在20世纪50年代成为后来称为区域科学的主流。这些模型围绕区域经济学思想构建，其基础是始于凯恩斯主义思想的宏观经济理论。尤其是关于经济中互相依赖（其中某些活动要比另一些活动更具基础性）的观点，已通过乘数和输入-输出分析被广泛应用。经济学中一个有关的理论传统所涉模型，是显示如何利用市场机制在城市中进行土地配置。源于冯·杜能（Von Thünen）1826年提出的关于农业土地利用围绕一个市场自组织之方式的经典模型，以关于消费者和公司的微观经济理论为基础，作为所谓"新城市经济学"（new urban economics）的一部分，相似的城市模型已广泛地发展起来。这些模型也与社会物理学一致，以相互作用、密度、潜力和可达性为基础，并借助经济学和心理学中的离散选择理论建立起它们之间的联系。

在过去20年里，经典方法虽然仍占主导，但也有许多局限性和不自洽之处，这已使这种普遍方法声名不佳。最大的一个思维问题涉及将空间作为主要关注的观念。事实上，现在已经很明确，深含于此类模型中、将地理系统视为某种空间均衡的思维是不全面的。认为时间、动态和变化都很重要的观念现在已列入议程。另一个问题是尺度问题。经典方法依赖对大量数据的统计考量，这意味着模型一直是聚合的，忽略了人和地方固有的异质性。当前的发展正寻求改变这种关注。

区位建模与复杂性

人类系统永远不会均衡，解释必须考虑活动和人如何随时间而变化，这种观点与"变化是非线性的"的概念紧密地联系在一起。非线性由最微观层次上的涨落和反馈驱动，显然，人类系统中的创造力、创新甚至历史都只能以这种方式来解释。人口的指数增长或下降是这种变化最明显的根源，但当这种系统与其他系统共同进化时，正是它们的非线性导致了竞争。出现的不寻常结构只能通过造成不连续性（如突变、分叉，有时甚至是混沌）的模型来解释。例如，"边缘城市"（城区边缘的大型购物和商业中心）的自发增长、内城的绅士化以及贫民区的形成等，只有借助这些关于动态的观点才能解释，而反馈是其核心。

已发展了一些不同的方法。在非线性动态框架内嵌套经典模型也能模拟自发的发展，这与均衡互动模式是一致的。正在针对城市增长开发这些模型的变体，其中的微观变化引起了空间一些不可预见的新发展，并正在发展一种基于城市和区域相互竞争的新城市经济地理学。基于形态学的新方法（其焦点在于生成自相似或分形形态）已被应用于城市，它将这些新观念与尺度转换概念盛行的传统社会物理学联系起来。可以利用反应-扩散模型生成诸如中心地、街道系统和同心发展带的自相似区位结构，在该模型中，可借助元胞自动机来模拟变化的局地过程。元胞自动机可以自下而上地生成空间结构，与实验室中晶体增长的方式相似。

这些区位模型与上一代或更久以前出现的那些模型有很大差别。它们要求个体层次上关于变化和决策过程动态的更详细数据。它们需要最先进的计算机系统、地理信息系统和可视化技术。有一些令人印象深刻的实例，诸如 TRANSIMS 模型，它模拟了一个城市网络上的每个人和每辆汽车，也正在开发几个元胞自动机模型来模拟美国城市化和城市扩展的影响。还有更多揭示城市中两极分化如何产生的概念模型，区位偏好并不能说明这种显而易见的分化。但是所有这些新观念中的大多数都正在改变人文地理学预测的概念基础。我们过去以为我们追求的是"简约模型"，而现在的焦点是构建模型来探索建立我们自己的概念假设，而不是精确预测。

深入读物

N. Gilbert and K. G. Troitzsch. *Simulation for the Social Scientist*. Milton Keynes：Open University Press，1999. 本书对数学模型的设计和构建做了清楚的介绍。

A. Wilson and B. Bennett. *Mathematical Models in Human Geography and Planning*. Chichester：Wiley，1985. 本书可资复习数学技巧（并用于经典空间互动模型）。

A. Wilson. *Complex Spatial Systems：The Modelling Foundations of Urban and Regional Analysis*. Harlow：Prentice Hall，2000. 本书给出了形成多种经典方法的感受。

Foot. D. *Operational Urban Models*. London：Methuen，1982. 本书对教学提供了一个很好的从草稿开始构建经典模型的介绍。

P. Nijkamp（ed.）. *Handbook of Urban and Regional Economics*，vols. 1-3. Amsterdam：Elsvier，1991. 本书是对区域科学中模型的概述。

P. Longley and M. Batty（eds.）. *Spatial Analysis：Modelling in a GIS Environment*. Chichester：Wiley，1996. 现在正将许多此类模型与地理信息系统关联起来，本书是一本很有用的文章汇编。

S. Openshaw and R. J. Abrahart（eds.）. *GeoComputation*. London：Taylor and Francis，2000. 本书介绍了一些新近的计算方法。

P. Krugman. *The Self-organizing Economy*. Oxford：Blackwell，1996. 本书可供对计算方法如何与更广泛的理论背景联系在一起这一方面内容有兴趣的同学参考。

数据源注释

- 十年一度的人口公开普查提供了小区域（如普查片区等）的数据。现在这些数据都是数字化的，可用地理信息系统软件读取。英国有一个档案网址：http：//www.mimas.ac.uk/，同时还有其他一些通常是商业性的就业和人口数据，其尺度较为精细（如到邮政编码区）。大尺度空间和区位模拟软件通常是基于一定目的、一次性且花费高昂的，但正在逐步开发一系列用于桌面地理信息系统软件的插件（见 http://www.esri.com/）。以下网站可获得一些免费软件，见 http://www.geog.uu.nl/pcraster/和 http://www.folwmap.geog.uu.ul/，但令人惊讶的是，你能在标准软件（如电子数据表和桌面地理信息系统）和统计软件包（如 SPSS）内将这些模型发展到很远。

- R. Klosterman，R. K. Brail，E. G. Bossard（eds.）. *Spreadsheet Models for Urban and Regional Analysis*. New Brunswick，NJ：Rutgers University Press，1993. 本书提供了一系列能够用诸如 Excel 那样的软件运行的示例程序。

29　自然地理建模

苏珊·M. 布鲁克斯（Susan M. Brooks）

何为模型？

很长时间以来，建模一直是自然地理学中一种公认的研究方法。因此，可以认为只有极少数（甚至没有）自然地理学者没有任何建模经验。不仅如此，还可将建模引入几乎任何学术层次的研究，从普通中等教育课程到博士层次甚至更高。建模有助于深度洞察自然系统运作的方式，因而其知名度在整个 20 世纪和 21 世纪一直在增长。当然，计算机技术的空前发展，尤其是万维网多功能的增加，也使之成为可能。这些论断在很大程度上取决于"建模"何所指，以及我们对构建一个模型有何界定。正如柯克比等人（Kirkby *et al.*，1992）所言：

> 各种模型构成一个连续系列，从具有唯一结果的严格确定性定量模型，到其结果或多或少可预测的一系列随机模型，再到完全定性的模型［包括传统地貌学中的成功模型，如 W. M. 戴维斯的侵蚀地理轮回模型（Geographical Cycle of Erosion）］。

在过去的十年左右时间里，受计算机软硬件性能快速提高的驱动，自然地理学中的建模已彻底变革。不仅我们设计和运行高水平计算机模型的能力比以往任何时候都强，而且现在可得到的模型已触及世界范围内的广泛人群。用计算机模型模拟自然世界运作不再是专业研究者的专属，而是可由任何对自然世界感兴趣的人去实施。现在已能够以很低的成本从网络上获取各式各样的模型，其中许多都能提供精细的性能。

然而，在借助模型进行自然地理学研究时，仍存在许多问题需要重视（Anderson and Burt，1990），斯图尔特·莱恩撰写的本书第 12 章已概述过这些问题。越来越多的人所应用的概念模型和数学模型更为精细，但这些问题却越来越被忽视。简单的原因是模型看起来不错并能够实现很多功能，但这并不一定意味着它运行有效或能够提供有价值的信息。如果模型旨在提供对自然系统运行方式的充分洞察，那么就必须小心谨慎地使用之。

早期模型：归纳方法

　　无论在什么学术层次，所有研究一般都遵循两条线路的任一条进行。首先是归纳方法。这种方法要求研究人员积累尽可能多的关于系统运行方式的知识。如果你对所期望的发现毫无先验知识，那你就会发现自己在使用这种方法。你会直接采集数据（定性的或定量的），然后利用这些数据发展出一个通用理论。这个通用理论实际上就是一个模型。

　　早期的自然地理学模型将自然系统直接表达为现实的较简单或较小尺度版本。莱恩概述的概念模型（本书第 12 章）可归入此类。这可能是一种最容易理解的建模策略，它只涉及一系列观测，并用以形成关于系统整体发展的一般概念。它们可能包括一些实体，并通过一系列由初步观测所启示的概念而联系在一起。然而，此类模型对于自然系统中通常存在的过程运行方式或复杂相互关系却几乎提供不了什么洞察。这并不是说此类建模工作没有价值或不得要领。它们通常会启发严肃的讨论，促使科学家们思考如何改进模型。

　　所有建模都会做出假设。没有哪一个模型能够完美地重现其意欲描述或仿真的系统。概念模型要设定许多简化的假设，对其能够应用的方式也有适当限制。自然地理学往往致力于了解不能直接观测的系统（空间上过于遥远，或在遥远的过去或将来时间段运作）。因此，也因为其假设过于简化，概念模型已受到严厉的批判，并被较精细的模型取代。数学模型就是较精细的模型的一类代表。虽然它们仍会设定一些假设，但此类模型更容易在空间和时间上变换，因此它们就不仅只适用于其开发所依赖的环境和区位。后期的此类模型包含了更为复杂的过程，并更现实地纳入如气候变化等现象的影响，使之更容易适用于世界其他区域，也适用于其他时间段。

　　日益要求在自然模型中包含更多复杂性并纳入更少和更现实的假设，这已促使建模从归纳方法转向演绎方法。

近期模型：建模的演绎方法

　　自然地理学的一般趋势是越来越重视定量方法，尤其在 20 世纪 50 年代至 90 年代。采集数值数据以努力了解广泛的过程，其时间段通常较短（通常为一个季度，但也实施了一些覆盖十年左右的长时期项目）。这激发了对演绎方法的极大兴趣。与开始于观测并累积形成对系统运行的一般刻画的归纳方法不同，演绎方法开始于一个可检验的想法（即假设），然后收集数据或信息用以支持或否定最初提出的理论想法（Haines-Young and Petch，1986）。围绕已有理论构建的模型可以利用不同数据集反复运行，以厘清使其运转得最好的条件。以 163 这种方式，它们可以为初始理论提供一种可靠的检验，并鉴明该理论最适合或完全不适合的环境。这些模型可用来检验多个假设，以确定哪个可能更适用于手头的问题。如此，模型就能以一种相对有效的方式支撑对系统行为的了解。

这种演绎的方法论与许多定量模型的初衷有所不同。很多模型的初衷是**预测**一个系统在特定环境下会如何运行，典型的例子是降水-径流模型（Beven，2000），意在预测淹没的范围、延时和水位。然而，因其在帮助确定系统如何作出行为和解释这种行为方面具有特殊优势，这个演绎模型的应用范围要广泛得多。

现在已有很多自然地理学者采用演绎方法。其起点是一个可经受观测检验的想法或假设。如果你对研究一个系统的某一问题有一个好的想法（或许来自讲座、课堂、教程或你已读过的书籍），那么你就可以很好地利用这种方法。只有在收集到适合于问题的数据后，你才能通过检验你的假设而推进你的研究。然后，你再考察这些数据以确认它们是否支持或否定最初的假设。很多建模方法都是如此，因为模型的构建通常都基于现有理论。数学模型构建者必须有一个充分的理论基础，他们已基于此确定了系统的哪些要素要包含在内，哪些要素因不相关而要忽略。因此，这种模型具有非常特殊的数据要求，这是由其结构决定的。降水-径流建模中的一个很好的例子是预测暴雨期间径流的延时和数量。驱动此类模型所需的数据通常是降水量以及对土壤渗透能力的各种度量，因此，径流量可以通过这两个数据集之间的平衡来计算。径流到达集水区出口的时间取决于地形以及河道网络格局，故而明智的做法是只收集模型实际所需的数据，而非搜集你能够获得的关于被研究系统的任何数据。模型结构实际上决定了要收集的数据（这与归纳方法大不相同）。

你也可以收集输出数据来检验模型是否能够模拟（或预测）与真实系统相同的行为。这就是莱恩在本书第 12 章讨论过的确认步骤。在降水-径流建模过程中，你会收集不同暴雨下的径流数据，并将其与模型的预测进行比较。你可能会发现模型表现很好，给出了与已测量数据非常接近的结果。同样有可能的是，模型与你已实际测量的径流量和径流延时大相径庭。然而这并不一定是一个糟糕的结果，从一个表现不够好的模型中是可以学到很多的。

会错在哪里呢？首先，如果你已努力收集了降水、入渗或径流的数据，那么你就知道此类工作的困难性及其可能导致的误差。要么可能是输入数据很差，在这种情况下模型被不真实的易错数据驱动；要么可能是输出数据不准确，在这种情况下你是在将模型预测与不准确的现场观测做比较。其次，你是否认真考虑过你在哪里进行你的测量，以及这些位置和时间点是否是最好的选择。暴雨在不同地方是高度变异的，暴雨期间降水的时间变化也很大。同样，土壤入渗率也高度变异，常常反映了土壤的紧实度（或比重）。例如，在暴雨期间土壤的渗透性会因土壤胶体的膨胀而改变。这些关于降水和入渗测量的要点都非常具体，但它们启示了有关建模的一个非常重要的普遍指向。很多模型很少考虑数据中的不确定性，要求你输入特定的数值，回头又以输出的形式提供特定的数值。这些模型属于确定性模型，常常不能模拟真实世界的行为。某些模型确实考虑了不确定性，它们允许对每个参数（诸如降水或入渗）都输入一系列数值，并提供一系列可能的输出数值。这些模型称为随机模型，其结果不是唯一的，因而它们很难有严格的解释，但并不指望能够准确地得出或预测出唯一结果。

　　除了数据问题以外，模型还因为其结构上的缺陷而不能给出合宜的模拟。其中一个较严重的缺陷涉及对模型赖以为基础的理论的选择，以及对各种关键过程加以包含或忽略的选择。模型建立的基础是被认为决定系统行为的已知理论。有时要蓄意作出一些选择来排除那些被视为不重要的过程，以保持模型结构和数据要求的简洁性。如果这些过程对系统输出不起作用，那么最好将其排除。然而，如果我们将一个模型应用于一个新的地方或一个新的时间段，那么我们确实不能确定这些决定是否合理。我们对于真实世界总有一些未知（甚至不可知）之处，因此就不可能包含在模型里。在解释模型模拟的结果时绝不能排除这种可能性，即使模型提供了与实测数据相比是合理的模拟。

　　一个核心的问题涉及模型应用的尺度。当你进行现场测量时，你通常会选择一个相对小的尺度进行作业。再以产流为例，关键的输入参数是降水和入渗，可分别用雨量计和渗透计测量它们，每个仪器都包括一个直径约为10厘米的圆柱体。当你采集雨量计中的雨水或使用渗透计时，你所做的工作是点测量。重要的是要考虑这些点测量是否反映了整体坡面或集水区的行为。例如，如果你要在一个坡面上做50个降水点的测量，那么是否有理由假设这50个点测量的平均值适用于整个山坡的全部范围呢？答案可能是有争议的，在不同尺度上做测量能有助于解决这个问题。然而，就像与建模有关的许多问题一样，答案并无所谓对错，考察和讨论这些问题如何影响模型模拟的准确性才是重要的。

　　应用演绎模型的最有效方式之一，是检验整个概念系列以确定哪一个更可能为真。一个简单的例子可能是植被清除和气候变化对产流的影响。我们不妨评估一下导致径流量变化的是否就是植被清除或气候变化。可建立一个模型来依次评估每一种情境及其输出结果，以提供关于哪个参数更重要的线索。这只是一个非常简单的例子，而自然地理学者已用这种方法去检验一整个系列的相竞争的假说（或理论/想法）。这个例子说明了具有合理模型结构的重要性，因为模型是用来解释系统是如何行为的。传统上将模型用作预测，结构并不那么重要。有时结构不良的模型也能提供与结构健全的复杂模型一样好的预测。然而，自然地理学者在很大程度上已放弃使用模型做预测，而热衷于利用它们来提供对系统行为的解释。

¹⁶⁵ 结论：向前之路

现在已有很多模型。本章对自然地理学者使用模型的多种方式进行回顾，提供了很多机会来考察使用模型的几个不同目的。首先，你可以决定采用（或创造）一个描述性模型来总结你对一个系统的所有观测。这种概念模型可以提供一种可应用于其他类似系统的非常有用的概括。其次，你可以选择利用一个已有模型来预测你所研究的系统在不同情况下会如何行为。你可以尝试预测一条河流如何响应降水，哪一场暴雨会导致洪水或该洪水会如何扩展。再次，你可以利用一个包含许多过程的复杂模型来试着解释系统在不同情境下会如何做出行为。

最后，考虑到上述所有引起争议的问题以及计算机处理大数据集的惊人能力，一些自然地理学者又重回早期的归纳方法。于是他们采集或生成巨大的数据集，然后致力于设计一个模型来最好地模拟那些观测。这种"新"方法称为挖掘性数据分析（exploratory data analysis），其研究始于众多观测，然后构建一个模型（Brooks and McDonnell，2000）。从早期的方法到当前的建模，我们实际上绕了一个圈。无论采取哪种方法，你都会发现采取某种建模策略对于规划和实施你的研究是极有价值的。无论如何，模型的使用应该"深思熟虑"和谨慎，要讨论和考虑这里提出的许多问题（Beven，1989）。

参考文献

Anderson，M. G. and Burt，T. P. 1990：*Process Studies in Hillslope Hydrology*. Chichester：Wiley.

Beven，K. J. 1989：Changing ideas in hydrology：the case of physically-based distributed models. *Journal of Hydrology*，105，157-172.

Beven，K. J. 2000：*Historical Development of Rainfall-Runoff Modelling*. Chichester：Wiley.

Brooks，S. M. and McDonnell，R. A. 2000：Research advances in geocomputation for hydrological and geomorphological modeling towards the twenty-first century. *Hydrological Processes*，14，1899-1907.

Chorley，R. J. 1965：A re-evaluation of the geomorphic system of W. M. Davis. In R. J. Chorley and P. Haggett（eds.），*Frontiers in Geographical Teaching*. London：Methuen.

Davis，W. M. 1899：The geographical cycle. *Geographical Journal*，14，481-504.

Haines-Young，R. H. and Petch，J. R. 1986：*Physical Geography：Its Nature and Methods*. London：Paul Chapman.

Kirkby，M. J.，Naden，P. S.，Burt，T. P. and Butcher，D. P. 1992：*Computer Simulation in Physical Geography*. Chichester：Wiley.

网络资源

网络上有大量软件可供搜集。使用软件会附加各种条件，各网站对研究的规定也有极大的差别。某些网站的软件是要收费的，而且可能价格不菲，但如果你只是想了解某个软件如何工作，那么通常有一些软件的评估版可供获取。这有助于你评估软件对于你研究的适用性。某些网站允许你免费下载软件，但限制软件使用的有效时间。然而也有一些网站允许你免费下载和使用软件，条件是签署许可协议，以及（或者）在出版物和报告中致谢所用软件。

我最近使用过的与上述讨论有关的网站列举如下：

- http://www.pcraster.nl。你在这里下载的软件能使你生成集水区数字高程模型，并使你能设计和运行简单程序来模拟整个集水区的入渗、产流和水流。它具有一系列模拟集水区行为不同方面的工具，是挖掘集水区模型潜力的一个激励起点。软件是免费的，只需要签订一份许可协议。 166
- http://www.greenhat.com/。该站点对于任何有意研究植被、土壤和环境之间相互作用的人都是必需的。可获取的模型模拟通过结构性土柱的水通量、允许输入降水变量，能够模拟植被增长效应，还包括很多其他特性。软件相对便宜，也可以在一个有限的试用期免费下载。
- http://www.sc-dlo.nl/。与上述软件类似，该网站提供最新版本的 SWAP（Soil-Water-Atmosphere-Plants，土壤-水-大气-植被）模型和其他环境模型。
- http://www.es.lancs.ac.uk/es/Freeware/Freeware.html。集水区建模的早期概念模型之一是 TOP-MODEL。它的改进和拓展已经历了将近 30 年的时间。可从这个网站上免费下载，是挖掘模型潜力的另一个好起点。
- http://www.geo-slope.com。如果你对坡面稳定性建模感兴趣，那么 geoslope 是最新的综合性软件包，它提供令人印象深刻的功能。但要熟练使用并不容易，而且相对昂贵。你可以在该网站上下载一个评估版，它能提供给你对整个软件包的清晰洞察。此外，还有一个学生版，附有一些帮助你着手坡面稳定性建模的教程。该网站非常值得浏览。

30　地理信息系统、地理信息科学与遥感

雷切尔·A. 麦克丹尼尔（Rachael A. McDonnell）

地理数据与计算机

我们在生活中每天都要处理地理数据。我们很多行动和互动的基础在于知道是什么和在哪里。我们建立空间感的基础是将所见分解成一系列事物，进而采用诸如"在……旁边""在……右边""在……前边"的叙述来表达他们的相互关系。

虽然这种空间推理是大多数生物的第二天性，但由于基本信息的复杂性，将它们转换成计算机可操控的比特码和字节码形式是困难的。需要数字数据库提供功能来储存"是什么和在哪里"的信息，以及单现象之间空间关系的数据。例如，如果以一系列线条表示河流的支流，那么重要的是要包含陈述这些单线条连接在一起形成一条实体河流的全部信息。

旨在辅助我们进行空间研究的软件系统称为地理信息系统（GIS）。此类系统是一些强大的工具集，用于收集、储存、检索，并转换和显示现实世界的空间数据（Burrough and McDonnell，1998）。它们能够处理多种形式的地理数据，如地图、现场观测资料、表格和遥感影像，使我们能够借助计算机分析一定范围（可以是街区、国家、大洲或世界）内各种现象的分布、相互作用和过程。当前主要可获得的商业化软件系统，如 ArcGIS（及其姊妹软件 ArcView）、GeoMedia、IDRISI 和 MapInfo，它们都提供了不同程度的查询、分析和融合大数据集的功能。所有这些操作的结果都能以多种形式（从表格、地图到动画序列）呈现。

当前的系统支持两种主要的数据结构，以界定关注对象的位置、属性和空间联系，分别称为栅格数据结构和矢量数据结构。可将第一种想象为一个棋盘，其中每个方格（或其他的镶嵌形状）都依据某特定现象来分类。一个有用的类比是将栅格数据结构视为一块同样尺寸的"乐高"块图板，不同颜色代表不同的类型。分辨率（即像素大小）将决定其表现的精细程度。

第二种数据结构称为矢量，更类似于我们基于地图的概念。使用具有明确界定坐标的点、线和多边形基本构图对象来刻画每个现象单位的轮廓。这些原始图形是地理数据的一种"活跃"（'Kinex'）版本，它们连接在一起形成复杂的空间描述。连通性等所有重要的空间关系都在数据库中有明确的界定。这种信息就是所谓拓扑（topology）结构，将其包含在数据库中对于后续的分析是很重要的。

在项目中对所用 GIS 软件的选择通常会决定所用数据结构。这将在一定程度上影响 GIS 数据库和可用分析功能开发的后续步骤（见 Burrough and McDonnell）。

GIS 数据库开发

任何 GIS 项目的第一步都是将我们的地理信息转换为基于栅格或矢量结构的数字形式。在十年前，这几乎一定意味着借助诸如数字化仪和扫描仪那样的设备将纸质来源的数据手工转换为数字形式（详见 Heywood *et al.*，1998；DeMers，1999；Longley *et al.*，2001）。这总是一项单调的任务，而且其中常会引入一些误差，因而谨慎小心非常重要。

许多研究仍然如此，但现在已有大量数据能以数字的形式获取并用于 GIS。许多国家的测绘机构正在将其所有纸质图文转换为数字的形式，现在外部用户也可以获取这些数据，虽然往往要付费。遥感数据也主要以数字化的形式获取。已商定了标准数据格式，由此可使数字文件直接读取到 GIS 中，而无需麻烦的转换。网络是促进这些发展的一个刺激因素，现在有一些在线虚拟数据库，用户可在那里搜索和下载文件，但也往往要付费。

无论所使用的数据是数字化的还是从纸质图文转换的，重要的是要考虑信息的各种特征，例如，比例尺、年代、所用的数据采集技术、数据质量、单个制图单位的大小及形状。这些都必须与应用相容，否则效果会很差。最终的数据库通常由很多信息主题层组成，它们都具有相同的地图投影。

GIS 的分析功能

GIS 提供了许多不同的分析功能，从一层或多层的基本查询，到更复杂的过程和相互作用建模。分析可应用于特定的区位、周边地区或区域。例如，一个人可能需要了解某特定位置、某位置周边 3 千米范围内、一个城市或国家内所有报道的犯罪发生率。

GIS 最常用的一个功能是通过所谓"叠置"（overley），将两个或多个数据层组合起来。这可用于地图综合或研究变量的共现。例如，人们可能希望考察与主要道路的接近度和夜盗事件发生之间的联系。那么通过这两个图层的综合，就可能确定是否有第一手**证据确凿**（prima facie）的案件来支持下述假设：靠近快速路的住户比那些远离快速路的住户更有可能被盗。

　　诸如用于分析高程数据集的很多 GIS 也包含某些具体算法。很多关于地理区域的研究，了解坡度、坡向等对于解释无论是人类聚落、径流还是崩塌的过程都是很重要的。高程和位置数值的起始数据集就是所谓的数字地形模型（digital terrain model），可将预编程功能运用于此来提取新的地图，以显示某个山坡如局部坡面或平面或剖面的曲率（图 30.1）。此类信息已广泛应用于径流建模而来确定下坡水流的路径。

　　许多研究都需要考察一个系统随时间的变化。目前的商业 GIS 所提供的处理既有时间也有属性和空间组分的数据的功能是有限的。这个问题已通过将 GIS 与计算机建模语言联系起来而得以克服，于是，GIS 充当数据的存储和显示系统，模型的计算在单独的程序中进行。在运行模型之前和之后，通常是栅格结构数据在两个系统之间转换。这虽然有些麻烦，但随着数据格式的标准化以及 GIS"开放性"的增加，正变得越来越容易。

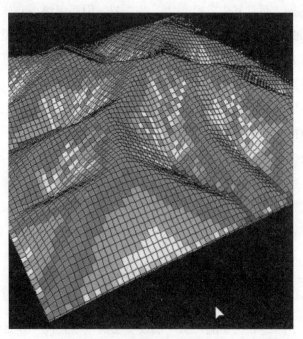

图 30.1　显示 GIS 提取排水线的某景观数字高程模型

地理信息科学

自过去五年以来，在空间分析和建模领域开展的许多研究重点已发生了变化。随着 GIS 变得越来越精细，以技术发展和应用为基础的研究已开始被关于基本概念和理论（构成地理信息及其应用的基础）的研究取代。这一新兴且日益增长的研究领域称为地理信息科学。其特点是，将地理信息科学从一个基本是技术性的学科拓展为一个包含更多认知、哲学和方法论讨论的学科。

在 2000 年 10 月美国举办的第一届地理信息科学大会（http://www.giscience2000.org）上，提交论文的研究者来自哲学、心理学、计算机科学、工程学、信息科学、建筑学、地球科学以及地理学等学科。所有这些不同学科都关注以下共同主题：我们如何定义和表达空间。是在一栋建筑、一座城市还是在全球的尺度上？如何将其转换为机器可读的格式？考虑到现象所呈现的属性、关系和行为特点，以及我们自身不同的经验和文化背景，概念模型的可能性极其多样。采用正式界定的框架来表达地理信息的多个维度，是地理信息科学工作者面临的众多挑战之一。

遥感

采用遥感技术获取的地理数据，一直是地理信息系统和地理信息科学研究工作极其重要的数据来源。这些数据不仅被直接使用，而且很多地理数据源也依赖这些系统提供信息。例如，航空照片和现在高分辨率的城市卫星影像是大比例尺测绘项目的重要输入。这种类型的影像有助于经常发生变化的城市地区更新制图信息。

远程传感器测量反射或发射的电磁辐射而不接触它们。地球表面吸收、反射和发射这种能量，可用电磁光谱波长输出的变化来检测不同物质的存在。例如，能量和波长的模式可以用来区分一个地区不同类型的林地，或识别不同的云层密度和温度以帮助预测降雨。

所使用的传感器因以下几方面而不同：一幅影像捕获的面积（空间分辨率）、地表同一部分被遥感的频率（时间分辨率），以及探测器的波段波长和宽度（光谱分辨率）。传感器安装在诸如飞机和卫星的平台上，以模拟形式（如航空像片）或数字形式记录数据。后者在目前最为常用，信息被记录为一系列栅格单元（像元），每个都以一个从 0 到 255 的数值编码（称为 DN 数字值），代表传感器探测到的地表特定范围的辐射值（详见 Lillesand and Kiefer，2000 的研究）。

虽然近些年来一些商业组织已开始发展自己的获取系统，但以这种方式获取的数据大多仍是政府机构采集的。某些档案数据可以免费提供，但大多数供应渠道对数据集收费。在这些数据可用于任何研究之前，都需要不同的预处理技术。通常使用诸如 ERDAS Imagine，ERMAPPER 及 IDRISI 等可获得的商业化影像处理软件做这种预处理，以及后续的数据处理和分析。

初期的处理包括移除由传感器和平台的位移及不规则行为而引起的误差。完成此类处理之后，就应用诸如滤波（filtering）和对比拉伸（contrast stretching）等技术，使用户能够从影像中获取更多细节。也有应用分类技术将具有相似数字数值的相邻像元组合起来，形成较大的地图单元。例如，影像分类的结果可能是各种土地利用类型，如城市、耕地、草地、落叶林、针叶林、荒地和水域等。

遥感数据现在已惯用于从海岸过程监测，到飓风跟踪、矿产勘测等广泛的研究中。数量众多的平台和传感器以相对低廉的成本提供多种尺度的全面覆盖。诸如云层和粉尘等大气条件，以及我们对地球表层和辐射相互作用的有限认识，还阻碍着应用结果。

使用 GIS 和遥感数据的研究是令人激动和富于创新的。对学生的研究项目来说，一个较大的障碍是熟悉软件和开发数据库所需的时间。然而，影像处理和 GIS 都有成熟精细的软件，并附有数量众多的用户手册，只要有开放的思维和奉献精神，就可以通过它们获得对地理现象的独到见解。

参考文献

Burrough，P. A. and McDonnell，R. A. 1998：*Principles of Geographical Information Systems*. Oxford：Oxford University Press.

DeMers，M. 1999：*Fundamentals of Geographic Information Systems*. New York：Wiley.

Heywood，I.，Cornelius，S. and Carver，S. 1998：*An Introduction to Geographical Information Systems*. London：Prentice Hall.

Lillesand，T. M. and Kiefer，R. W. 2000：*Remote Sensing and Image Interpretation*. New York：Wiley.

Longley，P. A.，Goodchild，M. F.，Maguire，D. J. and Rhind，D. W. 2001：*Geographic Information Systems and Science*. Chichester：Wiley.

网络资源

网站

- 美国地质调查局（USGS）地理信息系统教程，http://www.usgs.gov/research/gis/title.html。
- 美国国家地理信息和分析中心（US National Center for Geographic Information and Analysis）地理信息科学核心课程，http://www.ncgia.ucsb.edu.giscc。
- 网络 GIS 资源指南，包括具体软件和数据源的培训，http://sunsite.Berkeley.edu/GIS/gisnet.html。

- GIS 资源的另一个指南，主要关注于欧洲，http://www.geo.ed.ac.uk/home/gishome.html。
- 在线 GIS 词汇表，http://www.geo.ed.ac.uk/root/agidict/html/welcome.html。
- ESRI 公司 GIS 词汇表，主要关注于 ArcGIS 软件使用的术语，http://www.esri.com/library/glossary/glossary.html。

172

软件

- IDRISI GIS 网站，http://www.clarklabs.org。
- ArcGIS 软件网站，http://www.esri.com。
- Integraph 软件网站，http://www.integraph.com/dynamicdefault.asp。
- 遥感教程核心课程，http://umbc7.umbc.edu—tbenjal/santabar/rscc.html。
- 加拿大遥感中心（Canada Center for Remote Sensing）教程，http://www.ccrs.nrcan.gc.ca/ccrs/eduref/tutorial/tutore.html。
- 美国航空航天局戈达德太空中心（NASA Goddard Space Center）、航空航天局和美国空军学院（NASA and US Airforce Academy）教程，http://www.fas.org/irp/imint/dosc/rst。
- ERDAS Imagine 影像处理软件，http://www.erdas.com。
- ERMAPPER 影像处理软件，http://www.ermapper.com。

数据

- 英国军需测量局（Ordnance Survey of UK）网站，http://www.ordnancesurvey.co.uk。
- 数字空间数据的全球仓库（Worldwide warehouse for digital spatial data），http://www.gisdatadepot.com。

31 获得讲座和课堂的最佳效果

大卫·B. 奈特（David B. Knight）

作为一名在校并出席各种讲座（学生很多）和课堂（学生少得多）的大学生，你可以发展一些技能来确保你从不同类型的教学中获得最佳效果。**写作和思考**在你的整个学习中是**并行不悖**的。参与进某课堂或只是听讲座还不够，为了最佳的收获，你必须注意你的写作技能，并作为提高你思维技能的一种方式。本章确认适用于一般学习过程的常见策略，并列出一些适合于小班情况的具体要点。

谁负责?

你自己负责。虽然很多课程都是教学计划规定的，但你自己要对学习负责。你在学习过程中付出什么将直接决定你收获什么。当然，别人可以通过提供其见解、真实知识、概念理解、方法技巧，以及在你学习过程中给予鼓励和反馈来帮助你，但是最终的整合者和学习者是你自己。思考一个由三部分构成的教学体系：

· **教师提供**（阅读、讲座、研讨会、实验室和野外工作的作业等），**回应**（对问题）和**评价**（作业和考试）。

· **你听讲**（讲座），**参与**（课堂互动），**阅读**（指定和补充读物）和**操作**（实验室和野外工作的作业）。

· 你作为学习者，**吸收，思考，反思，提问，分析，整合**和"**汇报**"（通过论文、报告和考试）。

在关注你能应用的技能之前，对你的教师有所了解可能会有帮助。

你的教师

你应该了解你的老师或导师，他们皆为地理学者，但切记他们也是一个个的人，因此他们的教学方式会有差异。考虑以下两个极端。教师 A 走进讲堂，站立在讲台上念讲义，不在意谁在上课，或不在意他的话是否被听进去，然后在规定时间到时拂袖而去。教师 B 有条不紊地脱稿讲授，注视那些在场者，"阅读"其面孔，以衡量其所说是否被听进去。她提出一些问题，以了解学生是否理解其所讲的内容，并欢迎学生提问，回答后才继续讲课。她 174 可能会在课后花时间和学生谈论所讲内容或课程作业。你的老师可能近似或不同于教师 A 和教师 B。

为了欣赏大异其趣的教学风格并从中受益，你需要开放的思想和全面的知识，这样就可以适应任何风格。你希望永远不会遇到诗人 W. H. 奥登（W. H. Auden）所定义的那种老师："教授就是在别人睡觉时讲话的人"。即使某教师让人感觉不知所云，但其当天的讲座仍然会有一个目标，所以你的任务就是仔细倾听可能是杂乱无章的讲述，以抓住这一目标，否则你会对讲授的内容不得要领。当然也要仔细听取真知灼见。这只是一种提醒，你从学习环境中能得到什么取决于你，所以即使当某人似乎难于与全班交流时，你仍然可以通过特别关注其所讲，并做好笔记而从中受益。不要在意任何教师的个人习性，接受他或她所讲的内容，其所讲比如何讲更为重要。做笔记是使你能从你所听到的当中获得要义的关键技能。

为何要做笔记?

研究表明，记笔记能促进学习。对于那些能做好笔记的人来说，他的复习会得到极大的改善。实际上，如果将信息记入你的笔记，那么一星期之后你回忆起该信息的可能性会是未记笔记的 7 倍以上。手持一支铅笔甚至也能够激发我们的心智去更好地听课。你可以自己决定笔记的详细程度，但一般而言越详细越好。不过不要试图复制你听到的一切，尤其要避免逐字记录，要对教师所讲加以综合并有你自己的概括。

对每一堂课和讲座都做好准备

当你决定去上课时，绝不要在下午 2 点或任何预定的上课时间才开始准备，而应更早一些。你应该做些什么呢?

• 将所有阅读材料和讲座/课堂笔记、讲义和复习注解一起放入一个三环的或带压力弹簧的活页夹（不是螺旋装订的笔记簿）内。

• 课前阅读指定的或推荐的资料，做好读书笔记。如果在阅读过程中产生什么问题，则将其记在活页夹中的一页纸上，供以后考虑。

• 复习前一次课的笔记。

• 每天的笔记都从新的一页开始。在首页顶端记下日期，并为每一页编码。记下课程大纲或课堂上给出的课程标题。

• 创建一个你感觉方便的缩写系统，将缩写标记在一个固定之处，并在活页夹中附上其备份。表 31.1 包括了你可能使用的缩写示例，这些只是建议。如果你制订了自己的缩写系统，将其列表置于面前，直到你能够完全记住。在学期开始前反复练习使用你的这个系统，或许是用来记录广播节目或家庭对话。课程开始后你可以继续扩展缩写，使你能识别更多的术语。

• 有效地整理你的笔记，这与实际记录同样重要。这里指出两种分列和使用你的笔记本的方式。图 31.1a 是康奈尔笔记格式，有三部分，其中最大部分是做笔记的空间或作为课堂期间记录要点的记录栏。课后复习这些笔记，在回忆线索栏写下关键问题或简洁评论以突出要点。然后约减你的笔记（在记下笔记的 24 小时之内），其途径是批判性地阅读前两栏并确定关键词和短语，并将你的反映、想法和相关问题注记在"总结"或"反映、想法、相关问题"栏里。如此，已完成的这三部分将一起提供一种学习指导。第二种笔记方案（图 31.1b）与此类

表 31.1　可用于做笔记的缩写例子

cf = compare；in comparison；in relation to（比较，对比，关联）	w/（or）c = with（与、随着、关于）
	wh/ = which（那些）
CL = climatology（气候学）	w/o = without（无）
EP = environmental perception（环境感知）	↑ = increasing（增加、上升）
Esp = especially（尤其是）	↓ = decreasing（减少、下降）
G = geography（地理学）	✓ = 明白（作为一个自我标注，"我明白教师的意思"，反之用"？"）
FG = fluvial geomorphology（流水地貌）	
PP = political process（政治进程）	
Spa = spatial（空间的）	★ = most importantly（最重要的）
T = territory（领土、领域）	
wh = when（何时）	

似，不过其页面右侧的"反映、想法和问题"记录栏所提供的余地较小。这些页面格式的任一种都对你有好处，但你要知道，研究表明，当学生能够"以他们喜欢的方式记录"时，会表现得更好。所以你可能需要发展你自己的方法。无论你是做笔记和阅读笔记、课前准备、记录讲座或课堂要点，还是完成后续复习，都要有**系统性**（见下文）。

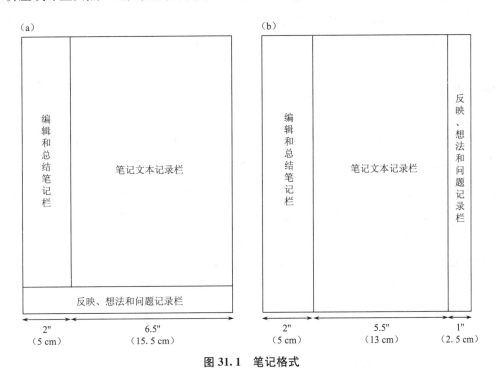

图 31.1 笔记格式

注：左为康奈尔笔记格式，据华尔特·帕克《如何在大学学习》（第五版）（Walter Park.

How to Study in College, 5th edition. Boston：Houghton Mifflin, 1993）。

如何听课并集中精力?

听课的技巧必不可少。无论教师的风格如何，你都必须是一个有技巧的听讲者。如果你同意这是必须的，那么如何才能完善这种技巧呢？既然缺乏兴趣和注意力是听好课的双重大敌，那么无论你期望听什么和学什么，也不管主题会有多难，都要努力培养一种心态来帮助你打开思想和集中精力。如果听不好课，你就不会取得好成绩。指责教师上课乏味和无趣，或抱怨课程多么无用，既不会使你有一个较好的成绩，也不会使你得到同情。为了在课堂或讲座上有最佳的收获，你必须仔细听课。所以要做好准备并全神贯注。有几个建议可以帮助你。首先，要做好课前准备。阅读指定材料，做好阅读笔记，用要点形式记录你对所读材料的概括以及你的任何问题。如果记录引用内容，要采用引用标志（包括出版信息、参考页码，以备你再次查找出处）。要记住专业术语和定义。其次，要做好听课准备。你的心态很重要。在课程开始之前，尝试告诫自己，例如，"我正要去听一个关于 X 的讲座，我很想知道教师要说什么"，这样更好，或者就说"我正要去听课"，但不要无所用心！接下来就要确认一下为什么要去听课。切记，听课应该主动而有目的。

课堂上应做什么？

教师的教学风格各不相同，但以下几点通常都适用。很少有教师或指导者会总结指定的阅读材料，这是认定你自己已经做了。但他们会就阅读材料提问学生，因此要准备好。在课堂上，教师将会涉猎比指定阅读材料更广泛的文献，谈及一些野外或实验室工作。教师还会经常提及一些新思想，其中某些尚未发表。所以，如果你听到指定阅读材料（你已读完）中未曾涉及的某些内容时，要注意。在课程组织方面，教师可能会将从指定材料中得到的发现与新材料加以比较和对照，概括某个概念或原理，确认一个问题并解决之，提出并讨论一个假说，探究一个案例研究，讨论某项作业，介绍一项技术，或者指定一个重点然后举例。

考虑到各种可能性，你需要注意老师说了什么和为什么这么说。大多数老师会确定当天的目标和组织，你可能会得到一个提纲，这使你容易做笔记。关注老师组织有序的风格将加深你对课程进度及其内容的鉴赏。

一位好教师会用**引言**（以界定总体背景）、**论题**（或关于当天课程目的的陈述）、**复述**（但或许采用与首次讲述略为不同的方式）、**详述**（用信息或数据来支持或扩展基本问题）、**改述**（或许从不同的视角再谈论题和详述内容，而不是简单概括详述内容），以及**总结**或**结论**（从而使课程产生一个合乎逻辑的结尾）。

¹⁷⁷ 积极听讲

如果你准备充分，你就会是一个**积极的**听讲者。你怎样提高自己以获得最佳课堂效果，从而在考试时能有最好的表现呢？

· 亲临课堂/讲座！不要依靠朋友为你做笔记，你应该到场听讲、记录和思考所讲内容。不妨考虑交一个供课后对比笔记的"好友"，以防各自错失了什么。

· 自助。远离窗户就座，以避免分心于教室之外。远离那些好动、喜交谈或以其他方式分散你的注意力的学生。坐在你能看见（教师、屏幕）及听见（教师讲话）的地方。研究表明，对大多数人来说最好是坐在靠近前面或中间的地方，而坐后面和两侧听讲效果最差。

- 关注课程的组织。自问一些关于总体组织的问题：教师将今天的教学内容纳入了课程的整体框架中吗？提供了大纲吗？如是，我能把它作为记笔记的组织结构吗？陈述对象是什么？提供了什么背景信息？有支撑证据吗？是演绎推理还是归纳推理？

- 伸展。间或活动一下身体，特别是腿和脚，时而做做深呼吸，但不要打扰老师或其他学生。

- 专注于正在进行的讲授：注意老师所言。尽量忽视老师的枯燥单调或任何其他特异性。注意不要分心于下周末的比赛或某个朋友。如果发现自己正坠入梦乡，就提醒自己说："要注意！""听听正在说什么。""现在正在发生什么？"通过自言自语（当然是默默地），你就会提高注意力。你的目标是成为一个积极的听讲者，记笔记有助于集中注意力。

做笔记的某些附加要点

- 如果英语是你的第二语言，而课程采用英语，则要用英文记笔记。研究表明，运用教学语言可以提高对知识的记忆。

- 不要把所有时间都用来写。不时停下看看老师，也不要光听老师讲。这样的"间断"有助于你的整体注意力。

- 不要逐字记录一切。如果老师讲得比你写的快，不妨省略一些细节。

- 把老师认为足够重要以致要写在黑板上或用置顶确认的任何信息，包括草图，都复制到你的笔记中。

- 记下关键词和短语、例子、名称、地点、日期、公式、数字和参考文献。用缩写。

- 记下老师提出的定义。它们可能不同于指定阅读资料中的定义，以后你可以体会它们之间的差别。

- 如果你脑海中突现某个问题，把它写在方括号里以表明这是你的想法。

- 要特别注意课堂时间将要结束时老师总结的要点和任何课程信息。不要急于收拾书包！

- 如果在讲座或课堂末尾有提问时间，要仔细听，并记下相关问题和答案。毫不犹豫地说出你的问题，即使你认为你的问题微不足道，但它可能是大家都想问的问题。

- 在活页夹的适当位置放置所有的课程讲义。如果做不到，则在你的笔记中记上关于讲义的记号，并把所有的课程讲义放在一起。

178

注意听提示

注意听老师使用的引导短语和关键问题，例如，"我要你们考虑的争论如下""约翰斯顿教授的观点值得考虑，他写到……""为什么地理学家应该研究艾滋病毒和艾滋病？""什么过程导致了这个结果？"

注意将老师所用的表达与讲述方向变化的迹象联系起来。包括下列词语和短语：

- 原因与后果：相应地，因为，因此，这就合乎逻辑地导致。
- 退让：即使，考虑到，根据，当然，也许我错了，能否有另一种解释呢？
- 对比：相反，尽管，假设，然而，另一方面。
- 详述：例如（或 e.g.），换言之，也就是说（或 i.e.），让我这样说吧，为进一步阐述这点，这个例子将澄清这一点。
- 强调：你听到了吗？尤其是，现在这最重要，我再重复一遍，最重要的是，特别地，我再强调这一点。
- 序数（有关顺序）：首先，最后，我的最后一点，然后，第三，最终。
- 重复：同样；愈加；另外；换句话说；也；再说一遍；因为你可能正在惦记午餐，我再重复一遍。
- 总结或结论：总而言之，最后，出于这些理由我们可断言，让我总结一下，我的最后一点，统而言之，今天我讲的可以总结如下。

注意老师的语气。例如，对一份列表的最后一点会用结束的语气来讲述，或者可能用讽刺的语气来看看你是否真的在听。

听出停顿之意。老师在继续往下讲之前可能在琢磨什么，这暗示就要发生新的讨论方向。例如，看着全班同学期待提出问题，或者检查一下学生是否显得困惑。他或她也可能吞下了一只苍蝇，我的一位地理教师曾经在话说了一半时就遇到这种事！换言之，不要只顾听讲，而要注意这些话如何讲出的，为什么这么讲，要追问一下其含义。

三种课后或讲座后的复习

你离开讲堂或教室后，学习过程并未结束。你还可以做三种后续复习。研究表明，复习笔记的效果明显优于回忆。

课后或讲座后即时复习

· 在你离开讲堂或教室之前，快速浏览笔记，看看是否缺失部分定义或某些数据。如是，从同学处获取之。

· 不要浪费时间去重新誊写你的笔记，而是复习之。

· 趁着笔记在你的脑海中还新鲜时（12 至 24 小时之内）复习笔记。如前面建议的，将总结评论、反馈和问题记在笔记的右手栏或底部空间（如果你采用图 31.1 的笔记形式）。

· 通过再读你的阅读笔记来回忆你从课前阅读中学到的东西，并将其与你刚刚学到的东西结合起来。从阅读中得出的要点会有助于你回答在课堂上或复习期间自己提出的问题。

定期复习

课后或讲座后及时复习你的笔记是非常有效的。然而第二种复习也很重要。定期复习要考虑一系列相关的课程资料。在学期开始时就确定该学期的复习时间，其中包含一系列主题。由于你将上好几门课，要错开定期复习，所以你也许在开学后的第二或第三周就得开始，每周只有一两次定期复习。如果课程材料有逻辑上的中断，就用它作为你定期复习的标记，若无就建立你自己的标记。定期复习使你能对阅读资料、讲座、实验、野外工作以及你的观测和质疑加以综合。通过课后复习和定期复习，你会对提供给你的资料产生更深更广的理解。

全课复习

第三种是全课复习，需在期末考试之前完成。如果你已经完成了其他两种复习，这种复习就很容易了。

课外交流

你的老师很可能会张贴出其"办公时间"，在此间，他或她会很乐意回答你的问题。不要过多占用这种时间，因为老师有很多学生。不过，如果你需要联系老师来处理你认为在课堂末尾的提问时间和开放的办公时间都尚未得到解决的具体问题，那就约定一个具体的会见时间。

为会见做好准备。仔细思考你为什么要向老师讨教，对你要确认的所有问题列出一个清单，将问题排序，因为时间会过得很快，以至于你可能来不及谈那些琐碎问题。出于礼貌，进入办公室时向老师提供一份你的问题备份。你还可以从研究生助教或可能指派给你的导师那里获得更多的帮助和反馈。要善用之!

结论

要获得课堂或讲座的最佳效果,需要你运用本章所认定的这些技能。通过充分的准备,采取主动的态度,积极听课,认真阅读,做好笔记,并按前面提到的方式复习,你将能整合和理解任何课程的材料。换言之,一堂课或一次讲座并不是一个孤立事件,而是**学习过程**的一部分,这个过程始于开学时,一直持续到课程完成。这就说明需要一直牢记:你上每一门课所获得的资料都提供一块构件,你可以在其上添加其他(课程的)构件。所以不要以为只要你"完成了那门课"就可以忘记你已学到的那些东西!

错过讲座或课程,以及不按预定顺序或时间表完成预期工作,是最伤害你自己的事情。将自己保持在"轨道上",你会发现学习的过程既愉快又有收获。最重要的是切记听讲、写作和思考是并行的,在极大程度上依托于你记笔记的能力,花时间来完善、综合这三种技能是明智的。总而言之,从一开始就做好笔记将会减少很多你在学习上的苦恼。

深入读物

Northey,M. and Knight,D. B. 2001:*Making Sense in Geography and Environmental Sciences:A Student's Guide to Research and Writing*,2nd edition. Toronto and Oxford:Oxford University Press.

32 论文和相关作业的写作

雷切尔·佩恩（Rachel Pain）

渊博者力求简洁，浅薄者玩弄晦涩。

——弗里德里希·尼采（1844—1900）

为什么要写论文？

有很多反对地理学专业的学生写论文的议论，最常见的观点是，这种论文与该专业的毕业生在"真实"世界中的所为不相关。分析社区咨询报告的发展机构官员，撰写部长简介的公务员，或正准备宣传材料的环境工作者，都不太可能开始就说"我将在这篇文章中通过……来考察这个问题"。尽管如此，我们仍然要继续布置论文和相关的书面作业，因为其中所涉及的技能可以转移到这些任务上，而且它们仍然是一种很好的方式让你展示整合和评估广泛材料、构建自洽论点并清楚表达自己的能力。

游泳、落水与学习写作

传统上，不仅论文本身，而且围绕其展开写作任务而存在的秘诀，都是评价的主要形式。老师们认为，很有能力的学生对此有直觉的理解，而那些不能如此的学生也会通过大学期间的耳濡目染而理解之。这么说有点矫情，但你能看出具有"要么落水要么游泳"（sink-or-swim）模式的学生们的不同可能性，早就喜欢写作或受训在学校写论文的学生往往做得很好，而那些没有这些经历的学生可能会"落水"。他们也可能擅长地理学，但从来没有运用过预期（但未明说）的写作技能。如今，即使在最古老的大学，这种评价模式已被广泛地认为是欠公平的已不多见。但大多数老师认为，分享论文写作的"规则"，告知如何评价你的工作，给出有助于你做出改进并展示你错在何处的反馈，就是公平的。换言之，虽然很多学生更关心写什么而不是如何写，但写作是一种你可以学会和提高的技能，是你在攻读学位期间和今后需要发展的最有价值的技能之一。这并不是说想象力和自发性不重要，而是说好技术与创造力和天赋要齐头并进。正如我在下面的忠告里希望说明的，写作和思考密不可分，掌握其一就可以帮助你尽可能地做好其他。

181 回答问题

这是金科玉律，似乎不言而喻，但是在考试答题和课程论文中往往被忽视。无论你的文章是多么有趣和富有内涵，如果不完全切中论题，就必然受罚。所以要准确地把握问的是什么，并保证你理解行文内每一个词的意义。思考清楚实义词［"冰川""马盖特"（Margate）①"行动者网络理论"］和命令词（"概述""讨论""比较"）所包含的意思，以及题目为你指出的总体方向。要想清楚主次，因为对于理解和回答每个问题常常有一些合理的替代方式。

研究与计划

尽量广泛地阅读，查阅指定参考文献列表之外的文献。利用大量的期刊文章，这些文章往往较新，较容易掌握。在开始你的研究之前，一个好的办法是记下自己的想法以明确你在想什么（即使你之前对此没有什么想法），为自己确定一个起点。在阅读过程中，你的想法会开始发展，你要汇编实际材料、观点、论断和论据，需要将其包含在你论文的某处。你可以开始逐渐把材料整理和归类为一个暂时的写作计划。这是一个反复的过程，直到你最后一次通读你已完成的文章才算结束。虽然同样的信息可能有理由以不同的方式安排，但是大多数文章都有引言、系统分析的正文和结论。

论文引言

一个简洁清晰的引言会给人留下深刻的印象，并从一开始就使文章进入一个顺畅的思维框架。至于引言该包括什么，并无硬性和简便的规则，也未规定需要多长，但以下建议会对你有所帮助。首先，你要根据背景立题，例如，考虑其与地理或更广泛世界的关联。其次，

---

① 地名。——译者注

你须在某处用问题和关键词来表明你的理解和论题，若有必要，定义术语并显示你如何解释问题。再次，简要概述你的论文。在你完成论文的其他部分之后，你需要重写引言，以使其更为密切地关联你已实际撰写的内容。能这样反复完善就是一个好兆头。

搭建你的论文

缺乏清晰的结构会使评价论文的观点和论据成为一件很困难的事，也似乎能反映写作者的混乱和无条理。所以你需要利用你的写作计划，以一种合乎逻辑和易于理解的方式来组织拟采用信息、论据和实例。自始至终都要牢记你的最终目标（主要论点），并逻辑严密地朝着它努力。为了实现这个目标，你可以为论文的每个阶段设置要点，即以能覆盖每一部分内容并与更广泛论证相关联的一般要点，作为每一部分的开始，然后阐明或详述之。一旦有了好的论文结构，你就会考虑创造性地利用这个结构来实现对读者的影响，你可以通过仔细安排关键点或重要证据，使论证更有说服力。

保持相关性

"咬"住问题，这就是对你的全部要求。不相关的材料不会为你加分，而聚焦并发展所涉及的关键问题则会多多加分。故此，如果问题要求你"说明兰开夏郡海岸盐沼的空间位置"，那么就不要用几页篇幅来解释别处盐沼如何形成，对于你的答案具有重要作用的只是说出它在哪里，然后一定要说明你为何要包括这些材料。如果你得到的反馈经常是建议你要切题，那么每写一段都自问一下你所写的是否保持相关。如有必要，说明其与问题的关联，以及如何与你到目前为止所说的相符。

提出并支持论点

大多数文章论题要求你提出对立的证据或论点，并以严谨而合理的方式评价之。与此同时，你应该对自己的判断和观点充满自信。那些参考文献充分且结构合理的文章虽有价值却枯燥乏味，因为我们看不到学生自己的思想、解释、意见或想法，这就会产生一时的悲剧性评价。尤其是人文地理学，其本质是政治性的，所以要确定一种立场并据理力争。一些老师因持有强烈的观点而著名，他们通常会使你终生难忘。但要切记，学术研究的本质是应该包容差异和争议的，所以，你不一定要认同他们或任何你读过的特定文献。提供证据、证实你所采用的任何路线、充分利用实例和案例分析。随着工作的进展你可能会改变自己的想法，这也不足为奇。

避免偏见和陈词滥调

大多数地理系有政策制止写作中的性别、种族和其他形式的偏见。即使你所在的地理系没有这种政策，你也很可能会因有偏见而受罚。当我们进入写作时，我们都会一而再地重现各种陈词滥调，这不仅使我们的写作反映和混杂了偏见，而且也使我们工作的清晰度和准确性受到损害。包容性写作（inclusive writing）包括对所写内容的批判和反思，这在处理有别于我们自己的国家、文化、种族、性别或社会组群时尤为重要。但有时我们甚至对关乎自己文化的失言都不够敏感。下面是学生写作的一些的例子：

　　"老年人身体虚弱，行动能力和社会交往有限"——提防泛化（仅有少数老年人如此）。

　　"人（man）对环境的影响"——警惕对"man"一词的泛化（除非你确实仅指男人），尽量用"human"。

　　"如果非洲人像欧洲人曾经的那样融入全球资本主义，非洲就能正常发展"——这是在重谈欧洲人和资本主义优越性假设的老调（也是滥用一面之词的不良风格）。

发展你自己的风格

虽然有些学生进入大学时已经形成了自然而成熟的写作风格，但很多学生并没有。这是一种伴随实践而来的东西，非常值得努力。要批判性地阅读地理学者的作品：他们的写作方式是否有助于清晰简洁地传递他们的信息？模仿那些令你印象深刻的写作风格，尽力保持写作的清晰和简洁，避免使用带有复杂从句的冗长句子。某些老师和任务要求你避免用第一人称写作，然而个性化写作（有疑惑就质疑）在人文地理学中越来越普遍。最后，绝不要低估拼写错误（以及缺失的拼写检查）、语法和行话错误对你论文整体感觉的影响，也不要为了增加篇幅而画蛇添足。老师对所有废话都了然于心，并会乐于在文中剔除它们。质量比篇幅更重要。

注明资料来源

你写作的某些内容可能确实是原创，但大部分内容会借鉴别人的资料和观点。注明你所引用的参考文献可能是一项乏味的机械性任务，但你仍需为你的某项工作已参考过的所有来源提供详细而准确的信息。对于文章做出如下区分至关重要：

· 你直接从书籍、文章或网站复制的资料（观点、论据和统计等）（你须用引号，并给出作者姓氏、年代和页码）；

· 你采用，但是用你自己的语言解释和吸收进你论文中的资料（给出作者姓氏和年代）；

· 你自己的观点、论据和解释（无须注明引用）。

系统地注明所引用的参考文献，其背后的理由不仅仅是检查抄袭（如"这是她从Essayz-4-U.com 网站上下载的吗？"）；作为已经阅读过成千上万学生论文的学科专家，你老师的"嗅觉"是很发达的。更重要的是，清楚地注明引用能促进对自己和他人观点的有效综合，为你的论证和反驳增加分量，向读者指明你已参考了哪些来源，并使其他研究者可以追溯参考的原始资料。参考文献的引出和排列要按照某种标准形式，通常是"哈佛系统"，在文中用作者-年代给出参考文献，文章最后用列表给出全部引用文献。很多地理学期刊，如 *Area* 或 *Transactions of the Institute of British Geographers*，都提供了这种格式的明确样本。论文所引用的每一来源都要在文末列出。你的院系会为你提供解释这些引用方式的指南。

做总结

一个好的总结极其重要，一个有效的结束段落甚至可以部分地弥补一篇平庸的文章。你应该使之保持和引言一样的简洁，避免再引入新的想法、材料或例子。总结你已得到的要点总是很重要的，一定要非常清楚地表达你对问题的判断，并做出回答！然后你可能想再向外展望更大的画面，或者对未来趋势提出一两个预言性的评论。你的最后一句话可能产生某种影响，所以要仔细琢磨它。

¹⁸⁴ 最后的话

记住，在提交的期限到达之前完成论文是一项本事，否则你可能会失去分数。花不长的时间去检查和改善你的论文准会有回报。专栏 32.1 提供了最后通读时需要核对的一览。

专栏 32.1　论文写作核对一览

当你已完成论文，通读并自问以下问题：

- 我已回答了问题吗？回答完整吗？有没有答非所问？
- 我的写作风格是否清楚、流畅？
- 我是否已包括了清晰的引言和结论？
- 我是否将论文搭建和组织得使人容易阅读？
- 我是否阅读了广泛的资料并连贯地参考之？
- 我清楚地表明自己的立场并为之辩解了吗？
- 我在写作中是否已避免了性别、种族和其他偏见？
- 我的拼写和语法正确吗？

本章所述的建议和技能无意作为规定，因为老师会以不同的方式布置作业，他们对你的工作也有不同的期望。某些老师比其他老师更愿意接受不同的论文写作和组织方式。只要他们能让其期望透明，而且你尽力满足他们的期望，你就能创造性地以新的方式清晰而有效地表达你的地理知识和想法。

深入读物

Kneale，P. E. 1999：*Study Skills for Geography Students：A Practical Guide*. London：Arnold.

33　做演讲

克里斯·杨格（Chris Young）

决不当着同学的面发言！

"我讨厌做演讲"，这是大学地理系学生不时嘀咕的话。这可以理解，因为学生对在同学们面前讲话一般都会发憷，虽然事实上他们在学生会酒吧里并无此类忧虑。主要的担心通常来自暴露在众人面前而感到的紧张。尽管如此，大多数学生承认做演讲的重要性，后来也可以听到同样的学生说"做演讲并不那么不堪"。虽然你可能认为攻读地理学位是为了提高你的学术表现和增加你在心仪学科上的知识，但如今也可改善你的职业前景。考虑到这一点，你的地理学位将鼓励你发展并提高雇主希望毕业生拥有的很多技能。其中之一就是有效、流畅的口头交流能力。

演讲可以采取不同的形式，有些正式，有些不太正式。通常期望当你通过学位答辩时发展自己的这种能力，这可能包括增加你演说的时间，或者要求你能更自如地表述内容。无论你是被要求做一个正式的讲座或在研讨会上就一个话题做发言，还是报告你所做的项目、野外工作或其他工作，都有一些技巧可以使做演讲这件事变得更容易。

我从哪儿开始？

正如大多数工作一样，你要考虑的首要问题之一是：我要做什么？做演讲有两个方面很重要，即演讲所展现的技能和学术内容。不幸的是，不同的导师或讲师在评价演讲时几乎肯定会看重不同的能力，没有可以适用于所有情况的规则。如果你的导师提供一份评价标准的清单，那么就以它来指导你的准备工作，并批判性地思考你正在准备的演讲。

在做演讲之前，虽然主要关注表达的技巧，但显然需要明确其地理学内容。这与任何其他学术工作基本一样，你应该确定正确的资料，提出中肯的问题。你很可能需要展示分析信息的方法，并显示将地理知识应用于手头任务的明确证据。为确保你能做到这点，要尽早开始研究主题，别把一切都留到最后一刻。

186 　　控制演讲内容和详细程度的因素之一是你可用的时间。演讲可能较短，大约 5 分钟或 10 分钟，也可能延长到 20 分钟或 30 分钟，以使你增加细节和深度。无论你有多长时间，都需要周密计划，避免超时或未充分表达——这两者都说明计划不当，甚至不那么正式的报告也应该尽可能地计划好。困扰学生做报告的最常见问题之一是试图把已拥有的所有信息都用上，即使并不完全相关。你不可能有时间将你对论题所知道的一切都展示出来，所以切勿尝试。拎出关键点，确定哪些信息可以忽略，然后可以选择几个例子来加以说明。

　　一旦选定相关材料，就需要精心组织和构建之。一个有助于保持听众兴趣的办法是"讲一个故事"。开始就界定背景范围是有益的。你可以介绍适当的地理学文献，或者清楚地确认整个报告要审视的争议范围。尽量用清晰且合乎逻辑的顺序来组织信息和展开你的论证，保证在每个阶段都确定其主要问题。

　　把你的讨论定位在适合听众的水平上。是专家还是非专家？你不要混为一谈或自以为是。虽然你需要保证使用恰当的地理学语言，但要最低限度地使用行话。不可避免地你会用到一些技术和专业术语，在这种情况下可能需要你提供明确的定义，这可求助于讲义。

　　在这些准备阶段，理顺你工作的条理非常重要。在要求你作为团队一员工作时尤其如此，因为这将涉及相互协调。你和团队都需要事先安排任务，并确保它们按期完成。这可通过使用计划表来实现。重要的要求是，你在演讲之前要有足够的时间练习、检查你所准备内容的时间和流程安排。这有助于你在演讲时做到自信和放松。就像任何其他工作一样，你准备得越充分，最终效果就越好，因为熟练产生信心。如果你对自己所做的事情信心满满，在向别人展现时就会感觉更自信。

　　这里有一些提示可提供帮助。如果你作为团队的一员在工作，那么对彼此的主题应有充分的了解。要确保你理解你所言，并完全清楚有关信息。确保工作正确、精确和高标准，尤其在你运用视觉材料时（见下文）。

　　利用其他学生作为试验听众会很有益处，他们会帮助你识别可改进之处。如果你能够事先确认问题，那么解决问题的最主要途径还在于你。然而需要注意，自我练习总会比最终演讲快些，所以如果练习时时间刚好，则你可能需要削减某些内容。一旦你头脑里有了清晰的材料，你就准备好演讲了。

演讲

能使所有听众都坐得住并听得进去的好演讲是什么样呢？我们面对的演讲者可能或优秀或较差，我们会欣赏演讲风格的不同方面。毫无疑问，导师或老师的风格有你喜欢的，也有你不喜欢的。你对他们的所为喜欢什么或不喜欢什么呢？你能将你的风格塑造到最好吗？你应该尽量避免什么？

在你的演讲即将开始之时可能是你最紧张的时候。这有点不幸，因为你的引言是让演讲步入正轨的关键。如果你能顺利开头，通常就会忘记紧张，你会开始享受自己，并更好地思考材料和演讲进程。

最好的开始方式是清楚地概述你的要点和列出你的目标。你需要使演讲显得轻松，有一个好办法是用一些有争议的或有趣的事情来吸引观众的注意力，譬如能以视觉形式表现的卡通画或引文。你需要显示出热情，微笑是显示热情的一种方式，某些肢体动作也可以显示热情，并有助于通过指示重点来引发兴趣。不过动作不要过分，因为这会使人分心，例如，应尽量避免粗暴地挥手；同样要避免手插口袋站立不动，这会显得无聊和无趣。

虽然你会将部分或全部材料都写出来，但要尽量避免照本宣科，因为这表明准备不足。在不得不念稿时，你应该在某些地方尽可能地抬头看，并与你的听众保持眼神交流。如果你注视听众，就能看到大家是否有兴趣并在记笔记（如果合适的话），是否有某个要点被遗漏或未被理解，他们是否感到无聊厌倦，然后你可以采取适当的行动。注视听众也有助于让听众感到他们在参与。在某些场合，你的指导老师可能会阻止你使用讲稿而你又不得不用时，要保持简短，利用视觉材料作为你的提示是很有帮助的。关键在于练习，这样你就会成竹在胸而不必念稿了。

讲述时要使你的声音清晰并足够洪亮，以便坐在后面的人都能清楚地听到你所说的一切。为了保持大家的兴趣和显示你的热情，在语速和语调上要有所变化。如果希望听众记笔记，讲慢一些就很重要。念稿子通常会导致传达信息过快而发生普遍失误。为了帮助听众，你需要做一些清楚的解释，用几种方式重复重点也很有益处，这可以确保你说清楚了。然而，重复同样的话语并不一定能使任何事情变得更清楚（如果你念稿子就会有这个潜在问题）。可尝试从另一个角度重述信息，诸如加上案例研究。

另一个较普遍的问题是技术或专业术语的读法。你事先就要核对关键术语或名称如何发音，尤其对有地理起源的术语。如果你读错了或遗漏了什么，也不必忧虑，因为人人都可能如此。如果你知道出了某个错误，而别人可能并不知道，最好改正之，这样才不会使你失去信誉。自我纠正绝不会使你受罚！

视觉辅助

演讲时你可用的最好辅助就是视觉材料。最常见的视觉材料形式是投射透明片。你当然也可以用幻灯片或视频片段，以及其他技术更精致的媒体形式，如 PowerPoint。要精心准备视觉材料，你必须确保你确切地知道你为什么要使用它们。例如，PowerPoint 是一个功能强大的工具，它可以融合文本、图形、图片、视频和幻灯片，但它也可以用来蒙人，你可能会浪费很多时间来做一些花里胡哨的东西，而不是专注于恰当而有效的材料。

利用视觉材料有助于压缩你的讲稿并防止照本宣科，能减少混乱，增强听众的参与，强化关键点，**并**使你面对听众。然而也存在很多常见的疏忽，最好避免之。

要检查投影仪或任何其他设备是否正常工作，保证你已知道如何正确使用之。也要保证从房间的任何地方都能看到屏幕。站在投影仪的一侧而不是前面。无论采用哪一种形式的视觉材料（文字、表格、图表、地图还是图片），都要使其投射得足够**大**和清晰（在大房间里，需要将字号设置到至少 24 磅大小，因为坐在后面的任何人都看不清正常的打字稿）。需要将取自书上的地图或表格重画和简化、突显或放大，以获得最好效果。一行不要超过六个**大字**（单词），这是一个有用的规则，有很多好处，尤其可以使信息保持简短和简洁。应用色彩很有益处，但某些颜色（主要是黄色和橙色）不易显示，最好避免。过多或太满和太复杂的视觉材料会使听众不得要领，所以要精心选择信息。让视觉材料维持足够的时间，以便听众看清。如果材料很复杂，那么提供讲义可能是明智的。

如何结束?

你在未做某种形式的总结以前切勿突然结束，这很重要。总结你的要点总是有益的。如果你发现你的时间不够了，那么就需要果断地砍掉某些内容。但尽量不要削减最容易的那一小部分——结论，因为这正是你可以简洁地确认要点之处。

一种示意演讲将结束的方式是邀请提问。为了成功地做到这点，你必须对有关内容烂熟于心，因为在回答问题时你需要提供深思熟虑的答案。在某些情况下，听众会通过提问来确认他们是否已经理解。这可能发生在演讲期间和（或）之后，都很正常。如果听众提出了问题，你不必焦虑，这至少表明听众在关注！一定要尽力回答这些问题，但如果你不知道答案，就要准备坦然承认。

结束演讲的另一种方式是指出相关工作将在哪些方面和如何进一步发展。这可以进一步拓展或聚焦研究工作，并能留下悬而未决的问题供观众思考。你不可能包办一切，所以要给大家留点什么再离场，不要让他们完全被动。

最后，要保证按时结束，这有助于显示你组织有序和准备充分。

专栏 33.1　做演讲时应记住的要点一览

准备

- 确认有什么要求并遵循之。
- 提前开始准备并确定内容，记住可用的时间。
- 有序地计划和组织材料，有三个方面很关键：
    - ➤ 提出恰当的问题；
    - ➤ 应用你的地理知识来展开你的论证；
    - ➤ 运用某种分析方法。
- 熟悉你的资料（如果是团队工作则还应熟悉他人的资料），练习以检查用时。

演讲

- 清楚地陈述你的目标并概述你要讲什么。
- 你的讲稿要保持简短，避免念稿子。
- 保持与听众的目光交流。
- 说话舒缓、响亮、清晰，语调有所变化。
- 重复重点。
- 保持视觉材料够大、清晰和简洁。
- 注意钟点，把握时间。
- 以总结要点的结论作为结束。
- 微笑、热情、放松和享受。

结论

189

演讲作为你攻读地理学位的一部分，是一种愉快的学习体验。演讲会在许多方面增强你的信心，尤其是提高你面对专家或非专家听众与之有效地交流信息、想法和论据的能力。你是在展示你自己的研究结果，而且以一种比任何书面报告更容易的方式显示你对研究主题的热情。有许多事情需要考虑，但是如果你准备充分、组织有序，这会使你放松并乐在其中。

　　最后，注意自己的外表。这可能是建立恰当氛围所必须的，因为听众对你外表的每一个方面都有强烈反应。穿着拖尾衬衫或膝盖外露的旧牛仔裤可能会很分散注意力。你并不需要太正式，但要确保你是中看的，这有助于给人好的印象。

深入读物

Kneale，P. E. 1999：*Study Skills for Geography Students：A Practical Guide*. London：Arnold.

Young，C. 1998：Giving oral presentations. *Journal of Geography in Higher Education*，22（2），263-268.

34　应对考试：处理棘手事和反常事

伊恩·海（Iain Hay）

如果你对大学考试感到害怕，那么你并非独一人。虽然稍感畏惧会有利于你在考试中的表现，但过于恐惧则会使你发挥失常。本章对能使你将考试完成到你最佳水平的准备方法提供指导，并帮助你减少恐惧程度。本章先提供一些关于要你考试的理由，以及这种不寻常"惩戒"之不同形式的背景信息，然后重点讨论考试技巧的两个关键组成部分：准备考试和进行考试。下面提出的建议并不是适用于每个人的精确公式，但是以我的经验，这种指导可为背景广泛的学生改善考试结果和减轻压力提供帮助。尽管如此，随着你越来越适应大学考试，你可能会希望修改、加强或漠视这种建议的某些方面，以适合自己的习惯、性格和生活方式。

为什么要考试？

不管你信不信，考试都服务于三个重要的教学目标：检查你的现有知识、你对课程资料的综合能力，以及解释和论证你对某特定主题之见地的能力。某些考试可能要求你只满足其中一个目标（例如，简短的选择题考试可能只检查你回忆信息的能力），而其他一些考试则可能要求满足所有的目标（如关于某论题的口试）。

考试的类型

考试采取三种形式（表34.1）。由于闭卷类型最为常见，下面的讨论将关注之。所涵盖的大量材料同样适用于其他的考试类型。关于其他考试形式的补充指导置于本章末尾。

那些善于考试的学生通常都掌握考试前准备的技巧，并知晓成功通过不同形式考试的秘诀。让我们依次审视这些问题。

准备考试

考前几个月

充分的准备对考试成功至关重要，这需要从学期的第一天开始。既然有困难，你就必须随学期的教学进度复习。整理讲义，跟进指定的阅读材料，这将使你更容易理解整个学期的教学材料，并有助于你在考试时熟记之。

尽快了解考试情况。可向教务人员咨询考题类型、考试时间和所需资料等，询问是否要考讲座和教程**之外**的内容。有了这些早期的基础，你就能建立坚实的考试准备。

考前几个星期

找一个舒适、安静、明亮的地方，你在那里可以不受干扰地学习。准备一份学习日程。为每个主题的复习分配具体时间。表34.2展示了一个考试学习日程的例子。此例中的那个幸运学生只有两门考试，而且每门考试对最终成绩的贡献比例相同；该生在这两门课上都表现得同样好，因此对每门课可投入大致相等的时间。如果两门考试的权重不同，或者如果学生一门课的表现比另一门课好，那么适当地重新分配时间是明智的。一定要执行你修订后的时间表。

表34.1　考试类型及其特点

闭卷考试	
特点	要求凭借你的智慧和回忆信息的能力回答问题。除考官为考试目的需提供的材料以外，在考场上不允许查阅任何材料
子类型	・选择题 ・简答题 ・论述题
开卷考试	
特点	考试时你可以查阅参考资料，如笔记、教科书和期刊，有时候由考官来限定你可参考的资料来源
子类型	・课堂考试 ・可带回家的考试
口试	
特点	通常作为笔试的一种补充，或探讨荣誉学位、硕士或博士论文中出现的问题。在参与考官们关于你书面工作的批判性但友好的讨论之前，你可能需要做一个简短的陈述

不要拖延。学习是艰苦的工作，但你拖延的时间越长，任务就会越困难。务必积极主动，相信你有能力计划、管理和创造你自己的成功。注重复习理解而不是死记硬背，确保理解课程内容。当你把握了课程目标时，你就会更好地理解内容和回答考试问题。如果能得到以往的试卷，则可参照之，以感受其形式和可能的内容。但要小心，考试可能会逐年变化！虽然有难度，但应尝试在考试环境下回答以往的考题，并向老师讨教以确认你的试答是在正确的轨道上。也要向你的老师讲讲任何你不明白的主题材料。如果你有其他非学术性的困难影响你的学习，与辅导员沟通，你并不是唯一面临这些问题的人。

准备考试的时候可能是一个足够紧张的时期，它虽不会根本改变你的生活方式，但可能有损你的考试成绩。要保持正常的饮食、睡眠和运动模式。如果你有按时运动的习惯，保持之。大多数人都发现锻炼颇有益处，能使学习更容易，并提高考试成绩。但不要过度！考试期间没有时间把你的身体从久坐状态激活到可以参加奥林匹克运动会。

考前几个小时

考试当天，吃点或喝点东西为你提供持续能量，使你不至于临时耳鸣。如果你吃不下，尽量喝一些味道不错的牛奶、果汁或其他类似的东西。不要饿着肚子参加考试。在去考试之前，确保你已带上学生证（在多数大学，进入考场必须出示之）、铅笔或钢笔、尺子、纸张、橡皮、手表、吉祥物和计算器（如果需要的话），而考试手册和草稿纸通常会提供。确保在正确的时间和正确的地点参加正确的考试。要考虑交通延误、公交车晚到、恶劣天气等各种可能性。如果因为某些原因错过考试，立刻面见你的老师解释情况。

表 34.2 一个考试学习日程的例子

日期（6 月）	早上的活动	下午的活动	晚上的活动
10 日	课程结束	放松，买日用品	整理笔记，阅读材料
11 日	整理笔记，阅读材料	自然地理	自然地理（体育锻炼）
12 日	自然地理	自然地理	自然地理
13 日	人文地理	人文地理	放松（体育锻炼）
14 日	人文地理	人文地理	人文地理
15 日	自然地理（体育锻炼）	自然地理	自然地理
16 日	自然地理	自然地理（体育锻炼）	自然地理
17 日	自然地理	自然地理考试	放松
18 日	人文地理	人文地理	人文地理（体育锻炼）
19 日	人文地理	人文地理（体育锻炼）	人文地理
20 日	人文地理考试	庆祝	继续庆祝

临考：进行和通过笔试的技巧

考试之前基本上每个人都会感到紧张。但是如果你准备充分，那么提高焦虑感比之你对全部事务心静如水可能更有助于你表现出更高水平。做深呼吸，带着一种使命感迈步走进考场。你清楚自己的目标，这是你证明这一点的机会。

193

当允许你看试卷时，要确认你拿到所有的试卷、考题和答题纸，检查每一页的背面是否还藏有额外的题目。在罕见情况下，可能会发生印刷或说明错误。如果是这样的话，要立即让监考人知道。然后仔细阅读考试说明。你有多少时间作答？哪些问题需要回答？每道题目的得分是多少？在你答完第一道题后重复这一过程，以确认你做得正确。令老师沮丧的是发现某个好学生将完成的答案写在不恰当的页面，而那个学生可能会更沮丧。

如果你在考试前没能如此做，那就制订一个时间表，根据分配给它们的分数，计算你应该花在每道题上的时间（表34.3）。表34.3所示的这个时间预算，你可以做有益的修改，允许你在考试末尾的大约10分钟校对答案。

表34.3 一个3小时笔试时间安排的例子

问题1	5分	9分钟
问题2	10分	18分钟
问题3	15分	27分钟
问题4	20分	36分钟
问题5	50分	90分钟
总共	100分	180分钟

考试开始时花点时间仔细阅读每个问题，并在草稿纸上做些标记。细心选择你要回答的问题，并批判性地思考其含义。在你审视问题时匆匆记下初步想法，将你的初步笔记作为每个答案行文计划的基础。计划可由一些按照逻辑顺序组织起来的要点组成，以使你的答案具有自洽的结构。如果你遇到时间不够，那么阅卷人可能会参考你的行文计划以对你想要写的答案有所了解。注意行文计划与答题纸上你的最终答案的区别（如计划可以涂改）。

现在你终于可以开始写你的答案了。从你能答得最好的题目开始。首先完成简单的问题，这通常有助于增强你的信心和动力。此外，如果你发现时间不够，你将展示自己最好的工作。

一个普遍的错误是答非所问。有些人选择用已准备好的答案应答相关论题。阅卷老师要了解你对某**具体**论题思考了什么和已学到了什么。答非所问不会让你走得很远！考官要评价的是你对特定主题的理解程度。不要试图蒙骗他们：不要尝试用"散弹技术"，回答你对这个论题所知道的全部，而不顾与所问问题的相关性；不要努力写很多页纸来企图将某人糊弄到相信你知道的比写的更多。相反，专注于给出聚焦、组织有序的答案，**这**才会给考官留下深刻印象。

抓住阅卷人的注意力。考官通常有许多用以评估的脚本。他们不想看到问题被重新表述为如你引入的答案；他们也不想读杂乱无章的介绍。相反，他们希望你用清晰、简洁和连贯的答案来吸引他们的注意力。要强调要点，考虑用划线词，使用标题和包含提请注意重要事项的短语（如"最重要的问题是……""……的一个主导原因"）。文档项目号或编号一览和正确标注的图表也会很有用。无论如何都要避免累赘，直奔主题。

很难给一个书写近乎难以辨认的答卷评分。如果你在工整书写方面有困难，可以隔行或用印刷体书写，以保证你的答案能被阅读。你的英文表达要保持清楚，可以通过使用短句来 194 克服许多语法和标点符号问题，短句也往往比长句有更大的影响。

尝试要求作答的所有考题。对于任何书面考题，通常前三分之一到一半的分数比后一半或后三分之一的分数更容易得到。因此，留下一些要求作答的考题不回答是愚蠢的。如果时间来不及，以笔记的形式写导言并概述你的论点，并写出结论。这样会使阅卷人对你的想法有所了解并有望得到适当的评分。

当你完成全部答题并校对后，要检查语法过失、拼写错误及其他问题，补充你在前面答题中遗漏的重要材料。最后，要保持冷静。如果你开始感到惊慌或"茫然"，就停止书写，深呼吸并放松一两分钟。不要屈服于挫折，更不要怒气冲冲离开考场。你离开考试并不能解决问题，为什么要冒这种风险呢？不管事情看起来多么绝望都不要作弊！考试有严格的监考，抄袭和其他形式的学术不端都难逃被发现。

明智的考试技巧对成功至关重要。如果你遵循如上的建议，你就会采取一些重要步骤去取得卓越的考试成绩。

多项选择考试

要在多项选择考试中取得好成绩，除了"占有资料"外，还取决于了解这种考试形式的特点。比之简单地选择（a）、（b）或（c），还有更多的成功之道，让我们来看看其要点。

快速回答整个考试中你能轻松完成的所有问题，留下难题待后面有时间时再处理。看完**所有**的答案选项，排除那些显然不正确者，这有助于你缩小选择范围。避开带有绝对性的答案，在我们生活的世界里，"绝不""永远"和"没有人"的情况是很少真正存在的。不要被一种答案模式误导。例如，如果每个答案似乎都是（b），并不意味下一个答案"应该"有（b），也不意味着没有（b），或你前面的答案是错的。如果看起来没有正确答案，那么就选择那个似乎最接近正确的选项。除非你被告知给出错误答案会受惩罚，对每一个题目都要作答，如果无把握，那就猜！最后，不要"过度分析"问题。校对时对最初答案的修改要谨慎，如果你发现自己对修改犹豫不决，可能最好还是不要改，你可能第一次就答对了。

口试

正式的口试或口头测验有时被用作高年级本科生或研究生学业评估的一部分。这些考试可能很唬人，然而，如果你将口试看作你可能与同学就你的工作进行非正式讨论的正规形式，它就不应该太令你畏惧了。考官可能要让你详述你可能没有机会在书面文章或毕业论文中包括的材料，也可能鼓励你思考解决你论题的其他方法，希望将口试作为探讨你可能最熟悉的某个主题的机会。

关于为准备和完成一次口试提供具体建议的方式，要考虑以下几点。以一种既舒适又适合该场合礼仪的方式呈现自己。作为一个经验规定，着装要比考官稍微正式一点。在考试期间与每个人保持眼神交流，舒适地坐在一个引人注目的位置，不要坐立不安。表达清晰，给出简短但清楚的答案。在考试开始前思考你可能被问到的问题是有益的（表 34.4）。如果你不明白某个问题，可要求重述。花点时间想想你的答案。你也应该从容地挑战考官的论点和逻辑，但要准备考虑他们的观点。

表 34.4　口试中的常见问题

- 你为什么要选择这一研究问题？
- 你的工作如何与现有的研究相联系？有任何不同之处吗？它证实了其他工作吗？
- 你为什么选择这种方法？你采取的方法有什么缺点吗？
- 你遇到什么实际问题？你如何克服之？
- 你有任何意想不到的发现吗？
- 你的工作对未来研究提出了什么建议？
- 你从研究经历中学到了什么？如果你再有时间，会做什么不同的事？

开卷考试

开卷考试很具欺骗性。为了快速、有效地处理之，你必须彻底了解你的主题。这种方式允许你查阅能够支持你回答问题的具体案例、参考文献和其他资料。你还必须构建答案赖以放置其上的理智框架。为此，你必须像对待闭卷考试那样学习。此外，你还应该准备好你能够理解并快速查阅的参考资料，你也必须使自己熟悉计划使用的课本。如有必要，以一种能使你很容易地识别它们的方式（如用荧光笔或便利贴注记）标记课本的章节，不要用别人的书做标记！

带回家的考试

带回家的考试似乎提供充裕的时间来思考问题和构思好答案。虽是如此，但是就像其他考试一样，准备仍然是成功的一个关键。要确保你有你所熟悉的适当参考材料。你应该提前通读，从已做了标注的充分资源中摘录笔记，以使你能够满意地完成考试。以一种使你能快速找到具体事项的方式（如按作者姓氏字母顺序、主标题或出版日期）安排这些材料。

保持如表 34.5 的时间表。此例中的学生使用了一个 8 小时的工作日（上午 8：00—12：00，下午 1：00—5：00）来计算每个考题可用的时间，傍晚可能会花在校对答案上。

表 34.5　一个带回家两天完成的考试的时间表（大约 16 个工作时）例子

问题 1	20 分	3.5 小时
问题 2	30 分	4.5 小时
问题 3	50 分	8 小时
共计	100 分	16 小时

如果你有 48 小时来完成一次考试，你不必花那么长的时间来做这些问题。你的目标是给出简洁、深思熟虑、论证充分的答案，于恰当处用一些例子来支持。并不意味着你的所有时间都要用来书写！相反，要仔细思考，把注意力明确地集中在所问问题上。

最后，最为现实的一点是：如果准备在计算机上答题，则要保证有足够的纸张、墨盒或打印色带，使你能在已经完成考试的深夜，当你所知的每一家商店都关闭了，你所有的朋友都不在城里时，打印所有的东西。

196 **毕竟不那么残酷……**

只要有充分的准备，考试就不一定会成为使你恐惧和厌恶的对象。相反，考试恰恰可以成为你向怀疑你的老师证明你了解该论题，能综合一学期学过的内容、已经对具体的主题形成了深思熟虑的见解的机会。祝你好运！

深入读物

Barass，R. 1984：*Study! A Guide to Effective Study, Revision and Examination Techniques*. London：Chapman and Hall.

Hay，I. 2002：*Communicating in Geography and the Environmental Sciences*，2nd edition. Melbourne：Oxford University Press.

35 学位论文和项目的研究设计

布莱恩·霍斯金（Brian Hoskin），温迪·吉尔（Wendy Gill），
苏·伯吉尔（Sue Burkill）

在大多数地理学荣誉学位课程中，学生必须在最后一年写一篇学位论文。这是一项很实在的工作，对于帮助你取得好结果非常重要。如果你正处于即将开始写一篇论文的阶段，你可能会感到不知道如何开始。好在**你**能得到指导。你可以选择一个你真正感兴趣的论题或地理问题（专栏 35.1），并调整好适合自己的工作节奏。最具挑战性的方面可能是强调独立工作。

本章概述本科生要做的"研究"意味着什么，并帮助你专注于你的研究方案。各个专栏提供了一些实用提示来帮助你计划开始时的想法，鼓励你树立自己的能力和热情。最后，提出一个研究行动计划来帮助你现实而有效地掌控贯穿整个论文写作过程的时间。

专栏 35.1　初步思考

- 你对哪些地理问题或论题感兴趣？
- 你倾向于在"什么地方"（区位）进行你的研究？

大学生的研究是什么？它为什么重要？

学位论文强调你要做某种原创性的研究。在此背景下的研究意味着什么？原创性的含义是什么？在本章中我们认为研究是指"一个系统地寻求问题答案的过程"（Lindsay，1997：5），是一个解决问题的行动。如果你不能看出论题或问题何在，那么就不值得做研究。你在整个学习过程中的许多情况下，你都要回答问题并解决问题，然而，正是对**原创性**的要求，使得学位论文与之不同。你的研究工作必须包含一些新东西。这并不意味着你不能参照以往

看过的任何内容（大多数学识或多或少建立在别人的工作之上），但是你工作的某些部分必须具有显著的原创性。这可能就是你要采纳的方法或途径，也是你要探索的背景（Parsons and Knight，1995：6）。你应该是其他研究者的"额外受益人"，你也将对地理学共同体的"全部研究知识"做出贡献（Kneale，1999）。

198　　此外，大学生的研究应该是自己技能和知识的一种展示，最终报告应该给读者留下这样的印象，即你知道和理解地理学的性质及其技术和方法（Clark and Wareham，2000）。最后，研究还应包括将你的想法、结果和结论以一份写作良好、精心表达的文件传达给他人。

　　显然，撰写学位论文是一项艰苦的工作，但有很多很好的理由说明它为何如此重要。例如，所获得的理论、方法和知识将提高你做好其他课程作业或考试的能力，可以是添加到履历中的有用组分，可以为你的导师提供关于你研究潜力的进一步信息。

专栏 35.2　研究为什么重要？

- 将加深你对地理学各方面的理解；
- 可以拓展就业机会；
- 将提高你的"生活技能"；
- 将给你巨大的个人满足。

起步：研究计划

　　研究的第一阶段是最困难的阶段之一，你需要有一个"好想法"，这个想法要能在可用的时间内完成，要使用你所具有的特定技能和能力，并且是你感兴趣的（专栏 35.3）。

专栏 35.3　你的灵感从何而来？

- 使你兴奋的模块、课程或野外工作；
- 热衷于某一研究主题的老师或导师；
- 以往的学生学位论文中已表达的观点；
- 期刊或报纸上的某篇文章；
- 一个地区或全国性的争议；
- 一种职业兴趣或爱好；
- 进一步的想法见本书第一、二部分。

必须把这个想法精心地发展为一个**研究计划**，以探索你论文的概念和实践诸方面。你需要确定研究什么，它为什么重要，在哪里研究和如何研究。

选择一个论题

确定论题可能是大多数学位论文的出发点。做论文将为你提供追求个人兴趣领域，并就你认为重要的论题和问题表达见解的机会。选择一个题目至关重要，它应使你在近 12 个月研究的高峰和低谷中一直对其抱有兴趣。至此你应该已知道，对于什么构成地理学以及什么因此构成一个"有效"的论文计划，是见仁见智的。例如，个人热情并非总能很好地转化为适当的地理学调查，它可能只是在你与论文指导教师讨论你的想法的早期阶段有用。

你可以做的工作往往有很多限制，虽然这些限制常常是实际的而不是理论的（专栏 35.4）。你将有大约一年的时间来进行从设想、设计到最后提交的研究工作。这在开始时似乎是一个够长的时间，但它实际上可能会排除某些类型研究的可能性，例如，你不能为下一个春季就要提交的一篇论文去研究冬季运动的影响！

专栏 35.4　关于你论题的实际考虑或自我质疑

- 你能得到足够的相关背景信息吗？
- 你计划的研究有何意义（与地理学特定分支的相关性）？
- 你有可得到的资金和资源来支持你的论题吗？
- 你能在可用的时间里完成研究吗？
- 进一步的想法见本书第四、五部分。

选择研究区和尺度

为你的研究选择地点很可能是你选题的基本考虑之一。出于实际目的，你可能必须将你的研究集中在一个局部区域的小尺度上，尽管仍可能将你的工作置于在某大尺度上已做工作的背景之下。你需要选择一个你容易进入的地区，因为你的数据收集可能需要几个星期，还值得考虑某些你在暑假期间才容易调查的地方。许多学生考虑承担基于海外实地调查的项目，此类项目似乎令人兴奋，但也有从语言障碍到财务成本等方面的一些特殊问题（专栏 35.5）。

专栏 35.5 对研究区/尺度的考虑

- 你的研究地点容易进入吗?
- 你可能需要多少数据?
- 你能频繁地(如果必要)访问你的研究地吗?
- 你需要获得在选定研究区工作的许可吗?
- 你是否做了风险评估?
- 海外实地调查可能令人兴奋,但要确保你在事情发展不如意的情况下有一个"B 计划"备选地点(例如离家或大学较近)。
- 总之,要准备灵活应变。
- 进一步的看法见本书第三部分。

地理学正日益认识到:研究并不是必须"在那里"或"在该领域"进行才有资格成为一项合格研究的事情,你可以考虑你研究的"地点"是某种电影的再现、某些音乐、一篇小说、一个计算机生成的景观,或互联网上的一个地方(当然最好要符合你所在机构的确切要求)。

选择方法和技术

通常在选择好论题、议题或问题和研究区**之后**,根据有效性或适宜性来选择你的方法和技术。如果你决定要做参与者观察或植被调查,然后去寻找一个可以应用这些方法的议题,这就是一个馊主意。然而,对诸如人文地理学或机助制图的热情,则可能有助于你在选择一个论题**之前**为你指明一个特定方向。

在你论文开始的阶段可能很难确定研究方法,但它将有助于你确定研究方案是否可行(专栏 35.6)。

专栏 35.6 确定你的研究方法和技术

- 阅读背景资料将有助于你为你的研究确定一个相关方法和技术的范围(详见本章最后的书目)。
- 选择的方法适合于论题吗?

- 该方法符合你的能力和兴趣吗?
- 你有足够的时间、经费和经验来应用所选择的方法(抑或能得到帮助)吗?
- 有恰当的设备供你使用吗?
- 进一步的考虑见本书第三部分。

保持方法和技术的可操控性很重要。许多本来很有希望的学位论文之所以失败,就是因为采用过于雄心勃勃或不适当的研究方法。开展一个试点项目是有益的,这可以确认你正在计划的研究是否现实,也可以在早期阶段给予你信心去确定是否继续(或放弃)自己的想法。如果你正计划做一项定量调查,这还有助于你设计一种有效的抽样方法。你必须对你的方法有灵活性准备,并准备好应付将会出现的新问题和新障碍,这几乎肯定会出现!

研究行动计划

确定了你的论题、研究区和研究方法之后,你就步入完成研究计划的正道了。但要记住,你可能需要在上述过程的每个阶段都审查或修改你的计划。下一阶段就是制订一个行动计划,以使你能有效地开展工作(专栏 35.7)。许多人把大量的精力投入数据收集阶段,随后就筋疲力尽。你需要把你的高度热情一直保持到演讲和答辩阶段。这意味着你需要实施和改善你的时间管理技能。所以要为每个阶段制订现实的时间表,并留有余地(专栏 35.7 确认了所有的计划完成日期和实际完成日期)。

专栏 35.7　你的研究行动计划

行动	完成日期	
	计划	实际
确定论题	……………………	……………………
首次会见导师	……………………	……………………
确定最初的阅读资料	……………………	……………………
确定适当的方法	……………………	……………………
为要采用的所有资料建立一个检索系统	……………………	……………………
确定并联系相关人员	……………………	……………………

考察合适的研究区（复审风险评估）	....	....
进行预研究（如果需要）	....	....
复查方法（如果需要）	....	....
进行主体研究	....	....
得出结果	....	....
解释结果	....	....
总结你的发现	....	....
完成初稿	....	....
（包括规范页边距、字体大小等）		
确认任何缺陷	....	....
编辑工作	....	....
形成定稿	....	....
提交你的论文	....	....

某些实际考虑

精心的计划和合适的论题是一项好研究的关键要素。如果你从一开始就遵循一些基本原则，你工作的最终质量将大大受益于此（专栏 35.8）。

201

专栏 35.8　一些基本原则

写作

· 要尽早开始写作，不要拖延。通常有部分章节在研究进行之前就可以撰写，例如，对论题或问题的描述，或关于研究区的信息。

· 语言恰当至关重要，你应当努力采用清晰、流畅的风格。

· 随着你更多地深入你的研究，你将会改善你的写作风格，要准备修改你先前的写作。

· 尽早开始整理你的参考文献或书目（这是很费时的工作，如果你把它留待最后时刻尤其如此）。

组织

• 你会发现为你工作的不同部分准备一系列文件夹是很有益处的，当你有了相关信息时可随时添加进去。

结构

• 精心选择你要写进去的信息。你容易误入无所不包，以及采用诸如"我已发现这个，我要你们（读者）看到我的全部努力！"方式的歧途（这些趋向都不利于你做出有质量的论文）。

• 确保你每一章中的各部分有清晰的联系，各章之间也要如此。尽量从一开始就将此纳入工作计划。

怎样做一篇好论文？

一篇好的学位论文应该读来饶有兴味，研究精彩，写作规范，表达良好。如果你能自信地说你采纳了专栏 35.9 中的所有建议，那么你将发现你的论文有很好的进展。

专栏 35.9　怎样做一篇好论文？

达此目的需要做到以下几点：

• 有一个好论题；

• 把工作置于与地理学的关联域内；

• 参考了适当的文献；

• 应用并改进了适当的方法；

• 采集并使用了足够的数据（但切记数量不能代替质量）；

• 清楚地表达了你的结果；

• 解释/讨论了你的发现（并参考了以前的相关文献）；

• 提供了自洽的见解；

• 很好地展示了你的工作（符合导师的要求）。

论文/研究之后的生涯

毫无疑问，论文或研究有助于你提高自己的地理学"专业知识"。你可能希望追求更高层次的目标（例如，在硕士课程中做进一步的研究，甚至向博士学位努力），机会是无穷无尽的！因为你有这个机会确认自己的技能、优势和弱项，它肯定有助于你将来的生涯。不要低估此项工作的重要意义，但更重要的是享受它！

202

深入读物

Burkill，S. and Burley，J. 1996：Getting started on a geography dissertation. *Journal of Geography in Higher Education*，20（3），431-438.

Clark，G. and Wareham，T. 2000：*Geography@University: Making the Most of Your Geography Degree and Course*. Cheltenham：Geography Discipline Network.

Flowerdew，R. and Martin，D.（eds.）1997：*Methods in Human Geography: A Guide for Students Doing a Research Project*. Harlow：Longman.

Kneale，P. E. 1999：*Study Skills for Geography Students: A Practical Guide*. London：Arnold.

Lindsay，J. M. 1997：*Techniques in Human Geography*. London：Routledge.

Parsons，A. J. and Knight，P. 1995：*How To Do Your Dissertation in Geography and Related Disciplines*. London：Chapman and Hall.

Robinson，G. M. 1998：*Methods and Techniques in Human Geography*. Chichester：Wiley.

36   数据分析

阿兰・彭特科斯特（Allan Pentecost）

何为数据？

　　数据是"用于推断或推算的已知事实"，或"由计算机操作的数字或字符"。故此，"数据"一词有两个定义。输入计算机的数据通常是数字，但也可能包括一系列字母；"已知事实"也包括所有类型的信息而不仅仅是数字。"分析"在传统上被化学家们用来解释确定某物质之组成的过程。化学分析的结果**是**数据，所以当分析应用于**数据**时，必然意味着其他一些事情。数据分析为我们提供两类信息——对信息的总结，和作为将我们的数据与其他场合、其他地方或其他人获得的数据进行比较的手段。数据分析提供对信息的简洁描述。数据集可以用不同的方式收集。例如，筑巢鸟类的数量会以一个限定范围和限定季节但不同年份来计数，或者将鸟类数量与从鸟类种群模型获得的数量进行比较。本章的大部分内容适用于分析数值型数据，但值得注意，字母或其他字符系列的数据也可以用类似的方法来分析。

数据类型

　　数值型数据可以分为四种基本类型，在开始任何分析之前认识这些类型是很重要的。第一种类型在许多方面是最简单的。用一个例子来解释，一位生物地理学者调查在一个大岛树林中发现的筑巢鸟类物种的数量，结果如表 36.1。

　　数据由对单种鸟类的计数组成，所以全部度量都为整数，这个数据集中不可能有负数或分数。对六种鸟类进行了计数发现，最常见的是金刚鹦鹉。此类数据称为**类别数据**。当我们将数据按类别整理时就生成这类数据。为了提供对此类数据的描述，我们可以使用两种数值：最常见的类别或"种类"称为**众数**；另一种是**频率范围**，它给出了每个物种所发现的个体数量的范围。对于上面这个例子，范围为 1—12。这两种数值为我们提供了对结果的总结，整个数据集可以用**条形图**表示（图 36.1），其中鸟类物种沿水平轴按字母顺序排列。

表 36.1

筑巢鸟类	鸟巢数量
金刚鹦鹉	12
知更鸟	6
油鸥	2
普通林鸥	4
彗星蜂鸟	1
寿带蜂鸟	3

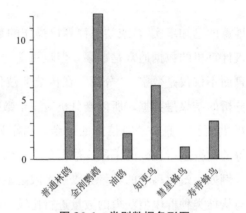

图 36.1 类别数据条形图

注：该图显示筑巢鸟类数量的频率。横轴排列顺序无关紧要，
但为方便起见，按（英文名称）字母顺序排列。

另一项与上述无关的研究是衡量居民对于将在一个村庄旁边建造新购物中心的态度。给村民发放了调查问卷，要求他们回应陈述"该新购物中心将为有较高失业率的村庄提供就业机会"，在排列如下的数字 1—10 中圈选一个。

1　2　3　4　5　6　7　8　9　10

强烈同意　　　　　　　　　　　　　　　强烈反对

该标度用于评估被调查者感受这一陈述的强烈程度。数值 5 表明"中立响应"，而数值 7 表明温和地反对该陈述。假设有 17 个村民完成了这部分问卷调查，那么数据可能如表 36.2。

这些数据也是整数，没有负数。但是这次的数据显示了**顺序**。右列中的数字表示从"强烈同意"到"强烈反对"的响应频率，它们只有按照这个顺序才能合理地排列。顺序对于类别数据并不重要，通常是为了方便而按字母顺序给出。而对于问卷数据来说，顺序就很重要了，此类度量在**序数级别**（ordinal level）进行。

表 36.2

标度	村民的勾选
1	0
2	1
3	1
4	0
5	1
6	0
7	2
8	4
9	7
10	1

有了排序的数据，就可以使用两个有用的统计度量来提供描述，即"集中趋势"（central tendency）和"展形"（spread）。对于序数数据，集中趋势的最好度量是**中位数**或**中值**。图 36.2a 中的频率直方图显示了一些在标度 1—11 上的序数数据，而中位数将直方图划分为两个相等的区域，它位于直方图中表现为序数值 4 的类别中。

为了找到"展形"的度量，将直方图分为 4 个相等区域，而与中位数相邻的两个就定义了**四分位数间距**（interquartile range，IQR）。在此间距内，我们的度量有 50％围绕中位数集中。在图 36.2（a）中，四分位数间距由第三个四分位数与第一个四分位数之差给出，跨越直方图上的序数值 3—6。

在最高级别的度量中，以更高的精度来测量数据，数字之间有着明确界定的关系。此类例子有土地面积（如按公顷度量）和大气温度（℉）。此类数字有一个真实零点，并在**比率级别**（ratio level）上说事。与此相关的是没有真实零点的**区间级别**（interval-level）的度量，例如以摄氏度（℃）测量的温度，在水的冰点以下出现负数。

关于区间和比率级别的度量，其位置的常规度量是平均值或**样本均值**（往往缩写为**均值**）。展形的一种度量是**样本标准差**，以符号"s"表示。标准差采用含有"平方和"的公式计算，可在科学计算器上找到，通常是 S_{n-1} 键。如果在平均值的任何一边（即±1 s）绘制一

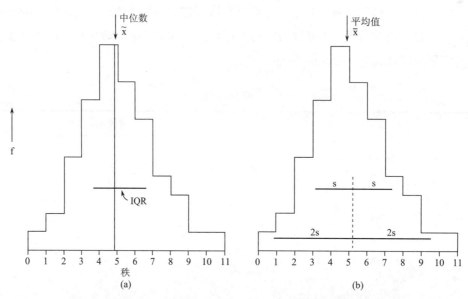

图 36.2　两幅显示某些一般描述性统计的直方图。(a) 序数数据集的频率分布，显示了中位数和四分位间距（IQR）。(b) 区间/比率数据集的频率分布，显示平均值的位置与与平均值的标准差（s）。一个标准差包括这些观测结果的大约 **70%**，两个偏差（**2s**）包括了大约 **95%**。这两个直方图的轮廓相同，都显示了统计数据之间的比较。中位数和 **IQR** 也可以应用于区间/比率数据，但均值和标准差不适合序数数据。这些频率分布只是近似于正态曲线，因为度量结果呈正偏态性（见正文）

个标准差，常常会发现全部观测值的大约 70% 落入区域内，因此它比四分位数间距包含更多的数据。此外，标准差在均值两侧等距离生成，而四分位数间距很少在中位数两侧等距离生成。

　　在离均值两个标准差的距离内常常包含大约 95% 的观测值，但精确的数量取决于频率曲线的实际形状。均值、标准差、中位数和四分位数间距都是**描述性统计**的例子。标准差的价值主要在于它与统计学者大量使用的一条重要的"模式"曲线相关，这就是"正态曲线"（图 36.3），描述它的公式非常复杂，但其形态却很简单。对于这种曲线，均值位于曲线的顶点，并等于中位数和众数。该曲线具有一些有趣的特性，例如，它对称于均值，均值两侧的一个标准差包含曲线下总面积的 68.3%。在图 36.2（b）中，均值略大于中位数，所以该曲线只是大致呈正态分布。当均值超过中位数时，这通常指示一种**正偏态**频率分布，分布的右侧尾部比左侧下面的尾部展开得更远。此类曲线并不对称于均值。

　　以上概述的描述性统计比其他任何统计都更经常地应用于数据分析中，因为它提供了有

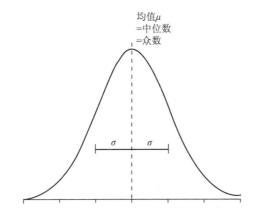

图 36.3 正态曲线显示中位数、均值和众数皆相等。众数是最常见的类别/观察

注：正态曲线上的均值和标准差以特定符号给出（分别为 μ 和 σ）。

用的数据集总结，并告诉我们某些频率分布。然而，我们对数据分析的更多兴趣涉及对一套数据与另一套数据的比较。例如，由于英国的农业活动在 1860—2000 年增加，导致湿地因排水而损失，我可以假设湿地在此期间减少。为了支持这个假设，我需要收集一些数据。我在全国范围内随机选择了同等面积的一些地区，并借助 1850 年和 2000 年的地图，用平面仪测量了湿地面积。对整个土地面积采样是不现实的，所以随机选取一系列**样本区**，假定其对总体具有代表性。这样可以节省时间，因为测量全部面积（或动物和植物的全部种群）是不切实际的，我们在大多数调查中都不得不进行抽样。然后可以使用**推理统计**对这些样本进行统计检验，以决定我的假设是否可接受。单从描述性统计中就能知道某些东西，如均值或中位数，它们能证实面积已发生变化；但如果统计数据的差异很小，就不令人满意了。如果我样本中的湿地平均面积在 1850—2000 年由 6.1％下降到 5.7％，则可以认为这种差异只不过反映了原始调查中所定面积的不确定性，或者更有可能是采样地区的随机性。通过进行统计检验可以取得更多的进展。

为了更进一步研究，我需要将假设更具体化，因为统计检验是一个需要明确定义的正式过程，它们是围绕描述性统计（如均值和标准差）构建的。在统计检验中，我们提出了两个互补假设，即**虚假设**（null hypothesis）和**择一假设**（alternative hypothesis）。适合本例的统计检验是 z 检验，具有虚假设"1850—2000 年平均湿地面积等同"，其择一假设为"1850—2000 年平均湿地面积减少"。虚假设隐含无变化。当检验完成时，只接受一个假设。为完成检验，必须获得检验统计 z 的样本值。它可以手工计算，也可使用统计软件包如 Minitab。检验统计 z 是均值和标准差的简单函数，将其与 z 的**临界值**相比较。后者从正态曲线中得到，并可在**临界统计表**中查到。如果我们的检验统计值小于我们的临界值，那么就接受虚假设；如果不小于临界值，则不能接受，这就隐含着这两个时间节点内湿地面积很可能减少了。对于结果，我们还要陈述"显著性水平"。这是一个从临界值（对于手算）或计算机打印输出中找到的百分比概率。例如，如果得到一个 **5％的显著性水平**，那么我们看到的差异有 5％（或更少）的可能性是偶然产生的。

所有的统计检验都包括建立假设，但检验并不给出"非黑即白"的结果。例如，对全国彩票数字的分析表明，一张票赢得大奖的可能性不到百万分之一。适当的统计检验会导致接受虚（非赢）假设，但人们当然也偶尔会赢。因为统计分析提供的是概率，它们只会证明一个结果在长期的时间内有多大的可能性。

有许多类型的统计检验，以适应不同的情况和测量级别。要遵循一些规则，其实上面例子中给出的 z 检验，在正确应用之前需要对数据做一些处理。

采用哪种检验？

这可能是数据分析课上问得最多的问题。检验既用于比较两组或多组样本数据，也用于将样本数据与理论"模型"数据进行比较。后者的"拟合检验优度"不在本章范围内，大多数统计学课本都提供了关于该主题的信息。当比较两个或多个数据集时，通常可以应用几种检验，都能有效地提供相同的结果。从表 36.3 可见这是很明显的，该表对通常可用的各种检验给出了（非常简略的）指导。

为了开始决策过程，必须区分两种基本类型的比较。你是否要：（a）将一组度量与另一组度量进行比较，以确定对它们位置或离差的度量是否有显著差异（如上例中的湿地）？或者（b）确定一组测量如何随另一组测量而变化（例如，温度如何随海拔高度或污染物浓度而随时变化）？这是一个重要的区别。一般而言，（a）仅涉及一个变量，如面积；而（b）涉及两个变量，如温度和海拔高度，但也有例外。一旦做出这种区分，你就需要确定你的数据的度量级别，是标称的、序数的还是区间/比率的（见上文解释）。当你这样做时，请参阅表 36.3。

如果你的数据在标称级别，选择就很有限，但可采用一系列的卡方和 G 检验，这些检验能分析非常复杂和大量的标称数据集。因为这是些类别数据，所分析的数字为整数。

对于序数数据，选择就更多，虽然序数数据集实际上非常罕见。然而，在社会科学中，经常会遇到对效果和响应的排序，在这一领域，往往会发现序数方法很有用。用统计软件包做序数统计检验最为方便，因为与其他数据集的分析不同，它们要求排序过程，这可能很单调乏味，而且在手工执行时容易出错。

表 36.3

检验类型	参数（P）还是非参数（N）检验	应用条件	举例及评论
（a）一组测量与另一组测量的比较			
类别数据 G 检验和卡方检验	P	数据必须归类。尽可能避免类别含小数或零值	数据必须随机获取。例如，比较两个不同类型灌丛中的鸟巢数量
序数数据 曼-惠特尼秩和检验	N	用于独立样本。所比较的两组样本的频率分布必须大致同型	例如，比较两个村庄的个人社会地位（通过问卷或人口普查）
克鲁斯凯-沃利斯检验	N	用于比较三组或更多样本。样本的频率分布应大致同型	例如，比较五组人对新居住区的态度
区间/比率级别 独立样本的 t/z 检验	P	两组样本应该独立。对于小样本（<30），应近似呈正态分布，样本方差应该同质	如果不满足某些条件，则可以应用变换或使用曼-惠特尼秩和检验。例如，比较两种不同高度或坡面的岩石风化率
独立样本的 t/z 检验	P	两组样本应近似呈正态分布，并相关	可用威尔科克森配对检验替代。例如，比较污染事件前后几个固定地点的污染水平
单因素方差分析	P	两组/多组样本应该近似正态分布，样本方差应该同质	如果不满足某些条件，则可尝试变换或应用克鲁斯凯-沃利斯检验。例如，确定五个地块的小麦产量如何随肥料施用的不同而变化
（b）确定一个变量（样本）如何随另一个而变化			
序数数据 斯皮尔曼等级相关	N		例如，在问卷调查中将对新住房开发的态度与被调查者的年龄进行比较
区间/比率级别 积矩相关系数	P	要比较的两个变量应该近似呈双变量正态分布	如果条件不满足，则可以应用变换或采用斯皮尔曼检验。例如，发现土壤中锰浓度如何随铁浓度的变化而变化
模型 1 回归分析	P	一个变量（称因变量）的变化必取决于另一个变量的变化。因变量须近似呈正态分布。自变量应精确测量。变量之间的关系应是线性	如果不满足某些条件，则可以应用变换。例如，发现关联泉水温度（因变量）与海拔高度（自变量）的直线方程，并用方程来预测不同高度的水温

最常用的度量是在区间/比率级别，其选择甚至更多，可分类为**参数检验**和**非参数检验**。前者依赖于正态曲线的性质，要正确使用，数据必须具有一定的形式。这些形式随所采用的检验而不同，但通常包括原始数据的正态分布和方差的同质性。单独的检验可以用来确定正态性和方差同质性，可以在大多数统计软件包（如 Minitab 和 SPSS）中获得之。如果数据不能通过这些检验，则可以使用替代的分析方法，或者可以应用**数学变换**。例如，如果你在分析百分比数据，那么数据遵循正态分布是最不可能的，此时应该进行反正弦变换。当重新检验这些转换后的数据时，你通常会发现它们提供了与正态分布的很好的拟合。当数据是非正态分布的时候，通常使用互斥的**非参数**〔也称为**无分布**（distribution-free）〕检验。表36.3 给出了一些例子，它们的主要缺点是，对于更复杂的分析，合适的非参数检验有时不可用。

表 36.3 中也考虑了数据的独立性，这适用于大多数检验，需要仔细检查。在湿地的例子中，如果从 1850 年的英国地图中选择了 500 个随机的 1 平方千米区域，并从 2000 年的地图中提取了不同的 500 个随机样本，那么这两个系列的样本应该是独立的（表现为彼此没有影响）。如果两项研究选择了**相同的** 500 个点，那么样本就不独立，需要做差异统计检验。此类"配对"比较往往被认为是可取的，因为它们限制了整体的变异性，提供了更令人满意的结果。

在研究目的是确定一个数据集如何随另一个数据集而变化之处，给出了不同的设想（表36.3）。此处的数据通常描述环境中两个不同的量，如大气温度和海拔高度。理想情况下，这两组数据应同时在一个高度范围内获取，并可以进行某种检验，以确定这些数据集是否相关联。如果兴趣仅仅是确定相关程度，则可以计算相关系数。系数范围为−1 到 1，其值接近−1 或 1 表示强烈相关。然而，通常需要在数据集之间建立数学关系。在这种情况下，可采用回归分析来生成一个关联这两个变量的简单方程。此外，参数检验要满足一系列条件，可以尝试各种变换，也可用非参数检验。

最后，应该注意，上述所有检验都要能够接受与数据有关的两个假设之一，即能（或不能）观察到"差异"或"变化"。检验并不提供任何两个或多个样本之间变化或差异的量的信息。对此，需要计算**置信区间**。置信区间也可应用于单个数据集，并提供关于样本变异性的进一步有用信息。

总结

（1）数据包含"已知事实"，并由数值或非数值的字符构成。

（2）数值数据可分类为标称（类别）数据、序数数据和区间/比率数据。

（3）描述性统计提供有用的数据总结：中位数和四分位数间距（序数数据）；均值和标准差（区间/比率数据）。

（4）数据集可以使用描述性统计进行比较，但一般来说，更好的方法涉及虚假设和择一假设的统计检验。

（5）统计检验因以下方面而不同：（a）测量级别；（b）是否要比较数据的位置/离差，或一组中的变化是否随另一组的变化而变化；（c）数据集是相关的还是独立的。 211

（6）参数统计检验基于正态分布性质，所分析的数据往往需要在检验之前进行筛选。

（7）非参数（无分布）统计检验可用于最小筛选的广泛数据。

深入读物

Chase，W. and Bown，F. 1997：*General Statistics*，3rd edition. New York：Wiley.

Pentecost，A. 1999：*Analysing Environmental Data*. Harlow：Pearson Education.

Rogerson，P. A. 2001：*Statistical Methods for Geography*. London：Sage.

Walford，N. 1995：*Geographical Data Analysis*. Chichester：Wiley.

Wheater，C. P. and Cook，P. A. 2000：*Using Statistics to Understand the Environment*. London：Routledge.

37 自然地理野外工作方法

大卫·L. 希吉特（David L. Higgitt）

野外工作实践

在中国长江三峡，石灰岩悬崖将这条大河挤压成一连串的翻浪和漩涡。与游船上那些看风景的游客不同，我们的任务是野外考察。在我们上方很高的峡谷两侧某处应该有过去洪水的记录。夏季的水位由于季风的影响而上涨，并被峡谷两岸挤压，可比旱季高出 40 米。当发生一场意料之外的洪水时，水位甚至会被推得更高，沉积物为评估洪水风险提供了线索。但首先必须找到这些沉积物并取样：到野外工作吧！跳下船，卸下装备，我们开始长时间地攀爬巨砾覆盖的斜坡。我们从年均洪水位上方小心地前行，进入灌丛植被区。我们熟悉这种当地的灌丛，其锋利的荆棘在西方花园里被用来阻止入侵者，但现在却在挑战搜寻洪水沉积物的地貌学者。我们忍受着刮伤向前推进。气温已升至 35℃，空气又闷又湿。汗水沿着我们的眉毛流下，刺痛了我们的眼睛。在我前面几步远的同伴发出一声尖叫——"蛇！"所有这些因素都已罗列在我们的风险评估中，但现在每一步都要缓慢而谨慎，要谨防地面不稳固和各种无脊椎动物的威胁。终于，我们将沉积物定位、取样和测量。带着疲惫且有刮伤和瘀伤的身体，我们为项目获取了更多的数据点而满意返程。而有人声称这些数字并不流血！

关于自然地理野外工作，上述这些告诉了我们什么呢？野外工作可能是不舒适的、令人疲惫不堪的、消耗体力、令人沮丧的和重复性的。但是，在刮伤愈合和挫折感被遗忘之后，一场野外工作战役带来的兴奋和享受会延续很长时间。我的基本看法是，热情是自然地理野外工作的关键要素，野外调查给人带来的陶醉是很少有人能假装出来的。但是着墨热情并不能提供多少实用的指导，以下提供的一些建议是为了从自然地理野外工作中收获更多。

准备

准备工作是自然地理野外工作成功的关键。以我的经验，学生们经常发现计划自然地理学项目或论题比人文地理论题更难，但其执行和陈述却更明确。因此，仔细的计划至关重要，它牵涉到试验设计、后勤和安全。

试验设计

一个好项目要有明确而有趣的目标，要求所选择的主题是值得研究的。值得做的主题范围很广，每一个都有其时间、设备、经验和指导的可得性限制。许多论文反映了研究者的兴趣，或从已有模块所涵盖的主题发展而来，这并不奇怪。对某一特定主题领域内研究问题的充分把握为项目的形成提供了一个良好基础。同样重要的是，要认识到论文格式的限制，不要尝试过于笼统、庞大或复杂的论题。在实践中，野外工作期间形成的观察和印象很可能有助于提炼问题的性质并启示新的想法。因此，做一个预研究特别有助于确保提出了正确的研究问题。

后勤

预研究不仅有助于决定研究设计的适宜性，而且有助于评估其可行性。野外工作能否在可用的时间内完成？是否可充分进入现场位置并获得在那里工作的必要许可？能否在合适的时间获得合适的装备？要确保你在早期阶段就确定需要什么设备，确保可获得之，并进行必要的训练以能胜任对其的使用。如果你确定了你的项目需要有非常昂贵的装备或样本分析，而又不幸地发现难以在你自己的院系获得之，那么你很可能不得不重新考虑。某些院系可能对分析的数量施加一些限制。一个学生将一卡车土壤样品带回实验室，但时间或资源只允许他（她）分析其中的一小部分，这种情况并不罕见。采样的数量并不能获得分数奖励，这不过是计划不当和浪费野外工作的表现。

很多野外测量是很难由个人完成的，实地安全规程不允许任何情况下的单打独斗。可靠的野外援助对于任何项目的顺利进行都必不可少。许多家长被劝说去体验野外工作的乐趣，但却被警告说，他们对艰苦且重复性工作的热情，可能稍逊于你，特别是在恶劣的天气条件下。一个吸引人的选择是将论文与一个正在进行的研究项目或考察联系起来，这样可以改善援助和资源方面的后勤支持，并可为研究提供一个强有力的背景。某些院系会鼓励这种做法，而另一些院系则可能指定独立研究。许多学生考虑在海外进行自然地理考察的可能性

213

（参见卡蒂·威利斯撰写的本书第 38 章；以及 Nash，2000），这有某些诱惑性和刺激性的显著优势，但也有同样多意想不到的困难。海外野外项目的后勤更难以充分评估，而且预研究或补充研究都不太可能。海外课题的这种一次性使其成为一种有风险的选择。另一方面，通过组织学生考察来筹集赞助的前景，意味着可能将某个课题当作开展一项非其不可的教学参观的托词。多数院系设立的评估标准对于研究区域并无倾向性，去海外研究也不会因其勇气可嘉而获得加分。

安全问题

　　安全是户外工作的题中之义，在多数国家还有一些法律要求对风险进行正式的评估。对于诸如学位论文那样的独立项目工作，会强调学生要识别和评估潜在危险。在此关联域内，危险是指可能导致伤害的与环境或行动有关的任何事物，而风险是某人受到这种危险伤害的可能性。在许多院系，如果不提交风险评估是不能开始学位论文研究的，另有一些院系还对提交风险评估奖励一定的分数。完成一份风险评估并不困难，如表 37.1（详细内容参见 Higgitt and Bullard，1999）。

214

表 37.1　风险评估的五个步骤

步骤	程序	细目
1	确定危险：有哪些引致伤害的潜在因素？	· 物理的 · 生物的 · 化学的 · 人为的
2	谁可能被伤害？	· 自己 · 助理 · 普通公众 · 家畜 · 环境影响
3	评估风险：所确认危险的可能性和严重性如何？	需要采取什么措施来降低风险（例如，使用防护装备、修改采样计划)？
4	记录发现	这对于证明已进行了评估至关重要
5	周期性地复查评估	做了评估以来，野外点有任何变化吗？

风险评估有助于确定在特定地区工作的可行性，也请注意不要高估一天能做的事情。虽然老师们努力设计包罗广泛的不太要求体力的野外课程训练，但合适的个人健康水平显然是能够享受这种经历的先决条件。要在你自己（和你的助手）的能力范围内进行工作计划。表37.2的清单会有用处。

表 37.2　项目后勤和安全评估的个人清单

质疑	标记已做出的安排
路径安排好了吗？	
有无所有协作组织的联系地址？	
研究助手到位了吗？	
个人健康能否胜任？	
有无设备使用的培训？	
有无保健和急救要求？	
·　是否需要免疫？	
·　药物到位了吗？	
·　是否需要保护装备？	
·　带急救箱了吗？	
个人安全和通信如何？	
应急程序如何？	
有无足够的保险？	

数据采集

虽然自然地理学由景观的定性描述演变而来，但如果不获取和分析定量数据，很少有研究项目能走得很远。花费了巨大努力去收集一个数据集，却不足以检验关键思想，这种令人沮丧的事情在生活中是很少见的。在决定必要数据的数量、分布和准确性方面需要谨慎。适当的空间和时间抽样构架是什么呢？如果你计划对在野外采集的样品做实验工作，那么你应该考虑所需样品的数量、大小和性质（见海瑟·威尔斯所撰的本书第39章关于实验室工作）。无论你的野外工作要做什么，保持良好的记录都至关重要，必须购买一个野外笔记本。

可以考查现象的空间变异性，这样的例子会包括沿海滩的颗粒大小变化、跨越泛滥平原

215 的重金属污染、盐沼横断面上的植被群落。考察时间变化也很有趣，但需要相当谨慎，因为野外考察可用的时间通常很有限。由于多数学位论文的野外考察都在暑假期间进行，所以适于研究在这段时间内表现出显著变化的现象（例如，冰川前缘水流量的日变化），研究不能显现的现象（例如，硝酸盐污染——主要是冬季现象）则不太合乎逻辑。考察风暴的响应可提供一个引人入胜的研究课题，但在野外工作期间如果不发生合适的事件怎么办？有一些办法可解决这个问题。大多数论文规则会相当重视原始数据的收集——这证明你具有收集和分析野外数据的技巧和能力，但使用先前已收集的（二手）数据也可以增强研究方案。例如，气候变量、河流流量、悬浮沉积物或者污染物浓度的长期记录都可以为更详细的短期研究提供背景。类似地，从地图、航拍照片、明信片、绘画和文档资料中获取的历史信息可以使海岸线、河道格局、土地利用等长期形态变化的研究成为可能。胡克和凯恩（Hooke and Kain, 1982）提供了从历史地图中提取信息的实用指导。

诸如保存在沉积序列中的花粉之类的代用记录可用于研究环境变化，而诸如丘状冰碛那样的冰川堆积物可用于检验冰川消退的历史。研究计划可能会分析景观在最近一次干扰（如山崩、洪水或土地利用变化）后的恢复情况。利用配对的流域来比较不同的土地利用可能是一种富有成效的途径，还可降低其尺度来研究不同植被覆盖或经营技术的小地块。无论采用什么方法，都应该将其设计得可以产生对研究目标有用的代表性数据。这也取决于相应测量技术的有效性，将在下文讨论。

216 适当的技术

不可能在这种篇幅的一本书（更不用说单独一章了）中对自然地理野外工作的相应技术做一个全面的概述。好在有许多书籍可以为我们提供更多的详细内容（Goudie, 1990；Parsons and Knight, 1995；Jones *et al.*, 2000；Southwood and Henderson, 2000）。

绘图与测量

绘图和测量曾经是地理学的核心，每个学生至少需要了解其基本知识。不言而喻，使用罗盘和阅读地图的能力是安全进行偏远地区野外工作的必要条件。一幅好的基础地图对于标记样品位置和景观特征是必不可少的。地貌学制图有一系列标准符号来描述地形和坡面特征（Cooke and Doornkamp, 1990）。在适当放大的底图上叠置透明塑料薄膜是非常有用的，可以用带帽笔（6HP 笔）将各种特征标记在上面。直接在航空摄影照片上绘图也很有效。要知道获得某些海外位置的正式地图是很困难的，而且最终报告对基础地图和航空摄影照片的使用阿布尼水平仪（Abney level）或测斜仪（clinometer）的简单测量程序对于考察目的来说通常已足够精确，但更精确的高程可能需要精测水平仪或电子测距仪（electronic distance measurer，EDM），并需要与基准进行仔细匹配。全球定位系统（global positioning system，GPS）的出现带来了一些新的研究机会（Higgitt and Warburton，1999），但使用者应该知道其各种功能以及特定应用所要求的详细程度。可以以相对便宜的价格购得手持GPS 接收器，这对于确定样品地点的位置来说已经足够了，但应用于制图和测量就需要采用不同的更精密设备的 GPS。

地貌

诸如宽度、深度、高度、长度、形状、坡度和坡面等地形维度的测量，汇编起来就可在短时间内生成相当庞大的数据集，这对于检验关于地形发展的观点或比较不同背景下的相似地形是很有用的。此类测量都归在"地貌测量"（geomorphometry）这个通用术语之下。流水地貌中的例子包括河道横截面的尺寸、曲流弯曲度或河流网络，在喀斯特地貌中的例子包括封闭洼地或石灰岩表面节理组的尺寸。可采用 GIS 技术来分析地貌测量数据中的空间关系。

许多地貌学课题都要调查物质特性，其中有很多可以在野外进行。岩体强度指数（Selby，1980）就是一个很好的例子。它针对六个特性打分，其中五个并不需要比卷尺测量更复杂的操作。岩石硬度的关键特性用施密特锤（Schmidt hammer）就可测量。类似的，岩石的风化指数可通过分别利用卡尺、标尺、轮廓量规去测量风化壳厚度、裂缝深度和岩石表面微形态而获得。更为专业的物质特性测量则需要将样品送到实验室。值得注意的是，某些岩石受保护条例的保护而不能暴露，那么基于环境保护的考虑，除非有特殊理由必须采集新鲜材料，否则最好采集已经剥离的材料。岩石采样全程都要一直配戴安全目镜。对于难以搬运的河流砾石或其他粗糙堆积物，可以用取样框分成大小类别，或者用卡尺或直尺测量碎屑样品的轴线。

土壤、沉积物和植被

217

开始土壤或沉积物采样前要充分描述野外样点。有一些标准程序可用于描述土壤性质、记录土层或检视沉积物剖面结构。挖一个小坑对于考察土壤是很有用的，而沉积物通常暴露在侵蚀河岸或通过钻取获得。第四纪研究常常采用湿地深钻芯。沉积物可以在现场加以描述和分选，或送回实验室。有必要检视花粉、硅藻、有孔虫和其他微体化石，但是需要相当长的时间才能掌握。一旦采完样，应立即回填采样坑，以防伤及牲畜。

许多土壤研究都与植被变化相关联。若无一定的先前经验，物种的识别可能比较棘手，但有许多便携手册可帮助我们（如 Fitter *et al.*，1996）。可用几种方法分析植被数据，以获得对物种组成或生境分类的度量。某些地方可能已经公布了详细的植被覆盖特征地图。

水和天气

水文和气象测量相对简单，可以使用廉价设备。许多研究都要考察这些过程，力图揭示时间变异性，因此在实验设计阶段必须小心，确保能在测量期间观察到重要的短期变化。将空气污染的短期变化与天气格局关联，或者将水质的短期变化与降水关联，可能会产生有趣的结果。降水、温度、湿度、风速和风向的监测都使用标准的设备。可以设计各种罗网来收集特定方向的降水或尘埃样品。监测空气污染物需要专门设备。在野外可以监测水质的许多方面，例如，温度、pH 值、导电率和溶于水中的氧含量。试剂箱可用于某些化学分析，但是对于有意义的分析可能不够精确，必须把样品送回实验室，这反过来就要求周到考虑样品的收集和储存。河流流量的测量常常通过盐稀释测量或使用流量计做速度-面积计算来进行。需要跨越河流宽度的大量速度读数来确保其精确性。

水和天气研究寻求考察一点或多点随时间的变化，需要考虑采样点的代表性以及所需的采样频率。在一次野外考察期间，一个想整夜监测某荒芜干涸河床岩石表面温度的小组给我留下了非常深刻的印象，直到我意识到为安全起见我必须陪同他们！事后看来，若用数据记录仪是可以省却某些麻烦的。

渐入佳境……

野外工作项目和学位论文的评审员希望将独创性、恰当的实验设计，充分的分析和符合逻辑的结论结合起来。有许多可行和有价值的论题，仔细计划和热衷野外考察不仅会获得主考官的奖赏，而且会提供一种难忘的经历。

参考文献

Cooke, R. U. and Doornkamp, J. C. 1990：*Geomorphology in Environmental Management：A New Intro-duction*，2nd edition. Oxford：Clarendon.

Fitter, R.，Fitter, A. and Blamey, M. 1996：*Wild Flowers of Britain and Europe*，5th edition. London：HarperCollins.

Goudie, A. S.（ed.）1990：*Geomorphological Techniques*，2nd edition. London：Unwin Hyman.

Higgitt, D. L. and Bullard, J. 1999: Assessing fieldwork risk for undergraduate projects. *Journal of Geography in Higher Education*, 23, 441-449.

Higgitt, D. L. and Warburton, J. 1999: Applications of differential GPS in upland fluvial geomorphology. *Geomorphology*, 29, 121-134.

Hooke, J. M. and Kain, R. J. P. 1982: *Historical Change in the Physical Environment*. London: Butterworth Scientific.

Jones, A. , Duck, R. W. , Reed, R. and Weyers, J. 2000: *Practical Skills in Environmental Science*. London: Pearson Education.

Nash, D. 2000: Doing independent overseas fieldwork 1: practicalities and pitfalls. *Journal of Geography in Higher Education*, 24, 139-149.

Parsons, A. J. and Knight, P. 1995: *How To Do Your Dissertation in Geography and Related Disciplines*. London: Chapman and Hall.

Selby, M. J. 1980: A rock-mass strength classification for geomorphic purposes: with tests from Antarctica and New Zealand. *Zeitschrift für Geomorphologie*, 24, 31-51.

Southwood, T. R. E. and Henderson, P. A. 2000: *Ecological Methods*, 3rd edition. Oxford: Blackwell.

38　海外实地工作

卡蒂·威利斯（Katie Willis）

1990 年 7 月，直到我们即将在墨西哥城机场降落时，我才意识到自己忽略了我第一次海外实地考察准备工作中一个非常重要的部分。我本来准备花两个月的时间在墨西哥南部瓦哈卡市（Oaxaca）研究妇女就业，作为我硕士学位研究的一部分。我花了几个月的时间推敲调查问卷、学习西班牙语、研读相关理论，并收集瓦哈卡联系人的姓名。我所忽略的是考虑我在墨西哥城的住处，我在乘公交车南下之前要在那里停留两天。

夜里很晚了，我已经在路途上奔波了将近 20 个小时，这是我第一次来到一个世界特大城市，而我不知道该住哪里。后来我走近同一航班上的一对荷兰背包客夫妇，问他们要去哪里住宿。我们一同搭乘出租车去旅馆，这让我感到安全多了，我也可以帮助他们，因为他们不会说西班牙语。那旅馆真的不怎么样，不过至少我知道我新结识的朋友就在隔壁房间。

这段经历确实给我上了一课。从那以后我总是安排好有人在机场接站，或者为我的到达订好住处。当然，这并不是我在实地考察中遇到的唯一问题，但它可作为例子说明在出国考察时需要既考虑学术方面又考虑实际问题。

准备

应该尽早开始计划。所有的实地考察都要做好准备，这很重要，而当你出国旅行时通常就更需要"第一次就做好"，因为你不太可能返回。本节包含的论题在罗伯逊和威利斯（Robson and Willis，1997）那里有更详尽的讨论。

研究准备

有些学生感到在他们做出发之前的准备时毫无头绪，因为他们只有在看到"现场"的情况时才能把事情整理好，远离实情就无所作为。与其你必须在到达那里后做调整，不如在你走之前便对设想的主要问题有所准备，检验可行性，而不是到了实地再做重大改变。

你在设计一个研究计划时，要记住研究的理论背景和研究的实际问题两个方面。表 38.1 总结了利物浦大学学生在加利福尼亚州圣克鲁兹（Santa Cruz）实地工作期间执行的三个研究计划。正如你将看到的，出发前的准备至关重要。理论和方法在抽象意义上可能是合适的，但你需要检验其在实地的可行性。例如，你是否得到了在特定湖泊采集沉积物样品的许可？在你访问期间档案室会开放吗？政府官员是否愿意与你交谈？如果计划的可行性存疑，那么要确保你有某种形式的备份计划，或者相应地重新形成你的研究问题。对于在发展中国家研究所涉及的问题，德瓦罗和霍迪诺特（Deveraux and Hoddinott，1992）做了有益的概述。

健康和安全

安全是所有实地工作的关键，你必须记住，你在海外会生活和工作在不熟悉的环境中。只要需要，你就必须确保你接种了所有相关的疫苗，并带上治疗疟疾的药片。重要的是要让你的医生知道你将在海外做什么，因为一般给"游客"的建议可能是不够的。你应该一直随身携带一个基本的急救包。适当的保险对你的健康和财产都至关重要，若无保险甚至别想去旅行。

表 38.1　三个本科生在加利福尼亚州圣克鲁兹的研究计划概要

	计划 1	计划 2	计划 3
计划的主题	双语教育	劳动的种族隔离	滨海再开发
地点是否合适？	是，圣克鲁兹具有庞大的非英语的人口	是，圣克鲁兹具有种族群体的多样性	否，圣克鲁兹并不发生这个过程
设想的方法	访谈教育部门、研究学校案例	问卷调查、人口普查分析	访谈规划者、开发商等
计划的可行性？	在启程前已通过电子邮件联系，敲定了访谈和案例研究学校	人口普查材料可从图书馆获得；问卷调查受限制，因为学生团队中没有能说西班牙语的人	关于再开发的研究计划在诸如市中心那样的地方可行，但聚焦于滨海并不相宜
结果	计划优秀	计划变成以雇主而不是以雇员的视角看问题	计划薄弱，因为该团队未能对其计划重新聚焦

你应该确保你将要开展工作的地区不是一个内乱不已的高风险地区。不是所有的海外地方冲突都被媒体报道，所以建议查找更多的信息。英国外交和英联邦事务部（The Foreign and Common-wealth Office，网址在参考文献中）是一个很好的信息源。

官僚机构

作为一个本科生，你可能不会花多于一个月的时间做实地工作，所以很可能持旅游签证（在合适的地方）就足够。利物浦大学的学生曾经在不同的国家如美国、南非、马来西亚、印度、乌干达、特立尼达和多巴哥实施研究，用的都是旅游签证。他们与官员打交道没有遇到任何问题，部分是因为他们要停留的时间不太长，也因为他们进行的研究没有被看作敏感类型。你可能要咨询你开展工作的国家的大使馆或高级使节团，但是不要说你将去"工作"或"研究"，因为这类词语对移民官员来说有特别用意，可能会引起很多不必要的麻烦。

语言

试图要求一篇本科生论文能够流利地使用一门外语或许有点苛求了。然而，如果你的研究涉及访谈或问卷调查的话，你需要考虑如何对付语言问题。你是否需要一个翻译？如果需要，会是谁？依赖翻译可能是有问题的，你需要知道你自己和受访者之间的这个额外"过滤器"会如何影响你的结果。

即使你不需要用外语来访谈人们，也值得努力掌握一些有用的短语。作为一个自然地理学者，你不一定需要为在肯尼亚的研究说斯瓦希里语，但少数短语会有助于你四处走动，并可能帮助你"适应"你的实地考察点。

该带什么

一如既往地尽量轻装旅行。咨询指导老师、旅行指南和当地联系人，了解你需要什么以及在你的实地考察点能得到什么。如果你是前往一个边远地区的探险队的一员，那么你所需的将显然不同于那些扎根大城市地区的人。此外，某些物品在一些地方是可能获得的，例如，隐形眼镜护理液、卫生棉和防晒霜，但花费极大。

如果你要带电子物品，如便携式电脑，那么要确保了解你目的地的电压和插座详情。

你也要咨询衣着方面的问题。你需要既考虑你目的地的气候条件，也要考虑对穿着的社会规范。如果你正在进行关于旅游的研究，那么穿着得像一个旅游者是可以接受的。但是即使气温超过 30 摄氏度，穿着短裤也不太可能使你在政府办公室或某些文化背景下受欢迎。

在我的墨西哥实地考察中，我收集了一套有鲜艳花纹的棉裙。虽然在英国这从未在大白天里见过，但在墨西哥是理想的，因为它既舒适又穿着适当。

与所有的海外旅行一样，不要试图把你所有的钱以现金的形式携带。确认你的银行卡在你的目的地是否可用，或者是否可用旅行支票。如果你决定带旅行支票，那么要确保其为正确的货币（例如，在美国不用英镑）。如果你没有信用卡，那么考虑申请一个以备应急。一定要确保将你的所有银行卡或旅行支票的号码记下来，与急救号码一起置于行李中的不同处，以防丢失。你还应该带上你的护照、保险详情和联系人名单的复印件。

在前往现场之前，需要设置一个可以访问世界上任何地方的电子邮件账户（例如，hotmail 或者 Yahoo）。这既有利于与家里人保持联系，也有利于在出现那些紧急情况时联系你的指导老师。

在现场

研究

虽然在现场的时间很有限，但要肯定的是不要一下飞机就进入实地工作。在某些情况下，你需要适应不同的时区、适应酷热或酷寒，但重要的是，在所有情况下你都需要花一点时间来评估你的实地考察点。暂退一步，评估一下你计划的研究，这能为你在以后节省大量心力。例如，如果你要做问卷调查，要确保熟悉地方背景的人已从头到尾看过问卷，而且你也适当地做了先行试答。自然地理学者可能要检验备选地点，以确保他们预先选定的实地考察点是最合适的。

如果在你到达后发现你精心准备的计划显然行不通，不要惊慌！档案室可能出乎意料地关门了，雨季可能来早了，或者要访谈的那些人可能被证明不可接近。由于你正在现场，所以值得尝试重新聚焦你的计划。你的备份计划可能派上用场，或者可以采取其他措施。与你在当地的联系人商量并发电子邮件给你的导师会是有益的行动方针。

在访谈或进行问卷调查时，数据的"准确性"可能是一个问题。这可能因为语言问题，或者因为你的受访者对于向你这样一个外国研究者道出"正确"答案比较敏感，或者他们感觉向你呈现他们生活的某一特别方面可能对他们有利。认识到这种可能性并努力获得替代信息来源是有所帮助的（参见 Casley and Lury，1987；Howard，1997：20-24）。

表 38.2 海外实地工作的准备

1 研究

你的研究课题在你所选择的地方是否可行?

你的方法是否可行?

你是否获得在你选择的合适实地工作的许可?

你是否已制订了在相应地方进行问卷调查或访谈的进度表?

你在相应的地方是否有翻译?

如果你选定的研究计划整个失败,你是否有一个备份计划?

如果你有研究上的问题,你是否知道如何得到你导师的指导?

2 健康和安全

你是否已经接种了所有合适的疫苗?

你是否准备了适当的抗疟疾药物?

你上保险了吗?

你是否确定你的实地考察点没有地方冲突?

你是否准备了适用于你目的地的急救箱?

在你的目的地国家是否有你可以联系的人?

3 官僚机构

你有至少 6 个月有效期的护照吗?

你有所有相应的签证吗?

你是否已复印了所有的文件?

你是否有你的院系出具的介绍信? 最好用当地语言,概述你要做什么并证实你是一个学生,是值得信任的人。

4 整装

你需要的所有设备都到位了吗?

所有的电器都能在那里使用吗?

你带上了合适的衣服吗?

你有办法在紧急情况下拿到钱吗?

5 其他

你是否安排好了所有相应地方的住宿?

你是否有一个可以国际访问的电子邮件账户(如果你将邻近网吧或类似地方)?

要确保在你整个停留期间做好现场记录。对于人文地理学者，这些记录应该包括一般观察，也包括与你研究有关的特殊"发现"。你可能并不打算进行族群志研究，但是一个出租车司机不经意的评论或报纸上一篇简短的文章或许会给你非常有用的调查线索启发。

在你进行的过程中要不断地回顾你的工作，这至关重要。这同样是很好的实地工作实践，但由于你在实地考察的时间有限，更提升了其重要性。在现场就要开始给问卷编码，概括定性数据的基本趋势，或者在图上标示自然地理学的测量。这些都是不错的主意，为你的分析提供了一个良好的开端，而更重要的是帮助你确保自己在正确的工作轨道上。

安全

任何采样或访谈都不值得把你置于危险之中。正如在国内一样，要保持适当的警惕，无论你是在一个与世隔绝的地区还是在熙熙攘攘的城市中心。关于有毒植物、昆虫和蛇的相关知识在某些地方是非常重要的。适当的穿着和行为举止会有益于你，特别是女同学要避免不必要的关注。记住大多数地方的主要危险是道路交通（Elmhirst，1996；Seymore，1996）。

道德规范

任何研究都具有伦理道德的维度，而当来自经济上富有的国家的研究者在经济上贫困的国家工作时，特别的权力关系就更加凸显（例子可见 Patai，1991；Sidaway，1992；Wilson，1992；Madge，1993）。有时称这个过程为"数据挖掘"（data mining），并将其等同于各种形式的新殖民地主义。对一些人来说，权力是如此不平等，以至于他们感到在这种情况下做研究很不舒服。然而对另一些人来说，继续研究才是前行之路，但要尽量以一种没有伤害的协作方式进行。而你，作为一名本科生，你拥有的资源、时间和影响都很少，不足以改变现状，你所做的任何工作都以尊重和了解背景为特征，这至关重要。你也应该努力将任何发现反馈给那些帮助过你的人。

虽然大多数在国外做研究的学生都处在一种陌生的环境中，但对于某些本科生来说，他们会回国继续研究。这使他们在运用当地知识方面具有明显优势，但这并不自动意味着你将是一个局内人。你在班级里的地位、性别和种族等条件可能影响人们与你互动的方式（参见 Amadiume，1993）。

将样品或数据带回国

完成你的实地工作后，关键在于将你的数据或样品安全地带回国。问卷编码表可以复印或保存到光盘上后寄回国，现场记录或其他定性材料也可如此。然后你需将原件放在你的手提行李里随身携带——这可能会使你不受客舱乘务员待见，但值得这样做。如果你要带回沉积物样品，那么对你在任何海关表格上所说的都要非常小心。通常任何可能是"有机物质"的东西都会受到怀疑而被检查，因此有时可以使用"地质样品"之类的术语。

基于海外实地工作的论文

大多数地理学本科生选择不到海外做他们的论文研究，部分是因为经费问题，也因为来自对有偿工作和（或）家庭承诺需求的竞争。然而，在某些情况下是可以做海外实地工作的，表38.3给你一些最近的论文设想，包括来自利物浦大学的例子。人文地理学的偏向是对海外自然地理研究中所涉及的后勤（特别是安全）问题的一种反映，如果你不参与较大规模远行的话。

224

表38.3　基于海外实地工作的论题选择

1. 南非开普敦对女性主导家庭的住房供应
2. 非正式部门在特立尼达岛（Trinidad）西班牙港的进入和运作
3. 关于印度马迪亚邦（Madhya Pradesh）将妇女纳入发展计划的调查
4. 生态旅游？以墨西哥西卡莱特（Xcaret）、埃克斯普-哈（Xpu-Ha）和西安卡安生物圈保护区（the Sian Ka'an Biosphere Reserve）为例
5. 非政府组织在发展中的角色和表现：乌干达库米特区特鲁多情景（Vision TERUDO）的案例研究
6. 冰岛福尔斯霍科尔（Fallsjokull）冰前河流的水力测量
7. 谁是旅行者？对泰国科帕干岛（Ko Phangan）替代旅游的审视
8. 意大利佛罗伦萨省的柔性专业化

你们当中那些能够远行海外做研究的人，要充分利用这个机会。这会是一篇论文的极好基础，但也代表一段很重要的个人经历，将具有持久的影响。要确保在你出发之前已经考虑了学术和后勤两方面的问题，你会充分地享受这段经历。

参考文献

Amadiume，I. 1993：The mouth that spokea falsehood will later speak the truth：going home to the field in Eastern Nigeria. In D. Bell et al. (eds.)，*Gendered Fields：Women，Men and Ethnography*. London：Routledge，182-198.

Casley，D. J. and Lury，D. A. 1987：*Data Collection in Developing Countries*，2nd edition. Oxford：Oxford

University Press.

Deveraux, S. and Hoddinott, J. (eds.) 1992: *Fieldwork in Developing Countries*. London: Harvester Wheatsheaf.

Elmhirst, B. 1996: The newest demon. *New Scientist*, 151, 36.

Foreign and Commonwealth Office website, www. fco. gov. uk.

Howard, S. 1997: Methodological issues in overseas fieldwork: experiences from Nicaragua's Northern Atlantic Coast. In E. Robson and K. Willis (eds.), *Postgraduate Fieldwork in Developing Areas: A Rough Guide*, 2nd edition. London: DARG Monograph 9, RGS (with IBG), 19-37.

Madge, C. 1993: Boundary disputes: comments on Sidaway (1992). *Area*, 25, 294-299.

Patai, D. 1991: US academics and Third World women: is ethical research possible? In S. Berger Gluck and D. Patai (eds.), *Women's Words: The Feminist Practice of Oral History*. London: Routledge, 137-154.

Robson, E. and Willis, K. (eds.) 1997: *Postgraduate Fieldwork in Developing Areas: A Rough Guide*, 2nd edition. London: DARG Monograph 9, RGS (with IBG).

Seymore, J. 1996: Trafficking in death. *New Scientist*, 151, 34-37.

Sidaway, J. 1992: In other worlds: on the politics of research by 'First World' geographers in the 'Third World'. *Area*, 24, 403-408.

Wilson, K. 1992: Thinking about the ethics of fieldwork. In S. Deveraux and J. Hoddinott (eds.), *Fieldwork in Developing Countries*. London: Harvester Wheatsheaf, 179-199.

39　实验室工作

*海瑟·*A. *威尔斯*（Heather A. Viles）

　　大多数大学的地理系都有良好的实验室设施，但是许多地理学生（可能还有少数地理老师）并不知道这一事实。就像计算机机房和图书馆一样，实验室帮助地理学者解答要研究的各种问题。为了能最好地利用实验室，你需要知道提出什么样的问题，并考虑那类可以利用你的大学里能得到的设备和工具获得答案的问题。作为专业课程的一部分，许多地理学系开设实验课，这些课程可以让你体验实验室科学如何运作。但是对很多学生来说，发展实验室技能的理想机会是由论文或其他项目提供的。

　　自然地理学者从事的实验室工作主要有两类。第一类是**分析**（analysis）在野外采集到的样品。在这种情况下，研究者要回答诸如"我的样品由什么构成"以及"它的年代如何"之类的问题。此类分析工作通常基于并增强野外观察。例如，你可能想要比较两份河流阶地的沉积物，野外的调查和观测将提供关于高度、尺寸以及沉积物形态等的基本信息，对野外采集样品的后续分析将能够更详细地描述沉积物特征，也许还有沉积时间。第二类实验室工作是**试验**（experimentation），对于大部分地理学项目来说，试验是野外研究的补充。研究者在试验中要回答诸如"我的样品在一定条件下会如何表现"之类的问题。试验对于自然地理学的过程研究（如风化研究）非常有用。你可能想要研究洞穴状风化特征的发展，那么在干旱地区野外观察到的此类特征的性质和分布，就可用来设计一个真实的试验以检验它们会如何发展。

　　地理学者研究几类样品，这些样品通常从自然的或建成的环境中收集。土壤、沉淀物（如沙丘沙或海洋沉积物样品）、岩石、水样品以及各种各样的有机物（如树叶、树芯、动物粪便）等，都是地理学者经常研究的。所使用的样品类型包括从用重型钻机钻取的沼泽、湖泊、泥潭或冰盖里的柱芯，到小袋沉积物和土壤，以及从露出地面的岩石中锤击出来的岩块，和封装在瓶子里的水。

低技术途径与高技术途径

分析和试验都有两条主要途径可遵循。第一，采用**低技术方法**（low-tech methods），可以提供一种便宜而简单（但常常会非常耗时）的操作方式。低技术途径的一个例子是采用 226 滴定法来测定水样中的钙含量，使用非常基本的实验设备即可做，而且很简单，但是需要耐心，可能极其无趣！第二，使用一整套昂贵仪器的**高技术方法**（high-tech methods），通常很快速，能分析大量样品，并且提供高精度的结果。例如，测试水中钙浓度的另一种方法是使用原子吸收分光度计（atomic absorption spectrophotometer，AAS），只要正确地设置和校准，它就能快速提供分析结果。

在设计一个涉及实验室工作的项目之前，重要的是发现你可以使用的方法，以及它们如何起作用。地理学实验室中大部分可用的分析技术提供了有关样品物理性质、化学性质和生物学性质的信息。可用的技术通常都涉及一些方法来确定如下事项：

- 沉淀物的粒度分布；
- 水样（或溶解土样）的化学含量——常以阴离子（如硫酸盐、硝酸盐和氯化物）和阳离子（如钙、铁和铅）的形式。

大部分地理学实验室也有各式各样的显微镜用于样品准备、微化石辨识、颗粒形状辨认等。一些实验室拥有的设备还可以进行专门的分析，例如：

- 花粉、硅藻和其他微化石分析；
- 树木年代学研究（包括利用树木年轮研究气候、污染或地形改变）；
- 测年（如放射性碳和光释光）；
- 有机化合物或同位素分析；
- 岩石力学。

通过与你所在院系的老师和研究人员交谈，你将感受到所能提供的东西；对于涉及他们会让你使用的任何专业设备的项目，他们几乎肯定会提供很好的想法。很多实验室里一般并不具有专用的实验设备，但都会有诸如环境柜、水槽、基于实验室的降雨模拟器和波浪箱等设施。然而，许多有用的试验用很简单的设备就可以完成，但要有足够的想象力和智谋。

大部分实验室对于广泛的实验技术都有协议或说明书（通常可在院系网页上获取）。然而实验室工作不仅是简单地使用一种或多种方法，还有更多，正如本章接着要讨论的，你需要考虑以下方面：

- 安全和良好的内务；

- 你要探究什么问题，如何最好地解答之；
- 有效的样品准备；
- 良好的记录、分析和结果展示。

安全和良好的内务

实验室内的安全至关重要，包括照看好自己和他人、设备和样品。所有的实验室都有安全条例和规章，在开始所有的工作前都必须认真阅读。所有由学生承担的实验室工作都需要做一个正式的风险评估，并且记录在"健康危害物控制"（control of substances hazardous to health，COSHH）表中。许多安全导则都基于常识。一般规则如下：

227

- 始终听从实验室技术员的指导；
- 始终自问你是否还有什么事情不清楚；
- 小心地遵循所有操作指南；
- 如果出了什么事，或者你弄坏了什么东西，立即承认。

良好的内务也是有效进行实验室工作的一个重要方面。你应该像看待任何共享空间一样看待实验室，不能留下一片狼藉。当你完成分析后，你应该确保把一切都清理好（或者遵从实验室技术人员的有关指导）。绝不要随意放置样品，它们很可能会被污染、消失或丢弃。

要探究的问题

在开始作为项目一部分的任何实验室工作之前，至关重要的是考虑你要探究什么问题和为什么。例如，如果你要研究海滩沉积物，你可以做很多不同的分析来提供对沉积物物理、化学和生物特性的描述。你必须确定哪种分析能告诉你有趣和有用的东西，而这当然取决于你提出了什么样的问题。某些技术很费时间但不能告诉你很多信息，另外的一些技术能够提供高度切题的信息。确保你在野外采集的样品有意义且有代表性也十分重要（见大卫·希吉特所撰的第37章）。回到海滩沉淀物的研究，如果你仅从一片海滩上采集了一份样品，那么实验室分析不会告诉你任何很有意义的结果。野外采样时也需要考虑对样品要采用什么样的实验室技术，因为某些分析或试验需要大量样品，而有些只需要微量。一般而言，沙滩物质的粒度分析需要几十克样品，而形状和表面质地的显微镜分析仅需要几百个颗粒。采样还需要考虑要用什么样的统计检验，以便在数据集之间进行有意义的比较，或研究数据中的趋势。简单的统计检验（见阿兰·彭特科斯特所撰第36章）能够让你从不同的样本集中进行数据比较。

有效的样品准备

你在实验室所能用的每一种技术都要求准备好样品，通常有很多可行的准备方法。例如，固体样品可能需要用酸来溶解以产生液体样品；沉积物可能需要烘干并去除有机成分；岩石样品可能需要清洗和抛光。选择正确的准备技术对于获得理想结果至关重要，你必须确保充分掌握之。这里要考虑一下"适合"和"准确"这两个词。例如，粒度分析尽管有很多种准备样品的方式，但是仅有某些方式适合特定的研究问题。如果你在研究海滩沙粒，在粒度分析之前你可能会，也可能不会清洗它们以去除盐分。你需要根据正在处理的研究问题来决定要遵循什么最佳策略。对于很多分析技术来说，准备工作做得准确十分重要，如果做得不好，整个分析就前功尽弃，你得到的结果也毫无意义。例如，为了做化学分析，稀释是必要的，而做这事必须十分小心，否则你不可能准确地知道你准备的样品中的元素浓度与原始样品中的浓度有何关系。

记录

228

一旦你已决定要做什么和如何做，也收集好了样品，你就准备好了要开始实验室工作的最重要阶段。在这个阶段，遵循良好的工作惯例至关重要，这将确保你获得有意义的结果。第一步是买个合适的笔记本，确保你能存留所有的实验室协议、注解和结果。第二步是要保证你对所做的一切都有清楚的记录，并且保证你在分析或观察之前的关键准备阶段做得是足够准确和仔细的。许多分析要求你对样品的初始重量和体积有某种精度的了解，以便计算各成分的浓度。如果你在开始时没有准确地做此类测量，你最好不要徒劳地做后续分析，因为你的结果将不会有任何意义。另外一个例子是分析柱芯样品中的花粉和其他微化石。粗心地切断一个柱芯或者用粗制滥造的花粉切片都将意味着你不可能得到好结果，无论你多么努力地俯看显微镜，也无论你投入了多少时间来学习识别不同的花粉粒。

当你开始分析或试验时，有效地记录结果并安全地保存之是极其重要的。这看上去可能不言自明，但我曾不幸意外丢失了一半为完成我的论文研究而在臭气熏天的盐沼泥上辛辛苦苦采集到的粒度分析数据，几个小时的工作无缘无故地消失于某个地方的废纸篓里。许多分析都有标准的报告单（其中很多现在可以作为 Excel 电子表格，或者很容易以此类格式生成）；可用手提电脑来记录许多结果以节省书写时间，通常可用数据存储器来频繁地存储所收集的数据（例如，用于模拟某沙漠昼夜循环的环境柜内的温度读数）。许多设备的高科技模块会将结果记录在光盘上，然后可以下载或处理之。

最后，在收集了你的实验室结果后，你必须利用统计技术加以分析，并以图或表的形式展现之。这正是实验室工作真正开始表现出生命力之所在，因为你终于在这个阶段用结果来回答你当初提出的问题。诸如粒度分析的某些技术，有标准的数据分析和表示方法来总结一个样品的数据。对于其他一些技术，则必须寻求你自己的方法。所有这一切如果听起来很令人沮丧，不必惊慌，有一个简单的解决方法就是预研究。

做一个预研究

预研究将有助于解答前几节指出的所有问题。在你周边一个类似于你要研究的环境类型的实地考察点花上几个小时，采集一些样品并试着在实验室做某些分析。在许多情况下，你预选的地点都是易于进入的。这项预研究若成功完成，就可以成为项目的一部分，若不成功，那么你就省得去做会浪费在实验室和实地的大量努力。如果你正在考虑做一个关于热带雨林落叶的项目，显然很难为了做一两天的预研究就飞往亚马逊或其他合适的地方。即使在这种情况下，找一片附近的林地做一个预研究，至少会让你思考所涉及的问题（虽然可能是在一个较小的尺度上），并使你用相似类型的样品练习实验室技术。预研究能使你解答一些问题，例如，野外采样方法、所需样品的数量和大小、不同实验室技术所需的难度和时间等，更为根本的是，能检验你是否真的喜欢此类研究。

229

建议的项目

作为结束，表 39.1 列举了一些例子，它们是使用实验室技术解答地理学问题的学位论文项目。正如你所见，某些例子仅用一种实验室技术，而其他例子则需要一整套方法。在某些项目中，实验室工作只是实地作业的一个小附属品，而在其他项目中，实验室工作则构成了整个项目。

表 39.1　几个包含实验室工作的成功论文项目实例

项目目标	野外工作	实验室工作
比较自然海滩和人工海滩的性质，以便评估人工海滩是否成功	· 测量海滩的剖面； · 与工程师讨论人工海滩的设计； · 采集自然海滩和人工海滩的代表性物质样品	· 粒度分析； · 矿物学及形态分析

项目目标	野外工作	实验室工作
苏格兰某流域中的扰动及植被变化	· 在合适的湖泊或沼泽采集柱芯	· 柱芯各层的花粉分析
源自某矿山的重金属污染在一条季节性河流谷地中会扩散多远?	· 沿河谷测量河流的沉积物; · 采集沉积物样品	· 沉积物样品的重金属含量; · 粒度分析
某滨海石灰岩台地池塘中的水是否导致石灰石溶解?	· 绘制池塘地图; · 在整个潮汐周期监测池塘水的化学性质和水量; · 采集水样	· 分析水样品中的钙含量

深入读物

Allen, J. R. L. 1985: *Experiments in Physical Sedimentology*. London: Allen and Unwin. 本书中有一些关于自然地理学者感兴趣的实验研究的好建议。

Goudie, A. S. (ed.) 1994: *Geomorphological Techniques*, 2nd edition. Oxford: Blackwell. 全书是关于各种不同类型地貌学研究的实验室技术和方法的信息。

Watts, S. and Halliwell, L. (eds.) 1996: *Essential Environmental Science: Methods and Techniques*. London: Routledge. 作为概述性介绍,第一章关于"好的科学工作者"和第五章关于"一般实验室设备和技术"特别有用。

40　问卷调查

加里·布里奇（Gary Bridge）

"我知道！我要做一份问卷！"

接近午夜了，你满头大汗。明天你必须提交你的本科毕业论文计划。你知道你要做关于伦敦城内很多街区社会经济地位不断上升（一个被称为"绅士化"的过程）的研究，但是你还不确定如何做。你必须向主考人证明你已经做了一些实际的实地工作。然后你灵机一动（或许是因为你已不能再苦苦思考这个问题了）——"哦！我要做一份问卷！"你瘫倒在床上睡了一个安稳觉。

至此，你已经犯了两个关键错误。第一，你仅仅限定了研究区而不是一个具体的研究问题。关于绅士化你想要了解什么？你研究的问题是什么？你可以探究绅士化为什么会发生及在哪里发生，或者什么人在绅士化及为什么，或者工人阶级居民对街区里发生的社会变化有什么感受。这些问题中的每一个都要求不同的研究方法和不同的信息来源。

即使明确了研究问题，你通常会犯的第二个关键错误——认定问卷调查是最好的可用方法。这是因为它已经关联到包含大量调查和统计分析的所谓"硬"社会科学。问卷调查经常被视为解决实地工作问题的万灵药。然而，只有当它是为解决**明确界定的研究问题**提供所需信息的**最合适方法**时，问卷调查才是有效的。这么说吧，例如你感兴趣于绅士化到底是一个已郊区化的中产阶级回归城市的运动，还是一个不选择郊区化的中产阶级居民在城市内发起的运动，你就必须知道这些人来自哪里（即他们以前的住址）。问卷调查似乎是获取关于伦敦港区居民信息的不二法门，然而也可以利用其他信息源。例如，你或许能查阅当地房地产经销商的记录，其中会列出购买者以前的住址。这会是一个获取所需信息的更简单、花费更少的方式。

即使已确定问卷调查**是**收集信息以处理具体研究问题的最合适方法，也不能保证其成功。问卷调查的成败由三个步骤决定：① 抽样理论，即你是否问对了人；② 问卷的设计

（提问的措辞、问卷的排布等）；③ 结果的分析和解释。

"调查是一种直接从人们那里收集关于其感受、动机、计划、信仰，以及个人背景、教育背景和财务背景等信息的方法"（Fink and Kosecoff，1985）。调查可采用问卷或访谈的形式。问卷调查不同于访谈，因为问卷调查或是自我执行的（即受访者自己填写，如邮寄问卷），或是由调查者填写（面谈或通过电话），没有给受访者任何提示或与之互动。相反，访谈无论是正式的还是非正式的，都有更多采访者和受访者之间的对话。访谈倾向于更深入地探究人们的态度、信仰和感受（见杰奎琳·伯吉斯所撰本书第 41 章），通常涉及对所获得信息的定性分析（常常以案例研究的形式）；而从问卷获得的信息则通常要做定量分析，包括统计。

抽样

问卷调查的开始步骤是界定感兴趣人群并接触该人群的样本，以对问卷所得数据的分析作为结束。

开展问卷调查时，你不太可能询问感兴趣人群的所有成员。在上面的例子里，若要去询问港区的所有居民会花费巨大。必须在总体中选择一个样本。为此，你必须对感兴趣的人群有一个明确的概念。如果你不了解这点，样本是毫无意义的。问问你自己："该询问什么人？我如何联系他们？"适合你所感兴趣的人群的抽样框架是什么（例如选民登记簿、电话号码簿、行业名录、纳税登记表）？抽样框架是否能确切地代表要研究的总体？例如在英国，对街区居民抽样的传统途径是选民登记簿，但是它只记载了那些已经登记投票的 18 周岁以上的居民。抽样理论决定了从你的抽样框架中选取家庭或个人的最恰当途径。抽样理论的目标是避免偏向，并确保你的样本尽可能地代表你所感兴趣的人群总体。抽样方法有许多，通过查阅教科书你就能决定哪个方法最适合你的研究。样本的大小也很重要。有必要允许无回应，特别是当邮寄问卷时。关于样本大小的一般规则是"越大越好"，而其上限的设定很可能要根据实际情况，例如，你能够花费多少邮资，打算走访多少街道。对大多数统计检验来说，最小样本数是 30。

所有这些问题都可以通过将常识应用于你的特定研究论题，并查阅教科书（特别是见 Dixon and Leach，1978，该书作为入门指南；Fink and Kosecoff，1985，该书作为直接的说明；Moser and Kalton，1971）来解决。

最后，如果你在做一个关于居住的问卷调查时，你需要家庭中的哪个成员来回答问题呢？如果你本人在做这样一个未经通知的问卷调查，在你开始之前要拜访一下当地的警察局以便让他们知道你在这个地区，并始终带上身份证明。

分析和解释

你必须遵循教科书（特别是 Wrigley，1985；Clark and Hosking，1986）规定的程序，
232 以帮助你处理、分析和解释调查结果。你可能做了一个非常好的问卷，有很高的回收率，但
若后续的分析不当，会毁掉你的研究。不一定非要使用最复杂的软件，必须批判性地使用统
计。在一定限度内，可能有某种统计检验能做任何你能想到的事。问题在于要知道你在探寻
什么，而不是只知道统计方法。只要你直接抓住问题，就可以在教科书里查找到适合的统计
方法。

问卷设计：核心难题

正如我已指出的，抽样和分析都依赖于直接抓住要研究的问题，然后查阅相应的参考
书。问卷调查中最困难的是第二部分——收集信息，因此本章其余部分皆用于讨论这个
步骤。

你的问卷形式将视问卷是邮寄还是访谈而不同。在这两者之间的选择很可能是由你的研
究之性质和实际限制决定的。例如，如果潜在的调查对象分散在全国，那么邮寄问卷是唯一
适用的方式。如果你正处于在邮寄问卷和访谈问卷之间做选择的状态，那么请记住每种方法
的如下利与弊。

邮寄的问卷调查：利与弊

利：

（1）减少旅行时间和跑腿工作；

（2）没有采访者的偏见；

（3）受访者有时间来回答困难的问题；

（4）适宜调查隐私及令人为难的问题。

弊：

（1）问题必须易于理解、意义明确——这需要在问卷设计中做很多的工作（见下文）；

（2）不能与受访者重新核对答案；

（3）受访者无自发性；

（4）受访者在回答之前可以看到所有的问题，这使他们能够洞察你提问的线索，因此他们可能会调整他们的应答以适应你的推理，从而偏离自己的回答；

（5）谁在回答？即使你在你的说明中指定了应该由谁来回答，你也绝不可能确定这些说明得到了遵守；

（6）无辅助性观察资料。如果你实地在那儿调查，你可以看到受访者长什么样，他们怎样回答问题以及他们所处的环境什么样。这对调查是有用的背景信息；

（7）回应率比较低，资源有所浪费。邮寄问卷的回收率往往会比较低。一项普通居住区居民的调查有 30%—40% 的回收率就被认为很好了。如果你调查特定的兴趣团体（例如其他地理学专业的学生）或者在问卷里用什么东西回报应答者（例如你将用这些信息来表达他们的不满，或者给应答者一点礼物），那么回收率会高一些。当然后者不太可能针对地理学专业的学生。

要达到统计分析的绝对最低要求，即 30 个样本，按照平均回收率，你需要送出至少100 份问卷。这意味着需要至少 200 张邮票；每个受访者 2 张，一张用于寄出问卷，另一张贴在随问卷附上的寄回给你的信封上，以便受访者能够将完成的问卷寄回。你可能还要在大约几周之后寄出提醒信。不难看出成本是如何上升的。如果你能自己递送或收回全部或部分问卷，这有助于降低成本，但当然也会耗费你的时间。重要的是，在寄出提醒信之前需要给予人们充足的时间来填写问卷，你应该让他们至少有一个周末。

在邮寄问卷中除了附上寄回给你自己的信封外，还应该附上你所在学术机构的介绍信。这封信应该解释你是谁、调查的目的何在、调查如何选中了他们，以及与他们接洽的原因。承诺保密也至关重要。不要过分殷勤，同样也不要太谦卑。图 40.1 提供了一份附信的范例，这并非一个要严格遵循的模板，但其语调很重要。

良好的问卷排布和问题排序至关重要，特别是邮寄问卷，这将在下文讨论。

研究者发放的问卷调查：利与弊

利：

（1）比邮寄问卷有更高的回收率；

（2）若把出行降至最低限度，所需资源较少；

（3）你会得到对问卷设计的积极反馈，以便你能够在进行中调整问卷设计；

（4）提供澄清问题的机会。

234

牛津大学

地理学院

地理学院
曼斯菲尔德路
牛津，OX1 3TB
英格兰

电话：（0865）271919
电报：83147 VIA.OR.G
传真：（0865）270708
　　　（转：地理学院）

直达线：

1990 年 3 月 30 日

亲爱的居民：

　　我是牛津大学地理学专业的学生，在进行一项关于 Sands End 地区正在发生的社会变革的研究。

　　当地居民（譬如您）的看法和感受是这项研究的一个关键部分。你的地址是从若干地址中随机抽取的。如果你家中任何一位大于 18 岁的成员能够花几分钟来填写附上的简短问卷，那将是对我们的莫大帮助。

　　您所提供的所有信息都保持匿名和保密，受《数据保护法案》保护。

　　附上一个已贴好邮票和写好地址的信封，以便您邮寄回完成的问卷。

　　我希望您能够抽点时间来帮助我的研究。

　　诚挚感谢！

联合科研网地址：GEOGMAIL@UK.AC.OXFORD.VAX

图 40.1　介绍信范例

弊：

（1）耗费时间；

（2）可能对受访者不便；

（3）你可能侵犯个人隐私；

（4）作为访问者的你有个问题：商业性的调查机构很少雇用学生，因为他们是最不可能得到同情回应的人。不要让这最后一点使你失望。好的访谈有赖采访者的个性，诸如年龄或性别，也有赖于精心编制的问卷，如前所述，这对邮寄问卷也至关重要。所以我们现在转向问卷设计的议题。

问卷设计：将你自己托付于纸上

235

问卷设计没有不可变通的规则，可以根据主题性质和受访人而变化。因此，一份精心制作的问卷是一个清晰界定的研究目标和对潜在受访者敏感性的产物，也是反复试验（采用预调查，如不可行，则将问卷发放给周围的朋友、家人和同事，以确保他们像你一样理解问题）的产物，所有这些当中最有价值的就是**常识**。

问卷设计虽然没有金科玉律，但是有一些基于其他研究者以往经验（及教训）的有益建议。

问正确的问题

你如果对研究目标及最终要用的分析方法已经深思熟虑，就很容易形成要问的问题。论文中所犯最严重的错误之一是赖以立论的问题毫无意义。如何使问题的措辞关联你要分析的抽象论题？你是否引入了所有必需的问题？所有的问题是否都是必需的？

以正确的方式问正确的问题

这里有四个重要考虑：① 要求的答案类型；② 措辞本身；③ 偏向；④ 勿模棱两可。

（1）**要求的答案类型是事实、观点还是态度**？所要求的不同答案类型有不同的提问形式。封闭性问题（就像考试中的多选题）通常适于事实性的回答（参见图 40.2）。封闭性问题具有能使受访者快速填写的优势，比较准确且较易于分析，也比较容易编码。编码就是赋予每一个可能的回答一个数字，以便将这些回答输入电脑。关于编码的操作指南可以在任何关于调查的教科书里找到。

有时可以采用等级量表形式的封闭性方式记录态度。等级量表可以有各种形式（例如标称的、序数的、区间的、图解的、对比的、添加的），取决于所需信息的精细程度。权属问题（图40.3）是标称或类别等级量表的一个例子。这也是教科书上的材料。注意答案的形式很重要，无论是类别的（是/否），还是连续的（年龄）及分等级的（用图表），都有相应的统计类型可采用。图40.3提供了一个获取态度信息的等级量表的范例。

4a 您的住房是……？ （请勾选）

☐ 所有者居住
☐ 向私人租赁（带家具）
☐ 向私人租赁（未带家具）
☐ 向市政租赁
☐ 向住房协会租赁
☐ 其他（请说明）

_____

_____

图40.2 封闭性问题示例

15 您在Sands End地区生活是否有社区感？ （请勾选）

☐ 有很强的社区感
☐ 稍有社区感
☐ 没有社区感
☐ 不清楚

非常感谢您对于本研究的帮助！

图40.3 获取态度信息的等级量表问题示例

有时候问题并没有显而易见的答案，或者你可能想要受访者用他们自己的话来回答。在这种情况下就必须采用开放性问题，事后总可以对它们进行编码。开放性问题的示例可参见图 40.4。

**这最后一部分询问您对 Sands End 地区
作为生活之地的看法。**

13   Sands End 地区作为生活之地的优势和劣势是什么？

请尽可能充分地陈述您的答案。

优势：

_____

_____

_____

_____

_____

劣势：

_____

_____

_____

_____

翻页

图 40.4   开放性问题示例

（2）**措辞本身**。好问题的第二要素是用正确的措辞。保持措辞简洁，使用能让人们立即明白的日常用语，避免行话和专业术语（除非你在调查一个专业人群，那些术语在那里具有特定和公认的含义）。即使看起来简单的用词，如"朋友"和"社区"，对不同的人也可能意味着非常不同的事情。一般而言，在简单用词就能胜任的地方不要用复杂化的词汇，例如"生活"（live）就比"居住"（reside）好。

（3）**偏向**。某些名称、地方或者短语是带有感情色彩的，它们会不公平地影响受访者对问卷的回答。例如，一份对地理学专业的学生的问卷可能会问：

① 你要参加斯波克博士的讲座吗？

② 你要参加斯波克博士早上 8 点的讲座吗？

③ 你要参加土壤剖面专家斯波克博士早上 8 点的讲座吗？

选项②和③添加了更多的信息，而它们会使回答产生偏向。

偏向的另一个来源是当你作为研究者却不知道自己在一个话题中的位置。你需要通过向你的朋友和家人以及那些你不够熟悉的人展示问卷来核实这一点，以便获得对问卷的广泛回应。绅士化研究中一个相当露骨的研究者偏向的例子可能就是这样提问："你认为雅皮士们（yuppies）以什么方式毁掉了邻里关系？"

偏向也可能由询问过于私人的问题引起。询问受访者"你赚多少钱？"可能使答案偏向多报，在最坏的情况下可能使受访者断然拒答。通常可采用替代形式来处理过于私人的问题。在这种情况下，列出数种收入类别（0—9 999 英镑；10 000—19 000 英镑）供受访者选择他或她属于哪一类别，这会是一个更善解人意的提问方式。

（4）**勿模棱两可**。模棱两可的提问通常是那些包含了一个以上想法的问题。例如，"你是否认为地方政府应该砍掉其教育项目或卫生项目？"这个问题既不明确又模棱两可。它包含了两个意思（砍掉教育项目和砍掉卫生项目），也不明确到底问的是应砍掉一般教育项目还是特定卫生项目。避免模棱两可问题的最简单方法是遵循"每个问题一个意思"的规则。意思多于一个就需要另外提问。

以正确的方式和正确的顺序问正确的问题

问题的排序很重要，特别是对于邮寄问卷，你需要抓住潜在受访者的注意力，并保持之而不让他们分心。通常将简单的事实性问题放在前面，这有助于受访者轻松进入问卷，也常常能帮助你确定他们是谁。较复杂的材料应该后出现。接着是敏感的问题，但不是在最后。问题应该遵循某种逻辑顺序。在你不得不改变提问线索，或者在你要问一些受访者可能感到与中心主题无关的背景问题的地方，要简要地解释一下你为什么这么做。总而言之，从最熟悉者进行到最不熟悉者。

问卷排布：你的门面

良好排布对于邮寄问卷是很重要的。要回答哪个问题以及怎样回答都必须清清楚楚。不要试图节省纸张。最好的指导又是常识。一份卷面拥挤、分段不清的问卷很可能被扔掉。图40.5 是一个排布不当的问卷示例，而图 40.6 是一个排布良好的例子。问题都用粗体字，并直接指定了每个答案所需的详细程度。所有的问题都适用于每个受访者的情况很少，必须有所筛选，如图 40.6 那样。可用箭头引导受访者做筛选，但它们只有在其引导受访者指向的问题确实在同一页面时才能成功地起作用。

下划线部分甚而单列的问题，起到了一个让问卷看起来很整洁的划分视觉的效果，也使受访者在完成每个部分时较有成就感。不要忘记提醒受访者翻页。没有什么事情会比收到一份认真完成但是背面页因受访者不知道他/她还未完成而空白的问卷更令人泄气的了。同理，要给每一页都标上页码。

篇幅

在某种意义上，一份邮寄问卷的篇幅似乎并不是个严重威胁。重要的是问卷是否能够引起受访者的兴趣以及是否好看。问卷应该尽可能地短，所有其他事项同样如此。这就要求随时保持提问的准确性和相关性（用以安抚遇到困难问题的受访者的虚设问题除外）。由于提问的专横或试图在太小的空间里塞满问题，也可能出现问卷过短的情况，这只会使受访者恼火。准确性和相关性是准则。

对于访谈式问卷，篇幅似乎不是大问题，但是你可能会发现你经常被问到："这要花多少时间？"不要少报时间！如果你惊慌于可能失去一个受访者，就说你可以在他（她）愿意的任何时候结束提问。受访者很少会在中途就不理睬你，除非他们确实不得不离开，或者除非你冒犯了他们，令他们感到很厌烦。

结语

问卷调查应该是令人愉快的。你在进行原创性研究，在发现人们更多的事情。你可能会愉快地并惊讶于人们会如此配合。记住，最好的问卷是向正确的人问准确的问题。

Q21d　您多久见到此人一次？　　　　　　　　　　　　　（请圈选）

　　　每天 / 每周 / 每月 / 每年 / 很少

Q21e　你们通常在哪里见面？

　　　_____

Q22a　考虑您最喜欢的傍晚娱乐活动。
　　　在这样的傍晚您最想和谁（除了你的妻子/丈夫或伴侣以外）在一起？

　　　_____

Q22b　以下词语中哪个最适合描述此人？　　　　　　　　　（请圈选）

　　　亲戚 / 同事 / 邻居 / 朋友 / 熟人 / 同机构的成员

Q22c　此人住在哪里？　　　　　　　　　　　　　　　　　（请圈选）

　　　Sands End / 富勒姆（Fulham）其他地方 / 伦敦其他地方 /
　　　英国其他地方 / 国外

Q22d　您多久与此人会面一次？　　　　　　　　　　　　　（请圈选）

　　　每天 / 每周 / 每月 / 每年 / 很少

Q22e　您通常在哪里与此人会面？

　　　_____

Q23　作为生活之地，Sands End 地区的优势和劣势是什么？
　　　请尽可能充分地陈述您的答案。

　　　优势：

　　　_____

　　　_____

图 40.5　一个排布不当的问卷示例

8e 他/她在哪里工作？

工作机构 地址（街/区/国家）

_____ _____

9a 您有孩子吗？

□ 是——继续问题 9 □ 否——转向问题 10

9b 您的孩子几岁了？

_____

10a 除了那些和您住在一起的人以外，是否还有您的其他家庭成员、
朋友或亲戚住在 Sands End 地区？

□ 是——继续问题 10 □ 否——转向问题 11

10b 对那些与您有联系的住在 Sands End 地区但不住在你家的人，请陈述
各种类型（例如兄弟、表兄弟、朋友）。

_____

_____

11 下面两个陈述哪一个最接近您的看法？ （请勾选）

□ 政府最重要的工作是保证每个人都有体面而稳定的工作和
生活水平。

□ 政府最重要的工作是保证每个人都有好的机会使他们靠自
己往前走。

翻页

图 40.6 一个排布良好的问卷示例

参考文献

Clark，W. A. V. and Hosking，P. 1986：*Statistical Methods for Geographers*. New York：Wiley.

Dixon，C. J. and Leach，B. 1978：*Questionnaires and Interviews in Geographic Research*. Concepts and Techniques in Modern Geography 18. Norwich：GeoAbstracts.

Fink，A. and Kosecoff，J. 1985：*How to Conduct Surveys：A Step by Step Guide*. London：Sage.

Moser，C. and Kalton，G. 1971：*Survey Methods in Social Investigation*. London：Heinemann.

Wrigley，N. 1985：*Categorical Data Analysis for Geographers and Environmental Scientists*. London：Longman.

241 深入读物

Babbie，E. 1990：*Survey Research*. Belmont，CA：Wadsworth.

Oppenheim，A. 1992：*Questionnaire Design，Interviewing and Attitude Measurement*. London：Pinter.

Peterson，R. 2000：*Constructing Effective Questionnaires*. London：Sage.

Rogerson，P. 2001：*Statistical Methods for Geography*. London：Sage.

41　访谈的艺术

杰奎琳·伯吉斯（Jacquelin Burgess）

1943 年首次出版的《街头流浪者社会》（*Street Corner Society*）是一部经典的城市族群志。威廉·怀特（William Whyte）在附录中讨论了他在现场调查研究中遇到的一些问题，包括让人们和他谈论敏感话题时的困难。他的一位重要受访者多克（Doc）及时地给了他一些忠告。

> 比尔，不要轻易问"谁""什么""为什么""什么时候""什么地方"之类的问题。人们不会跟你谈你问的这些问题。如果人们接受你，你四处闲逛就行了，久而久之你不问这些问题也会得到答案。（Whyte，1955：303）

多克当然是对的，但是那些要为毕业论文或者延伸项目做研究的大学生，所面临的问题是时间，你简直没有足够的时间在现场闲逛以被你要研究的人群接受。所以我写这一章是稍显滞后地指出你可能已经抛之脑后，而确实应当在访谈中考虑的**"为什么""谁""什么""如何"以及"然后是什么"**等基本问题。人文地理研究包括定量分析和定性分析。访谈方法包括研究者与受访者一对一交谈，和小组或焦点人群访谈，后者要求研究者促成 6 到 8 人的讨论。我在这一章中对这两种方式都加以讨论，但将更着重一对一访谈，它代表着定性研究的基本方法工具。

定性的现场分析在社会学和人类学中有着悠久且值得尊敬的传统，它在地理学中与文化和社会地理学的关系最为密切（见 Limb and Dwyer，2001）。定性研究的基础在于强调人是创造性的人，他们在世界上的行动基于他们对构建他们的生活，反过来又使他们能塑造和改变之的社会和制度的认知和理解。这听起来有点拗口，它实际的意思是：通过倾听人们陈述和说明其生活与活动各方面的多种方式，承诺理解他们的经历。因此不足为怪，对于情感和行动，定性方法提供了比定量研究更为复杂的解释。其数据通常是语言的而不是统计的，是上下文关联的而不是从日常生活中截取的；研究者要融入他们的受访者而不是像问卷调查那样与他们分隔。

　　你需要做什么才能成为一个优秀的采访者呢？用美国社会学的行话，"成功的访谈与在日常生活中进行不盛气凌人、自我控制、乐于助人、有礼貌和坦诚的互动并无不同"
243 (Lofland，1971：90)。在日常生活中，如果你喜欢与人交谈，你不随时随地对他们大喊大叫，不置之不理，不嘲笑他们而是听他们诉说，那么你有成为一个优秀采访者的潜质。访谈的艺术在于，能够以一种使你要访谈的人自由表达她或他的观点和感受，同时还能满足你自己的研究目标的方式进行交谈。常常需要从与某人谈论生命、宇宙和一切的迷人对话中超脱出来，借用道格拉斯·亚当斯（Douglas Adams）在《星系漫游指南》（*The Hitch-Hikers' Guide to the Galaxy*）中的一句话，正是要表现出你仍然不知道那人是否真的相信答案是42！所以，目标就是实现能使受访者和研究者都满意的最终结果。下面是关于如何取得这种结果的一些实用忠告。

为什么采用访谈作为论文研究的基础?

　　为了达成你的决定，你必须考虑以下几点：
- 你研究计划的性质、你的目标；
- 实现你目标的替代方法；
- 将影响你用以实现目标的各种方式的约束条件。

　　如果你的研究计划要求你关注对助力形成人们地理行为的情感、价值、动机和局限的人文地理学诸方面的解释，或者你需要理解不同社会群体感受复杂问题的话语，那么访谈将是一种合适的研究技巧。无论什么主题，你都需要考虑访谈是否能够提供最佳方式去实现你的目标。问卷调查是否更合适呢？如果你想重点关注人们如何陈述和说明其自身的经历，如果你想了解问题的复杂性而不是把它约减为一组关键解释变量，如果你的目的是做一个案例研究而不是一个广泛总体的代表性样本，那么答案是否定的。

　　你将面临的主要限制是**接触**和**时间**。你是否能接触到你想要交谈的人？例如，很难接触到精英人群，如跨国公司的经营主管或者很富有的人。时间也很重要。如果赢得你要研究的群体的信任要花一年时间，那么就不可能继续这个项目。最好的定性研究是随着时间的推移而建立起来的，研究人员来来回回地从实地到进行数据解释，并根据以前的经验再回到实地做进一步访谈。务必记住，记录和解释访谈数据比统计数据更耗费时间；文字表达是比定量分析更具有创造性和交互性的过程。学生们经常问要有多少个访谈者才算"够"，这是资源

（时间、经费）与知识含量两者之间的一种平衡。所有定性研究者都会一直描述直到他们已听不到新故事的那一刻，换言之，已经到了话题的极限。

你要做哪种访谈？

完成背景阅读并形成你的研究目标后，你现在需要确定：

· 你要访谈谁？

· 你们如何接触？

· 你将进行什么样的访谈——正式或者非正式的；针对单人的和/或焦点人群的？

244

受访人的选择在理论上取决于你的项目性质，而实际上取决于你在现场能建立的联系。让我举个例子。新工党（New Labour）自 1997 年上台以来，一直被猎狐问题困扰，该问题刺激了伦敦几十年乡村政治中所见证的好几次最大抗议活动。你对这个问题的文化政治方面感兴趣。在理论层面，你知道"城市"与"乡村"之间的意识形态差异深深地嵌入英国文化，也知道狩猎是表现阶级之物质基础和权力的、把城市和乡村联系在一起的一种习俗。而且动物权利运动和狩猎者都在从事围绕伦理问题进行动员的活动，但这些活动在其核心也有基于阶级的政治。媒体封面上充斥着"进城市的乡村人"那样的大幅照片，牛津街道上也处处可见巴博斯（Barbours）和格林（Green）公司的雨靴。

你可能决定从乡村视角去研究该问题，并且重点关注狩猎成为生活方式之一部分的地区。或者你可能更有兴趣从动物权利积极分子的视角来理解抗议活动的性质。在这两种情况下，你的意图都会是采用**某种理论上的抽样**策略：你对受访者的选择以此为基础而不是在整体中做随机抽样。如果主题很敏感，最好在一对一的基础上做单独访谈。另一方面，如果你最感兴趣的是倾听人们关于为什么他们认为狩猎是正确或错误的讨论，那么运筹一个狩猎抗议者的焦点人群可能更好。你要采访的人数或者焦点人群的人数，比之你从受访者那里获得的信息质量，并不重要。当你执行时，你很可能发现在实地研究中会出现新的想法和问题，发现狩猎权实际上从属于关于权利和义务的更大争议，尤其是如何重新评判个人自由——从事一项仅仅在最近才被社会构建为"残忍而不自然的"运动，或者从事积极的政治抗议而不被警察以暴乱口实相威胁和以"恐怖主义"指控而逮捕。

首次联系你的受访者时，你通常应该通过信件、电话或自我介绍做一个预约。对于普通的族群志研究，最好的做法是首先联系能为你介绍其他人的人，这些人通常是基于社区之组织的成员。这种接触技术经常被比喻为**"滚雪球"**（snowballing）——你必然发现你会被下 245 传，而且"你真应该相谈的人"的名单以惊人的速度增长。向受访者说明你是谁以及谁推荐

图 41.1　"进城的乡下人"

图片来源：理查德·瓦特（Richard Watt）摄影。

你来访谈，说明你在做什么，努力让他人觉得这是有益的——人家为什么会愿意放弃自己的时间去和一个地理学专业的学生交谈呢？但不要轻率地承诺你的论文研究结果能够改变世界。你还需要考虑保密问题——人们需要对他们把信息告诉你后会发生什么感到放心。如果你要一对一采访，你就需要确定在哪里采访——在别人家里还是办公室？或者在某公共空间？如果进行一个焦点人群讨论，你能找到一个地方例如当地图书馆或社区中心那种能让人们聚到一起的房间吗？

定性研究者一般会将**正式**访谈与**非正式**访谈区分开来（Burgess，1984；Limb and Dwyer，2001）。在正式访谈中，研究者有一个他或她希望涵盖的明确问题议程，这点非常类似基于问卷的采访。通常会事先写下这些议题，但不是写成要提问的问题而是要讨论的重要话题。在你见受访者之前把议程发给他或她有时是很有好处的，能够让他们有时间准备。这也有助于节省时间——如果你在与很忙的人打交道时，这一点很重要。与此类似，焦点人群访谈的设计应围绕促成人介绍的人群需要讨论的主题议程。正式访谈不同于问卷调查的一个非常重要的方面，在于个人和团体访谈中所涵盖主题的顺序是通过研究者和受访人的互动来确定的。重要的事情与访谈流程相应，所讨论主题的顺序要有灵活性，但要确保在访谈结束时你能实现你的所有目标。正式访谈可以保证你知道你已经对受访者询问了所有的问题。相反，非正式访谈更类似日常交谈。其目的是发现个人如何叙事并在不同类型的想法和经验之间建立联系。非正式访谈趋向用更长的时间和问较为外围性的问题，但能使你对访谈对象的生活和个性有更充分的洞察。

怎样实施一个成功的访谈

这里我们需要考虑三个事项：
- 你实施访谈所需的人际沟通技巧；
- 不同的提问方式；
- 记录信息。

在你进入现场之前就应该学习和练习访谈的技巧。这是各种地理学研究技术总目的一部分，就像学习如何使用深度综合采样器一样。个别访谈和群体访谈所需的技巧并无不同。首先要掌握**人际交往的技巧**，基本目标是在你自己和受访者之间创建一种融洽气氛。如果他们喜欢你，发现与你交谈是一件愉快的事情和一次有趣的经历，并且信任你，那么访谈就会顺利进行。你可以做几件事情来轻松地让你从"陌生人"转变为"友好知音"。你自己要为会见做好准备，对你将要会见的人有所期望。穿着破旧牛仔裤和肮脏运动鞋去访谈地方当局的首席规划官并不是一个好主意，穿着你最正式的服装去访问街区青少年帮派也实在不合适。比之我们用以彼此交谈的语言，交流包含着多得多的内容。用我们的身体语言进行非言语交流同样有效。要注意你在访谈中的姿态。你是否交叉胳膊、跷二郎腿蜷缩地坐着？或紧握着你的记录本和笔仿佛你的生命维系其上？你的紧张本身会传达给你的受访者，他们会开始怀疑他们或者你有什么问题。放松你的体态，但要持续地传达你的兴趣和关注。多与他人做眼神交流，尊重他们的存在，但也务必小心，你不要最终失控到用咄咄逼人的瞪视方式审问他们！对着镜子或一个朋友练习一系列面部表情，看看你如何表达兴趣、快乐、困惑和不确定，看看你在提问或转换交谈话题时如何采取行动。在群体访谈中，要用你的目光触及群体的所有成员，尤其是那些看起来需要拉进讨论的人。

就访谈本身而言，你需要考虑两个相关的问题：你**表达问题的方式**和**访谈的步调**。以不同的方式提出问题可能会得到相当不同类型的回答。通晓的"什么、何处、何时、多久、多少、谁、为什么"等**封闭性问题**，要求被调查者向你提供多条信息，并通常给你全部主动权。诸如"告诉我关于……"和"你通过什么途径感到……"的**开放性问题**则是鼓励交流的邀请。优秀的采访人对这两种类型的措辞都会采用。或许更为重要的是，优秀的采访人要学会倾听的不仅是他或她所言，还有他们是如何说的以及言外之意。紧密地倾听能使你处理好谈话中出现的各种沉默类型并调整好访谈节奏。在我开始研究生涯时，我与地方政府官员进行了多次访谈。后来播放的录音使我沮丧，我多次跳跃到下一个问题，而没有给受访者时间来展开他或她的意见。大多数无经验的采访人都感到很难对付沉默，这反映出他们自己对于访谈的焦虑。设法明确你要处理的沉默类型是什么，然后据此做出响应。例如：

- 这是一种思索的沉默吗？在此情况下，适当地用"嗯"和"呃"来使访谈易于进行。

- 这是一种卡顿的沉默吗？受访者可能对你提的问题有所困惑。在此情况下，重新措辞，重述他们刚说过的，或者用一个例子来澄清问题。

- 这是一种窘迫的沉默吗？你可能说或问了一些本不该说或不该问的事。如果你犯了这种错误，就说明你没有意识到这会造成困难，向受访者道歉并转向一个较稳妥的话题。总之，对你受访者的感受要敏感，如有必要则得体地转换话题。

　　第三个事项是拟定一个适当的方法来**记录**受访者对你问题的**回答**。显然，如果你疯狂地胡乱写下你听到的每一句话，那么你将无法与你的受访者建立良好关系，受访者反而很可能变得更加不自然，并且对你可能记录下的内容感到不安。录音机似乎是显而易见的解决方法，但要小心使用。许多人会直接拒绝被"记录在案"，或者他们会格外审慎地对你说话。另一些人则会变得严重局促不安。若干年前，我们第一年的野外实习课在英格兰东北部举行，有一个课题的基础是记录退休矿工及其家庭的口述历史。在做这个课题时，我试图录下与一个有很重北英格兰口音的老人的访谈。尽管事实上我们先前已经建立起很好的关系，但会话进行得非常糟糕。我停下录音，问这对他是否是个难题。"是的，这确实很难"，他说，"你们这些伦敦来的学生听我说时会认为我不过是一个无知的小人物，因为我不像你们那样说话"。

　　好的做法是在访谈进行期间使用笔记本，只简略地记下关键词或短语，这通常被称为**草画笔记**（scatch notes）。一旦结束访谈，**尽快**找一个安静的地方，写下你能记得的关于访谈过程的一切。在你的脑海中准确地回顾访谈如何进行，话题出现的顺序，以及都说了什么。你会发现你能回忆起的比你原来想象的要多得多。然后，一回到基地就键入访谈的完整文稿。不要忘记包含日期、时间、人物姓名、地址和电话号码。在焦点人群访谈中，不可能记下讨论的流程，要做好草画笔记并记住每个人所说的话。用录音记录会议是必须的，但首先要取得参与者的许可。这里至关重要的一点是在会谈之后要立即听录音带，生成一个发言者的**说话顺序**，即从他们的声音和他们发言开始的几个词来识别每一个人。然后，当你终于要完整地记录讨论时，你会有一份"谁什么时候说什么"的记录。要记住人们的声音是极度困难的，特别是在如果你之前对他们没有任何接触的情况下。

　　在两种情况下都要自我询问，添加一些其他细节以帮助你随后能够回忆起访谈。它是怎样进行的？你是否有什么问题？那个人或那组人像什么样？哪些问题的效果较好？是否出现了你之前没有考虑到的任何令人吃惊的事情？这一程序会占用相当长的时间，但当你后来解释数据和写作论文时，你会从中受益。

然后呢？

分析定性资料不是一件容易的事情，简洁地描述是该研究过程中最困难的方面。在杰克逊（Jackson，2001）和克朗（Crang，1997）的著作中可以发现对不同方法的精彩讨论。准备你的文稿，为全部文本（包括你的问题）输入顺序行号，并在页面的右边留出足够宽的空白以使你能添加评论和编码来总结要说的话。访谈的分析是通过发展**编码框架**以总结并解析性地分解文本而进行的。编码框架是从你最初的研究问题，你对你正采用的理论概念的理解，更重要的是从访谈本身发展而来的。这后一种编码方式通常被描述为**"接地气"**（grounded），也就是说它来自现场数据，并对"扎根理论"（grounded theory）的发展有贡献（Strauss，1987）。在你的访谈文稿里，你将能够把事实信息与观点、感受区别开来；把基于个人经历的故事、轶事与基于媒体的故事区别开来；辨明事情的发生时间、涉及哪些人、为什么和谁作出某个决定等细节。

编码框架是由阅读和再阅读访谈文稿发展起来的。在第一阶段，你很可能要在事实信息和对所问问题的回答的基础上进行编码，这很像为每一访谈内容编制一份详细索引。编码将使你能回溯访谈的实质性要素，并确定各主题或事项在何时、何地出现于文稿中。第二阶段将开始发展更多的概念性编码，因为你需要更密切地关注所说内容的含义。有些研究者在他们将一个编码框架应用于第二阶段的分析前就会针对关键概念生成之，另一些研究者则让编码框架从数据中产生。因此，回到猎狐的例子你就要探索"权利"这个概念。在访谈捕猎者的文稿里，可能有关于"来自城镇居民的干涉""狐狸对农民生计的劫掠性损害""通过在乡村捕猎来保持传统控制方式的重要性"等强烈意见。另一方面，反捕猎者却谈论"对狐狸如此残忍是不可接受的"，为什么"人类能从捕杀动物中得到乐趣是错误的"，谈论关于抗议新法律"使我们都成为罪犯"的方式。在开展第二阶段分析的过程中，编码框架将鉴明对"权利"的这些不同类型表达，并开始在访谈文稿之内和之间建立更好的联系和区分。

分析过程变得更加精细，你就越深入。在你进行时要为你自己写备忘录，关于你在做出解释时产生的想法的备忘录。利用你的发现来启发该现场的后续采访，并起草一些初稿，它们最终会成为你论文经验材料的第一稿。这段研究经历结束时，你将能够写出一篇有趣、鲜活并有洞察力的项目报告，它根植于日常生活的现实，是一个真正的人文地理学范例。

参考文献

Burgess，R. G. 1984：*In the Field：An Introduction to Field Research*. London：Allen and Unwin.

Crang，M. 1997：Analyzing qualitative materials. In R. Flowerdew and D. Martin（eds.），*Methods in Human Geography：A Guide for Students Doing a Research Project*. Harlow：Longman，183-196.

Jackson，P. 2001：Making sense of qualitative data. In M. Limb and C. Dwyer（eds.），*Qualitative Methodologies for Geographers*. London：Arnold，199-214.

Limb，M. and Dwyer，C.（eds.）2001：*Qualitative Methodologies for Geographers*. London：Arnold.

Lofland，J. 1971：*Analyzing Social Settings：A Guide to Qualitative Observation and Analysis*. Belmont，CA：Wadsworth.

Strauss，A. 1987：*Qualitative Analysis for Social Scientists*. Cambridge：Cambridge University Press.

Whyte，W. F. 1955：*Street Corner Society：The Social Structure of an Italian Slum*，2nd edition. Chicago：University of Chicago Press.

42　做族群志

帕米拉·舒默-史密斯（Pamela Shurmer-Smith）

族群志是地理学者及其他一些人从社会人类学中引入的一个术语，字面意义是"关于族群的记述"。现在，它通常意味着一种特殊的研究模式，涉及研究者与被研究人群的亲密接触。然而，不到 20 年前，其一般含义是关于一个特殊人群之社会组织、信仰和实践活动的**主体事实**。在这个意义上，族群志是描述性的，不同于理论性和解释性的分析和说明。这一含义上的变化成为族群志在当前社会研究中变得如此丰富而重要的主要原因之一。

族群志的过去

现在似乎难以置信，在过去的方法学中一般并不给社会人类学专业的本科生教授族群志。即使是研究生，在从事外国社会的实地调研之前，得到几句屈尊俯就的建议就算幸运了。我在本科学习时期选修了一门名为"中非族群志"的课程，它包含关于该地区部落社会的知识，却完全没有涉及实地调研或研究技术。这种对方法或方法学的忽视反映在人们的写作方式中。对于要成为不带情感的科学家的人类学者，在写作中提到自己或者使用第一人称都被认为是糟糕的表现（虽然有时在某村庄的地图上会发现"族群志学者帐篷"的标记）。诉诸经验、感情或不安感都被认为过于俗气，结果无非是外行的旅行游记。曾经有一个假设（伪命题?）：任何严谨的人类学者在同样的情形下都应该观察到同样的事情。当然，永远不能证实这一假设，因为绝不会有两位人类学者处于同样的情形。对于将自己融入一个并不期望被研究的社会所涉及的问题，对于了解语言和行为的困难，更别说孤独感、自我怀疑和恐惧了，人们曾共谋沉默。

对人类学者的鉴别长期以来一直都基于**参与性观察**（participant observation），这是他们首选的研究方法，研究者因此成为研究的一部分。这意味着同时融入被研究的人群，并充分超然于所观察、记录和分析的正发生的事情。我相信这种描述会使许多读者退缩，认为人类学者一定是相当俗气的人，像蠕虫一样进入别人的生活，然后偷偷地把他们当作物体对待。但是这种反应并非总是常态。

就像地理学一样，人类学也是因大英帝国需要了解它的殖民地而产生的，然而了解人的过程与地形测量的过程并非一回事。很快就变得非常明显的是：用西方产生的那些问题来探究其他地方，可能是不可理喻的或无关紧要的。人类学者学会了一种艰难的方式，即他们必须通过当地的知识才能有所发现，这正是要探究的重要问题。而他们只有通过在他们想了解的社会中生活才能做到这一点。在支撑帝国主义政策的种族至上和种族隔离预设下，对于官员和白人定居者来说，参与性观察所要求的参与要素似乎都过于激进。人类学者是帝国政权的成员，他们长期与不准发出自己声音的臣民生活在一起，大多会感到他们在某种程度上同时"属于"这两个阵营。1966 年，罗得西亚[①]大学（University of Rhodesia）社会人类学系的所有教员都被驱逐出境，部分原因是他们传播了反对罗得西亚白人政府种族主义意识形态的知识，但也因为他们都与被种族隔离的族群有着密切的关系，而这被视为颠覆性的。然而，尽管有这种自由主义，殖民地参与性观察的隐伏假设是居高临下的——它总是单向的，占支配地位的人与被支配的人生活在一起，然后按他们自己的看法记述后者的生活。

敏感的人类学者认识到族群志的资料并非唾手可得，而需要研究人员从自己的参与和观察中来构建。他们对正在发生的事情变得越来越不安和自省，尤其是在 20 世纪 60 年代，当时揭露出拉美社会研究成为中情局"卡梅洛特行动"（Operation Camelot）的一部分，参与性观察者间接获得资金，以揭示可能的冲突点。那时有一些人拒绝在前殖民地背景下做实地工作，将其关注转向自己所处的社会，我就是其中之一。当社会学者试图对西方社会形成概念时，人类学者则将参与性观察转回国内以将其具体化，并试图从不同的视角看问题。我作为具有左翼政治同情心的年轻女性，在 20 世纪 70 年代用了四年时间进入英格兰南部一个俱乐部里右翼老年未婚妇女们的生活。然而，"国内"的人类学总是被认为与英勇的国外实地工作关系不大。

新族群志

20 世纪 80 年代后期，以"新族群志"（new ethnography）闻名于世的研究在学术界爆发。克利福德和马库斯（Clifford and Marcus，1986）以及马库斯和费斯切（Marcus and Fischer，1986）编著的书，在唤起人们对研究人类真实生活的新问题意识方面尤为重要。

---

① 1980 年更名为津巴布韦，并获国际认可。——译者注

新族群志的洞察达到长期不安和反思的顶点，但用后结构主义的语言来说，这些破除传统的年轻美国研究人员远远超出了人类学者的听众角色，以至声称族群志与其说是"事实"不如说是"虚构"（即是制造的而非原有的）。他们重视经由写作的制造过程，将族群志学者拔高为被记述人的制造者，将被记述人写成一个特定的存在。他们大谈族群志的诗意和美学，他们要求观察者客观公允，按照科学规范来写作，这些都被证明是伪装。

族群志突然间不再是世俗的和非理论的了，它变得以发现的理论化（方法论）和表达的理论化以及两者的规范为中心。我希望你能看出，这意味着为什么将"族群志"一词应用于研究人员所做的工作，而不是他们所展现的事实信息，会变得合理。参与性观察失去了其纯真性。对于自己在做什么以及如何记述之，新一代族群志学者具有哲学上的意识、反省和高度自觉。他们承认不可能做到客观性，他们把揭示多重主观性置于优先。认可处于研究中心的人们作为积极伙伴（而不仅仅是消极研究对象）的权利（包括作者身份）就变得十分重要。科学客观性的观念曾要求族群志学者隐藏在第三人称中，然而新族群志则要求他们作为"我"出现，即具有年龄、性别、性取向、种族、阶级、个人历史和态度的特定个体，这样读者才能搞清楚他们所揭露的观点是谁的。

族群志在人文地理学及其他一些社会科学中已经很流行。我作为该方法的热烈拥护者，当然乐见其成，但我也知道族群志充满着哲学的、实践的、伦理的及个人的各种问题。就像跳舞或者写诗，参与性观察容易做（你尽管去做好了），但要做好却非常困难。很少有成功秘诀，学习的最好途径是尽可能多地阅读族群志专著，读懂字里行间的意思以求理解族群志学者在做什么，什么是对的或错的，有人另辟蹊径地做了什么。如果作者公开了其地位（背景、身份、职权）和语境（见彼得·杰克森所撰本书第 24 章），这样的著作就是最成功的。在开展研究时，必须不断地反思自己对正在发生的事情的解释，并跟进地方认知仿佛在演变的方式。

参与性观察：一些忠告

参与性观察的一个最大问题是不能匆忙地做族群志，因为这一方法依赖研究者融入被研究群体的社会。如果你不能花费至少三个月的连续时间来与你要记述的人群相处，你最好打消这个念头。若少于三个月，你最多能得到的是人们自己愿意表达的观点，即被其自己的直觉改造了的观点，它具有贬义的主观性。当人们在说谎或故意试图引起注意，当他们在开玩笑或纠缠他们的族群志学者时（所有这些东西都是有用的知识，但你需要辨认它们是什么），要认识到鉴赏别人的主观性是需要很长时间的。在你可以真正参与其中的另一社会族群中获得一个位置，是需要花费时间的。通过研究你熟知的社会状况来应对这个问题可能是很诱人的，但这里存在非常真实的危险，即你永远不可能超越自己原来的立场。无论如何，由此而做的工作很可能还是老生常谈。

参与性观察需要研究者为自己人身承担风险，并知道他们将会被这些经历改变——他们必须把自己与自己的关系分开，在一个完全不同的背景下去构建一个新的（临时）朋友或敌人组群。他们将在深度融入与超然、几近冷静的状况评估之间摇摆。无论有多么同情，一个族群志学者总是知道存在剥削，且很难忽视要叩问什么样的人会如此行事的内心声音。人们通常认为自信的外向型人自然会成为最好的族群志学者，但我却别有发现，那些内省且忧虑他人反应的人往往更能精细地抓住社会情境的细微差别，并写出最微妙的记述。

新族群志使研究工作和写作的感受性增强了，但它也导致许多人认为自己是病态的自我妄想研究人员。我最好不要指名道姓（如果你仔细阅读，你自己就会发现他们），但有些研究可以命名为"我，我做实地调查时的问题，而我更大的问题是设法将其记述下来"。虽然确实不可能从他人的观点去理解世界，但这不应该成为一种借口，不努力去揭示他人从中构建他们生活的背景。我相信你应该解释一个人从哪里来，然后尽可能诚实地而不是过分拍胸脯地表达他人。

族群志学者需要为自己确立可行的角色，有时就是社会中的正常角色（不包括在公众场合做录音采访或写笔记）。菲尔·克朗通过做一份服务员的工作来探究服务业行为（Phil Crang, 1994），本·马尔本通过耗尽精力地参与俱乐部来了解消费（Ben Malbon, 1999），凯蒂·贝内特借由做一个家庭保姆来认识家长制（Katy Bennett, 2002）。他们都不是在演戏，他们采取了真诚存在的方式，并且必须学会如何存在。这包括对着装、行动、谈吐及如何与人接触的考虑。其危险在于你可能参与得如此成功而不能自拔，以至于忘记了要足够超脱地去观察。需要有一些手段来做简略记录而又不显得冒犯（克朗在订单上草记，但不是每个人都足够幸运地充当能得到这种机会的角色）。你也会变得如此疲惫，以至于很难抵制一种诱惑，即推迟绝对必要的任务，把自己的经历全放在日常日记中。我们需要在这里考虑该行为的伦理问题。重要的是让人们知道他们正在被研究，并已得到他们的许可。然而，多久提醒人家一次？他们应该看到多少正在进行的工作？这种问题具有相当灰色的范围，你可能需要仔细考虑（更深入的看法见提姆·昂温的第 45 章"论伦理"）。

但是，族群志的写作仍然很重要，除非有某种书面表达，否则它没有什么意义。除非你对要分享经验的人的感受非常麻木，这个任务是很难完成的。我曾有研究没有被写出来发表，大部分被浪费掉了——它似乎从未完成；每一次当我接近我认为足够好到可以向曾经共同工作的人表达时，我总会发现又一处缺陷。每一处表达似乎都失真，这就很徒劳。族群志学者的最终责任就是写下来（而如果人们抱怨他们不喜欢别人写关于他们的事情，那你就得承担后果）。

参考文献

Bennett，K. 2002：Participant observation. In P. Shurmer-Smith（ed.），*Doing Cultural Geography*. London：Sage，139-150.

Clifford，J. and Marcus，G.（eds.）1986：*Writing Culture：The Politics and Poetics of Ethnography*. Berkeley：University of California Press.

Coffey，A. 1999：*The Ethnographic Self：Fieldwork and the Representation of Identity*. London：Sage.

Crang，P. 1994：It's showtime：on the workplace geographies of display in a restaurant in South East England. *Environment and Planning D：Society and Space*，12，675-704.

Malbon，B. 1999：*Clubbing：Dancing，Ecstasy and Vitality*. London：Routledge.

Marcus，G. and Fischer，M. 1986：*Anthropology as Cultural Critique：An Experimental Moment in the Social Sciences*. Chicago：University of Chicago Press.

43　研究视觉图像

约翰·摩根（John Morgan）

> 我们居住的世界充满着各种视觉图像。它们对于我们在我们周围的世界里如何表达、创意和交流都极其重要。
>
> ——斯图肯和卡特莱特（Sturken and Cartwright，2001：1）

在上述引文中，斯图肯和卡特莱特强调了一个观点，即我们生活的世界越来越多地充斥着视觉图像。他们指出，我们的知识和对世界的了解不仅来自书本，也来自电视、电影、杂志、广告、视频游戏等。你也许已经注意到了地理学是一门充分利用视觉图像的学科。例如，想想你接受地理学教育的年头，那时你看幻灯片、看视频或攀登到一个山顶俯瞰风景。这些图像常常被看作一眼看穿的"世界之窗"。但这些图像总是被选择并被"框进来"，这个事实却常常被忽略。

地理学者们逐渐对**视觉**（vision）和**可视性**（visuality）加以区分。视觉指人眼能看见的生理性能，可视性指以各种途径构建视觉的方式。当"文化转向"已经影响到各社会科学时，"我们'看见的方式'是由社会和文化构建的"的思想变得日益重要（见彼得·杰克森所撰本书第 24 章）。地理学作为一门学科也未能免于这个过程，特别是文化地理学者们已开始研究视觉图像。伯吉斯和戈德（Burgess and Gold，1985：1）很好地表达了这一观点：

> 长期以来媒体一直处于地理学探究的边缘。对电视、广播、报纸、小说、电影和流行音乐的习以为常，或许掩饰了它们作为交织进日常生活之网、深深融入大众意识源泉的人民地理学之一部分的重要性。

写作本章是希望你能够在自己的地理学研习中决定"认真对待图像"。本文相信，发展对"视觉文化"之理解的最佳途径就是消费它，这意味着要看图片、广告、电视和录像，要进电影院，去发现思考和理解那种体验的方法。

对如何进入视觉图像研究的思考，吉莉安·罗斯提供了一个有用的起点（Gillian Rose，2001）。她建议用三种方式来思考一幅图像：

第一，关于图像的产生，有一些要追问的问题。例如，谁制作了它？出于什么目的？为谁而作？

第二，关于图像自身，有一些要追问的问题。它表现的是什么？该图像的组成要素是什么？颜色起何作用？这是一幅掺杂着文字的图像吗？

第三，关于图像的观众，有一些要追问的问题。例如，谁消费它？他们是各自单独消费 254 还是和他人一起消费？他们怎么看待它？

在你阅读以下案例时头脑中带着这些问题是非常有帮助的。

最近到过什么有趣的地方吗？

在《卫报》周末版上曾出现过这样一则路虎汽车广告。广告显示一个居住在非常典型的房屋和花园里的男子，在做周末常规事务——洗他的路虎车。这很寻常，你会觉得不起眼，直到你格外仔细地看出他实际上正从车上洗掉的东西，有一摊红沙土流到排水沟里，还有一只蝎子。标题是："最近到过什么有趣的地方吗？"

当我第一眼看到这则广告时，它并没有给我什么印象。但是，这幅图像就像所有图像一样，有两层含义。法国理论家罗兰·巴特（Roland Barthes）用术语**"外在的"**（denotative）和**"隐含的"**（connotative）来表述这两个层次。该图像的外在含义指其画面的描述性含义。这则广告显示一个男子在将他最近旅行留在汽车上的尘土冲洗掉。该图像的隐含含义则依赖于其文化和历史背景，以及其观看者的生活知识和经验。这则广告隐含着一个看法，即拥有一辆车去旅行完全不足为道，**真正**重要的事情是你实际上去了哪里。

让我们看看这则广告的细节是如何**"起作用"**的，我们可以通过聚焦构成该广告的特定元素做到这点。首先，图片中有很多东西似乎关联到家庭生活观念。例如，精心修剪的草坪 255 和照管得很好的花坛都象征着郊区生活的理想，正如周末的洗车活动一样。然而沙土和蝎子则与这个标准家庭场景**"格格不入"**，它们在这种情况里代表着**"外来事物"**。巴特发展了**"符号"**（sign）和**"意指"**（signified）的概念。符号如声音、文字或者图像，是由**"意符"**（signifier）构成的，而意指则是那幅图片唤起的意象。对那则路虎汽车广告的一种解释是，那只蝎子（意符）象征**"冒险"**和**"刺激"**（意指），将它与路虎汽车关联起来就意味着路虎汽车向来支持人们冒险的、刺激的和远行的想法。

　　广告的读者必须要能够领会这种视觉代码。一则广告之所以"起作用"，是因为它发挥了读者对体现人与自然之间关系的文化密码的理解。这则路虎广告是男人驾驶四驱越野车或皮卡穿越崎岖景观那种相当普遍图像的一个变式，再次表征了男人粗犷个性的理念。当你阅读关于这则路虎广告的这个评论时，也许你会想知道为什么这很重要。毕竟我们当中大多数人似乎只是看报纸和电视，而不会费时间去"解构"图像！然而，图像是产生意识形态和展现**意识形态**的重要手段。意识形态常常关联到"宣传"的理念，或者试图利用图像来说服人们持某种信念和价值观。但是从另一方面看，意识形态是一个更普遍、更平凡的过程，我们都参与其中，无论我们发觉与否：

　　　　你可能会说，意识形态是诸如个人自由、进步以及家庭重要性之类的一定价值观所凭借的手段，就像日常生活中各个自然而然的方面（Sturken and Cartwright，2001：21）。

　　在这个路虎汽车广告的案例中，我们对它的理解依赖一整套意识形态架构。其中最重要的是个性观念，以及这种个性可以通过逃避和旅行（或冒险，如果你愿意的话）来实现的想法。这是西方消费文化中一个常见的主题，一个用以营销从节假日到巧克力棒的任何东西的主题。路虎广告利用了居家（平凡）与外出（非凡）之间的差别。这里依然有性别关系问题，因为可推测被这则广告吸引的是男性观众（也有针对女性读者的其他车类广告，与之往往大不相同）。

　　这个例子指出了印刷广告能够利用地方和流动性概念的方式。很多地理学者已经在探索这些主题：

- 为了推销产品，广告以什么方式利用空间和地方图像？
- 什么类型的环境与不同的产品关联？
- 诸如此类的广告能促进特定的意识形态吗？
- 读者从广告中读出了什么有意义的含义？

表现产业变化

　　文化地理学者对于媒体介入我们的空间和地方概念构建的方式愈发感兴趣。以第二个例子来说明地理学者通过对一部流行电影的讨论而考虑的一些问题。

257　　20世纪90年代见证了很多电影的发行，它们关注常被称为"下层阶级"的日益庞大人群所面临的失业和社会排斥问题。诸如《一脱到底》（*The Full Monty*）、《奏出新希望》（*Brassed Off*）或《我叫乔》（*My Name is Joe*）那样的电影，刻画了去工业化、大规模失业和贫困过程所导致的变化景观。这些主题在此类电影的最热门者——《一脱到底》的开场中尤为明显。这部影片以谢菲尔德去工业化的余波为背景，开头是一部宣传片的片段，将谢菲尔德誉为"钢铁城市"，一个在变化的城市，有一些夜总会，位于英国北部工业区中心，有 9 万名男性从事钢铁生产工作。接着镜头切换到现在的谢菲尔德，废弃的钢铁厂锈迹斑斑，无人问津，只有两个失业的钢铁工人在"解放"一根大梁。

《一脱到底》探究后工业化背景下的性别政治问题，所有男性角色的共同特征是他们在经历随着被解雇而来的一种"身份危机"。男性的这种危机表现为多种方式：父亲们被解雇，失业男性的孩童化和性无能。核心人物失去了他们的工作，因此他们的男性身份受到威胁。这是电影中女性挺进到"男性空间"的象征。于是，男性工人俱乐部被妇女占据用于猛男秀（男性脱衣）活动，事实上更糟糕的是妇女在使用男厕所。

这部电影也是对经济活动变化的一个评论。《一脱到底》中所展现的工作类型反映了英国更广泛的就业模式，那里近半数的劳动力是女性，常常以临时工和低收入白领工的形式。在电影中，各种超市是活跃的就业场所，女性在那里做服务工作，而男性充当保安，女性主导的工厂在运作，而电影中的男性则不惜一切代价避免之。这部影片中还有许多问题值得分析。例如，它巧妙地运用了"脱"（stripping）的隐喻。于是，工业化景观就是被"剥脱"（先是自然资源，现在是资本）者之一，技能熟练的男性事实上已不再被需要（正如一个角色所说，"像滑板"），由此"剥脱"了他们的身份。为了重拾他们的尊严和身份，男性学会了"脱"衣舞，把他们自己作为商品展示（这里很重要的又是性别反转，此刻被观看的是脱衣舞男，而不是惯常的脱衣舞女）。事实上一直认为，男人为了重拾身份需要把自己包装成"商品"，这非常接近后福特资本主义下对工人角色的定位：工人必须具有灵活性、适应性、进取心，并且可以针对市场需求熟练地包装自己。

克莱尔·芒克认为这部影片为男性观众提供了一种针对男性失业问题的"象征性但必然大可质疑的解决方案"（Claire Monk，2000）。她认为这部影片表达了后工业时代男性在以性别而不是经济现实为特征的"女性化"社会中的种种问题。事实上，她担心这种解决方案会导致的厌女癖，特别是当正在哀悼其逝去的工人阶级社区是一个男人社区时。影片中妇女的地位很有趣。有一些重要的女性角色，如盖兹的妻子曼迪，被贬义地刻画为一个一心要挤入上流社会的人，地理上的表述是她搬到了城郊，社会方面的表述是她与一个相当自鸣得意的中产阶级男子的关系，而其他人都处于故事的边缘。然而，这部电影却在女性观众中大受欢迎，这可能是因为传统的性别角色在电影中被逆转到了相当程度。

258

这个例子显示了流行电影如何成为构建人类和自然环境之意义的强大媒介，地理学者近年来对此的研究兴趣越来越浓。在许多情况中，这些虚构的地方表达已影响到实际的地方。例如，谢菲尔德的议员和地方商业集团同时公开批评将谢菲尔德作为衰败城市的形象，并且力图利用这部影片来吸引更多游客到该城市。他们指出，谢菲尔德生产了英国 70％ 的工程用钢和特殊钢材，失业率已下降到 9％ 以下，它有一个生动的文化街区，并很快就将主办流行音乐国家博物馆。他们指责电影制作者在重现关于北方的老套神话和刻板印象（见 Shields，1991）。

- 你能找出地理主题鲜明的电影案例吗？它们如何表达各种地方和环境？
- 有任何证据能表明地方的图像能够对那些地方产生某种影响吗？
- 电影中的地方图像在何种程度上影响人们对这些地方的感知或"意象地图"？

结论

本章的目的是鼓励你思考出现于流行文化中的那些视觉图像是如何反映地理主题和观点的。视觉图像集中在印刷广告和电影上，虽然也可以从绘画、摄影、电视，以及诸如网站和游戏的"新媒体"里找到一些例子。作为结论，以下是一些有助于你开始思考视觉图像的建议：

259

- 从发现具有地理主题（即关联空间、地方和环境的概念）的视觉文化例子入手。
- 努力发展你自己关于你感兴趣的视觉图像的看法，利用吉莉安·罗斯的诘问（Rose，2001）来指导你。
- 查看是否有其他人记述过这幅图像（或者其他类似图像）。尽可能广泛地阅读，借助网站（聊天室）、报纸和杂志、学术期刊和书籍（你可能得去图书馆里地理学以外的图书分部）。
- 与人谈论你的图像，你将最有可能发现不同的观点和看法。
- 一旦你决定研究某幅图像，下面建议的深入读物将有助于你开始思考这些问题，它们也提供了一些关于如何研习地理视觉图像的看法。

参考文献

Burgess, J. and Gold, J. (eds.) 1985: *Geography, the Media, and Popular Culture*. Beckenham: Croom Helm.

Monk, C. 2000: Underbelly UK: the 1990s underclass film, masculinity and the ideologies of 'new' Britain.

In J. Ashby and A. Higson (eds.), *British Cinema: Past and Present*. London: Routledge.

Rose, G. 2001: *Visual Methodologies*. London: Sage.

Shields, R. 1991: *Places on the Margin: Alternative Geographies of Modernity*. London: Routledge.

Skelton, T. and Valentine, G. (eds.) 1998: *Cool Places: Geographies of Youth Cultures*. London: Routledge.

Sturken, M. and Cartwright, L. 2001: *Practices of Looking: An Introduction to Visual Culture*. Oxford: Oxford University Press.

深入读物

- 如果想要了解更多，你应该看看 John Berger 的经典著作 *Ways of Seeing*（London: Penguin, 1972）。Crang 的 *Cultural Geography*（London: Routledge, 1998）是一部易读易理解的文化地理学导论。Shurmer Smith 和 Hannam 的 *Worlds of Desire, Realms of Power: A Cultural Geography*（London: Arnold, 1994）引人入胜但略显艰深。Rose 的 *Visual Methodologies*（London: Sage, 2001）是研究可视图像的极佳指南，提供了更多关于具体方法的信息。文化地理学的很多思想都关联其他学科，Sturken 和 Cartwright 的 *Practices of Looking: An Introduction to Visual Culture*（Oxford: Oxford University Press, 2001）是对所有类型可视图像的出色介绍，有精彩的插图，你会发现它对电影、广告、照片和艺术的解释都非常发人深省。

44 研究历史地理

罗伯特·J. 梅修 （Robert J. Mayhew）

当我还是一名即将上大学攻读地理学的高中生时，我沉迷于根据安伯托·艾柯（Umberto Eco）的畅销小说《玫瑰之名》（*The Name of the Rose*，1983）改编的电影。那是一个中世纪的谋杀之谜，肖恩·康纳利（Sean Conney）饰演巴斯克维尔的威廉修士，是一位牧师侦探，在追踪一部遗失的亚里士多德论快乐的著作，随即在修道院图书馆里发现了一连串谋杀案。几年之后，作为一名初出茅庐的研究生，我发觉自己深陷在牛津大学图书馆远离尘嚣环境的图书目录中，我在寻找一部罕见的 18 世纪游记。几小时的搜寻后，我终于找到了要找的这本书，拿到它时发现书页都尚未翻开，这意味着 200 多年它都没有被人阅读过。《玫瑰之名》和我找到的那部游记都唤起了"对过去的乐趣"（Cannadine，1989），勤奋的追究者深陷在关于过去社会真相的未解尘封之谜中，真相失去久矣。

将历史学和地理学联系起来

是的，你也许会问，这一切跟地理学有什么关系呢？这不就是历史学吗？恰恰相反，在艾柯的中世纪侦探小说之前更久远的年代，事实上从古希腊和古罗马时期起，历史学与地理学就一直是不可分割的训练（Clarke，1999）。在现代，地理学者通过两种主要方式将历史学和地理学联系起来。首先，地理学者已显示出对复兴**地理学史**（见大卫·利文斯通所撰第 46 章）的持续不断的兴趣；其次，地理学早就有一个称为**历史地理学**的分支学科（见凯瑟琳·纳什和迈尔斯·奥格伯恩所撰第 19 章）。地理学中这两个历史学题目要追问的问题可能包括：18 世纪的欧洲人在地理学课程中学到了什么？与三个世纪后的继任者所学的有何不同？关于阿拉伯人眼中的中世纪世界，伊本-巴图塔（ibn-Batuta）的旅行日志告诉了我们什么？19 世纪欧洲列强的出现与地理学有什么关系？中国明朝时的城市地理何样？古罗马的经济区域何样？北美社会如何随着时间的推移污染他们的环境？

地理学者的历史资料来源

假如你作为一名地理学者提出了一个历史学问题，该怎样解答它呢？正如所有形式的探 261
究一样，当然首先需要资料，这在历史学中通常指的是**原始资料**。原始资料就是从你感兴趣
的时代幸存下来的任何形式的证据，可以简单划分为**书面**资料和**非书面**资料。书面资料可以
是手稿或印刷形式，包括从诸如书籍和报纸的各种显性来源，到广告用语和图案明信片标语
的各式各样书面材料。非书面资料包含绘画和建筑，也包括历史地理学者在传统上就特别感
兴趣的景观，它铭刻着人与自然的长久关系。关于资料来源，这里有三件事似乎值得注意，
有一件是普遍性的，另两件是针对历史地理学的。第一，作为普遍规律，可得原始资料的数
量和种类都随着你所关注时代的进程而增加。20 世纪给了我们互联网、电影、电视、广播，
更不要说数量空前的印刷品了；而古埃及留给我们的只是遗址和象形文字，除此之外少有其
他。就资料可得性而言，对于前期我们可能举步维艰，而对于后期则很容易被淹没！第二，
历史地理学者常常需要有效地利用文学、艺术和建筑的资料，这就将他们的工作与人文科学
而不是社会和自然科学的工作联系起来。第三，历史地理学研究可以在实地（更准确地说是 262
景观）进行，正如在图书馆一样：可以根据口味将发霉的古籍换成芬芳的田野。

但是我们如何找到解答我们特定问题的具体资料呢？一个良好的开端是查看已研究了你
所感兴趣的主题的他人书目，以初步获得指向特定原始数据源的指针。但是更重要的查询将
需要借助档案室和图书馆。所幸这些机构中计算机化和用光碟储存（CD-ROM）的目录日
渐增多，这就使得可以对相关书籍和其他古籍（如绘画）进行复杂的查询。此外，由于有副
本、新版本、缩微胶卷、光碟和互联网转录等，过去的书籍和图像变得越来越容易获得，这
与仅从书籍中进行研究已不可同日而语了。已有一些出色的书目，《英国花园书目》（Des-
mond，1984）就是其中之一，而研究景观中手工艺品的含义则总是需要在图书馆目录中查
询这类参考书目。

有两种适用的一般出版物，一是阿特金斯（Adkins，1988）关于英国所有图书馆的指
南，二是当斯（Downs，1981）对图书馆编目类资源的书目指南。除此之外，中央政府部门
的记录保存在公共档案馆，地址是 Ruskin Avenue, Kew, Richmond, Surrey, TW9 4DU,
并可在其中得到其内容**指南**。大英图书馆也非常重要，那里藏有英国最全的印本书籍、手稿
和地图。其他版权图书馆——爱丁堡、阿伯里斯特威斯、牛津和剑桥的图书馆——也是重要
资料的来源，全都可在互联网上查阅其电脑化的目录。最后，每个郡都有其自己的档案馆，
专门存放当地资料，如教区登记册、不动产记录、郡法院文件等。许多郡都已发布了现有材

料的书目指南（又见 Richardson，1986）。对地理学思想史学者来说，希特维尔的著作（Sitwell，1993）是一个特别有用的书目入门，而泰勒（Taylor，1930、1934）则提供了更广泛的书目。历史地理学研究团队为历史地理学者公布了一些有用的书目（Finlay，1981；Whyte and Whyte，1981；Shaw，1982；Mills and Pearce，1989），可从其出版编辑菲利普·豪威尔（Philip Howell）博士那里获取，地址：Department of Geography，Downing Place，Cambridge，CB2 3EN。更广泛的检索可以利用三个**短标题目录**（Short-title Catalogues，Pollard and Redgrave，1976—1991；Wing，1982—1998；British Library，1990）进行，它们囊括了从印刷产生时到 1800 年的所有英文作品。

分析历史资料

如果你已找到了可以解答你的历史地理问题的相关资料，如何分析这些资料呢？这个问题的答案在某种程度上因你已收集到的资料类型和所问的问题类型而不同。如果你已掌握了大量的简单数据（例如教区的出生、婚嫁和死亡记录），那么你可以采用数量统计技术来揭示过去社会的家庭规模、期望寿命等。或许更常见的情形是，你的资料既有限又不够数量化，那么在这个节骨眼上首先有必要仔细解读某本书或某个景观。事实上，正是对于定量资料需要如此：即使确信数据集完整到可做统计分析，历史学者对破碎残存的过去证据也必须持谨慎态度，因为其对过去社会及其地理的再现是不完整的，不能仅仅通过产生一大堆统计信息来揭示其**含义**。原始资料并不存在于历史中，它们本身也不是历史，了解一个社会需要从资料中萃取洞见。

要从历史角度谨慎地解读原始数据，寻求更充分地理解那些作为时代产物的信息，从而揭示它告诉了我们关于过去社会及其地理的什么。为此，历史地理学者要将他们的原始资料（他们的**文本**）置于整个一系列**背景**中，从而获得其含义的更丰富图景（Skinner，1969）。例如，人物传记的背景至关重要：谁写了一本书或设计了一个花园或画了一幅风景画，对于阐明他们对现已逝去的过去社会及其地理的理解，是关键所在。例如，要理解《玫瑰之名》，了解其作者就成了题中之义，安伯托·艾柯是著名的中世纪美学学者，因此他的故事建立在对他所处时代的广泛了解的基础上。同样，过去社会的性质是研究任何历史材料的关键背景信息。举例来说，历史人口统计学利用英国教区的记录来重建过去的人口情况，但是这些记录只覆盖了英国教会的成员，尽管很准确，却未记录其他信仰的人。在历史地理学者看来，这样的社会背景（宗教的隶属关系支配数据采集）特别重要，因为有些地区非英国教会成员的数量很多，如兰开夏郡就有其强大的罗马天主教社区。资料收集背后的社会背景，要求我们利用地理敏感性来评价基于教区记录的历史陈述的可靠性。这个例子提醒我们，即使是最可靠的历史记载，其收集也通常是为了某种实用目的的，而不是为后代提供关于那个时代的不偏不倚的观察。因此，谨慎是历史学者在评估他或她的数据源之价值时的一个关键品质。同样，历史学者在试图解读无论是某书还是某景观中的证据时，也需要小心谨慎，因为语言里的关键措辞和景观中的自然客体的含义都会随时间而变化。以历史视角解读资料从来不是一项简单的活动。此外，某些从历史角度看来正当的问题有时基本上是无法回答的，因为没有可用的数据源。然而，在如何利用现存资料间接回答问题方面，历史构想可以在这里发挥作用。例如，虽然近代英国早期农业地理的直接资料非常零碎，但农区存在季节性婚嫁的情况（收获季后结婚人数猛增），而牧区则无。据此，历史地理学者可以通过上述教区的登记资料（虽有局限，但告诉了我们何时发生婚嫁）重构农业地理（Kussmaul，1990）。最后，需要看看比较材料，换言之，比较与你感兴趣的材料相似的原始资料类型。例如，要理解18世纪地理学著作的含义，你需要用同期其他地理学著作的眼光来看待它。这常常是一种令人警醒的经历，因为有些地理学著作往往抄袭更早的书，以至于关于某地方的观察似乎是作者写的，但其实完全不是那回事，不过是抄来的罢了。它沿袭各种文本及其不可胜数的背景资料，这让历史地理学者奔波跋涉于各种景观，在图书馆里跑来跑去，去寻找被遗忘的特征和被时间放逐的书籍。

历史地理研究的相关性

最后，历史地理学研究的结果及其与地理学的广泛相关性如何呢？任何一项历史研究的 264 结果都不可能是真相，而仅仅是由那些证据迫使我们相信的事情（Oakeshott，1933）。因为历史学者和历史地理学者所从事的研究本质上是一种推理过程，从有限的资料中推演出某个社会的图景。在历史地理学中，新的证据和以新问题或不同背景的眼光来解释的已有证据，都会导致不同但同样正当的结论。但是如果你的那项研究在追寻你脑海里问题的适当数据源，就要凭借历史敏感性解读这些资料，并将其仔细地置于其形成的背景之下，这能更深入地理解过去的社会、其如何在空间运作、其与环境的互动，甚或理解作为一门学科的地理学是什么。需要强调的是，历史地理学的目标是**理解**而不是**解释**（Langton，1988）。科学解释通过发展假设来产生普适规律，而历史探索则旨在从对过去社会的质疑走向对该社会的深入理解，这种理解并不能移植到其他社会，因而并不主张普适性。

现在这种探究已超越对过去地理的更深入理解本身，还在两方面与地理学相关。第一，历史地理学探究能引导我们重新思考地理学中的一些关键概念，如区域或景观；思考这些理所当然的概念对我们来说意味着什么。第二，更为重要的是，历史地理学可以为我们提供一个比较的视角，来反思我们如何看待地理学，从另一个不同社会（过去的社会）的视角来叩问我们的社会怎样在地理上组织起来。这能够创造一种健康的、关于我们自身和我们的世界的怀疑主义：在时间、空间和时空上，地理概念和空间组织的模式都不相同；我们的概念和模式并非更好，只不过是后继者而已。如果我们能认识到这一点，历史地理学研究的结局可能就是造就作为人道公民的人文地理学者。

参考文献

Adkins, R. T. (ed.) 1988: *Guide to Government Departments and Other Libraries*. London: British Library Science Reference and Information Services.

British Library 1990: *The Eighteenth Century Short-title Catalogue*. London: British Library.（也有 1991 年出的 CD-ROM 版本）

Cannadine, D. 1989: *The Pleasures of the Past*. London: Collins.

Clarke, K. 1999: *Between Geography and History: Hellenistic Constructions of the Roman World*. Oxford: Clarendon.

Desmond, R. 1984: *A Bibliography of British Gardens*. Winchester: St Paul's Bibliographies.

Downs, R. B. 1981: *British and Irish Library Sources: A Bibliographic Guide*. London: Mansell.

Eco, U. 1983: *The Name of the Rose*. London: Picador.

Finlay, R. 1981: *Parish Registers: An Introduction*. Norwich: GeoAbstracts.

Kussmaul, A. 1990: *A General View of the Rural Economy of England, 1538–1840*. Cambridge: Cambridge University Press.

Langton, J. 1988: The two traditions of geography, historical geography and the study of landscapes. *Geografiska Annaler*, 70B, 17-25.

Mills, D. and Pearce, C. 1989: *People and Place in the Victorian Census: A Review and Bibliography of Publications Based Substantially on the Manuscript Census Enumerators' Books, 1841–1911*. Bristol: Historical Geography Research Group.

Oakeshott, M. 1933: *Experience and its Modes*. Cambridge: Cambridge University Press.

Pollard, A. W. and Redgrave, G. R. 1976–1991: *A Short-title Catalogue of Books Printed in England, Scotland and Ireland, and of English Books Printed Abroad: 1475–1641*, 2nd edition. London: Bibliographical Society.

Richardson, J. 1986: *The Local Historian's Encyclopaedia*. New Barnet: Historical Publications.

Shaw, G. 1982: *British Directories as Sources in Historical Geography*. Norwich: GeoAbstracts.

Sitwell, O. F. G. 1993: *Four Centuries of Special Geography: An Annotated Guide to Books that Purport to Describe all the Countries in the World. Published in English before 1888, with a Critical Introduction*. Vancouver: University of British Columbia Press.

Skinner, Q. 1969: Meaning and understanding in the history of ideas. *History and Theory*, 8, 3-53.

Taylor, E. G. R. 1930: *Tudor Geography, 1485–1583*. London: Methuen.

Taylor, E. G. R. 1934: *Late Tudor and Early Stuart Geography, 1583-1650*. London: Methuen.

Whyte, I. D. and Whyte, K. A. 1981: *Sources for Scottish Historical Geography: An Introduction*. Norwich: GeoAbstracts.

Wing, D. G. 1982-1998: *A Short-title Catalogue of Books Printed in England, Scotland, Ireland, Wales and British America, and of English Books Printed in Other Countries, 1641-1700*, 2nd edition. New York: Modern Language Association of America.

深入读物

- 有两部由历史地理学者撰写的论文集，对历史学研究的方法途径提供了很好的洞察，已被历史地理学者接受。那就是 A. R. H. Baker and M. Billinge (eds.), *Period and Place: Research Methods in Historical Geography* (Cambridge: Cambridge University Press, 1982); 以及 A. R. H. Baker, J. D. Hamshere and J. Langton (eds.), *Geographical Interpretations of Historical Sources: Readings in Historical Geography* (Newton Abbot: David and Charles, 1970)。其他资料可见于 D. Brooks Green (ed.), *Historical Geography: A Methodological Portrayal* (Savage, MD: Rowman and Littlefield, 1991); M. Morgan, *Historical Sources in Geography* (London: Butterworth, 1979); W. Norton, *Historical Analysis in Geography* (London: Longman, 1984); M. Pacione (ed.), *Historical Geography: Progress and Prospect* (London: Croom Helm, 1987)。

- 要想直接了解历史学者关于怎样实践这门学科的争论，研究以下传统见解可能是有益的：G. Elton, *The Practice of History* (Glasgow: Fontana, 1967); R. Shafer, *A Guide to Historical Method* (Homewood, IL: Dorsey Press, 1969); L. Gottschalk, *Understanding History: A Primer of Historical Method* (New York: Knopf, 1969)。L. Jordanova 的 *History in Practice* (London: Arnold, 2000) 介绍了新近的方法；J. Tosh 的 *The Pursuit of History: Aims, Methods, and New Directions in the Study of Modern History* 第三版 (Harlow: Longman, 2000) 是一个简明的概述。

45　地理学伦理：反思陷入争论和质疑的道德及伦理问题

提姆·昂温（Tim Unwin）

设想你正在为你的论文做研究，就一些青年人的地方经历访谈他们，在这些访谈进程中有人对你说，他们被某个亲属虐待。依据你已读过的关于研究方法的文献，你曾事先向每个人保证，他们告诉你的事情都会被保密，不会在你所写或所说的任何话语中被识别出来。你该做些什么？

你会如何解决这个问题呢？试着与你的朋友探讨，检验一下你们怎样设法破解所涉及的问题［关于地理学者最近采用的那些处理此类问题的方法，见瓦伦丁的文章（Valentine，1999）和《伦理、地方和环境》（*Ethics, Place and Environment*）第四卷第二期关于与青年人合作的伦理维度的论文集，特别是艾特金的文章（Aitkin，2001）］。此类关于何为对、何为错的思考，以及我们对如何回答此类问题所采取的响应行动，就是伦理的关注所在。虽然上面这个例子可能有些特别，但我们生活的每一天都涉及做伦理抉择。而且我们都有价值观，我们判断某些事情和某些行动比其他的更好，我们认为某些地方丑陋而另一些地方美丽。这些抉择都反映了我们对我们生活在其中的社会的规范和期望的约定。关键是人类有能力说"**应当是什么**"，并试图塑造世界以反映其主张。确实，正如戴维·M. 史密斯所强调的，"这种对生活规范的各方面做判断而不仅仅是追求生理生存的能力，正是人类与其他生物最显著的区别"（David M. Smith，2000：1）。

有必要对以下三个经常混淆、争议颇多的术语加以区别：价值观、道德和伦理（地理学语境中的更多详细讨论见 Smith，2000）。任何一个都不容易定义。在一般用法中，价值观被视为各个人认为可取或有价值并指导他们行动的生活各方面。通常将**价值观**看作是与事实相对的（Proctor，1999）。在这种语境下，价值观属于**规范**（normative）的范畴，或应当是
什么。而事实属于**实证**（positive）的范畴，即是什么。"价值观"一词的这种用法影响了道

德的含义。**道德**是人们遵循的规则，是人们辨别好坏、是非的准则。**伦理**则是对道德问题的系统思考，是关于道德的哲学论述，因此常常用"道德哲学"（moral philosophy）一词来指代伦理（Hinman，1994）。

伦理可大致分为两类：一是**职业伦理**，或对地理学实践的反思（见 Hay，1998）；二是哲学或理论维度的伦理，通常又分为**描述性伦理**（对现有道德实践和信仰特征的描述）、**规范性伦理**（关注与社会公正、不平等和环境变化等有关的道德问题的解决）和**元伦理**（对伦理推理本身的检视）（见如 Proctor，1999；Smith，2000）。这些区别构成如下解释的框架。

地理学中伦理思考的语境

导致地理学伦理思考在 20 世纪 90 年代和 21 世纪初日益兴盛的是两个相互关联的系列影响。第一，欧洲和北美社会对于道德和伦理问题的关注日益提高，以关于环境和人权问题议程的争议增加为代表。这不仅反映在激进群体和边缘群体的活动中，而且现在还越来越多地被纳入某些核心的经济和政治制度。例如，《金融时报》（*Financial Times*）在 2001 年 7 月推出了它的伦理指数 FTSE4Good（http://www.ftse4good.com），反映了现在的金融机构越来越重视伦理上的投入。这些关切在一定程度上使人们日益意识到 20 世纪下半叶主导"西方"社会的科学模式的失败。虽然这种模式对于描述世界上现存的事物相当有效，但它却忽视自身的伦理基础，意味着它不能为社会提供令人满意的解决方案，以解决如何应对伦理的更为困难的问题。人们日益认识到，科学是价值中立的宣称不过是一种幻觉。科学像任何其他形式的话语一样，渗透着产生它的社会的价值观和偏见。正如哈贝马斯（Habermas，1978：67）如此尖锐的评论：由于制造了一种自我信念的"科学教条"，实证主义假设一种抑制作用可以保护科学探究不受认识论自我反映的影响。实证主义的哲学意义只限于在有必要避免科学与哲学对立的范畴内。正如他进一步指出的那样，"实证主义态度隐瞒了世界组成的问题。在严谨知识的名义下，知识本身的含义却变得不合理"（Habermas，1978：68-69）。

地理学者部分地响应了这些广泛的社会趋势，而第二组影响可以被视为从学科本身的知识传统中生长出来的。关于人类在世界上的地位这个道德问题，对古代及 18、19 世纪的学者具有相当重要的意义（Unwin，1992）。然而，许多地理学者在 20 世纪 50 年代和 60 年代采取实证主义立场，并强调数量化和空间科学，把对规范性的关注降低到非常次要的地位。此外，随后的激进反对派在很大程度上借鉴马克思主义，倾向于更多地关注批评而不是它曾经倡导的社会替代规范模式。例如，令人惊讶的是，很少有地理学家准备为他们认为世界**应**

当是什么样的而辩护。一些人站在道德立场上为社会不平等问题发出了反对的声音
(Harvey，1973)，但几乎没有明确关注学科的伦理基础。段义孚（Yi-Fu Tuan，1986、
1989）和戴维·M. 史密斯（David M. Smith，1977、1979）是显著的例外，前者审视了在
不同地方、不同时间构想和体验道德准则的方式，后者倡导一种福祉方法的地理学。

　　在 20 世纪 90 年代，越来越多的地理学者（见如 Driver，1988；Sack，1997；
Corbridge，1998；Proctor，1998）开始更直接地讨论道德地理学。萨克（Sack，1997：24）
强调地理学是理解伦理问题的基础。如他所指出的，"地理学思考增强我们的道德关怀，显
然，道德目标必须由在各地方并作为世界居民的我们来制定和证明"。再者，正如史密斯
（Smith，2000：14）所强调的，有"一个显然是地理学关注的元伦理问题绕不过去，就是相
对主义"。这在某个层面上根本关系到真理本身的特性：真理是相对的还是普遍的？如何回
答这一问题对于确定我们着手地理学探究的方式有着非常重要的影响。如果我们采取前一种
立场，我们的任务就是努力接近对真理的理解。例如，许多自然地理学者关注的，是确立能
够解释自然世界过程的普遍或绝对规律。相反，大多数人文地理学者则更倾向于采取某种相
对主义立场，注意到在任何特定社会中被接受为真理的东西都密切反映了产生这种真理的社
会和文化背景（若试图解析这些不同的立场，请参见 Walzer，1994）。

　　对差异的关注也使地理学者对其学科其他方面的伦理含义进行了更多的考察，尤其是关
于距离的道德意义。科布里奇（Corbridge，1998：35）在检视发展的伦理时如此强调："发
达工业世界的公民和国家有责任关注偏远外地人的诉求。"他进一步指出，发展伦理"不只
是跨国公平和地位的问题，它也关乎构建合理的替代世界和实际发展政策"。同样，希尔克
（Silk，1998）也呼吁注意围绕距离关照之意义的那些重要问题，指出我们在使用诸如"最
亲近的和最亲密的"那样的词语时太经常忽视了所有假设的复杂性。地理学者近来已开始更
直接参与的另一个道德探究领域，即关注人类世界和非人类世界的差异（见如 Welch and
Emel，1998；Low and Gleeson，1999），特别是与生物中心论、生态中心论或地理中心论
等不同世界观相联系的道德价值（Lynn，1998）。

职业伦理

　　关于职业伦理问题，对伦理规范或准则的制定和使用都存在激烈争论。虽然准则一般都
旨在鼓励良好的行为，但正式的规范可能会变成约束（Hay，1998）。然而，地理学者与许
多其他职业团体［可参见如美国社会学协会（American Sociological Association，1989）］
一起，近年来一直在寻求确立伦理陈述，以便就该行业成员认可的行为提供指导。在针对地

理学者的此类陈述中，最全面的是 1998 年由美国地理学家联合会理事会签署的那份声明（见 Association of American Geographers，1999）。这份声明在其序言中指出，鉴于地理学者所从事研究的多样性，不可能制定出一份适用于所有地理学者的全面伦理陈述。它强调，它提出的各项原则基本上应被视为伦理观照的起点。这项陈述集中关注伦理约定的六个主要领域：269

- 相互之间的职业关系（包括避免歧视和骚扰、维护共同体和促进招聘公平）；
- 与大学术团体的关系（专注于学术，评估学术和自我抄袭）；
- 与学生的关系（强调教学内容、教学能力，通过资助研究来训练学生，为学生保密）；
- 与人、地方和事物的关系（涵盖项目设计，实地调研时的伦理行为，以及成果的报告和发布）；
- 与科研资助机构和基金的关系（获得基金研究项目，应用获资助的研究成果）；
- 与政府的关系（获得政府对研究的支持和雇用）。

虽然并非所有这些陈述都与你的学习和研究直接相关，但这些准则因其提出了对实际伦理问题的见识而非常值得熟读，它们强调了与你的讨论和探究特别相关的四项原则：

- 诚信的重要性：不能伪造研究结果，地理学者不能抄袭他人的工作；
- 现场调研的影响：地理学者在着手研究之前就应考虑其研究对人群、地方、动植物和环境的影响，力求使得研究带来的潜在危害最小；
- 金科玉律：研究人员应以他们希望自己、自己的地方和物品被对待的方式对待所研究的人、地方和事物；
- 回报成果：研究结果应以易于得到的形式提供给那些帮助研究进行的人。

因此必须注意，对伦理的考虑不仅适用于人文地理学语境，而且同样适用于自然环境研究。即使钻取冰川冰芯或挖取土壤剖面也有重要的伦理含义，需要在进行研究前加以考虑。

除了这类准则外，还有越来越多由地理学者撰写的文献关注地理学研究中特定的实际伦理维度。在计划研究项目的早期阶段就可对其进行有益的检视。例如，海（Hay，1998）对道德思考和行动提出了一系列有益的提示，在五个标题下分为：自由和知情许可、保密、损害最小化、文化敏感性、对参与者的反馈。这些都集中反映了美国地理学家联合会的声明（Association of American Geographers，1999）所表达的关注，为从事地理学研究的人提供了一个有用的清单。海还进一步强调鼓励本科生和研究生把握道德探究之复杂的重要性，其途径是参与一系列突出特定伦理难题的案例研究。鉴于地理学探究的多样性，以及难以就地理学者伦理实践的确切行为准则达成共识，他还强调鼓励地理学者学会伦理思考的重要性。

地理学伦理

270　　　以上简要概述表明，伦理思考无论在理论层面还是实践层面都已进入地理学研究。就像任何学术性学科一样，在进行经验性研究时，需要将重要的伦理考量铭记于心。的确，地理学者在与其周围的自然世界和社会-文化世界直接互动时，需要了解比其研究实践的多数伦理含义以外的更多东西。然而，地理学者关于根本道德问题的当务之急在于关注社会公正、地方的认同和含义、人类与非人类自然世界的相互作用，以及距离的重要性，所有这些都意味着，更深入地探索地理和伦理之间的界面，将会收狄良多。

参考文献

Aitken, S. C. 2001: Fielding diversity and moral integrity. *Ethics, Place and Environment*, 4, 125-129.

American Sociological Association 1989: *Code of Ethics*. Washington, DC: American Sociological Association.

Association of American Geographers 1999: Association of American Geographers' statement on professional ethics. *Ethics, Place and Environment*, 2, 258-266.

Corbridge, S. 1998: Development ethics: distance, difference, plausibility. *Ethics, Place and Environment*, 1, 35-54.

Driver, F. 1988: Moral geographies: social science and the urban environment in mid-nineteenth century England. *Transactions of the Institute of British Geographers*, 13, 275-287.

Habermas, J. 1978: *Knowledge and Human Interests*. London: Heinemann.

Harvey, D. 1973: *Social Justice and the City*. London: Arnold.

Hay, I. 1998: Making moral imaginations: research ethics, pedagogy and professional human geography. *Ethics, Place and Environment*, 1, 55-75.

Hinman, L. M. 1994: *Ethics: A Pluralistic Approach to Moral Theory*. Fort Worth, TX: Harcourt Brace.

Low, N. and Gleeson, B. 1999: *Justice, Society and Nature: An Exploration of Political Ecology*. London: Routledge.

Lynn, W. S. 1998: Contested moralities: animals and moral values in the Dear/Symanski debate. *Ethics, Place and Environment*, 1, 223-242.

Proctor, J. D. 1998: The social construction of nature: relativist accusations, pragmatist and critical realist responses. *Annals of the Association of American Geographers*, 88, 352-376.

Proctor, J. D. 1999: Introduction: overlapping terrains. In J. D. Proctor and D. M. Smith (eds.), *Geography and Ethics: Journeys in a Moral Terrain*. London and New York: Routledge, 1-16.

Sack, R. D. 1997: *Homo Geographicus: A Framework for Action, Awareness and Moral Concern*. Baltimore: Johns Hopkins University Press.

Silk, J. 1998: Caring at a distance. *Ethics, Place and Environment*, 1, 165-182.

Smith，D. M. 1977：*Human Geography：A Welfare Approach*. London：Arnold.

Smith，D. M. 1979：*When the Grass is Greener：Living in an Unequal World*. Harmondsworth：Penguin.

Smith，D. M. 2000：*Moral Geographies：Ethics in a World of Difference*. Edinburgh：Edinburgh University Press.

Tuan，Yi-Fu 1986：*The Good Life*. Madison，WI：University of Wisconsin Press.

Tuan，Yi-Fu 1989：*Morality and Imagination：Paradoxes of Progress*. Madison，WI：University of Wisconsin Press.

Unwin，T. 1992：*The Place of Geography*. Harlow：Longman.

Valentine，G. 1999：Being seen and heard? The ethical complexities of working with children and young people at home and at school. *Ethics，Place and Environment*，2，141-155.

Walzer，M. 1994：*Thick and Thin：Moral Argument at Home and Abroad*. Notre Dame，IN：Notre Dame University Press.

Welch，J. and Emel，J. （eds.）1998：*Animal Geographies：Place，Politics and Identity in the Nature-Culture Borderlands*. London：Verso.

深入读物

- 海的论文（Hay，1998）是介绍地理学中伦理研究并结合应用实例及指南的杰作。而在 J. D. 普罗克特和 D. M. 史密斯主编的 *Geography and Ethics：Journeys in a Moral Terrain*（London and New York：Routledge，1999）中，可以发现很多关注伦理的顶尖地理学者的发人深省的论文。史密斯的 *Moral Geographies*（Smith，2000）是关于地理学与伦理学交叉的最易理解的教科书。期刊 *Ethics，Place and Environment* 包含大量近年来地理学者试图研究关于地方和环境之伦理和道德问题的案例。*Environmental Ethics* 则是一份学术性的跨学科期刊，专注于环境问题的哲学方面。 271

第四部分　地理学背景

　　地理学和地理学者都并非孤立的存在。地理学史显示，它与自然科学、社会科学和人文学科的交流是何其频繁。过去数十年，地理学一直在借鉴某些思想和理论，也把它们传播给其他研究者。在许多情况下，很难发现一个特立独行的地理学。一些人可能觉得这令人困扰，但对大多数人来说，重要的是地理学提供了一个基础，据此来叩问那些关于自然世界和人类社会以及它们之间关系的尖锐难题。

　　本部分将地理学置于其更广泛的知识背景之下。大卫·利文斯通简短但信息丰富的地理学史，展现了自希腊和罗马世界以来的连续性和变化性。他认为，他所称的"地理学传统"一直在演化并适应不同的社会和知识环境。他没有去定义地理学的性质，而是指出地理学虽然都一直秉承有限数量的主题和问题，但对不同时间、不同地方的不同人意味着不同之事。其后两章讨论地理学如何共担自然科学和社会科学中的一些主要问题。关于与社会科学的关系，加里·布里奇和阿里斯代尔·罗杰斯讨论了包括人是否可预测、技术对社会的影响，以及自然环境在世界经济不平衡中的作用等问题。关于与自然科学的关系，海瑟·威尔斯考察了包括科学哲学和方法论、混沌理论和盖娅假说等论题。最后，为了帮助你理清地理学在其社会和文化背景中的发展线索，我们编辑了一个从19世纪中期到20世纪末的大事年表。

46　地理学史略

大卫·N. 利文斯通（David N. Livingstone）

地理学对不同的人曾经并且现在仍然意味着不同的事情。对一些人而言，它给人的印象是遥远之地和勇敢的探险者涉足的人迹未至之地。而另一些人将地理学者看成具有百科全书知识的人，知道最长的江河、最高的山峰、最大的城市等，并用地图集说话，对电视上的知识竞赛节目很有价值，但别无大用。还有一些人，认为地理学就是一门与图表和地球仪打交道的学问，在他们看来，历史学关乎典籍，地理学关乎地图。对全部类似的认识，今天的职业地理学者们拒斥所有这些以通俗的概念来定义他们的学科，对地理学到底是什么，他们要给出自己的解释。

我无意判定这些迥然不同的主张。所有以上观点，无疑还有许多其他的观点，对地理学的解释在某种程度上都是正当的。相反，我的意图是考察一下多年来人们**如何看待地理学**，并追溯我喜欢称之为"地理学传统"的演变。因此，我并不打算像许多学科史学者那样为任何特定的地理学定义辩护，反之，我只是想考察人们在历史长河中看待地理学的某些不同方式。

为了应对这一任务，我提出确定地理学一直从事于其中的大约十个不同的讨论话题（如果你愿意的话）。我的这个论题清单肯定不够周详，也不必周详。我的核心观点很简单，即地理学随着社会变化而变化，理解地理学者们所属传统的最好方式就是把握地理学实践所处的不同社会环境和知识环境。以现在的眼光看，我们要探讨的某些话题无疑显得离奇、异乎寻常或古怪，但是，如果我们严肃地看待历史，就必须学会从其**本身所处的背景**中理解当时的各种地理学，而不是使它们服从 21 世纪的判断。

走遍天涯海角

就像许多科学的历史一样，地理学的故事也经常要追溯到希腊和罗马世界的泰利斯

（Thales）、阿纳克西曼德（Anaximander）、希罗多德（Herodotus）、斯特拉博（Strabo）、托勒密（Ptolemy）和十多个其他人物。他们的贡献（常常具有数学特征）极大地促进了地理学的理论发展。但是，正是通过像伊本－巴图塔（ibn-Batuta）、伊本－赫勒敦（ibn-Khaldun）那样的穆斯林学者旅行家的探险，以及斯堪的纳维亚人、中国人和中世纪基督徒冒险者的航海活动，关于世界的第一手知识才开始对地理知识做出贡献。后来15、16世纪的欧洲探险家帮助将这些早期的零碎拾遗集成转换为一个或多或少连贯的关于陆地地球的知识体系。

可以说，所谓的航海大发现确实对西方的科学发展做出了重大贡献。例如，这些航海家中有许多认为他们自己参与了全世界尺度的游历以验证从古典世界承接而来的若干文艺复兴概念的准确性。当然，这并不是说他们都认为自己的原型就是科学家，他们中的很多人只是热衷于在公海上冒险，或者出于对异国未露财富的贪欲。但是，他们收集的信息有助于挑战当时的学术权威，那些信息表明，南半球**确实**有人居住，有各种各样的植物和动物并不符合亚里士多德的分类学。除此之外，整个航海业需要精密的技术和科学技能以确定海上船只的位置，而更重要的是绘制返回安全港的航线图。因此，不足为奇，航海家亨利王子（Prince Henry）于15世纪早期就在萨格里什（Sagres）建立了航海学院，汇集了许多地图学、天文学和航海仪器方面的专家，这一直被视为西方科学发展中一个关键性的早期行动。迭戈·考（Diego Cāo）、巴塞洛缪·迪亚斯（Bartholomew Dias）、瓦斯科·达·伽马（Vasco da Gama）、卡波兹（the Cabots）、克里斯托弗·哥伦布（Christopher Columbus）、弗朗西斯·德雷克（Francis Drake）、费迪南德·麦哲伦（Ferdinand Magellan）等人（仅举几例）的名字，全都在现代地理学早期编年史中占据一席之地，正如托勒密（Ptolemy）的《地理学》（*Geography*）在1410年再版那样。

当然，地理学对探险的参与并未在15世纪结束。在后来的几个世纪，航海勘测继续拓展关于地球的地理知识，特别值得一提的是18世纪詹姆斯·库克（James Cooke）和约瑟夫·班克斯（Joseph Banks）的南太平洋之旅，以及19世纪查尔斯·达尔文（Charles Darwin）和托马斯·亨利·赫胥黎（Thomas Henry Huxley）等自然主义者的环球航行。同时，亚历山大·冯·洪堡（Alexander von Humboldt）、亨利·沃尔特·贝茨（Henry Walter Bates）和阿尔弗雷德·拉塞尔·华莱士（Alfred Russel Wallace）等人通过他们对远东和南美洲的考察，加强了科学游历的重要意义。事实上，自维多利亚时代就大力支持海外考察的皇家地理学会（Royal Geographical Society）直到今天还一直在继续赞助此类探险。不仅如此，地理学者一直继续在其他背景下谈论探险：进入都市丛林、少数民族贫民区和其他如"凶险"环境的探险。"探险"（exploration）这个词汇因而继续点出了地理学传统某些方面的精神。我在这里的论断很简单：地理学总是与探险的冲动紧密联系在一起的。

地理学的神奇性！

即使新的地理知识在挑战公认的学术传统，地理学的学问也有多种途径继续证实长期抱有的信念。于是，地理学也像其他新生科学一样，深深地牵涉进各种神奇实践。例如，这在现代天文学的早期发展中就显而易见，很多对星辰的兴趣都是由关注占星术而激发的，有证据表明最早的哥白尼信徒热衷于此道。例如开普勒（Kepler）每天都占卜星位，这样做的远非开普勒一人。此外，相信各种植物蕴藏着神奇力量，可以用于医药，这导致了药理学和化学的一些重要发现。而且，就连培根（Bacon）和牛顿（Newton）等科学革命巨匠的著作也显示出对此类看似神奇的实践的浓厚兴趣。

当然，地理学对占星术和自然魔力的认同并不弱于其他论述领域。很多早期的地理学作者，譬如威廉·坎宁汉（William Cunningham）、托马斯·布伦迪维勒（Thomas Blundeville）、约翰·迪（John Dee）、托马斯·狄格斯和莱昂纳多·狄格斯（Thomas and Leonard Digges）等都投身于探究各种魔力。其中一些人如迪，特别关注数字的神奇意义，认为天国和陆地世界被某种数学关系维系在一起，一方的变化直接影响另一方。对另一些人如狄格斯而言，占星术具有第一位的重要性，他们早期的气象学工作全是用占星术知识做的；他们认为天气预测需要深谙月亮、恒星和行星等天象变化的意义。还有一些人，著名者如杰·博丁（Jean Bodin）和坎宁汉，认为世界人群和文化的多样性与支配着他们所居特定地区的黄道十二宫迹象密切相关。

从现代眼光看来，地理学史的这一篇章无疑显得荒诞不经。但是，忽略它或者压制它（就像地理学史研究者们常做的那样）都是错误的，因为它展示了学科演化过程中显然是非理性学说的作用。更为重要的是，地理学对神奇性的这种兴趣一直持续表现到21世纪初。新近的著作显示了19世纪晚期及20世纪早期现代自然保护运动史的各种神秘主义成分，例如弗朗西斯·荣赫鹏（Francis Younghusband）和沃恩·科尼什（Vaughan Cornish）等人的著作，也显示了将自然继续与我们同在直至今天的事实加以精神化甚至神奇化的思想血脉。

纸上世界

欧洲人的航海探险引发的知识爆炸很快给地图学带来新的挑战和成就。可以肯定，地图科学并非诞生于 16 世纪。"波特兰海图"（Portolano sea charts）已在地中海周围反复使用了多年，当然，在各种中世纪世界地图形式中也已经有了很多对世界的象征性描述。但是，现在整个新世界必须缩绘到纸上，这带来新的挑战。杰拉德·墨卡托（Gerard Mercator）用其著名的地图投影解决了将球面转换成平面的某些数学难题。不久后，一批荷兰和比利时的地图学者，诸如得·若德（De Jode）、若多克·洪迪乌斯（Jodocus Hondius）和皮特鲁斯·普兰修斯（Petrus Plancius），将海外发现的进展绘入精美的地图。与这些成就紧密相连的是测量技术和仪器的发展，所以仪器制作常常是早期地图学者的一项手工技艺。

当然，绘制地图也是一项艺术实践，正如是一项科学实践一样。地图常常是费尽心力地装饰和颇具功夫地绘制成的，以至于其本身就常常成为**艺术品**。此外，所有绘画里都显现出制图冲动，这在 17 世纪的荷兰艺术中尤其显著，其他地方则望尘莫及。这可以提示我们注意地理学和人文学科的早期关联。

在接下来的几个世纪里，地理学一直继续保持着与地图学的联系。19 世纪英国军事测绘局（Ordnance Survey）定期在皇家地理学会报告工作进展；地理学者也经常参与漂移地质、土壤、疾病和人口等专题地图的制作。当今时代的地理学者转向遥感和计算机制图，也延续着这个传统。因此，地理学中总有很强大的地图驱动，以至于卡尔·索尔（Carl Sauer）坚信，如果一个地理学者对地图不着迷到总需要图不离身的程度，那么这征兆着他或她选错了职业。

²⁷⁸ 机械的宇宙

机械论哲学复活至 17 世纪终于主导了科学，面对机械论世界图景的显著自然主义意蕴，有很多人力图维持宗教话语的正当性。像牛顿、波义耳（Boyle）那样的人，所采取的最普遍辩护策略之一，就是认为世界基本上是一口巨钟，像斯特拉斯堡的那口钟，科学家们通过研究这个世界机器来探寻造物主的真实意图。在地理学传统的演化过程中，这一逻辑上的转移起了至关重要的作用。启蒙运动时期的许多作者发扬了一种自然史风格，称为自然神学（physico-theology）。他们将世界视为被目的论规定和受天意控制的，将世界环境解释为神圣目的的某种功能展现。在托马斯·伯聂特（Thomas Burnet）、约翰·雷（John Ray）、约翰·伍德沃德（John Woodward）和威廉·德勒姆（William Derham）的著作中，亦如后来在威廉·佩里（William Paley）的作品中一样，世界地理（其物理和有机形式）被视为超越自身而指向自然之神。

当然，这些自然神学论者本身常常在细节和策略上都大异其趣，但是他们都共同将一种见识载入史册，即将自然看作一个整体系统、一种生态图景，强调有机体与环境之间的相互关联和相互依赖。在这里，科学与宗教之间的战争场景不过是某种历史虚构。事实上，像德国的巴塞罗曼斯·凯克尔曼（Bartholomaus Keckermann）［《地理系统》（*Systema Geographicum*）的作者］和英国的纳撒内尔·卡彭特（Nathanael Carpenter）［《描绘出来的地理学》（*Geography Delineated Forth*）的作者］那样的地理学者，都承认宗教改革的神学鼓励他们在科学问题上**拒斥**教会权威，主张不受学术责难的科学自由。

这一特殊的认知轨迹在未来几个世纪中继续启迪着地理学思想。19世纪的卡尔·李特尔（Karl Ritter）也表现了同样的立场，李特尔的观点被他的门徒阿诺德·盖约特（Arnold Guyot）宣传到美国。此外，在英国的玛丽·萨默维尔（Mary Somerville）和大卫·托马斯·安斯特德（David Thomas Ansted），以及美国的马修·方丹·莫里（Matthew Fontaine Maury）和丹尼尔·科伊特·吉尔曼（Daniel Coit Gilman）的著作中，都有很多目的论思想的例证。事实上，H. R. 米尔（H. R. Mill）在1901年指出目的论的推理方式被"几乎每一个地理学理论的作者默认或公认"，他完全正确。甚至在最近，同样的目的论观点还贯穿在荷兰地理学者德·琼（De Jong）的著作中。地理学在这里继续充当着神学的侍婢。

积极地服务

正如我们刚看到的那样，如果说地理学可以支持神学的目的，那么它服务外部的兴趣并未就此停止。在某种意义上，它在整个19世纪都常常扮演着军国主义、帝国主义、种族主义（无疑还有许多其他"主义"）**助手的角色**。人们早就知道地图是战争的重要工具，就像枪炮一样，因此建制地理学（institutional geography）首先在军事院校兴盛就不足为奇了。事实上，军事测绘局的前史可追溯到雅各布时代的军事需要，而20世纪像伊赛亚·鲍曼（Isaiah Bowman）那样的地理学者在美国参与战后欧洲重建中也发挥了他们的作用。

同样，由于地理学具有的功能目的，英国的海外扩张也重新引起了人们对地理学的兴趣。在19世纪30年代早期伦敦皇家地理学会的开幕会上，人们捍卫了这样一个学会的必要性，理由就是地理学对于英国作为一个海洋国家的帝国霸业至关重要。于是，在英国（更不用说在德国和美国了）曾经并持续地就地理学"服水土"的话题产生了相当热烈的辩论，因为白人适应热带和亚热带地区的问题具有紧迫的国际意义。地理学者和医学专家就此密切配合，描绘了气候因素的重要性。在这样做时，他们实际上激活了一个由孟德斯鸠（Montesquieu）复兴的古老传统，即以自然的视角解释文化。

此外，地理学理论的某些方面趋于成熟乃至盛行。环境决定论，作为一种强调自然条件塑造力的学说，可以应用于广泛的目的。有些人认为这成为种族意识形态的正当理由。在19、20 世纪之交，种族问题确实普遍出现于地理学教科书中，之后也时有出现。另一些人则从中看到了一种具有战略潜力的学说。例如，哈尔福德·麦金德（Halford Mackinder）提出了一种理论概要，认为世界政治权力取决于对旧大陆某特殊领土空间的控制。德国的弗里德里希·拉采尔（Friedrich Ratzel）建立了基于其**生存空间**（Lebensraum）概念的国家有机体理论，强调一个**民族**的特征和命运天生地维系于某个确定的地区或**空间**。埃伦·森普尔（Ellen Semple）将拉采尔的观点传到美国，并用它来描绘美国历史的必然过程；而埃尔斯沃斯·亨廷顿（Ellsworth Huntington）则将气候看成是文明的重要源泉。所有这些，正如格里菲斯·泰勒（Griffith Taylor）时断时续的环境决定论一样，清楚地显现了在地理学理论与社会见解之间形成的联系。当然，这**并不**是说作为一种箴言的地理决定论是一种被大书特书的社会意识形态，而是要认识到地理学观念和纯粹**认知**观念都有其**社会**历史。

区域化程式

纵使有各种形式的环境决定论如野火般在专业化地理学者中间蔓延，仍然有人坚持认为人类文化有能力改变其自然环境而不是受自然决定的禁锢。在英国，H. J. 弗勒（H. J. Fleure）强调人类主体在改变环境中的重要性，因而摆脱了以自然区域为中心的传统，转而强调经由历史传承的文化过渡区的重要性。此外，即使像 A. J. 赫伯森（A. J. Herbertson）这样的人（认为自然区域的概念在其地理学中占据一种战略地位），都承认环境、遗传和意识在形成整个地球表层人类多样性地理格局中的微妙相互作用。拉马克进化论（Lamarckian evolution，一种强调生命力和意志之重要性的进化模式）中的理念论线索对于二者都至关重要。另一条批判环境决定论的线索在 19、20 世纪之交出现于虽然相关却迥然不同的概念源泉中，那就是与维达尔·德·拉·白兰士（Vidal de la Blache）相联系的生机勃勃的法国文化地理学传统。在维达尔及其追随者看来，环境并不是决定性力量，而只是对文化的可能性设置了极限的限制因素。这个被称为可能论（Possibilism）的学说也重视人文区域科学，因为正是在特定的自然环境中才能看到**独特承载物**（genres de vie，生活方式）的表现。

第三条批判环境决定论的线索来自美国的卡尔·索尔和文化地理学伯克利学派。这里的灵感较少得自演化生物学，而较多来自文化人类学，并可追溯到人类学者弗朗茨·博厄斯（Franz Boas）的重大影响。博厄斯作为一名自然地理学者开始其学术生涯，但是当他对因纽特人的研究使他质疑环境决定论时，就转向了人类学。伯克利的人类学同行将他所拥戴的温和文化相对主义介绍给了索尔，而索尔在此基础上进一步强调作为文化多样性之历史人工制造物的残存物质文化其重要意义所在。

无论其途径多么不同，所有这些地理学者都分享作为一种区域研究的地理学概念。理查德·哈特向（Richard Hartshorne）影响深远的专著《地理学的性质》（*The Nature of Geography*）捍卫了这个地理学品牌。在该书中，哈特向审视了历史（特别是德国）源头的流派，论证了他的辩解证据。因此，作为"区域化程式"的地理学概念提供了一个范式，它仍然支配着许多地理学工作，无论是在区域独特性作者的定性贡献里，还是在区域科学从业者对更为定量化的强调中。

游走于相互之间

与这些为地理学划定一片认知领域（关于事物的学术框架中的部分概念空间）的努力并行不悖的，还有一些人更倾向于强调事物的功能性作用。经常举证的是，地理学是**卓越**的综合学科，将自然和文化研究保持在一个学科保护伞之下。例如，W. M. 戴维斯（W. M. Davis）因其对侵蚀循环的阐发而被人记住，其实他也认为没有本体（其人文对应物）的自然地理学是不完整的。这种游走于相互之间的功能在很多语境中都很有价值。值得一提的是，在英国和美国，人们都呼吁捍卫作为一门连贯而独立的学术学科的地理学。事实上，在英国，麦金德认为这是地理学作为一门因果科学得以建立的唯一基础；在美国，伊赛亚·鲍曼也在为同样的观点争辩。

此外，地理学在自然与人文之间的桥梁作用常常表现为着力研究资源问题。在美国，这一地理学传统之根可追溯到纳撒尼尔·索思盖特·沙勒（Nathaniel Southgate Shaler）、乔治·珀金斯·马什（George Perkins Marsh）和后来的 J. 罗素·史密斯（J. Russell Smith）等人物。20 世纪初寻求恢复关注环境之传统的地理学家复兴了他们的贡献。对某些人而言，这种强调导致了对"人类在改变地球面貌中的作用"的历史再评估；对另一些人而言，未来的需要促进了对环境系统分析或生态能量学的参与，试图模拟不断变化的人与自然相互作用。在我们这个环境危机刺痛更深的时代，像蒂姆西·奥赖尔登（Timothy O'Riordan）和安德鲁·高迪（Andrew Goudie）这样的地理学者已经在地理研究第一线作了大量工作，从而保持了这个传统。而且，就机构的身份而言，值得注意的是大学和学院的地理学往往设置在有关环境研究的学部里。

一门关于空间的科学

如果说某些人认同地理学的本质是聚焦区域综合，那么还有些人认为这种对地方独特性的强调缺乏方法论上的严谨性。对他们来说，所有关于地理学是沟通科学与人文之间鸿沟之桥梁的说法似乎只不过是学术政治的花言巧语，坦率地说，区域独特性的观念是不科学的。弗雷德·舍费尔（Fred Schaefer）1953 年发表在《美国地理学家联合会会刊》上的论文《地理学中的例外论》（Exceptionalism in geography）率先发起攻击。舍费尔的批判旨在将地理学转化为一门真正的科学，他敦促地理学要成为一门寻求法则性解释的学科，关注普适性规律，而不是区域特性或他所说的"例外"。人们普遍认为，舍费尔的论文预示着将逻辑实证主义引入地理学，威廉·邦奇（William Bunge）1962 年发表的《理论地理学》（*Theoretical Geography*）以及戴维·哈维（David Harvey）20 世纪 60 年代末出版的《地理学中的解释》（*Explanation in Geography*）都对此进行了辩护。这就诞生了作为空间分布（常称为区位分析）科学的地理学思想，很快，寻求解释经济行为之区位的多种法则被诸如美国的 W. L. 加里森（W. L. Garrison）和英国的彼得·哈格特（Peter Haggett）等人引入地理学。特别是冯·杜能（Von Thünen）、阿尔弗雷德·韦伯（Alfred Weber）、沃尔特·克里斯塔勒（Walter Christaller）和奥古斯特·廖什（August Lösch）的早期经济理论很快就在地理学中流行开来。

随着作为空间科学的地理学概念成为科学知识的工具，地理学获得了运用科学方法和统计技术的最新启迪。当然，此时的地理学对计量化并非完全无知。作为一种数学实践的地理学之根源至少可追溯到 17 世纪的科学革命时期，甚至无疑更早。这并不意味着全部地理学都是量化的，许多传统领域显然仍然与统计无关。实证主义确实从 20 世纪 50 年代就在地理学理论和实践中取得了实质性的进展，但也提示了地理学相对较晚受实证主义哲学洗礼的各种原因。后来转向马克思主义的哈维认为，这表明了（至少在美国）地理学者的一种战略意图，即通过撤退到"数字游戏"这个安全领域，从而避免后麦卡锡时代对社会科学的政治怀疑。我认为同样令人信服的一种解释是，地理学者在严肃地考虑需要为自己增加一套技艺能力，从而能增强他们在创建空间**科学**中的专业既得利益。

无血性的统计

无论地理学数量化的原因可能是什么，近几十年来出现了一系列以不同视角针对实证主义的抨击。来自激进一侧的抱怨是，整个数量化过程从一开始就充满意识形态色彩。这里的论辩在于，把地理学仅仅当作一种空间运算，一种描绘空间分布的几何技术，而正义和政治参与等基本问题却被草率（且舒适）地排除在外。因此，当代各式各样的激进地理学者都自视处于一个可追溯到埃利兹·雷克吕（Elisée Réclus）、彼得·克鲁泡特金（Peter Kropotkin）和卡尔·威特福格尔（Karl Wittfogel）等人的地理学谱系中，他们都极力倡导社会参与。在这种情景下，他们都不同程度地（但也必须承认远非铁板一块）强调了经济结构的决定性作用。无论是研究居住隔离、世界经济体系的变迁，还是从封建主义到资本主义的历史变化，都在不断重弹同样的**主调**。

有一些人文主义地理学者持另一视角，他们认为经济数据和其他活动的数量化图表使地理学失去了人性，因为忽视（而不是说抑制）了人的主体作用。统计数字根本不是由血肉组成的。整个人类的经验领域——恐惧、想象、情感——都被拒之门外。这些地理学者视为己任的是，通过他们对文学文本的审视和在这一主题上拥护的主观论，使地理学世界敞开其历史的艺术侧面。段义孚（Yi-Fu Tuan）对"恋地情结"（topophilia）和"惧地心结"（topophobia）的沉思，大卫·莱（David Ley）对内城贫民区的探究，伦纳德·圭尔克（Leonard Guelke）之转向柯林伍德（Collingwood）的理念论历史哲学，都是近来风行地理学科的一些思潮。这帮人很快又指出，这并非一个全新的开端：一些人宣称，更早期的行为地理学者，如 J. K. 赖特（J. K. Wright）、大卫·洛温塔尔（David Lowenthal）和威廉·柯克（William Kirk），都强调了主观经验的关键作用。而另一些人则不顾维达尔对**人文地理学**的自然科学志趣，声称要复兴维达尔传统。

万事皆在其地

这些在解释地理现象时对社会结构和人类主体作用的各有侧重，已在最近导致一些人想弄明白是否应给予势均力敌的双方解释的特权。在努力寻求打破僵局的途径时，一些地理学者转向剑桥大学社会学者安东尼·吉登斯（Anthony Giddens）提出的"结构化"（Structuration）理论。这种对社会形成和转型的解释强调双方力量的相互作用：人类发现他们处于并非由他们选择的结构化环境中，但通过他们自身的主体行动能够有所作为而引致改变。永无休止、潮起潮落的主体与结构交互提供着社会转型的动力。在地理学进入这种图景之处，需要将这个历史变化的一般模型"落地"。社会结构和人类主体的相互作用如何落地？这显然在一地不同于另一地，并严重取决于特定的相遇场所。因此，地理学者主张场所的首要意义，格外呼吁社会理论的地理化。

整个哲学和社会的一系列发展进一步促进了对这种地方重要性的重新强调。我们无需关注细节，只需注意文化和认识论多元主义的观念现在看来不可避免。知识的碎片化、社会的分化和对科学理性的质疑都结合起来，重申了特定性、独特性和地方性的重要意义。在这种社会和认知环境中，强调地方之中心地位的地理学被认为具有巨大的潜力。这再一次显现了地理学内部领域和外部背景之间关系的构成性质。

地理学对话

作为结论无需赘言，我的全部论点就是，地理学传统就像一个物种，随着它所适应的不同社会和学术环境而演化。正如本篇开头就指出的，地理学对不同时间、不同地方的不同人意味着不同之事。为适应不同的目的而采用了不同的词语——从神奇性和神学到科学和艺术。这些话语有时水火不容，有时又相辅相成。其对话有时包容广泛的地理学者，有时又仅限于选定群体的参与。无论如何，重要的是，在讲述地理学者属于哪一种传统的故事时，需要承认这些多样性话语的每一种都依其自身的说法而具有正当性。否则，地理学的历史和未来将成为那些期望垄断（甚至独霸）对话以服务于其自己宗派利益的派性辩护者的奴婢。

深入读物

- 本章取自 D. N. Livingstone, *The Geographical Tradition：Episodes in the History of a Contested Enterprise* (Oxford：Blackwell，1992)。对地理学史的深入探究可见于 D. N. Livingstone and C. W. J. Withers (eds.)，*Geography and Enlightenment* (Chicago：Universityof Chicago Press，1999)；R. Mayhew，*Enlightenment Geography：The Political Languages of British Geography*，1650－1850 (London：Macmillan，2000)；以及 C. W. J. Withers，*Geography，Science and National Identity：Scotland Since 1520* (Cambridge：Cambridge University Press，2001)。
- 两本关于地理学与探险和帝国主义之间关系的书是 A. Godlewska and N. Smith (eds.)，*Geography and Empire* (Oxford：Blackwell，1994)，以及 F. Driver，*Geography Militant：Cultures of Exploration and Empire* (Oxford：Blackwell，2001)。
- 关于自然地理学尤其要参考 K. J. Gregory，*The Changing Nature of Physical Geography* (London：Arnold，2000)①，以及 K. J. Tinkler，*A Short History of Geomorphology* (London：CroomHelm，1985)。
- 关于地理学与普通地球科学（包括演化生物学、板块结构和生态学）的关系，参见 P. J. Bowler，*Fontana History of the Environmental Sciences* (London：Fontana，1992)。

283

---

① 中文版见《变化中的自然地理学性质》，蔡运龙等译，商务印书馆，2006 年。——译者注

47　地理学与自然科学

海瑟·A. 威尔斯（Heather A. Viles）

> 科学是人类最伟大的智力探奇，却已动摇了它的信奉而导致物质乌托邦之梦。在其最抽象之处，科学已隐没为哲学；在其最实际之处，它可治病。它既可使我们生活轻松，也可威胁我们的生存。它追求理解蚂蚁和上帝、极微小的原子和撞击人心的浩瀚宇宙，但是在某些非常基本的方面又很失败。它对诗人和政客、哲学家和江湖骗子都勾肩搭背。它的美妙往往仅限于初始，它的危害又往往被误解；它的重要性既被高估又被低估，它及其创造者的谬误往往既被粉饰又被恶意夸大。
>
> ——西尔弗（Silver, 1998: xi）。

正如布莱恩·西尔弗（Brian Silver）在其《科学的进步》（*The Ascent of Science*）一书中雄辩而生动的表述，近几十年来，自然科学和物理科学既在诸如宇宙学和生物学（如人类基因组计划）那样的领域取得了一些令人瞩目的成就，也由于其耗资颇巨、傲慢自大、易犯错误和充满偏见而倍受抨击。人们也日益要求科学（简称）对那些重大的世界性挑战提供答案，诸如如何增加世界粮食生产，如何预测整个 21 世纪的气候变化和波动等。与前几个世纪一样，科学家们发展了非常广泛的新思想和新理论，其中大多数一直是广大科学界内外争议和讨论的主题。而且，跨越许多不同学科的科学家们继续对哲学和方法论问题进行争论并取得进展。作为科学家，（自然和人文）地理学者对许多此类问题及争论贡献良多，而地理学的主题本身就是许多争论的核心。在本章中，我将聚焦五个争论领域，它们都涉及影响地理学和地理学者反过来又被地理学和地理学者影响的科学和科学家。

科学战争：对科学特权地位的攻击

科学的兴起近乎不可阻挡。从 17 世纪到 20 世纪 60 年代，现代科学从绅士们（也有鲜

见记载的女性）的业余爱好发展成为一种由高预算、产生重大技术进步的大项目所支配的促
进变革的巨大力量。在此过程中，科学家们回答了许多重大问题，对生命的行为、宇宙和
（几乎）所有的事物都形成了某些基本见解。从 19 世纪晚期到 20 世纪中期，科学进步似乎
所向披靡，推动了这种积极的发展，对科学的信心在某些时候可能达至巅峰。社会主义科学
家贝纳尔（J. D. Bernal）在 1954 年提出关于科学第一位的一种极端观点，会让今天所有的
地理学者都感到恐惧。他写道：

> "按照生物科学指引的路线，随着使用重型机械，包括可得的原子能，将对自然界
> 加以改造。世界上所有的江河流域都能够在人类的掌控之下，提供充足的功能，消除洪
> 水、干旱和破坏性土壤侵蚀，大大扩展种植业和畜牧业的范围。除此之外，还有可能进
> 一步将世界生产带扩展至目前的沙漠和山区荒地，并充分利用海洋资源。"（转引自
> Gillott and Kumar，1995）

然而，反对的声音指出，科学是会犯错的，也可能是错误的和危险的，不应该对科学知
识给予高于其他信仰体系的地位或信任（Gillott and Kumar，1995；Sardar，2000）。早期
对科学的攻击主要集中在它不能解决很多问题，而且还有制造问题的能力。雷切尔·卡森
（Rachel Carson）1962 年初版的经典著作《寂静的春天》（*Silent Spring*）提供了一个很好
范例，说明 20 世纪后半期人们对科学的信心在减弱。卡森是一个海洋生物学者，她记述了
科学家发明的 DDT 和其他合成物质对环境的有害结果。在 DDT 的例子中，就像对其他科
学发现之应用的担忧一样，遭诟病的或许不是科学本身，而是经由政府和产业机构对作为技
术的科学的应用。

新近对科学的攻击已经延展到对其特权地位提出批判，这主要来自社会学者、女权主义
者和后殖民主义理论家。大卫·布鲁尔（David Bloor）和巴里·巴恩斯（Barry Barnes）在
1996 年出版了《科学知识》（*Scientific Knowledge*），涉及科学知识的社会学，揭示了许多
科学成果的报告中如何"渗透理论"。另有一些社会学者则采取了一种更极端和反直觉的态
度，例如建构主义者布鲁诺·拉图尔（Bruno Latour）和史蒂夫·伍尔加（Steve Woolgar），
他们 1979 年出版的《实验室生活：科学事实的社会建构》（*Laboratory Life: Social Con-
struction of Scientific Facts*）一书，审视了一个特别科学事实的历史，显示了基金、人格
和技术在辨识甲状腺素释放因子（激素）中的作用。当这些作者们在说明观察"渗透理论"
而且是社会建构之时，他们的意思是所采用的事实不足以说明科学真理，即不足以解释一种
理论或假说为何被接受。正如这些作者所言，真理在部分意义上是一个地理问题，关系到一

个命题或观察如何形成文字从而从实验室传播到外面的世界。女权主义者也攻击科学的男权主义观点。桑德拉·哈丁（Sandra Harding）质疑：科学是否能改革到包容女权主义的关怀？带有显著女权主义的科学立场是否更为可取？科学是否应该超脱为某种后现代的方式？（Harding，1986）后殖民主义批判者也试图与西方化的科学及科学史作斗争，例如他们揭示了印度和伊斯兰文明对数学的贡献，审视了据称中立和客观的科学活动中存在的种族偏见。

科学家们立即起而捍卫他们的努力，这并不出人意料。几位科学家出书来概述科学的关键属性和方法，并且修订罗伯特·K. 默顿（Robert K. Merton）于 1942 年提出的科学行为准则（即公有性、普遍性、无私性和怀疑精神）（Ziman，1984；Lee，2000）。还有一些人 286 则发起反攻，他们并不为科学辩护，而是揭示其他获取知识的方法之荒谬（正如他们认为的那样）。物理学者艾伦·索卡尔（Alan Sokal）1996 年在文化研究期刊《社会文本》（*Social Text*）上发表题为《超越边界：走向量子引力的变换诠释学》（Transgressing the boundaries：Towards a transformative hermeneutics of quantum gravity）的论文，他在此文中提出一个（显然荒谬的）论点，即将量子力学和广义相对论整合为一门后现代科学。这个被称为"索卡尔恶作剧"[①] 的插曲导致科学家们嘲笑社会科学家的不靠谱，但在纠正对科学家傲慢和科学知识不值得有任何特权地位的批评方面却于事无补。

地理学者在这场关于科学之角色的多面向争论中占有特殊地位。很多地理学者都自认为是科学家，许多不同派别的地理学者都以广泛的方式参与科学思想的传播和应用。例如，地理学者参与了荒漠化原因的研究（见如 Fullen and Mitchell，1994），也深度卷入更有效地治理该问题之发展计划的制订（例如 Goudie，1990；Agnew and Warren，1996）。荒漠化作为一个问题具有社会原因和环境原因。治理荒漠化需要科学和社会文化两方面的理解，因此不能想当然地将科学知识作为提供有效解决问题的首要方法。而且，我们的科学知识永远是不充分的，也就是说，我们总是不能完全了解荒漠化的性质和成因。正如托马斯和米德尔顿（Thomas and Middleton，1994）所言，荒漠化是一个"谜"。荒漠化之谜与试图治理由此产生这一问题的荒漠化科学也许同样重要。荒漠化以及更广泛的土地退化问题，为研究科学在造成和解决环境问题中所起的作用提供了一个理想的契机。地理系也提供了一个学术世界的缩影，（常常）将各种各样的科学家和社会科学家聚集于一栋大楼里。系里的研讨班（所有地理系学生都应该把它当作课程的一部分）提供了一种有用的洞察，去认识科学和其他形式知识之间的现有关系。一个文化地理学者会与一知半解的花粉分析师谈论，气候学者和河流

---

① 索卡尔后来又发表《一个物理学者的文化研究实验》《超越边界：写作后记》等文，说明《超越边界：走向量子引力的变换诠释学》是对后现代研究的滑稽模仿，是开了一个严肃的"玩笑"，目的是要证明很多所谓后现代之类的人文与社会研究只不过是些"时髦的谬论"（fashionable nonsense）。——译者注

水文学者会本能地习惯于批评样本量小、方法定性和结果缺乏有效性。另一方面，一个河流水文学者提交一篇关于硝酸盐沿小溪污染的最新模型的论文，他将面对如何有助于解决这一问题等一连串提问。

混沌与复杂性

1963 年，爱德华·洛伦兹（Edward Lorenz）用三个独立的一阶微分方程建立了一个大气状况的简单模型，这个简单模型居然产生了若干复杂结果。1982 年，贝努瓦·曼德尔布罗特（Benoit Mandelbrot）的书《自然的分形几何》（*The Fractal Geometry of Nature*）问世。这两个事件以及世界各地许多不同科学领域发生的其他一系列进展，促进了非线性动力学思维的兴起并成为科学中的一股强大力量。正如西尔弗所言："科学中最令人愉悦的相遇之一就在混沌和分形之间"（Silver，1998：233）。近年来已将混沌和分形整合为复杂性（Nicolis and Prigogine，1989；Lewin，1993）。在许多作者看来，混沌理论被视为对传统科学思维和分析模式的批判与替代。可以将世界看作以不可测的方式而不是以均衡、稳态和可预测的行为运转的。简单的确定性系统可以产生高度复杂的非线性行为（就像洛伦兹建立的简单气候模型那样）。反之，复杂系统可以表现出有序的行为（就像沉积环境中许多湍流所形成的有规律格局那样）。混沌和复杂性的概念为它们带来许多奇特的术语，例如奇异吸引子和自组织临界值等。人们建议将它们作为摆脱科学中还原论趋向的一条途径，因为它们鼓励在科学的不同尺度和类型之间建立联系，并阻止狭隘地关注因果联系。混沌和复杂性在科学和社会科学的许多领域里已有广泛的应用。另一方面，对混沌和复杂性也有很多批评，如认为它们很有意思却不能产生任何重要而有用的见解。

地理学者以各种方式参与科学中出现的混沌理论。一方面，地理学的主题（诸如捕食和被捕食关系、地震和大城市分布、海岸线和气候系统等）为发展非线性动力学思想提供了一个最为富饶的试验基地。曼德尔布罗特对分形的经典解释之一，与对海岸线长度的度量有关（Mandelbrot，1967）。自然界和高度复杂行为形成的模式，清楚地显现于很多地理现象上，从沙丘直到城市形态（Batty and Longley，1994）。另一方面，地理学者一直热衷于将非线性动力学概念应用于诸如土壤形成、洞穴通道网络和北极熊的位置等问题（分别参见 Phillips，1993；Laverty，1987；Ferguson *et al.*，1998）。混沌行为和混沌系统的不可预测性，与那些地理学者尽力想解开的气候变化和波动的自然、人文和环境效应有着至关重要的联系。事实上，变化和复杂性的概念已经牢固地嵌入到许多解释地理行为的尝试中（与过去的平衡和线性思维相反）。然而，非线性动力系统思想对于人类系统的适用性是否只不过是一种肤浅的类比，仍然需要观察。"索卡尔恶作剧"就是对社会理论家运用数学和量子理论的嘲弄。

科学的哲学和方法论

结合近年来对科学知识地位的关注，并联系科学的快速发展，学者已经对科学方法及其哲学支撑进行了重新评价。科学方法已经发展到为科学知识的创造提供某种标准化框架。通常的观点是，科学被断言是基于实证主义原则的，涉及各种假说的形成、检验和完善，以期发展理论、法则和预测。实证主义来自社会学家奥古斯特·孔德（Auguste Comte，1789—1857）的思想，在 20 世纪早期被以莫里茨·石里克（Moritz Schlick）领导的一群哲学家（有强烈的科学偏好）予以阐发，并以逻辑实证主义闻名于世。逻辑实证主义对观察和度量给予极大的重视，它有一个基本的优先原则，即既能在逻辑上被证实又能被观察证实的命题才是真命题。证实已被证明是一个棘手的问题，而卡尔·波普尔（Karl Popper）则认为，命题（或假说、理论）只能被证伪（也就是否证）而不是被证实（Popper，1959）。他被称为批判理性主义的立场也受到科学哲学家和一些自然地理学者的广泛欢迎（Haynes-Young and Petch，1986）。

虽然实证主义和批判理性主义为传统科学方法提供了基石，但也有许多替代的立场。它们之间的争论常常相当复杂，一些作者以不同的方式定义和使用各种术语。由于科学家们倾向于沉溺在哲学思考中，这些争论常常有些偏离科学实践，但它们是理解科学如何与其他形式的知识相关的重要因素。实证主义的一种替代是"工具主义"（instrumentalism），它认为如果一个命题引起的结果是有用的，那么该命题就是真命题（见 Silver，1998：503）。科学家常遵循这种实用主义途径。另一种替代是现实主义，尽管它有几个不同的版本。地理学者杰夫·李写了一本有助于理解科学奋进的书（Jeff Lee，2000），他在书中基于罗兹和托伦（Rhoads and Thorn，1994）的工作提出了后实证主义科学途径的一个简单三重划分，即后实证经验主义、相对主义和现实主义。后实证经验主义承认理论的某些部分不能被试验直接证实，但试验仍然是科学进步的基石。因此，按照这种思维方式，真理至少部分地"渗透理论"。对照来看，相对主义像结构主义一样强调社会因素在科学思想发展中的作用。托马斯·库恩（Thomas Kuhn）在 1962 年发表的名著《科学革命的结构》（*The Structure of Scientific Revolutions*）给出了这种途径的一个版本，该书阐明了科学如何在"范式"内运作，或共享关于世界如何运作的愿景，直到现有范式不能应对新的发展，从而发生革命，被新范式取代。无政府主义哲学家保罗·费耶阿本德（Paul Feyerabend）在 1975 年出版的《反对方法》（*Against Method*）一书中持一种更为极端的态度。他宣称没有理由相信任何一种方法（包括科学和巫术）会比任何其他方法更好。根本不存在"破除法则就不能产生合理结果"的法则。最后，现实主义认为，即使科学不能达到绝对真理，但能逼近真理，犹如我们所感知的世界不是真实的世界但能近似于真实的世界。因此，理论或法则永远是差强人意的近似。

许多科学家认为此类哲学和方法论关注与他们的工作不相干。不同科学领域也经历着不同的方法难题。例如，在大部分现代物理学中，理论已经超出实验和诸如超弦理论那样的领域，超弦理论欲结合广义相对论和量子力学，据称是不可验证的（Gillott and Kumar，1995）。在地理学中，实证主义及其近邻已在过去几十年中被大多数（尽管并非全部）人文地理学者拒斥。然而，自然地理学者却仍然声称遵循"这种或那种科学方法"，即使许多人似乎并不确切地知道其他是什么。在自然地理学特别是地貌学中，争论的某些方面涉及现实主义和其他方法在其学科内的作用。基斯·理查兹（Keith Richards）在为《地表过程与地形》（*Earth Surface Process and Landforms*）期刊所写的社论中，赞同地貌学的现实主义方法而不是批判理性主义者或波普尔的传统（Richards，1990）。理查兹关于现实主义和批判理性主义以及现实主义在指导地貌学探究中的作用的解释，引起了一些争论。

进化的性质

甚至自 1859 年查尔斯·达尔文（Charles Darwin）的《物种起源》（*The Origin of Species*）问世之前，关于进化性质之思想的变化就一直对科学（实际上也对其他研究领域，如社会科学）的发展产生着重要影响。关于进化以及更广义的关于长时间跨度群落和环境性质变化的各种思想，在最近几十年持续发展并且影响广泛。古生物学家尼尔斯·埃尔德雷奇（Niles Eldredge）认为，进化理论的实质是他所称的激进达尔文主义者（通常是遗传学家）与具有相左观点的自然主义者之间的持续对话和争论。正如他所言：

> "激进达尔文主义者强调将通过自然选择的连续性和为成功繁殖积极竞争的首要性作为所有进化现象绝对优先的原动力。相反，自然主义者认为复杂的生物世界是由分离的实体组成的，在描述真实自然世界时，非连续性与连续性同样重要。"（Eldredge，1995：7）。

在激进达尔文主义的观点中，理查德·道金斯（Richard Dawkins）的思想最具代表性，而自然主义者的代表是史蒂芬·杰·古尔德（Stephen Jay Gould）。两人都著述颇丰，他们发表的著作将进化观念呈现给广大读者。古尔德和埃尔德雷奇在 1972 年合著了一篇介绍"间断平衡"（punctuated equilibrium）进化观的文章，一直倍受争议。间断平衡核心思想是：进化的改变似乎集中在某些特殊的片段（与新物种的起源有关），而不是随时间推移而逐渐且稳定地累积的。

类似思想已出现在地球科学和环境科学的其他领域，而地理学很快就吸收了进化思想。例如在地貌学中，丹尼斯·布鲁斯顿将地形变化视如活跃波浪的作用，其间穿插着一些几无巨大化的周期（Deneys Brunsden，2001）。伊安·道格拉斯及其合作者（Ian Douglas *et at.*，1999）甚至走得更远，他们用"间断平衡"这个概念描述（马来西亚）沙巴州达纳姆山谷中的林地生态系统内的快速变化和停滞交替周期。在间断平衡概念与自组织临界性及从混沌到有序行为转化的概念之间，显然存在趋同之处。地理学者倾向于从其他学科借用概念和思想，且广泛地阅读其他学科的文献，这已导致对进化思想和隐喻的各式各样应用。

盖娅

关于生物和非生物的划分及其间联系的讨论已经持续了好几个世纪。在 20 世纪后半叶，詹姆斯·拉夫洛克（James Lovelock）及其合作者在伟大的俄国科学家维尔纳茨基（Vernadsky）开创性工作的基础上，提出了一个新的、备受争议的观点。拉夫洛克在一系列著作中概述了生命调控地球环境的观点，按照这个逻辑推论，可将地球视为一个有机体（见如 Lovelock，1979、2000）。这个自调节生命力的概念被命名为"盖娅"（Gaia），它一直是在科学家和对环境问题感兴趣的人中备受争议的话题。伴随着盖娅假说出现了铺天盖地的关于环境的胡言乱语，正如某些批评者所言，"如果将这种理论称为'地球生物-地圈协调互动非线性动力学'，而不是以希腊女神的名字命名"，就不会有这么些胡言乱语（Silver，1998：447）。盖娅也被认为一种在实践应用方面有科学价值的思想，拉夫洛克最近创造了"地生理学"（Geophysiology）这个术语，试图涵盖对盖娅系统功能的理解和"修正"。

地理学者关注的许多事情都处于盖娅的核心，实际上，许多自然地理学者、生态学者和地质学者在生物与非生物界面上发现了很多有趣的东西（Myers，1990）。有人抱怨自然地理已忽视了自然世界的魅力或具有的精神价值。该学科或多或少错过了 20 世纪 70 年代的环境关注浪潮，或许部分是因为其要成为一门数量化"硬"科学的先入之见（Simmons，1990）。然而，很少有地理学者乐意全身心投进盖娅学说，特别是因为它的许多概念似乎不可验证。

结论：地理学与科学之间的关系

显然，许多地理学者都自视为科学家，而并不这么看的也大有人在。同样显见的是，科学知识及其结果的发展一直对地理学的主题以及我们研究该主题的方法有重大影响。在"硬"科学和社会科学之间总有概念和思想的相互作用，21世纪之始在这方面并无不同。地理学占据自然科学与社会科学的交汇点，因而处于一个既能促进又可获益于这种思想交流的关键地位。人类-环境关系是现代地理学的核心领域之一，为科学理论和成果的发展提供了一片沃土。

参考文献

Agnew, J. and Warren, A. 1996: A framework for tackling drought and land degradation. *Journal of Arid Environments*, 33, 309-320.

Bassett, K. 1994: Comments on Richards: the problems of 'real' geomorphology. *Earth Surface Processes and Landforms*, 19, 273-276.

Batty, M. and Longley, P. 1994: *Fractal Cities*. London: Academic Press.

Brunsden, D. 2001: A critical assessment of the sensitivity concept in geomorphology, *Catena*, 42, 99-123.

Carson, R. 1965: *The Silent Spring*. Harmondsworth: Penguin.

Douglas, I., Bidin, K., Balamurugan, G., Chappell, N. A., Walsh, R. P. D., Greer, T. and Sinun, W. 1999: The role of extreme events in the impacts of selective tropical forestry on erosion during harvesting and recovery phases at Danum Valley, Sabah. *Philosophical Transactions, Royal Society of London B*, 354, 1749-1761.

Eldredge, N. 1995: *Reinventing Darwin: The Great Evolutionary Debate*. London: Weidenfeld and Nicolson.

Eldredge, N. and Gould, S. J. 1972: Punctuated equilibria: an alternative to phyletic gradualism. In T. J. M. Schopf (ed.), *Models in Palaeobiology*. San Francisco: Freeman and Cooper, 82-115.

Ferguson, S. H. *et al*. 1998: Fractals, sea ice landscape and spatial patterns of polar bears. *Journal of Biogeography*, 25, 1081-1092.

Fullen, M. A. and Mitchell, D. J. 1994: Desertification and reclamation in North Central China. *Ambio*, 23, 131-135.

Gillott, J. and Kumar, M. 1995: *Science and the Retreat from Reason*. London: Merlin Press.

Goudie, A. S. (ed.) 1990: *Techniques for Desert Reclamation*. New York: Wiley.

Harding, S. 1986: *The Science Question in Feminism*. Milton Keynes: Open University Press.

Harrison, S. and Dunham, P. 1998: Decoherence, quantum theory and their implications for the philosophy of geomorphology. *Transactions, Institute of British Geographers*, 23, 501-514.

Haynes-Young, R. H. and Petch, J. 1986: *The Nature of Physical Geography*. London: Harper and Row.

Laverty, M. 1987: Fractals in karst. *Earth Surface Processes and Landforms*, 12, 475-481.

Lee, J. A. 2000: *The Scientific Endeavor: A Primer on Scientific Principles and Practice*. San Francisco: Benjamin Cummings.

Lewin, R. 1993: *Complexity: Life at the Edge of Chaos*. London: Phoenix.

Lovelock, J. 1979: *Gaia: A New Look at Life on Earth*. Oxford: Oxford University Press.

Lovelock, J. 2000: *Gaia: The Practical Science of Planetary Medicine*. Stroud: Gaia.

Mandelbrot, B. 1967: How long is the coast of Britain? *Science*, 156, 637.

Mandelbrot, B. 1982: *The Fractal Geometry of Nature*. San Francisco: W. H. Freeman.

Myers, N. 1990: Gaia: the lady becomes ever more acceptable. *Geography Review*, 3, 3-5.

Nicolis, G. and Prigogine, I. 1989: *Exploring Complexity*. New York: W. H. Freeman.

Phillips, J. D. 1993: Chaotic evolution of some coastal plain soils. *Physical Geography*, 14, 566-580.

Popper, K. 1959: *The Logic of Scientific Discovery*. London: Hutchinson.

Rhoads, B. L. 1994: On being a 'real' geomorphologist. *Earth Surface Processes and Landforms*, 19, 269-272.

Rhoads, B. L. and Thorn, C. E. 1994: Comtemporary philosophical perspectives on physical geography with emphasis on geomorphology. *Geographical Review*, 84, 90-100.

Richards, K. 1990: 'Real' geomorphotogy. *Earth Surface Processes and Landforms*, 15, 195-197.

Sardar, Z. 2000: *Thomas Kuhn and the Science Wars*. Cambridge: Icon Books.

Silver, B. L. 1998: *The Ascent of Science*. New York: Oxford University Press.

Simmons, I. 1990: No rush to grow green. *Area*, 22, 384-387.

Thomas, D. S. G. and Middleton, N. J. 1994: *Desertification: Exploding the Myth*. London: Arnold.

Ziman, J. 1984: *An Introduction to Science Studies: The Philosophical and Social Aspects of Science and Technology*. Cambridge: Cambridge University Press.

291

深入读物

Bak, P. 1997: *How Nature Works*. Oxford: Oxford University Press. 来自一位专家关于自组织临界性的易读导论。

Bauer, B. O. 1999: On methodology in physical geography: current status, implications and future prospects. *Annals of American Association of Geographers*, 89, 677-778. 这篇论文介绍了一部关于自然地理学方法问题的论文集，其中讨论了混沌理论对地理学的效用及很多其他问题。

Phillips, J. D. 1999: *Earth Surface Systems: Complexity, Order and Scale*. Oxford: Blackwell. 这是对非线性动力系统思想及其地貌学应用的一个有益评述。

Volk, T. 1998: *Gaia's Body: Towards a Physiology of Earth*. 来自一位倡导者对盖娅思想的易读解释。

网络资源

- 继索卡尔事件和《冒牌货知识》（*Impostures Intellectuelles*）之后，一个专注于"索卡尔恶作剧"和"科学战争"的网站，见 http://www.math.tohoku.ac.jp/-kuroki/Sokal/index.html。

48　地理学与社会科学

加里·布里奇（Gary Bridge），阿里斯代尔·罗杰斯（Alisdair Rogers）

地理学与社会科学的关系一直是既成果丰富又有所选择的，在围绕共同主题建立牢固联系的同时，也存在关联微弱、误解和无所谓的情况。从学科的长远角度看，正如大卫·利文斯通在第 46 章所指出的，我们可以看到地理学总是全方位地与社会科学交流思想和概念。这种交流在 19 世纪晚期涉及人类学和社会学，进入 20 世纪则是经济学占据突出地位，在近几十年又增添了政治经济学和文化研究。要全面阐述这些交流已超出本章的范围。我们在这里只聚焦过去一个世纪持续贯穿于社会科学的五个关键争论或论题。我们会描述每种情况里的问题，然后批判性地检视地理学的回应和贡献。在许多（但不是全部）例子里，我们会展示地理学者如何并非简单地对学科之外的发展作出反应，而是通过独到的见解去拓展这些争论。

大结构与小个人

"人们创造他们自己的历史，但是他们不是随心所欲地创造，也不是在他们自己选定的条件下创造，而是在现有的、既定的、承继过去的条件下创造。"（卡尔·马克思，《路易·波拿巴的雾月十八日》，1852 年）

马克思这个常被引用的观察表达了整个社会科学中最为持久的一个问题。一方面，作为个人，我们相信我们的行动是出自自己的意图和动机；而另一方面，我们也觉察到"在我们背后"进行的那些事情或者有更大的力量在对塑造我们的生活起作用（Giddens，1984）。

19 世纪主要的社会科学家，都十分关注这个问题，著名的如卡尔·马克思、马克斯·韦伯、埃米尔·涂尔干。他们以不同的视角写作——马克思是哲学家、经济学家和激进知识分子，韦伯专注历史社会学，涂尔干是分析社会学家和保守派。在社会中发生的事情于多大程度上可以用据说是组成这个社会的个人的行动来解释，抑或还有其他更大的力量在起作用，他们有不同的看法。这就是微观解释和宏观解释的区别。它影响着我们关于"社会性"（the social）和"社会"（society）是什么的思考，它也关乎你能恰好归属什么样的社会科学。更重要的是，它关系到我们个人和集体行动将社会改变得更好的可能性。

293

　　马克思和涂尔干虽然有不同的政治思想和学术思想，但都强调为个人行动提供背景的宏观力量。在马克思看来，这"归根结底"（按恩格斯的著名短语）就是经济力量。马克思认为，有可能发现某种驱动经济和塑造社会的资本主义"运动法则"（譬如为了积累而进行的资本主义竞争和集聚）。宏观技术/经济的当务之急不仅环绕个人行动而且标志着不同的社会历史时期，与之相比，个人行动往往微不足道。

　　涂尔干也强调宏观因素的重要性，但是在他那里，这些因素显然都是社会学的。他认为某些特性是从作为一个整体的社会中自然发生的，而任何社会都大于其各部分的总和。这些自然发生的特性就是"社会事实"，它们在某种意义上是不变且独立于个人的。在他最著名的例子中，他自问这个问题："自杀是一个社会现象吗？"从自杀率的比较中，涂尔干得出一个结论：可将自杀解释为社会而非个人的行为。解释自杀的社会事实就是个人融入其社会的程度。在19世纪的法国，更加个人化的新教社群成员比有更紧密社会联系的天主教社群成员有相对更高的自杀比例，就是这种显现。

　　马克斯·韦伯（1864—1920）的著作常常被描绘为与涂尔干截然相反。韦伯是一个方法论个人主义的倡导者：要理解社会如何运作，我们首先必须理解个人行为；要理解任何行为，我们都首先必须理解个人行为的意图及行为的社会意义。如果不理解个人动机（即试图以个人的观点看待世界，这是众多人种志定性研究的激励因素），要进行社会分析是不可能的。总体而言，韦伯的著作显示出对社会学解释中微观因素和宏观因素的细致关注，但从未将它们完全整合起来。

　　就学科来看，这种整合的缺乏在许多方面是可以解释的。在19世纪末期，社会学这一新兴学科寻求以自己的知识对象和分析模式来立于学术之林。这些都是通过反对经济学边际革命的微观基础而形成的，边际革命意味着关于人类理性和工具性行动的有限假设可以应用于所有类型的供求情况。与此不同，社会学的先驱（如韦伯和涂尔干）则要把社会与经济分开，他们认为社会中存在着超越个人决策的各种属性（如涂尔干的社会事实），或者认为对个人的微观分析必须对作为社会行动者的他们有更丰富和细致的观察（因此韦伯坚持要理解行动的含义和意图）。

　　在整个20世纪，这种缺乏整合的状况一直存在于社会科学中。不同的社会学范式既来自微观假设也来自宏观假设。于是，这个世纪中期主导英美社会学的塔尔科特·帕森斯

(Talcott Parsons) 综合行动理论，对解释确保社会再生产的某些社会结构（宏观）特征给予了最大的权重（因此被称为结构-功能主义）。符号互动主义则以个人之间的（微观）姿态开始其社会分析，以建立一种社会交往的思想。在这里，社会是互动的个人行动者的社会学力量建造出来的。所涉及的这些要素包括自我表现、礼仪和对话技巧（见 Goffman，1959）。这种微观分析受到挑战，因为它对影响互动背景的更大社会结构的认识是幼稚的。在人类学中也明显存在这些差异。一边是拉德克利夫-布朗（Radcliffe-Brown）和列维-斯特劳斯（Levi-Strauss）提出的结构主义和功能主义解释，探寻支撑现代社会和传统社会的宏大文化规则。这些都与该领域内许多人类学者青睐的小尺度民族志大异其趣。

294

如果我们相信我们的行动由我们操控不了的更大力量所决定，那么我们会倾向于在社会科学中采取一种行动者的被动模式。而如果我们太过于相信微观层面的解释，则很可能低估使不公正、不平等、种族主义等现象长期存在的深层社会生活条件。因此，如何协调微观解释和宏观解释，已不仅是学者们一种坐而论道的工作，而且是对政治或集体行动权力的一种重要主张。

将社会解释中的微观因素和宏观因素结合起来的一个新近尝试是结构化理论，最值得注意的是英国社会者安东尼·吉登斯所概述的版本（Anthony Giddens，1984）。他主张结构和行为主体的二元性，而不是微观和宏观解释的二元性。根据这一理论综合，被认为理所当然的重塑社会生活的常规也是采取进一步行动的稳固社会力量，就这个意义而言，结构既能促成也能约束行动。这些常规中有些具有高度的地理性。吉登斯在很大程度上借鉴时间地理学的抽象概念，以了解个人的日常时空路径，在这里，社会重塑的规则满足社会互动"耦合点"的力量。结构化理论对地理学也有影响，特别是在德雷克·格雷戈里关于区域历史地理学（Derek Gregory，1982）和阿兰·普雷德关于瑞典社会现代转型的著作中（Allan Pred，1986）。同时，由于不能充分地将对个人的观察与更大的社会力量整合起来，这种方法也遭到了批判。

地理学与结构化理论之间的联系是一个例外。在过去的 100 年里，微观与宏观的争论一直困扰着社会科学尤其是社会学，但在地理学中并没有发现同样的情况。诚然，20 世纪 60 年代数量革命席卷地理学界，其中涉及各种空间模型，隐含着关于理性经济决策的假设（基于微观基础）。但是对社会现象作微观解释和宏观解释之间的分析与方法分歧，从未像在一般社会科学中那样在地理学界引起如此激烈的争论。这在一定程度上是因为地理学者总是对社会与其自然或生物环境之间的关系有着敏锐的感觉。社会学必须立足于社会科学和有影响力的经济学科（正宗政治经济学）领域，而地理学传统上着眼于自然科学以及塑造人类行为的自然和生物环境力量。在过去的地理学中，这表现为各种形式的决定论——环境的、种族的、空间的和文化的决定论。

因此，通常很难判定 19 世纪晚期以来在不同范式内的地理学者恰好属于哪种类型的行动者。大卫·莱（David Ley）在 20 世纪 70 年代倡导人文主义方法，他试图捕捉一种关于行动者及其生活世界的整体观点（见 Ley and Samuels，1978），以挽救这种观念作为一个原子在 20 世纪 60 年代的空间模型中渐无存在的局面。后来的"文化转向"赋予行动者以另一套必要性（见彼得·杰克森所撰本书第 24 章）。后结构主义的最近影响意味着，行动者和行为主体的概念已蔓延至分散而微弱的主观性网络之中。

理性的行动者

295

第二个相关的关键问题是，可否按与自然科学现象同样的方式来解释和预测人类。如是，那么社会科学就能够用如自然科学那样的调查技术和分析技术。这就是奥古斯特·孔德（Auguste Comte）在法国革命觉醒之后首倡的实证主义目标。在社会科学里支持这些假设的最有效思想就是人类是理性的行动者。经济学者已将这一思想归结为效用最大化。它假设个人对世界上的各种事物有偏好，他们能将这些偏好排序（譬如苹果好于橘子），他们按与这些偏好一致的方式作出选择。理性选择理论的这些狭隘功利主义假设已产生了巨大的影响，最明显的是对经济学，但也影响政治科学和社会学。它主张那些简单的微观基础解释了宏观的社会和经济现象。

囚徒困境是一个特别有影响的个人理性选择的社会后果模型，它似乎说明了现实世界的悖论：由于受通过自私行为而获得更多收益的诱惑，人们不能相互信任和合作，并设想其他人也会照此行事，于是就会为自己选择一个不那么有利的结果。"公地的悲剧"（tragedy of the commons）表达了这种行为的一个变式，个体牧民在公共土地上增加另一头牛的收益超过了因过度放牧和牧场质量退化而使个人遭受的损失。如果所有牧民都这样打算，那么公共土地就会被过度放牧，最后殃及全体。这些假设似乎涵盖了社会状况的全部范围，从对税收的态度，到对交通拥堵、城市蔓延、全球变暖威胁的响应。

囚徒困境博弈其实并不重要，因为其设置激励（或回报）的方式意味着理性的选择者不需要考虑其他行动者的理性。在这些参数情况下，行动者是在一种非故意的环境中作出选择的（决定是否带伞是针对天气的选择），或者可以将其中的总体选择看成一个参数（例如，边际主义经济学中的消费者需求，或某些社会学家所谓的阶级行动——如见 Goldthorpe，1998）。在后一种情况里，构成该参数的总体选择在其效果上可以被视为类似于某种结构，因此理性选择的潜在力量为宏观现象提供了微观基础（Schelling，1960、1978）。即使是那些最热衷于这种参数理性的人，也呼吁将其弱化到社会环境中。赫伯特·西蒙（Herbert Si-mon）的观点在这里很重要，即人们是在"满足"而不是优化其效用，他们关于替代选择进而关于理性的知识是受限的，并非基于完备的信息。

参数理性决策的假设在 20 世纪 60 年代和 70 年代占主导地位的区位理论空间模型中是非常隐含的（例如可参见 Haggett *et al.*，1977）。这个模型的更突出之处是形式空间和几何特征，而不是其行为假设。这也被应用于行为地理学中，把个人的优化决策转换为空间行为距离最小化。西蒙的"满足"和"受限理性"概念很重要，例如沃尔伯特（Wolpert，1964）将之运用到对瑞典农民空间决策的研究中。然而，行为地理学受到人文主义地理学和迅速发展的马克思主义地理学的双重抨击，前者批评其过于狭隘的人类意识观点，后者批评其实证主义基础。因此，理性选择地理学在博弈论的某些进展开始影响其他社会科学之前，就被扼杀在其参数形式中了。

20 世纪 70 年代和 80 年代博弈论的进展，涉及如何分析决策的相互依存，以及别人的理性成为选择的关键组分的情况（战略情势）。要得到你现在想要的，部分取决于别人如何决定以及你自己对这些决定的预判，而后者又取决于你认为他们会如何行动。如果一个行动者在认为他人会选择什么而且互动中的所有行动者都如此的情况下［所谓纳什均衡（Nash equilibrium），见 Binmore，1992］仍满足于不改变某个决定，那么就可以发现既定的行为方式。对策略理性的适应渐渐遮蔽了意识和相互依存的问题。某些理性选择理论家认为这些既定行为可以成为社会规范的基础。例如，罗伯特·萨格登给出了一个为在海滩上收集漂流木而制订一个精细社会准则的案例（Robert Sugden，1989）。另一些人则批评这种策略相互依赖能形成"社会黏结剂"（cement of society）的观点（Elster，1989）。然而，社会规范可以作为对新情况的理性响应而自发产生的观点，对认为规范是继承的和理所当然的较传统社会学方法构成了深刻的威胁。策略假设在政治科学中也很常见，用于选举行为和政党定位等问题，以明确中间选民、集体商讨和其他集体行为困境。它甚至见证了对政治理论［从罗尔斯正义理论（Rawls，1971）的理性主义假设到"协议道德"（morals by agreement）方面的策略推理案例）］的挑战。

正如我们先前所言，在策略理性的洞察对社会科学产生巨大影响之前，理性选择地理学就已黯然失色了。理性选择理论（Rational Choice Theory，RCT）现在成了心理学、社会学和政治科学的一种主要方法，以至于备受争议，因为它是经济学帝国主义的一种形式。它自 20 世纪 60 年代以来在地理学中的缺席，意味着理性选择理论所面临的一些问题（诸如我们能否摆脱人类是可预测的这一假设）仍未得到解决。可以肯定的是，政府不可能试图通过设定税率，或使用关税和其他激励措施来减少二氧化碳排放！

走向社会网络观

现代社会科学的基础是 19 世纪晚期在欧洲和美国奠定的，这些国家的学者都把"民族-社会-国家"作为一个基本的分析单元，并将这三个术语打包为一个单一实体，仿佛它是理解人类生活的自然基础。于是，"现实主义"的政治科学研究各个国家，这些国家之间的关系则留待国际关系去解释。社会学理解的社会意味着一个民族或国家所包含的东西。宏观经济学考察国民经济，后来引申出它们可由政府来规制的信条，而贸易理论涵盖各国民经济之间的交易。人类学者的"部族"（tribes）在某种意义上是同一概念的更小版本，以与现代世界隔绝的方式来考察之。但是，正如民族-社会-国家一样，它们也是一种社会有机体概念的例子，就这个社会中可以观察到的事物而言，是有界限、内在运作和可以解释的。

在过去 20 年里，围绕"网络"的概念出现了一种替代性方法。但是谈论单一的网络方法是会误导的。相反，跨越从社会学到商业管理、移民研究和科学史等社会科学学科，已经发展了很多网络思维的独特模式。在它们的语境中，分别将网络视为一种隐喻、方法、理论和范式。但是所有的看法都有两个广泛的特征。首先，网络被视为"区域"或者诸如国家或公司那样的社会和经济生活之有界概念的替代概念。网络聚焦个人或企业跨界组织的关系和交流能力。不同于等级制度和市场，网络为公司、族群或恐怖分子都提供了一种更宽松、更灵活和适应性更强的社会组织形式。其次，网络常被视为一个在宏观方法和微观方法之间的中介概念（Powell and Smith-Doerr，1994）。它们能使分析者聚焦于各种社会关系的形式和内容。社会网络分析寻求揭示社会互动的形式和性质，以建构这种互动赖以发生的结构原则（见 Mitchell，1969）。一项抓住了这种工作之要领的研究是马克·格兰诺维特关于"弱联系力量"与正常预期相反的论述，他认为对于谋职而言，密集网络（其中的每个人都相互认识）由于有很多熟人都在联系有关职位的其他网络和信息来源，反不如松散网络有用（Mark Granovetter，1973）。在许多这样的研究中，空间方面充其量也是隐含的，社会网络分析和地理学之间的联系很薄弱。

网络思维的例子比比皆是。迈克·曼恩关于从古代到现代历史社会学的两卷（第三卷即出）权威著作——《社会权力的源泉》（*The Sources of Social Power*），以"权力多元交叠和交叉的社会空间网络"代替社会的"一元封闭系统"（Michael Mann，1986：1），认为社会比社会科学中一般描绘的更为复杂和更加相互联结；各种身份更为流动，并由跨越不同空间和时间的权力网络构成，同时倾向于伸展和纠缠。仅就 20 世纪晚期而言，社会学者曼纽尔·卡斯特尔已发表了三卷本著作论述信息时代，都围绕我们生活在一个网络社会这一思想

(Manuel Castells，1996)。网络化的逻辑在某种程度上与信息技术交织，渗透到政府、公司、抗争团体、犯罪组织和其他社团形式中。在地理学内，朵琳·玛西指出，"权力网络"的概念而不是某些时空压缩的共同经验，是理解人们在空间和时间上的主体经验的一种更有用方法（Doreen Massey，1993）。全球和地方联系的广泛网络在城市中重叠，以帮助创造一种进步的地方意识，她根据自己在伦敦北部基尔伯恩（Kilburn）街区的跨国氛围描绘了这种情况。

除了这些宏大理论外，在经济学、社会学、管理研究、经济地理学、种族和移民研究之间的交界还有一个日益成长的经验研究领域。随着社会-经济学（特别参见 Smelser and Swedberg，1994）的兴起，网络在经济活动中的作用得到更广泛应用。这种方法借鉴经济学的制度和历史分析的老传统，指出了社会学和文化影响"嵌入"〔用格兰诺维特（Granovetter，1985）的说法〕经济活动的重要性，而不依赖抽象的微观经济学假设。这项工作的一个重要部分关注当代大量经济活动是如何网络化而不是分层级的。柔性专业化和适时生产依赖从分包商到核心公司强大而可靠的供给网络。诸如阿兰·J. 斯科特等地理学者已经探究了这些网络关系的空间内涵，以及它们如何在更为分散的大都市背景中产生新的集聚活动产业区（Allen J. Scott，1988）。在全球范围的商人之间也有信任网络。杨伟聪和奥兹（Yeung and Olds，1999）把这些概念应用于华人商务网络，批判性地评价了海外华人资本的经济成就与所谓**关系**网络质量相关联的论调。在空间尺度的另一端，在参与共同活动的人与基于地方的社区之间的互惠网络中也有信任问题。这种纽带可以在经济组织和绩效上产生区域差异，罗伯特·普特南对意大利北部和南部的比较是最著名的分析。普特南（Robert Putnam et al.，1993）认为，基于地方的忠诚起着"社会资本"形式的作用，对民主和公民生活都有重大的影响。他举了一个例子，基于一起打保龄球的事实，一个人将肾脏捐赠给另一个人。然而，普特南认为美国公民现在常常更多的是在"独自打保龄球"，反映了协同生活的衰落（Putnam，2000）。

在所有这些关于网络的讨论中，都假设了网络中个人的单一身份，即使身份在某些意义上出自个人是其中之一部分的重叠网络。一种对网络效应更为激进的解读扬弃了单一身份（无论是个人还是社会整体）的观念。结合后结构主义对自我意识思维主体观念的批判，行动者网络理论不是将人类的主体性看作网络中的节点，而是认为人类主体性通过网络传递，伴随着非人类行动者（如动物或细菌）、机器（如计算机）和文本的行动。人类主体性是整体网络效应的一部分。这些网络的联系或长或短，都涉及一定距离的行动。像奈杰尔·斯瑞夫特（Nigel Thrift）和萨拉·沃特莫尔（Sarah Whatmore）那样的地理学者，已经采用此类理论去探究金融资本、食物链和社会、自然与技术混合对象的相互交织（见 Murdoch，

1997)。

地理学者越来越多地参与这场关于网络作为经验或分析工具以及隐喻和理论途径的争论。到目前为止，讨论已从微观到宏观、从局地到全球自由地延伸，而且用网络效应解释一切——时间、空间、权力、身份。仍有大量的工作有待去做，例如整合关于地理尺度的新兴争论（见 Delaney and Leitner，1997），并了解不同形式的权力如何在网络中实现。

再现、意象与现实

在社会科学与人文科学的交汇处，已产生了一系列联系松散但意义深远的问题，都关系到再现、意象与现实。一方面，意象与现实之间的界线越来越被认为是武断的、难以把握的，甚至是不存在的。另一方面，所有类型的再现（各种图像和文本）已成为理解社会的核心，并产生着新的方法论和技术（见约翰·摩根所撰本书第 43 章）。正如人们已认识到再现的重要性一样，人们也认识到它与事物世界的关系变得更难确定。像文化研究和媒体研究这样的新学术性学科都是对这些发展的响应，在整个人文地理学中已能感受到它们的影响，例如"文化转向"（见第 24 章）。

意象和现实之间的区分只是几个相关二分法中的一个，其他还包括心智与身体之分，隐喻与物质之分。每个对子中的前一个术语一般被认为不如后一个术语实在、科学或可靠。通常认为好的社会科学知识是从与物质或具体现实的直接关系中产生的，其余的都是虚构、娱乐和消遣，或者更糟糕的骗术。正如斯瑞夫特（Thrift，2000：371）所说："在意象运作中反复出现的最重要动机也许就是怀疑。" 299

至少自 20 世纪 60 年代晚期开始，社会和技术的发展，加上学术风潮的转换，已将再现的问题提到了前面。不难看出何以如此。至少在西方，我们生活在一个充斥着各种各样媒体意象和符号的世界里，从电视到电脑屏幕，从广告商到"抬轿人"，从生活方式杂志到 24 小时新闻台。意象有时似乎就是一切，将意象与现实区别开来是非常困难的。

许多重要的理论家竭力想弄懂这个世界，包括 20 世纪 60 年代晚期受法国内乱激励而爆发新政治和理论思想的两位思想家。对盖伊·德博德（Guy Debord，1932—1994）[一个以"情势主义者国际"（Situationist International）著称的激进思想家群体的核心人物]而言，资本主义已经达到一个新水平，物品的生产和消费已经被意象的生产和消费取代，形成了一个"景象社会"（society of the spectacle）。抵制资本主义的唯一方式是将政治、艺术和娱乐结合起来，创造"情势"、混乱或违法的时刻。让·鲍德里亚（Jean Baudrillard，生于 1929年）也从探索商品象征（即符号）价值的扩大作用开始。他认为资本主义社会现在是围绕符号象征而不是生产组织起来的，后来他进一步发展这一思想，声称我们生活在一个模拟的新时代。符号越来越多地取得其自己的地位。复制品变得比现实还真实。结果是，"意象或模拟与现实之间的界限爆裂了，消失的正是'真实'的经验和根据"（Best and Kellner，1991：119）。新闻、信息、政治与娱乐之间的差异也消解了，使得传统的政治和理解已无关紧要。在其后期的著作中，鲍德里亚指出，意象、符号、模式和模拟已超出我们的控制，以致它们控制了我们，并使我们除了放弃整个作为主体的幻想之外别无选择。在这里，他躲进了科学虚构领域的阴影，而很少有评论家愿意追随他。当然，就不能轻松地区分意象和现实这一点而言，鲍德里亚提供了一个关于我们的快乐、恐惧和不确定性的令人不安的判断。

鲍德里亚和其他人所认同的只是后现代主义的一个方面，被理解为既是认识我们世界之深刻变化的一种条件和哲学，又是我们能够理解之的方式。后现代主义与各种后结构主义哲学结合，对理解和改变世界的理性力量表示怀疑和批判（见 Peet，1998：第六章）。但是，正如丹尼斯·科斯格罗夫所说，也可以认为隐喻和意象是欧洲文艺复兴时期的前现代世界中人类认识的核心。然后正如现在，"意象不再说明、反映或隐瞒存在于自身之下的现实，而是将自己呈现为模拟物，是自身现实的构件"（Denis Cosgrove，1990：353）。

意象和再现（包括文本）很少作为现实之镜而更多作为其参与者的建构，这个论题现在贯穿于地理研究中。它可能意味着应该根据文本和意象之间的关系（一个"互文性"条件）来贴近现实。含义并非牢固地锚定在坚硬的事实中，但也可以说"横向地"形成于符号领域中。它也可能意味着人类学者已描绘的"再现危机"，即一种明显令人不安的假设：写作是对含义的一个无辜或易识破的传达。相反，现在普遍承认有很多伪装下的权力（例如殖民主义和大男子主义）牵涉进叙事的产生和传播中。

300　由于地理学一直重视各种意象，例如地图、照片、地形素描图以及现在的地理信息系统，这个学科已经采纳了许多此类思想，并激发了各种不同的探究领域。作为地理学的一个长期传统关注，景观研究的领域已被来自文化研究、艺术史和文学理论的一些新思想浸染，从而得以扩展和改造。詹姆斯·邓肯辨识了两条主线。一条是以一种图画或美术的方式对待风景，将风景绘画和景观园艺置于社会与政治关联域之中，无缝地游走于美学和经济学、阶级与品位之间，始终悬浮在景观的物质和隐喻两方面之间的区别上。这一主线也从电影和戏剧中引入隐喻，将景观视为与其他文化文本相关联的待读"文本"。第二条主线更多地聚焦于文化和政治价值观的嵌入以及通过景观传播的方式。景观的概念在这两条主线中都成为在一种组合且富有成效的张力中维持意象和现实的方式（James Duncan，1995）。

地理学探究中的几个其他领域也对反思再现有贡献。正如奥图泰尔（Ó Tuathail，1996）所设想的，批判性地缘政治通过对各种地缘政治"脚本"进行批判性解释，去更新电视视觉时代关于治国和地理学的传统关注。它关注外交政策智囊如何通过其出版物、演讲和地图，竭力形成世界政治地理的再现。这些"脚本"并非某些"真实"政治的写照，它们是对如何构想国家和民族（善与恶）世界的干预。这在海湾战争中表现得再明显不过了。与地缘政治密切相关的是对地图学（包括地图和制图）的批判性解释，J. 布莱恩·哈雷的著作开其先河（J. Brain Harley, 1989）[①]。通过引入后结构主义论题，哈雷并非简单地关注地图如何"说谎"，而且关注制图的实践和惯例如何构建真实效果，并以此使对世界的某些描绘显得正常或自然。另一些地理学者，例如巴特拉姆和肖布鲁克（Bartram and Shobrook, 2000），借鉴鲍德里亚的模拟和超现实概念来理解对自然的社会构建和符号建构，他们的案例就是"伊甸园工程"（参见诺埃尔·卡斯特里所撰的本书 14 章）。

伊甸园工程是一个完美案例，说明我们赖以在世界上确定自己道路的种种安然区分（原创与复制、模拟与现实、真实和伪造、自然和人工之间），是如何变得含混模糊的。此类含混既是创造性激励也是腐蚀性焦虑的来源。通过在景观、批判性地缘政治学、地图学、自然和其他领域里的研究，地理学正在对社会科学和人文学科的一个关键论题做出一种原创性和挑战性的贡献。

空间、技术和环境

自 20 世纪最后十多年以来，已出现了某种经济变化、社会变化和技术变化的汇合，对理解社会提出了新的挑战。诸如"全球化""新经济""知识经济""赛博空间"和"数字化生活"等术语都捕捉到了这些变化的不同却关联的各个方面。美国经济增长的一个前所未有的时期使一些经济学者相信，老工业经济的种种制约已被信息革命的力量扫除。他们预言一个没有通货膨胀和失业等陈旧问题的增长时代。某些经济学者和政治学者也在谈论民族国家将终结在全球化资本流、贸易流和信息流中（见杨伟聪所撰本书第 18 章）。未来学者和电脑时代的权威预言了身体、头脑和技术之间的关系中类似科幻小说般的转变，指向一种人工的、不具形智能的后人类世界。对某些人而言，这些新技术将引致一个电子监视越来越多、个人隐私和自主权丧失、财富和自由悬殊巨大的噩梦世界。另一些人则预见一个乌托邦，交流更为扩展，国家控制逐渐削弱，并建立基于人类利益和热情之充分多样性的新虚拟社区。

社会科学对这些变化的响应至少可归为两大类标题。第一类是斯蒂芬·格雷厄姆提出的

301

---

① 参见"哈雷：解构地图"，载蔡运龙、Bill Wyckoff（主编），《地理学思想经典解读》，商务印书馆，2011 年，第287-298 页。

"替代与超越"（Stephen Graham，1998），意指空间、地方和区位在人类活动中的意义急剧降低。相反，"协同进化"的途径则试图以不那么还原主义的方式去分析技术和地理之间的新关系。

活跃于社会科学、管理研究和媒体的边界上的新一代知识分子、作家和评论员抓住了认识这些变化的主动权。事实上，他们自身就是这种现象的一部分，是信息时代的倡导者和解释者。他们的著作常常暗示地理作为人类事务中的一个要素已消失。诸如《无界世界》（*The Borderless World*）、《生活在稀薄的空气中》（*Living on Thin Air*）、《距离的死亡》（*The Death of Distance*）、《失重世界》（*The Weightless World*）和《地理的终结》（*The End of Geography*）之类的书名，都在传唤一个虚幻世界，土地、区位和地方在其中似乎已不再重要。电子流和电子空间将直接替代物质流和物质空间，或者它们将能使个人和企业超越物质世界。仅举一例，弗朗西斯·凯恩克罗斯的《距离的死亡》（*The Death of Distance*）展望不久的将来，通信成本将降低为零，从而使经济活动从工业时代的空间约束中摆脱出来（Frances Cairncross，1997）。如果真是这样，信息时代很可能意味着地理学作为一门学科的终结！另一种途径即"协同进化"的特征是怀疑技术决定论，偏向于在其社会、历史和地理背景中分析技术的变化。这一立场并不否认工作、生活和娱乐中的重要发展。信息和通信等新技术对世界发展的极端重要性已得到联合国开发计划署《人类发展报告（1999）》[*Human Development Report*（*1999*）]的认可，而世界银行的《世界发展报告（1999）》[*World Development Report*（*1999*）]也聚焦于"知识促进发展"。诸如经济社会研究理事会的虚拟社会研究计划那样的重要研究动议，已经开始以一种将神话和炒作与现实区分开的视角来分析电子技术的社会科学问题（见 http://www.virtualsociety.sbs.ox.ac.uk）。总之，这些途径都对经济和技术变化的多种原因与可能的未来持更加开放的态度。

地理学中正在进行的工作为理解这类关于空间、知识、经济和技术之间复杂多变的关系做出了实在而重大的贡献[见格雷厄姆的一个综述（Graham，1998）]。技术创新的传播及其对社会和空间不平等的影响是一个成熟的地理学研究领域，肇始于瑞典地理学者托尔斯滕·哈格斯特朗（Torsten Hägerstrand）在 20 世纪 50 年代的工作。所谓"数字鸿沟"（digital divide），或一般意义上的网络、移动电话、数字技术使用的不平衡，在全球、国家和城市尺度上都具有明确的地理维度。出现了一些令人兴奋的研究，例如在虚拟现实领域（见 Crang *et al.*，1999），也包括对地图赛博空间的创新尝试（见 Dodge and Kitchen，2001）。

但是对空间和自然环境的作用，即使在地理学研究中也存在显著的差异和争议。某些研究所含的地理概念过于薄弱，而另一些研究则似乎太过强调地理的重要性。

　　在所谓"新经济地理学"里可以察觉到第一种态度。某些经济学者，著名者如哈佛大学的保罗·克鲁格曼（Paul Krugman）和迈克尔·波特（Michael Porter），复兴了杜能、廖什和韦伯的某些古典区位理论，以及得自国际贸易理论的一些思想，将这些理论加以发展，以解决诸如产业空间集聚、区域专业化、产业区和企业集群的出现等核心问题。这些问题都关系到政府的直接利益，政府人员正试图了解他们如何才能振兴陷入困境的地方经济，和（或）在流动资本投资中分一杯羹（Krugman，2000）。规划者和政策制定者正开始认真对待新经济地理学，但是它也面临地理学者本身的严厉批评。正如诺恩·马丁（Ron Martin）已指出的，新经济地理学过分依赖程式化的抽象模型，现实的地方在其中仅仅是为了证实数学等式才进入计算。他指出这些模型可能可以很好地确认企业为什么集聚，但是不能确认这些企业为何集聚于此地而非彼地。他呼吁在地理学者与经济学者之间进行更多的对话，前者的研究更具制度性、质性、话语性和语境性，即他们向人民说话；后者的研究则常常更为严密和精准。确实可以说，经济地理学已经发展成为这门学科的一个最重要领域。

　　相比之下，一些经济学者和历史学者却指出地理的极强大作用。20世纪90年代出版的两本畅销书重新挑起了关于环境决定论的争论，而地理学者认为这早在20世纪30年代就已有定论了（见本书第14章）。一位生理学教授贾雷德·戴蒙德（Jared Diamond）所著的《枪炮、病菌和钢铁》（*Guns, Germs and Steel*），说明了自然地理环境（而不是种族或文化）的差异如何可以解释现在的财富全球不平等。这个论断的一个关键部分是，旧大陆有更多适于耕作的野草地和适于驯化的动物。欧亚大陆的人在与其动物的密切接触中进化，对欧洲人到达时使新世界遭受如此摧毁的那些疾病产生了免疫力。欧亚大陆主要自然特征的东西展向使得农业创新的扩散比在美洲容易，后者的特征则是南北较为一致，不利于各气候区域的谷物生长。哈佛大学的一位历史学和经济学教授戴维·兰德斯（David Landes）在《国富国穷》[①]（*The Wealth and Poverty of Nations*）中同样认为，气候、土壤和疾病的分布可以部分地解释欧洲在全球经济和政治力量中的崛起。兰德斯认为创新和企业的文化也有助益。

　　地理学者总是对宣称气候、土壤和自然因素对发展差异具有重要作用的论调持怀疑态度，因为此类思想在第一次世界大战之前的数十年常常被用来为帝国主义和种族主义辩护。进而言之，利用地理信息系统分析气候和基于海洋的贸易（例如 Mellinger *et al.*，2000），以解释国民生产总值差异的各种陈述，是在冒险淡化殖民主义和随后影响贸易和发展之条款的全球政治不平等。正如理查德·皮特在其评论中写道的，兰德斯实际上是无视过去30年甚至更长时期里反对对人类地理差异做单因素解释的全部地理学研究（Richard Peet，

---

　　① 中译版见门洪华、安增才、董素华等译，新华出版社，2010年。

1999)。

这些争论的有趣之处在于，在世界和区域发展的重要问题上，地理学之外的学科都非常看重地理学思想。但与此同时，地理学者的实际工作却常常被忽视，或许因为它不适合简单的历史解释和经济模型。必须达成一种平衡，承认空间、地方、区位和自然环境以及社会进程与文化进程的重要性，同时拒绝简单还原论或决定论的解释，这就意味着地理学的命运。

参考文献

Bartram, R. and Shobrook, S. 2000: Endless/endless nature: environmental futures at the fin de millennium. *Annals of the Association of American Geographers*, 90, 370-380.

Best, S. and Kellner, D. 1991: *Postmodern Theory: Critical Interrogations*. Basingstoke: Macmillan.

Binmore, K. 1992: *Fun and Games*. Lexington, MA: D. C. Heath.

Cairncross, F. 1997: *The Death of Distance*. Cambridge, MA: Harvard Business School Press.

Castells, M. 1996: *The Rise of the Network Society*. Oxford: Blackwell.

Cosgrove, D. 1990: Environmental thought and action: pre-modern and post-modern. *Transactions of the Institute of British Geographers*, N. S. 15, 344-358.

Crang, M., Crang, P. and May, J. 1999: *Virtual Geographies: Bodies, Space and Relations*. London: Routledge.

Delaney, D. and Leitner, H. 1997: Special issue on the political geography of scale. *Political Geography*, 16 (2), 93-185.

Diamond, J. 1997: *Guns, Germs and Steel: A Short History of Everybody for the Last 13,000 Years*. London: Jonathan Cape.

Dodge, M. and Kitchen, R. 2001: *Atlas of Cyberspace*. Boston: Addison Wesley.

Duncan, J. 1995: Landscape geography, 1993-94. *Progress in Human Geography*, 19, 414-422.

Elster, J. 1989: *The Cement of Society*. Cambridge: Cambridge University Press.

Giddens, A. 1984: *The Constitution of Society: Outline of a Theory of Structuration*. Cambridge: Polity.

Goffman, E. 1959: *The Presentation of Self in Everyday Life*. Garden City, NY: Doubleday.

Goldthorpe, J. 1998: Rational action theory for sociology. *British Journal of Sociology*, 49, 167-192.

Graham, S. 1998: The end of geography or the explosion of place? Conceptualizing space, place and information technology. *Progress in Human Geography*, 22, 165-185.

Granovetter, M. 1973: The strength of weak ties. *American Journal of Sociology*, 78, 1360-1380.

Granovetter, M. 1985: Economic action and economic structure: the problem of embeddedness. *American Journal of Sociology*, 91, 481-510.

Gregory, D. 1982: *Regional Transformation and Industrial Revolution: A Geography of the Yorkshire Woollen Industry*. London: Macmillan.

Haggett, P., Cliff, A. D. and Frey, A. 1977: *Locational Analysis in Human Geography*, 2 vols. London: Arnold.

Hardin, G. 1968: The tragedy of the commons. *Science*, 162, 1243-1248.

Harley, J. B. 1989: Deconstructing the map. *Cartographica*, 26, 1-20.

Krugman, P. 2000: Where in the world is the 'neweconomic geography'? In G. L. Clark, M. P. Feldmann and M. S. Gertler (eds.), *The Oxford Handbook of Economic Geography*, Oxford: Oxford University Press, 49-60.

Landes, D. 1998: *The Wealth and Poverty of Nations*. New York: W. W. Norton.

Ley, D. and Samuels, M. (eds.) 1978: *Humanistic Geography: Problems and Prospects*. London: Croom Helm.

Mann, M. 1986, 1993: *The Sources of Social Power*, 2 vols. Cambridge: Cambridge University Press.

Martin, R. 1999: The 'new economic geography': challenge or irrelevance? *Transactions of the Institute of British Geographers*, N. S. 24, 387-391.

Massey, D. 1993: Power geometry and a progressive sense of place. In J. Bird, B. Curtis, T. Putnam, G. Robertson and L. Tickner (eds.), *Mapping the Futures*, London: Routledge, 87- 132.

Mellinger, A. D., Sachs, J. D. and Gallup, J. L. 2000: Climate, coastal proximity, and development. In G. L. Clark, M. P. Feldmann and M. S. Gertler (eds.), *The Oxford Handbook of Economic Geography*, Oxford: Oxford University Press, 169-194.

Mitchell, J. C. 1969: The concept and use of social networks. In J. C. Mitchell (ed.), *Social Networks in Urban Situations*, Manchester: Manchester University Press, 1-50.

Murdoch, J. 1997: Towards a geography of heterogeneous associations. *Progress in Human Geography*, 21, 321-337.

Ó Tuathail, G. 1996: *Critical Geopolitics*. London: Routledge.

Peet, R. 1998: *Modern Geographical Thought*. Oxford: Blackwell.

Peet, R. 1999: Review of *The Wealth and Poverty of Nations* by David Landes. *Annals of the Association of American Geographers*, 89, 558-560.

Pred, A. 1986: *Place, Practice and Structure: Social and Spatial Transformations in Southern Sweden*, 304 *1750–1850*. Cambridge: Polity.

Putnam, R., Leonardi, R. and Nanetti, R. 1993: *Making Democracy Work: Civic Traditions in Modern Italy*. Princeton, NJ: Princeton University Press.

Putnam, R. 2000: *Bowling Alone*. London: Simonand Schuster.

Rawls, J. 1971: *A Theory of Justice*. Cambridge, MA: Belknap Press.

Schelling, T. 1960: *The Strategy of Conflict*. Cambridge, MA: Harvard University Press.

Schelling, T. 1978: *Micromotives and Macrobehaviour*. New York: W. W. Norton.

Scott, A. J. 1988: *Metropolis: Front the Division of Labour to Urban Form*. Berkeley: University of California Press.

Smelser, N. and Swedberg, R. (eds.) 1994: *The Handbook of Economic Sociology*. Princeton, NJ: Princeton University Press.

Sugden, R. 1989: Spontaneous order, *Journal of Economic Perspectives*, 3, 85-97.

Thrift, N. 2000: Image. In R. J. Johnston, D. Gregory, G. Pratt and M. Watts (eds.), *The Dictionary of Human Geography*, Oxford: Blackwell, 371-372.

Wolpert, J. 1964: The decision process in spatial context. *Annals of the Association of American Geogra-*

phers，54，537-558.

Yeung, H. W. -C. and Olds, K.（eds.）1999：*The Globalisation of Chinese Business Firms*. London：Macmillan.

深入读物

Agnew, J. and J. S. Duncan. 1981. The transfer of ideas into Anglo-American human geography. *Progress in Human Geography*，5，42-57. 对从社会科学借用来的思想和概念之潜质和陷阱做了一个很好说明。

Dixit, A. and S. Skeath. 1999. *Games of Strategy*. London：W. W. Norton. 提供了一个非常容易理解的博弈论介绍。

理性选择在社会学和社会理论中的应用，见 Coleman，J. 1990. *Foundations of Social Theory*. Cambridge，MA：Belknap Press.

关于网络方法的评论，见 Bridge, G. 1997. Mapping the terrain of time-space compression：power networks in everyday life. *Environment and Planning D：Society and Space*，15，611-626；Dicken，P.，P. Kelly，K. Oldsand H. W. -C. Yeung. 2001. Chains, networks, territories and scales：towards a relational framework for analysing the global economy. *Global Networks*，1，89-112；Powell，W. W. and L. Smith-Doerr. 1994. Networks and economic life, In Smelser, N. J. and R. Swedberg（eds.），*The Handbook of Economic Sociology*. Princeton, NJ：Princeton University Press，368-402.

关于行动者网络理论的核心且容易理解的阐述，见 Latour，B. 1987. *Science in Action*. Milton Keynes：Open University Press.

一个对意象与现实论题的很好介绍，见 Crang，M. Image-reality. In Cloke，P.，P. Crang and M. Goodwin（eds.）. 1999. *Introducing Human Geographies*. London：Arnold，54-61.

关于景观，见 Cosgrove，D. and S. Daniels（eds.）. 1988. *The Iconography of Landscape*. Cambridge：Cambridge University Press，1988，和 Barnes，T. and J. S. Duncan（eds.）. 1992. *Writing Worlds*. London：Routledge.

关于经济地理学及其与经济学包括新经济地理学的关系，见 Barnes，T. and E. Sheppard（eds）. 2000. *A Companion to Economic Geography*. Oxford：Blackwell，和 Clark，G. L.，M. P. Feldmann and M. S. Gertler（eds.）. 2000. *The Oxford Handbook of Economic Geography*. Oxford：Oxford University Press.

49 批判地理学的（某些）空间

劳伦斯·D. 伯格（Lawrence D. Berg）

"批判地理学"（Critical Geography）一词在人文地理学的词汇中还是一个相对较新的术语。在最新在线版的《牛津英语词典》中还找不到这个词；同样，除很有影响的最新版（第四版）《人文地理学词典》（Johnston *et al.*，2000）外，该词在其他地方尚付阙如。虽然这一术语是最近才出现在英美地理学中的，但是我们不应该愚蠢到认为批判地理学是一种新的方式。批判方式在很多地方的人文地理学者学科实践中已有很久的历史。

例如在美国，批判地理学被认为是"激进地理学"（Ridical Geography）悠久传统的一部分，其学术研究发展成为 20 世纪 60 年代和 70 年代新社会运动（如民权、女权、同性恋权利等运动）的一部分。在英国，批判地理学一直与 20 世纪 60、70 年代新左派马克思主义地理学和社会主义-女权主义地理学思想的发展相关联。直到 20 世纪 90 年代中期，"批判地理学"一词才在英国得到广泛使用，这是由于左倾地理学者对壳牌石油公司赞助皇家地理学会（和英国地理学家协会）有不同响应。壳牌石油公司曾与专制的尼日利亚军政府关系密切，后者对奥戈尼活动家肯·萨洛-维瓦（Ken Saro-Wira）的"司法谋杀"负有责任，对这一系列事件的一个反应就是批判地理学论坛的形成（Gilbert，1999）。而在北欧国家（丹麦、芬兰、挪威和瑞典），**批判人文地理学**一词已经被相当比例的人文地理学者使用了至少 20 年。北欧人文地理学者自 20 世纪 80 年代初以来一直在召开批判地理学年会（北欧批判人文地理学专题研讨会）。在 20 世纪 80 年代早期的一次批判地理学年会上，北欧人文地理学者接触到了这一术语。新西兰的地理学者也有较久的批判性研究历史（Berg and Kearns，1997），特别涉及试图在一个殖民定居者社会的矛盾空间中使地理知识去殖民化，这个社会占优势的居民（来自英国的白人定居者）既可被看成殖民者也可看成被殖民者（Berg and Kearns，1998）。在像澳大利亚（Morris，1991；Anderson and Jacobs，1997）和南非（Crush，1994）那样的地方完成的地理学研究也会产生类似的议论。

正如上述简略评论所表明的，今天的学者要成为批判地理学者可以选择许多方式。所以

306　批判人文地理学涉及人文地理学中一系列广泛而迅速变化的思想和实践，而且批判地理学与"激进地理学"老传统（Painter，2000）以及在一系列地方进行的社会和空间批评的其他形式相交织、融合。因此，考虑多种批判**地理学**而不是单一的批判地理学才是恰当的。借鉴与一位同事合作的早期工作（Morin and Berg，1999），我要指出，在理解批判地理学者形形色色的工作时，人们应该关注**各种地理学**在特定学科历史中的地位。以这种方式可以（至少是部分地）避免在思考批判地理学时构建一种隐含线性进步的故事。为了对抗进步和改善的观念（将最近的批判理论看作"前沿"而早期的理论已经过时），我要给读者介绍写一本批判地理学之**地理**的一种理念。作为这种批判地理学导论的一部分，我认为批判地理学中某些理论途径有着特定的历史地位。由此我们可以避免或者至少弱化建构一个暗示某种批判方式没有其他方式先进的单一批判地理学的趋向。相反，我认为可以将不同的批评理论解读为对依不同地理条件而定的各种社会关系之特定组合的应对策略，并建构于其中（Morin and Berg，1999）。

批判地理学中的"批判"？

正如卡罗琳·戴斯宾和尼尔·史密斯已指出的，批判地理学者直到现在仍拒绝努力刻画"批判"（'Critical'）地理学代表什么（Caroline Desbiens and Neil Smith，1999）。这种对批判地理学定义的抗拒，主要源于对这种定义会具有排斥性的顾虑。批判地理学者倾向于对建立一系列批判方式和空间的联盟感兴趣，而不是认定谁能或不能作为批判地理学者参与其事（尽管并非总是如此）。虽然批判地理学者重视包容性政治，但他们在理解批判地理学的工作意味着什么时，同时借鉴了 Radical 和 Critical 两个概念。考虑这个有助于我们理解这些术语意指什么，然后才能知道它们是如何被纳入地理学思想的。

　　Critical：[……]② 包括或实行仔细的判断或观察；细致的，严密的，精确的，清晰的，准时的。现在观察的（或融入其他感觉）；③ a. 专长于或善于批评；b. 属于或关于批评；c. 批判理论 [……]一种对社会（特别是其组织之理论基础）的辩证批评，与法兰克福社会研究中心（法兰克福学派）的领导者相关。（《牛津英语词典》）

　　Radical：[……]① b. 关于品质的：一件事情或一个人固有的性质和本质；根本的。② a. 根基、基础或地基的形成；原创，原始的。[……]③ a. 追寻根源或起源；接触或作用于本质的和根本的东西；彻底的；特指彻底的变化、治愈。[……]③ e. 以独立于或背离常规或传统为特征；进步的，非正统的，或革命性的（在外观、概念、设

计等方面）。（《牛津英语词典》）

在某种程度上，以上大多数（即使不是全部）特征都适用于大多数批判地理学者，这并非难以置信。批判地理学者意味着做仔细的判断，他们应该善于批评，并以（广义设想的）批判理论作为此类批评的基础。后一点在这里也许最重要，因为批判地理学一词借鉴了批判理论某种应用形式的观念，即注重对社会组织结构的根本基础进行批判的理论。在这个意义上，批判地理学者致力于将他们的批判聚焦于问题的**根源**上，而且他们这样做的方式反映了 307 对进步思想和行动的承诺。要成为一名批判地理学者，至少部分意味着借鉴一系列与对人类社会和空间关系的理所当然或"常识性"理解相抵触的理论与方法。

批判地理学者也会在很大程度上认同一系列对批判地理学做出贡献的批判理论和实践。通过考察某些致力于发表批判和激进地理学学术研究的期刊的编辑声明，我们能够获得一些关于批判地理学者认为什么是"批判"的线索。于 1969 年开始发行的第一份激进地理学英文期刊《对立面》（*Antipode*），"发表对地理问题提供激进（马克思主义、社会主义、无政府主义、反种族主义、女权主义）分析的文章，旨在对发展一个更好新社会的实践有所贡献"。这都是 20 世纪 60 年代和 70 年代支撑激进地理学发展的一些最初方式。对可恰当地认为是地理学"批判"理论的这个"列表"，近来有所补充。这反映在最近增加的批判地理学期刊中，一份在线的批判地理学期刊叫 *ACME*，它支持无政府主义、反种族主义、环境保护主义、女权主义、马克思主义、后殖民主义、后结构主义、同性恋者、境遇主义和社会主义的观点。根据 *ACME* 编辑所言：

> 将批判的和激进的分析理解为社会和政治变化的部分实践，旨在挑战、化解和转变资本主义剥削、压迫、帝国主义、新自由主义、国家侵犯和环境破坏的盛行关系、系统和结构（http://wwve.acme-journal.org）。

期刊《环境和规划：D 辑》（*Environment and Planning D*）有一套相似的目标，但倾向于在更广泛的意义上来定义。它致力于发表"跨越一系列理论（从精神分析到政治经济学）的解释。期刊编辑同样致力于挑剔现实政治和抽象社会理论"。

这些编辑声明阐释了与批判地理学者共鸣的一些主题（例如，他们对社会正义的承诺，他们有兴趣以有助于抗争不平等社会关系的方式行动于世），但他们并未说明今天批判地理学的对抗特征。正如乔·佩因特指出的，至少有四个关键主题驱动着当前批判地理学中的争论：理论和实践之间的关系，学术圈之内和之外的政治，立场性和自省性问题，以及批判地理学的国际化企图（Joe Painter，2000：127-128）。所以，批判地理学对一系列问题感兴趣，正如对本书贡献良多的若干批判地理学者所讨论的广泛地理学内容（例如分别由诺埃尔·卡斯特里、本·佩奇、洛雷塔·丽丝和克莱尔·德怀尔撰写的本书第 14、17、22、23 章）表明的那样。

由于本章篇幅所限，我不可能讨论批判地理学者感兴趣的所有主题。我宁愿集中讨论批判地理学的国际化问题，以及关于英美地理知识在国际批判地理学发展中之主导地位的某些争论。当然，讨论将会旁及立场性、自省性、理论产生、行动主义和政治。我希望通过聚焦批判地理学的国际化，我的讨论能阐明批判地理学者工作于其中的一些充满势力的特定地理背景，从而引导我们思考批判地理学的**不同地理**。

³⁰⁸ 批判性思考与地理考量

批判地理学者对社会正义和变革性政治的承诺，是由他们对批判社会理论的使用和发展体现出来的，反过来又体现了批判社会理论的使用和发展（见 Painter，2000）。所以批判地理学者是"批判的"，因为他们认识到当前认为理所当然的地理学之基础需要有重大转变。批判地理学的一个关键组成部分是承诺**实践**以及发展和使用**理论**，以便用有助于改变不平等和压迫性社会和空间关系的方式行事。

虽然有此类对社会变化的承诺，但在批判地理学者中似乎还未对如何实施这种变化达成一致。许多"置于不同地方的社会行为者"之间最近的书信往来，表明了批判地理学不同分支间令人忧虑的关系，来自加拿大、丹麦、墨西哥、英国和美国的地理学者似乎具有完全不同的理论理解和经验关切（Katz et al.，1998）。加拿大、丹麦、美国的地理学者借鉴批判文化研究（其一部分在地理学中被称为"文化转向"）来分析美国和欧洲与地方和政治认同有关的问题［见卡茨等人研究（Katz et al.，1998）中来自伯格（Berg）、莫林（Morin）和西蒙森（Simonsen）的信件］。相反，墨西哥的一位同行则强烈反对这种"后现代"方式。她主张有必要采用马克思主义政治经济学去理解拉丁美洲的经济剥夺和新自由主义霸权地理［见卡茨等人研究（Katz et al.，1998）中乌里韦-奥尔特加（Uribe-Ortega）的信件］。此类分歧并非不寻常，它们部分源于不同的批判地理学者在其中工作的取决于地理条件的社会关系多样性。

激进地理学和批判地理学的（层级）空间

然而，我们同时还必须认识到批判地理学者并非脱离他们要分析的社会和空间关系（Harvey，1984；Berg，2001）。相反，批判地理学者正如他们想要抗争和改造的理所当然的地理学一样，也是特定社会、文化和地理结构的产物，这会影响他们的分析（以及他们之间的分歧）。这种地理学总是在权力关系中构建的，其中某些空间（以及理解它们的方式）被主导的霸权地理学抹杀了。考虑到这一点，我们虽然有包容各方的真诚愿望，但不得不承认批判人文地理学仍然在很大程度上为英美的方式所支配（Slater，1992；Berg and Kearns，1998；Katz *et al.*，1998；Minca，2000；Painter，2000；Gregson *et al.*，2001）。

确实，正如我和一位同事在别处已指出的（Berg and Keams，1998），英美是哲学和理论反思的构成参照物。我们在这里的意思是，许多地理学者理所当然地认为，地理学知识是**由英美人为英美人**创造的。构成"地理学"重要争论和中心地位的主要权威是英美人，几无例外。当然，外围的地理学者可以参与这些争论，但他们很少能够针对可以和不可以知道什么设定议程或框定边界（Slater，1992）。这并不是说英国或美国批判地理学者关注的问题不重要，因为这显然不真实。相反，我想说的是，要理解批判地理学（而且我要强调，要想成为批判地理学者），我们需要更多地了解批判地理学已在其中发展了一段时间的广泛国际背景。

讨论：地理关联域中的批判地理学

让我以对自己熟悉的关联域的一个简短讨论来说明我的某些关注。在新西兰，地理学者一直想使地理学思维去殖民化。具有讽刺意味的是，这种去殖民化进程却在一种与后殖民研究的矛盾关系中运作。我说这种关系自相矛盾，是因为一方面后殖民研究的目的是去（知识和空间的）殖民化，而另一方面，后殖民理论的运作却趋向于以将学术知识生产的空间再殖民化的方式进行（见 Spivak，1988）。

跨越一系列子学科的批判地理学者已饶有兴趣地采纳了后殖民理论，但它在历史地理学中的影响特别巨大。这在 1992 年的国际历史地理学者大会上表现得相当明显，我的许多来自南半球的同行从此会以后都感到被边缘化了，因为他们（明显）没有跟上最近的都市后殖民理论。在描述他们对那次会议的反应时，许多同行说出了他们的感受，即作为（理论上的）新殖民地居民，他们并不欣赏"后殖民"主题。在这种情况中，这些人中有很多都多年致力于为去殖民化而战,既从认识论上,也从像澳大利亚和新西兰的殖民社会的"真实"物质空间上,这极其明显地讽刺了这种边缘化的后殖民主义。

例如新西兰的情况,我很幸运与博士生导师伊夫林·斯托克斯(Evelyn Stokes)教授(现为爵士)一起工作。她对后殖民或其他"批判"理论并不特别感兴趣,但是作为白人定居者土地政策的重要批评者和威坦哲审理委员会(一个常设的皇家审查委员会)的成员,她的学术努力已导致从毛利人那里没收的几千公顷土地得以归还,并给毛利人部落赔偿了几百万元。必须将她的工作看成新西兰去殖民化的关键之举,它无疑导致了新西兰毛利人和白人之间关系的激进变化。

虽然我非常肯定斯托克斯教授会自视为反殖民主义者,但我怀疑她会自称后殖民地理学者。我当然知道,很少有批判地理学者在了解她的全部工作后会否认她的"批判"名分。有趣的是,如果将她工作的关联域抽取出来并放到另一个地方(如温哥华历史地理学会议),则会被认为批判性不足("不够后殖民化")。但是我贯穿本章的基本观点是,批判地理学不能脱离其地理关联域。因此,未来定义批判地理学的一个问题是,我们怎样才能更好地开始接受置于不同地方的关于"批判地理学者"意味着什么的观点,以及我们怎样才能更好地开始理解和借鉴批判地理学的不同地理关联域。

参考文献

Anderson, K. J. and Jacobs, J. M. 1997: From urban Aborigines to Aboriginality and the city: one path through the history of Australian cultural geography. *Australian Geographical Studies*, 35, 12-22.

Berg, L. D. 2001: Masculinism, emplacement and positionality in peer review. *Professional Geographer*, 53, 511-521.

Berg, L. D. and Kearns, R. A. 1997: Constructing cultural geographies of Aotearoa. *New Zealand Geographer*, 53, 1-2.

Berg, L. D. and Kearns, R. A. 1998: America Unlimited. *Environment and Planning D: Society and Space*, 16, 128-132.

310 Crush, J. 1994: Post-colonialism, de-colonization, and geography. In A. Godlewska and N. Smith (eds.), *Geography and Empire*, Oxford: Blackwell, 333-350.

Desbiens, C. and Smith, N. 1999: The International Critical Geography Group: forbidden optimism? *Environment and Planning D: Society and Space*, 18, 379-382. 获取网址: http://www.envplan.corrdhtml/d1704fst.html.

Gilbert, D. 1999: Sponsorship, academic independence and critical engagement: a forum on Shell, the Ogoni dispute and the Royal Geographical Society (with the Institute of British Geographers). *Ethics, Place and Environment*, 2, 219-228.

Gregson, N., Simonsen, K. and Vaiou, D. 2001: On writing (across) Europe: writing spaces, writing practices and representations of Europe. 可从作者处获得未发表手稿。

Harvey, D. 1984：On the history and present condition of geography：an historical materialist manifes-to. *Professional Geographer*, 36, 1-11.

Johnston, R. J., Gregory, D., Pratt, G. and Watts, M. (eds.) 2000：*The Dictionary of Human Geography*, 4th edition. Oxford：Blackwell.

Katz, C., Bakker, K., Berg, L. D., Morin, K., Page, B., Pratt, G., Simonsen, K., Swyngedouw, E. and Uribe, G. 1998：Lost and found in the posts：addressing critical human geography. *Environment and Planning D：Society and Space*, 16, 257-278. 获取网址：http://www.envplan.com/html/d 1603ed.html。

Minca, C. 2000：Venetian geographical praxis. *Environment and Planning D：Society and Space*, 18, 285-289.

Morin, K. M. and Berg, L. D. 1999：Emplacing current trends in feminist historical geography. *Gender, Place and Culture*, 6, 311-330.

Morris, M. 1991：Afterthoughts on Australianism. *Cultural Studies*, 6, 468-475.

Painter, J. 2000：Critical human geography. In R. J. Johnston, D. Gregory, G. Pratt and M. Watts (eds.), *The Dictionary of Human Geography*, 4th edition, Oxford：Blackwell, 126-128.

Slater, D. 1992：On the borders of social theory：learning from other regions. *Environment and Planning D：Society and Space*, 10, 307-327.

Spivak, G. C. 1988：Can the subaltern speak? In C. Nelson and L. Grossberg (eds.), *Marxism and the Interpretation of Culture*, Urbana：University of Illinois Press, 271-313.

深入读物

· 黛比恩斯和史密斯（Desbiens and Smith, 1999）、吉尔伯特（Gilbert, 1999）、卡茨等（Katz *et al.*, 1998）、明卡（Minca, 2000），以及佩因特（Painter, 2000）一起提供了一个围绕批判地理学之争论的极好介绍。

网络资源

网址

· 批判地理学辛辛那提小型会议：http://geog-www.sbs.ohio-state.edu/cinciconf/。

· 批判地理学在线论坛：http://www.mailbase.ac.uk/lists/crit-geog-forum。

· 非主流地理学东亚区域会议：http://econgeog.misc.hitu.ac.jp/earcag/index-html。

· Geo-Critica：批判地理学在线资源：http://www.ub.es/geocrit/menuuk.htm。

· 对美国地理学家联合会女性专业团队的地理透视：http://www.online.masu.nodak.edu/divisions/hss-div/meartz/gpow/gpow.htm。

· 国际批判地理学团队：http://econgeog.misc.hitu.ac.jp/icgg/index.html-ssi。

· 北欧批判地理学会议：http://www.geo.ruc.dk/Nordkrit/Home.htm。

· 人民的地理学计划：http://www.peoplesgeography.org。

· 政治生态学会：http://www.library.arizona.edu/ej/jpe/eco—l.htm。

· 美国地理学家联合会性别和空间专业团队：http://www.frc.csm.cc.md.us/soc/richardr/SaSSG.htm。

· 美国地理学家联合会社会主义地理学专业团队：http://marcod.tripod.com/geography/sgsg.html。

联系表

- 批判地理学论坛：CRIT-GEOG-FORUM@JISCMAIL. AC. UK。
- 残疾与地理学列表：GEOGABLE@LSV. UKY. EDU。
- 地理学和女权主义列表：GEOGFEM@LSV. UKY. EDU。
- 性别和空间列表：SXSGEOG@LSV. UKY. EDU。
- 社会主义地理学列表：LEFTGEOG@LISTSERV. ARIZONA. EDU。

批判地理学在线期刊

- 311 *ACME：An Online Journal for Critical Geographies*：http://www. acme-joumal. org。
- *Journal of Political Ecology*：http://www. library. arizona. edu/ej/jpe/jpeweb. html。
- *Journal of Psychogeography and Urban Research*：http://www. psychogeography. co. uk。

批判地理学其他期刊

- *Antipode：A Radical Journal of Geography*：http://www. blackwellpublishers. co. uk/journals/ANTI/ descript. htm。
- *Environment and Planning D：Society and Space*：http://www. envplan. com/epd/epd _ current. htmt。
- *Gender，Place and Culture*（女性地理学期刊）：http://www. tandf. co. uk/journals/carfax/ 0966369X. html。
- *Social and Cultural Geography*：http://www. tandf. co. uk/journals/routledge/14649365. html。

50 地理学大事记：1859—1999

阿里斯代尔·罗杰斯（Alisdair Rogers），海瑟·A. 威尔斯（Heather A. Viles）

	历史事件	地理学事件和出版物
19世纪60年代	1859 查尔斯·达尔文《物种的起源》 1861—1865 美国内战 1866 E. 海克尔创造"生态学"一词 1867 卡尔·马克思《资本论（第一卷）》 日本明治维新 1869 苏伊士运河开通	1859 李特尔和洪堡去世 1862 约翰·韦斯利·鲍威尔在夏伊洛失去右臂 1864—1865 彼得·克鲁泡特金进行西伯利亚远行 1864 乔治·珀金斯·马什《人与自然》 1869 鲍威尔第一次大峡谷探险
19世纪70年代	1870—1871 普法战争，巴黎公社 1871 斯坦利在乌吉吉发现利文斯顿 1872 设计黄石国家公园 1872—1876 皇家海军挑战者号海洋巡航 1873 国际气象组织成立 1874 巴黎第一次印象派画展 1875 贝尔获电话专利 1876 小巨角战役 1878 首次电话交谈	1871 厄里西·雷克吕为巴黎公社战斗而被捕并流亡瑞士 1874 普鲁士法定地理学为一门大学学科 1874—1875 格罗夫·卡尔·吉尔伯特研究亨利山脉 1875 弗朗西斯·高尔顿在报纸上发表第一幅天气图 詹姆斯·克罗尔《气候与时间》 1876 E. 拉文斯坦《迁移规律》 克鲁泡特金逃离俄罗斯 阿尔弗雷德·罗素·华莱士《动物的地理分布》 1877 托马斯·H. 赫胥黎《地文学》 1878 威廉·M. 戴维斯任职哈佛大学

续表

	历史事件	地理学事件和出版物
313 19世纪80年代	1880 地震仪的发展 1882 英国占领埃及 　　　达尔文去世 1883 克拉卡托火山喷发 1884 确立格林尼治平均时间为世界标准 1884—1885 欧洲国家瓜分非洲的柏林会议 1887 维多利亚女王金禧 　　　赫兹确认无线电波 　　　伦敦特拉法加广场骚乱 1888 德国皇帝威廉二世继位 1889 巴黎会展	1880 A. R. 华莱士《岛屿生命》 1881 拉采尔《人类地理学（第一卷）》 1882 阿奇博尔德·盖奇《地质学教程》 1883 弗朗茨·博厄斯到巴芬岛探险 　　　爱德华·苏斯《地球表面（三卷本）》 19世纪80年代，美国地质调查局创造"地貌学"一词 1885 全球地理学会达94个 　　　克鲁泡特金《地理学应该是什么》 1886 拉采尔任莱比锡大学地理系主任 1887 哈尔福德—麦金德受聘牛津大学教职 1888 剑桥大学设立地理学 　　　美国国家地理学会成立 1889 卡尔·O. 索尔出生
19世纪90年代	1893 芝加哥举办哥伦比亚世界博览会 1895 伦琴发现X射线 　　　卢米埃尔兄弟研制出电影 1896 贝克勒尔发现放射性 1898 德国开始建立海军 　　　西班牙-美国战争 1899 第二次布尔战争	1890 G. K. 吉尔伯特《博纳维尔湖》 　　　《地理学年鉴》于巴黎创刊 　　　埃伦·森普尔在莱比锡大学师从拉采尔 1892 约翰·缪尔帮助建立塞拉俱乐部 1893《地理学期刊》创刊 　　　弗雷德里克·特纳《美国历史上的边疆》 1894 E. 雷克吕《通论地理学》 　　　阿尔布雷克特·彭克《地球表面形态学》 1896 拉采尔《国家领土的扩张》 1898 维达尔·白兰士任索邦大学地理系主任 　　　A. W. F. 施姆珀创造"热带雨林"一词 1899 牛津大学设立英国第一个地理系 　　　W. M. 戴维斯《地理循环》

	历史事件	地理学事件和出版物
20世纪前十年	1900 西格蒙德·弗洛伊德《梦的解析》 第一次泛非大会 普朗克量子理论 1901 T. 罗斯福就任美国总统 马可尼的无线电信号首次跨越大西洋 1903 怀特兄弟第一次飞行 1905 阿尔伯特·爱因斯坦《狭义相对论》 1906 旧金山地震 日本击败俄国陆军和海军 1909 T 型福特汽车 英国在伊朗钻探石油 安德·莫霍洛维奇发现地壳中的莫霍不连续面	1903 美国首个地理学研究生计划诞生于芝加哥 维达尔·白兰士《法国地理概貌》 A. W. F. 施姆珀《基于生理学基础的植物地理学》 1904 拉采尔去世 麦金德《历史的地理枢纽》 美国地理学家联合会在费城成立 弗朗西斯·扬哈斯本考察西藏 1907 格里菲斯·泰勒在悉尼大学开设地理学讲座 埃尔斯沃思·亨廷顿《亚洲的脉动》 1909 阿尔弗雷德·韦伯《工业区位论》 瓦利·冯·洛津斯基创造"冰川边缘"一词 E. 德·马东南《自然地理学专论》 1910—1922 麦金德任职英国国会下院
20世纪10年代和第一次世界大战期间	1911 卢瑟福解释原子结构 阿蒙森抵达南极 伦敦举办后印象派画展 1912 泰坦尼克号沉没 1912—1913 巴尔干战争 1914 巴拿马运河开通 A. E. 道格拉斯发表早期树木年代学著作 1914—1918 第一次世界大战 爱因斯坦《广义相对论》 1916 伦纳特·冯·波斯特首次采用孢粉分析技术 1917 俄国革命 1919 阿尔科克和布朗飞越大西洋 《凡尔赛和约》签订	1910—1922 麦金德当选国会议员 1911《美国地理学家联合会会刊》创立 埃伦·森普尔《地理环境的影响》 许多地理学家加入军事情报局 1914 克鲁泡特金《互助论》 1915 帕特里克·格迪斯《进化中的城市》 英属哥伦比亚大学首开加拿大地理学课程 阿尔弗雷德·魏格纳《海陆的起源》 1916 F. E. 克列门茨《植物演替》 1918 维达尔·白兰士去世 以赛亚·鲍曼和森普尔致力于为美国准备巴黎和会

	历史事件	地理学事件和出版物
20世纪20年代	1922 詹姆士·乔伊斯《尤利西斯》 　　　T. S. 艾略特《荒原》 　　　马克斯·韦伯《经济与社会》 1923 法国占领鲁尔 1925 巴黎举办首次超现实主义画展 1926 英国大罢工 1927 苏联斯大林掌权 　　　跨大西洋电话连线 1929—1933 大萧条	1921 森普尔成为美国地理学家联合会首任女主席 　　　鲍曼加入外交关系委员会 　　　蒙特利尔大学，加拿大首次开设全面的地理学课程 1922 克鲁泡特金去世 1923 索尔到伯克利大学 　　　J. H. 布列兹《哥伦比亚高原的槽形劣地》 1924 哈罗德·杰弗里斯《地球：起源、历史与物质构成》 1925 C. O. 索尔《景观形态学》 1928 格里菲斯·泰勒因其环境决定论观点而离开澳大利亚 1929 V. I. 维尔纳茨基《生物圈》
20世纪30年代	1930 发现冥王星 　　　弗兰克·惠特尔获得涡轮喷气机专利权 20世纪30年代 德国和苏联的大清洗 　　　美国的尘暴 1931 K. 波普尔《科学发现的逻辑》 　　　日本占领满洲 1932 科克罗夫特和沃尔顿发现原子裂变 　　　吉尔伯特·沃克爵士首次记录了南方涛动 1933 希特勒任德国总理 1933—1945 F. D. 罗斯福任美国总统 1933—1941 美国新政 1934 C. 朗克尔提出生活型分类 1935 发明尼龙 　　　A. G. 坦斯利提出生态系统概念	1931—1935 L. 达德利·斯坦普领导英国土地利用调查 1931 C. 沃伦·桑斯维特《一种新分类的北美气候》 1933 英国地理学家协会成立 　　　韦伯遭受希特勒青年团攻击 　　　纳粹阻止阿尔弗雷德·赫特纳发表 　　　鲍曼任美国国家科学研究委员会主席 　　　沃尔特·克里斯塔勒《德国南部的中心地原理》 1934 W. M. 戴维斯去世（共发表615篇文章，33篇发表于80岁后） 　　　鲍曼《与社会科学关联的地理学》 　　　C. 达里尔·福德《生境、经济与社会》 1935 弗莱普·尤尔斯特隆提出流速与泥沙运移关系的经验曲线 1936 H. 克利福德·达比《公元1880年前的英格兰历史地理》 　　　马里奥·纽碧金《植物与动物地理学》

315

	历史事件	地理学事件和出版物
20世纪30年代	1936 J. M. 凯恩斯《就业、利息和货币通论》 英国播出电视节目 1936—1939 西班牙内战 1937 日本侵略中国	1937 亚历克斯·杜·德瓦《我们的流动大陆》 1938—1939 理查德·哈特向在德国和奥地利 　　L. 达德利·斯坦普和斯坦利·比弗《不列颠诸岛》 1939 理查德·哈特向《地理学的性质》
20世纪40年代	1939—1945 第二次世界大战 20世纪40年代 放射性碳同位元素定年的发展 1941 米卢亭·米兰科维奇于塞尔维亚首次提出关于气候旋回的理论 1944 布雷顿森林会议 海德和威廉斯首次采用"孢粉学"一词 1945《联合国宪章》通过 国际货币基金组织和世界银行成立 1947 印度独立 马歇尔援助计划 1948 南非的种族隔离制度 1949 德国分裂 中华人民共和国成立 英国政府建立自然保护委员会 奥布里维尔创造"沙漠化"一词	1939—1945 地理学者应聘做情报、训练、航空摄影、气象等战时服务工作 克里斯塔勒为被占领的波兰做规划 1941 R. A. 巴格诺尔德《风沙和荒漠沙丘物理学》 　　H. 詹尼《成土因素》 1942 吉尔伯特·F. 怀特《人类调适洪水》 1944 理查兹《热带雨林》 1945 威廉·柯克参加缅甸战役在曼德勒坠机 新西兰地理学会成立 R. 霍顿《河流及其流域盆地的侵蚀发展》 1946 亚瑟·霍姆斯《自然地质原理》 1947 麦金德去世 1948 哈佛大学取消地理系 美国地理学家联合会与美国职业地理学家协会合并 鲍曼去世 1949 A. 利奥波德《沙乡年鉴》 　　G. K. 齐普夫《最小努力原理》
20世纪50年代	1950 世界气象组织成立 1950—1953 朝鲜战争 1953 克里克、沃森识别出DNA双螺旋结构 登顶珠穆朗玛峰 美国，麦肯锡调查	1951 加拿大地理学家协会成立 斯坦普被任命为世界土地利用调查委员会主任 斯坦利·伍德里奇和戈登《东方：地理学的灵魂和目标》 1952 A. 斯特拉勒《地貌的动力基础》

续表

	历史事件	地理学事件和出版物
20世纪50年代	1953 E. 奥德姆和 H. 奥德姆《生态学基础》 北海风暴潮影响英格兰和荷兰 1954 越南战争开始 1954—1962 阿尔及利亚独立战争 1954 FORTRAN 语言发布 1956 苏联军队镇压匈牙利起义 斯大林在苏联受到公开指责 "猫王"普雷斯利（美国著名摇滚乐明星） 1957 导致欧洲经济共同体的《罗马条约》 人造地球卫星进入轨道 1957—1959 国际地球物理年 1958 法兰西第五共和国 中国进行"大跃进" 发明硅芯片 1959 北海发现天然气	1953 沃尔特·彭克的《地貌分析》英译本 F. K. 舍费尔《地理学中的例外论》 托尔斯滕·哈格斯特朗《作为一种空间过程的创新扩散》 1954 A. 廖什《区位经济学》英文版 1955 E. 乌尔曼和 W. L. 加里森领导的数理统计研讨班开始于西雅图华盛顿大学 1956 W. L. 托马斯《人类在改变地球面貌中的角色》 1957 H. T. 奥德姆《佛罗里达州银泉的营养结构和生产力》 1958 理查德·乔利到剑桥大学 澳大利亚地理学家协会成立 C. S. 埃尔顿《动植物入侵生态学》 L. 克罗伊扎特《泛生物地理学》 1959 哈格斯特朗访问华盛顿大学
20世纪60年代	1960 W. 罗斯托《经济增长的阶段》 口服避孕药商业化使用 第一颗专用气象卫星发射 1961 第一艘载人飞船东方一号升空 柏林墙建立 1962 古巴导弹危机 披头士乐队 R. 卡森《寂静的春天》 第一颗对地观测卫星 1963 J. F. 肯尼迪总统被暗杀 1964 美国《民权法案》和大社会福利计划 第一颗天气卫星 阿拉斯加地震	20世纪60年代 地理信息系统的早期发展 1960 阿努钦《地理学理论问题》在苏联地理学界引起激烈争论 M. G. 沃尔曼和 J. P. 米勒《地貌过程中力的大小和频率》 沃尔特·艾萨德《区域分析方法》 1961 英国地理学家协会创立各研究组 简·戈特曼《巨型都市》 1962 威廉·邦奇《理论地理学》 1963 威廉·柯克《地理学问题》 1964 朱里安·沃伯特《空间关联域中的决策过程》 1965 L. 达德利·斯坦普被授予爵位 彼得·哈格特《人文地理学中的区位分析》

续表

历史事件	地理学事件和出版物
1964—1974 国际生物圈计划 1965 洛杉矶瓦茨骚乱 　　　第一台微型计算机 　　　全球硫排放量达峰值 　　　J. 图佐·威尔逊在《自然》上发表板块构造背后的基本思想 1966 中国"文化大革命" 　　　全球大气圈研究计划开始 1967 中东六日战争 1967—1970 尼日利亚比夫兰战争 1968 巴黎、芝加哥、巴尔的摩、墨西哥城等地的市民骚乱 　　　捷克斯洛伐克"布拉格之春"起义 　　　越南春节攻势 　　　深海钻探计划开始 1969 阿波罗 11 号，人类首次登月 　　　北爱尔兰内乱开始 　　　戴高乐辞去法国总统 　　　尼克松就任美国总统 　　　伍德斯托克音乐节	1965 S. A. 舒姆和 R. 利克蒂《地貌学中的时间、空间与因果》 　　　唐纳德·迈尼希《摩门教文化区》 1966 W. 克里斯塔勒《德国南部的中心地原理》英文版 1967 美国地理学家联合会遥感计划 　　　《区域研究》创刊 　　　克拉伦斯·J. 格拉肯《罗得岛海岸的遗迹》 　　　艾兰·普瑞德《行为与区位》 　　　R. 乔利和 P. 哈格特《地理学中的模型》 　　　罗伯特·H. 麦克阿瑟和爱德华·O. 威尔逊《岛屿生物地理学理论》 1968 美国地理学家联合会年会从芝加哥转移到安·阿伯，以抗议芝加哥警察对抗议者的行为 　　　巴里和乔利《大气圈、天气和气候》 1969《地理分析》《对立面》《环境与规划：A 辑》创刊 　　　W. 克里斯塔勒去世 　　　戴维·哈维到巴尔的摩 　　　W. W. 邦奇组织底特律地理考察 　　　D. 哈维《地理学中的解释》
1970 设立 4 月 22 日为世界地球日 　　　孟加拉国洪灾和饥荒 　　　南极沃斯托克冰芯钻探开始 1971 印度-巴基斯坦战争，导致 1972 年分离出孟加拉国 　　　阿斯旺大坝开放 　　　英国货币采用十进制	1971 威尔伯·泽林斯基等人建立社会和生态责任地理学者联盟 　　　美国地理学家联合会设立女性地理学者委员会 　　　R. 阿布勒、J. 亚当斯和 P. 古德《空间组织》 　　　R. 乔利和 B. 肯尼迪《自然地理学：系统途径》 1972 P. 哈格特《地理学：现代综合》 　　　H. H. 拉姆《气候：过去、现在和未来（第一卷）》

（20世纪60年代）

（20世纪70年代）

317

历史事件	地理学事件和出版物
1972 斯德哥尔摩举办联合国环境大会 　　　罗马俱乐部《增长的极限》 　　　Landsat 1 号卫星发射 　　　联合国教科文组织接受《世界遗产公约》 1973—1974 石油危机 1973 英国和爱尔兰加入欧洲经济共同体 　　　中东赎罪日战争 　　　F. 舒马赫《小的是美好的》 1974 尼克松辞去美国总统 　　　英国劳工骚乱，每周工作三天 　　　将氟氯烃与臭氧层破坏相联系 1975 越南战争结束 　　　纽约市破产 　　　阿波罗与联盟号太空对接 　　　红色高棉在柬埔寨掌权 1976 美国建国 200 年 　　　英国金融危机和旱灾 　　　性感手枪乐队（英国最有影响的朋克摇滚乐队之一） 　　　中国唐山地震 1977 纽约市停电 　　　女王伊丽莎白二世银禧 　　　意大利和德国的恐怖袭击 1978《戴维营协议》签署 　　　教皇约翰·保罗二世登基 　　　加利福尼亚第 13 条动议，停止财产税 　　　圭亚那琼斯镇发生邪教成员集体自杀 1979 撒切尔夫人当选英国首相 　　　伊朗国王被废黜 　　　苏联入侵阿富汗 　　　詹姆斯·洛夫洛克《盖娅：对地球生命的新观察》	1972 R. H. 麦克阿瑟《地理生态学：物种分布格局》 1973 D. 哈维《社会正义与城市》 1974 诺威奇，英国地理学家协会年会的相关性和公共政策主题 　　　段义孚《人文主义地理学的空间和地方》 　　　阿兰·威尔逊《地理和规划中的城市和区域模型》 　　　R. U. 库克和 J. C. 董康普《环境管理中的地貌学》 1975 C. O. 索尔去世 　　　《历史地理学报》创刊 　　　美国地理学家联合会成员达到 7 000 人 1976 大卫·洛温彻尔和马丁·鲍登《心智地理学》 　　　爱德华·雷尔夫《地方与无地方》 1977《地理学进展》分成《自然地理学进展》和《人文地理学进展》 　　　大卫·M. 史密斯《人文地理学：福利途径》 　　　曼纽尔·卡斯特尔《城市问题》英文版 　　　S. A. 舒姆《河流系统》 　　　约翰·汤姆斯和德利斯·布鲁斯顿《地貌学与时间》 1978 大卫·莱和马文·塞缪尔斯《人文主义地理学》 　　　I. 伯顿、R. 凯茨和 G. 怀特《环境灾害》 　　　德里克·格利高里《意识形态、科学和人文地理学》 1979 美国地理学家联合会成立 75 周年 　　　朵琳·玛西《区域问题是什么?》 　　　D. 布鲁斯登和 J.B. 汤姆斯《景观的敏感性和变化》

20 世 纪 70 年 代

318

续表

历史事件	地理学事件和出版物
1980 R. 里根任美国总统	1980《城市地理学》创刊
波兰团结工会成立	罗伯特·萨克《社会思想中的空间概念》
伊朗和伊拉克战争开始	H. J. B. 伯克斯和 H. H. 伯克斯《第四纪古生态学》
美国华盛顿州圣海伦火山喷发	
世界保护战略建立	1981 密歇根大学停办地理系
1981 哥伦比亚号航天飞机升空	英国地理学家协会女性与地理学研究组成立
英国内城的骚乱	R. 约翰斯顿等《人文地理学词典》
美国国际商用机器公司桌面个人计算机上市	1982《政治地理学季刊》创刊
	哈格斯特朗《透视镜、路径和计划》
1982 英国-阿根廷福克兰群岛之战	伯诺伊特·曼德布洛特《自然界分形几何》
墨西哥埃尔奇琼火山喷发	1983《社会与空间》创刊
1982—1983 严重的 ENSO 事件	M. 卡斯特尔《城市与草根》
1983 识别出艾滋病病毒	1984 巴黎召开第 25 届国际地理联合会大会
美国入侵格林纳达	英国地理学家协会第 50 届年会
1984 埃塞俄比亚饥荒	朵琳·玛西《劳动的空间分化》
英迪拉·甘地遇刺	英国地理学家协会女性与地理学研究组《地理学与性别》
印度霍帕尔毒气灾难	
英国煤矿工人罢工	1985 肯·格雷戈里《自然地理学的性质》
伦敦泰晤士河栅栏开放	1986 英国广播公司的 GIS 穹顶项目
1985 戈尔巴乔夫任苏联共产党总书记	英国开展地方性研究计划,包括变化中的城市和区域系统动议
墨西哥城地震	芝加哥学部降级为委员会
现场援助音乐会	安德鲁·高迪《人类对环境的影响》
海洋钻探计划开始	R. H. 海恩斯-杨和 J. 佩奇《自然地理学的性质和方法》
记录到南极上空的臭氧层空洞	
1986 切尔诺贝利核电站事故	1987 美国成立地理信息与分析国家中心
SPOT 1 卫星发射	克拉克大学召开"人类活动改变的地球"研讨会
1987 股票市场崩盘	美国举办全国地理认知周
巴勒斯坦起义	J. 哈利和 D. 伍德沃德《地图学史(第一卷)》
蒙特利尔臭氧层协议	1988 美国国家安全局成立国家地理信息科学中心
J. 拉夫洛克《盖娅》	H. C. 达比获爵位

20世纪80年代

319

	历史事件	地理学事件和出版物
20世纪80年代	1988 澳大利亚建国 200 周年纪念 政府间气候变化委员会（IPCC）成立 亚美尼亚地震 孟加拉国严重洪灾 1989 柏林墙倒塌 罗马尼亚齐奥塞斯库政权垮台 阿拉斯加埃克森·瓦尔迪兹石油泄漏灾难 飓风"雨果"袭击美国和加勒比海	1992 英国地理学家协会成立社会和文化地理研究组 丹尼斯·科斯科罗夫和史蒂芬·丹尼尔斯《景观图解》 吉恩·格罗夫《小冰期》 迈克尔·迪尔《人文地理学的后现代挑战》 1989 爱德华·索加《后现代地理学》
20世纪90年代	1990 德国重新统一 伊拉克入侵科威特 南非纳尔逊·曼德拉获释 IPCC 第一次报告发布 格陵兰 GRIP 冰芯开钻 1991 海湾战争 叶利钦任俄罗斯总统 苏联解体 南斯拉夫战争 《马斯特里赫特条约》签订 皮纳图博火山爆发 地球资源卫星 1 号发射 全球海洋观测系统建立 1992 里约热内卢举办联合国环境与发展大会 《北美自由贸易协议》签订 洛杉矶骚乱和地震 发现"宇宙涟漪" 飓风"安德鲁"袭击美国	1990 M. P. 康曾《美国景观的营造》 1991 爱丁堡，英国国家课程地理学部分：新词汇，新世界大会 亨利·列斐伏尔《空间的生产》英文版 斯坦利·舒姆《解释地球》 1991—1992 英国高校地理学生超过 10 000 名 1992 曾是地理学者的约翰·佩顿成为国会议员 第三次英国研究评价实施 克拉克大学成立乔治·珀金斯·马什研究所 R. 哈特向去世 特雷弗·巴尼斯和詹姆士·邓肯《书写世界》 卡尔·巴策等《1492 年前后的美国》 联合国环境规划署《世界荒漠化地图集》 1993—1995 英国第一次教育质量评价 地理学会成立一百周年 大卫·佩珀《生态社会主义》 吉莉恩·罗丝《地理学和女性主义》 《社区与性别、地方和文化》创刊

续表

	历史事件	地理学事件和出版物
20 世 纪 90 年 代	1993 莫斯科叛乱 密西西比和密苏里洪灾 意大利 CD-PSI 同盟解体 GPS 导航系统具备初步运作能力 1994 南非选举 恰帕斯叛乱 "巴以协定"签订 爱尔兰共和军停火 《勇敢的心》 1995 俄克拉何马爆炸案 巴林银行倒闭 日本神户地震 审讯 O. J. 辛普森 抗议布伦特·斯帕尔（储油平台沉海） 卢旺达大屠杀 1996 英国疯牛病危机 克隆羊多利诞生 塔利班占领喀布尔 辣妹组合 1997—1998 严重的 ENSO 事件 1997 香港回归中国 托尼·布莱尔当选英国首相 戴安娜王妃去世 《泰坦尼克》《光猪六壮士》 气候变化"京都议定书" Radiohead 乐队组合的 OK Computer 专辑 1998 莫尼卡·莱温斯基事件 智利皮诺切特将军被捕 在月球发现水 孟加拉国严重洪灾 1999 科索沃战争 东帝汶起义 土耳其地震 因特网用户达 1.5 亿 Eminem 的专辑 The Slim Shady LP 西雅图抗议世界贸易组织	1994 D. 格里高里《地理构想》 安尼·高德乌斯卡和尼尔·史密斯《地理学与帝国》 朵琳·玛西《空间、地方和性别》 皇家地理学会和英国地理学家协会合并 1995 大卫·贝尔和吉尔·瓦伦丁《愿望制图》 苏珊·汉森和格里·普拉特《性别、工作与空间》 1996—1997 英国提供地理学课程的高等教育机构达103 所 1996 批判地理学论坛清单建立 布鲁斯·罗兹和科林·索恩（主编）《地貌学的科学性质》 英国皇家地理学会与英国地理学家协会关于壳牌公司社会赞助的特别大会 简·雅各布斯《帝国边缘》 理查德·皮特和迈克尔·瓦特《解放生态学》 奈杰尔·斯瑞夫特《空间的形成》 基尔诺依·奥塔瑟尔《批判地缘政治学》 里查德·H. 格罗夫《绿色帝国主义》 1997 国家地理频道全球播放 温哥华举办第一届国际批判地理学大会 大卫·古德曼和迈克尔·瓦特《全球化中的食物》 罗格·李和简·威尔斯《经济地理学》 1998 D. 迈尼希《美国的形态（第三卷）》 迈克·柯里《数字化地方》 特雷西·斯凯尔顿和吉尔·瓦伦丁《清凉之地》 海蒂·纳斯特和史提夫·派尔《凭借实体的地方》 布鲁斯·布劳恩和诺埃尔·卡斯特里《再造现实》

第五部分　地理信息源名录

阅读本书前面的若干章后，你可能已经发现有大量印刷品尤其是线上资源蕴含的信息财富可供地理学者查询。本篇的目的并非全面涵盖这些信息，而是旨在向你介绍地理学者可能感兴趣、并在互联网上可获取的各种信息。前面的很多章已提供了与特定论题相关的在线资源细节。

本名录包括以下部分：

- 门户网站，一些将引导你进入一系列关于特定地理学论题的有用网站；
- 基础地理信息，包括地图和遥感影像；
- 国际的和国家的数据源，如人口统计资料和地形数据集；
- 专门信息，关于特定论题的情况介绍和报告；
- 为地理学者提供的电子出版物和团队讨论机会；
- 主要地理学机构和大学院系的联系方式；
- 其他相关网站。

某些网关可能差强人意，你会发现有一些导航上的困难。你在使用网络资源时应该始终保持批判意识，自问诸如此类的问题：这个网关所提供信息的可靠性如何？最近的更新情况怎样？

虽然这份名录以清单的形式呈现，但我们并不希望你将它视为权威指南。对学术而言，互联网的关键价值在于促进国际尺度上的浏览艺术，允许我们漫游（常常看似漫无目的）于巨量的信息源中。因此，它与浏览图书馆书架的古老艺术别无二致，并有所扩展。

51　地理信息源名录

海瑟·A. 威尔斯（Heather A. Viles），阿里斯代尔·罗杰斯（Alisdair Rogers）

地理学门户网站

- SOSIG（社会科学信息门户）

这是在互联网上获取地理信息最有用的重要网关之一，是英国资源目录网（UK Resource Directory Network）的一部分。SOSIG 网关包括按主题分类的网络资源，也包括一个关于社会科学资源的搜索引擎，还提供创建个人账户的机会。地理学者的资料在地理学和环境科学问题目录下，前者又分为经济地理学、社会地理学、地理信息系统和制图学。地理学的目录里有报告、数据集、期刊摘要和内容提要、参考材料以及你能够想到的任何信息。

http：//www. sosig. ac. uk

http：//www. sosig. ac. uk/roads/subjectlisting/World-cat/geog. html

http ：//www. sosig. ac. uk/roads/subjectlisting/World-cat/envsci. html

- 资源搜寻网络［Resource Discovery Network（RDN）］互联网地理学者

该网站主办了一个关于地理学者如何能够最大化利用网络的辅导课程。包括关键信息搜索技巧和如何改进互联网搜索的指南。该网站由纽卡斯尔大学（University of Newcastle）的皮特·麦格斯（Pete Maggs）创建，是一系列基于资源搜寻网络虚拟培训（http://www. vts. rdn. ac. uk）课程的一部分。

http：//www. sosig. ac. uk/vts/geographer/index. htm

- 地学信息门户

一个地理学、地质学、交通、环境等相关学科领域的在线地学信息资源索引。由莱斯特大学（University of Leicester）主办，为在网络上探索地理学提供了一个很好的切入点。

http：//www. geog. le. ac. uk/cti/info. html

- 地理学资源

该网站由荷兰乌特勒支大学（University of Utrecht）主办，包括全世界（但主要覆盖欧洲）4 000多个的链接网站。涵盖自然地理学、人文地理学以及规划、地球科学和环境科学。许多链接都针对学校的地理学，包括地理游戏和知识竞赛。

http：//www. library. uu. nl/geosource

- 虚拟地理系

虚拟地理系计划的目标是提供高质量的课程材料以及课堂和实验室模块，以供世界上任何一所大学的地理学学生和教师在互联网上使用，并促进合作研究。包括"地理学者资源"（Resources for Geographers）。这是一个在网络上开始地理学探究的好场所，由科罗拉多博尔德大学（University of Boulder）主办，主要关注北美洲。

http：//www. colorado. edu/geography/virtdept/contents. html

- 布莱克维尔出版社地理学资源

现在有许多出版社都在经营学科资源网站，布莱克维尔出版社的网站内容全面并定期更新。包括一个邮件列表和新闻集团的清单，还有各国地理学会的网址。你由此可以进入许多国际网站，尽管其有很浓的代表北美政府机构和相关数据集的倾向。子学科提供一组有用的链接，可使你进入查看不同地理系的各种课程大纲。

http：//www. blackwellpublishers. co. uk/GEOG/default. asp

基础地理信息

地理学词典、词汇表和百科全书

- AGI GIS 词典：GIS 在线词典

地理信息协会（Association for Geographical Information，AGI）和爱丁堡大学（University of Edinburgh）地理系提供的地理信息系统术语在线词典。

http ：//www. geo. ed. ac. uk/aidict/welcome. html

- EPA：环境术语

美国环境保护署（Environmental Protection Agency，EPA）提供的一个用于其环境方面出版物的数千条术语词典。于 1998 年最后修订。

http：//www. epa. gov/OCEPAterms/

- 自然服务：美国/加拿大野生生物在线百科全书

北美植物、动物和生态群落百科全书，包括分类学、保护状况和分布的信息。

http：//www. natureserve. org

地图和地图集

- 地图和制图学网络资源

来自加州大学伯克利分校（University of California at Berkeley）地球科学和地图库的一整套链接。

http：//www. lib. Berkeley. edu/EART/MapCollections. html♯internet

- EDINA 数字地图

该网站向英国高等教育界提供军事测量地图数据。它允许用户以一系列预定比例尺查看和打印英国任何位置的地图。

http：//edina. ac. uk/digimap

- 美国国家地图集

一个地图浏览器，允许你查阅一系列图层的地图，如地质图、人口图、环境威胁图和农业地图。

http：//nationalatlas. gov/hatlas/natlasstart. asp

- 纽约数字地图集

由威廉·A. 鲍文（William A. Bowen）（加州大学北岭分校，California State University，Northridge）管理。该网站包括基于人种和民族、收入、教育等的高质量纽约市彩色地图。

http：//130. 166. 124. 2/NYpage1. html

- Getty 地名词典

一份可搜索到世界各地大约 100 万个地名的地名词典，包括每一地的简要历史信息。世界上有 104 个"牛津"！

http：//www. getty. edu/research/tools/vocabulary/tgn/index. html

- 赛博空间（Cyberspaces）地图集

互联网上最好的地理网站之一，值得不断访问。由伦敦大学学院（University College，London）高等空间分析中心的马丁·道奇（Martin Dodge）经管。该地图集林林总总，从早前的阿帕网（Arpanet）到赛博空间富于想象力的制图代表作、电影剧照、光纤电缆地图、卫星图像，还有很多。你可以订阅定期研究公报。

http：//www. cybergeography. org/atlas/atlas. html

- 欧洲死亡率图集

该地图集显示国家以下各级 1980—1981 年和 1990—1991 年的死亡率水平和原因，按年龄和性别分列。该网站允许你一次调用两幅地图，以进行直观比较。

http://www. euromort. rivm. nl

- About. Com 免费空白轮廓地图

你可以在这里打印出世界上所有国家的空白轮廓图。

http://geography. about. com/library/blank/blxindex. htm? once＝true&.

遥感影像

- 地球影像：NASA 对地观测系统

一个非常有帮助且组织有序的网站，链接所有 NASA（National Aeronautical and Space Agency，美国国家航空航天局）主管的空间影像，以及可视化和实录地球影像。按初级、中级和高级来组织链接，使你能获得简易影像和来自 TOMS、SeaWIFS 和其他计划的较复杂影像。该网站还提供 N. M. 肖特（N. M. Short）和 R. W. 布莱尔（R. W. Blair）1986 年编著的《太空地貌学》（*Geomorphology from Space*）在线版本，其中包含一些带有相关描述的有用地形影像。

http://eospso. gsfc. nasa. gov/eos_homepage/images. html

地理单位换算表

- 计量单位词典

该网站由埃克塞特大学（University of Exeter）的弗兰克·塔普森（Frank Tapson）运作，包含了所有你想知道的度量单位定义，以及如何从公制单位换算为非公制单位，或反之。例如，一公顷合多少英亩。

http://www. ex. ac. uk/cimt/dictunit/dictunit. htm

国际数据集

- Ready，Net，Go! 档案互联网资源

一个非常有用的网站，提供全世界档案的索引，并提供与众多其他国家和国际网站的链接，还包括一些有用的档案研究建议和档案搜索方法。

http://www. tulane. edu/—lmiller/ArchivesResources. html

- InfoNation（国家信息）

InfoNation 由联合国运营，用于教学。该网站允许你选择最多七个国家，然后生成一系列指标的比较表。

http：//www. un. org/Pubs/CyberSchoolBus/infonation/e _ infonation. htm

- 政府间气候变化专门委员会（IPCC）全球变化数据分发中心

326

可获取最新气候变化数据和情景，用于气候影响评估。用户必须向数据分发中心注册，但注册是免费的。

http：//ipcc-ddc. cru. uea. ac. uk

- Ciesin（国际地球科学信息网络中心）

由哥伦比亚大学（Columbia University）运作。该网站的重点是社会科学、自然科学和信息科学交界面的研究和信息生产。提供大量的数据和资源，包括可下载的中国地理数据、世界人口栅格数据和 Landscan 2000（122 个国家的人口和环境可持续性指数信息）。

http：//www. ciesin. org/index. html

- The Portal：全球环境数据和元数据

由美国国家地理信息中心（National Geophysical Data Center）主办。该网站提供链接全球环境诸多不同方面同行评议数据集的在线数据，如多种格式的地形和植被数据，并有关于如何下载数据的有用指导。

http：//www. ngdc. noaa. govlseg/tools/gis/portalhome. shtml

- RivDis：世界河流流量数据

分布式主动存档中心（Distributed Active Archive Center，DAAC）的一部分，由美国橡树岭国家实验室（Oak Ridge National Laboratory）运行。该网站包括全球 1 018 个站点的月流量。记录的时长有很大差别，平均为 21.5 年，数据集涵盖的时间跨度为 1807 年到 1991 年。可获取原始数据、概要和分站点资料。DAAC 网站还有一些有用的生物地球化学和生态学数据集，如全球净初级生产（NPP）数据。

http：//daacl. esd. ornl. gov/daacpages/rivdis. html

- 宾夕法尼亚大学世界列表

这是按区域和国家划分的国民经济权威列表，始于 1950 年。包括以不同方式计算的国民财富统计，也包括相关财政数据。

http：//pwt/econ. upenn. edu

国家数据集

· 英国国家统计局

国家统计局（前国家统计办公室）是英国政府的官方数据门户。包括拥有该国 3 000 多个信息表格的 Statbase，从成人识字率到族群、交通和旅游的一切数据。这些表格以 Excel 格式供用户下载或在线浏览。Neighborhood Statistics 包括地方当局和选区级别的数据表。注意并非所有的统计信息或数据都是可以免费获取的。

http://www. statistics. gov. uk

· 英国全国空气质量信息档案

一个拥有英国近期和以前空气质量数据的官方网站。由英国监测网超过 1 800 个站点的不同类型数据记录组成，包括二氧化硫、氮氧化物、降雨酸度及其他类型空气污染物的数据。该网站还包含对主要污染物排放者的调查，以及许多关于空气质量各方面非常有用的报道。

http://www. aeat. co. uk/netcen/airqual

327 · 美国人口调查局

以下是通往美国人口普查数据的网关，包含各州自 2000 年的人口普查列表数据，以及每五年一次的经济普查信息和年度美国社区调查数据，后者提供选定社区的详细信息。

http://www. census. gov

· 大气数据

美国环境保护局（The US Environmental Protection Agency）收集的大量大气污染数据都可从这个易用网站获取。可获得关于污染源和特定站点污染物含量的信息，以及显示区域污染格局的地图。

http://www. epa. gov/airdata

为地理学者提供有用资源的主要机构

· 国际学会联盟（UIA）

以布鲁塞尔为基地，是一个国际机构名录，在专项标题下列出。你必须注册才能使用该网站的所有信息。

http://www. uia. org/topics/overve. htm

· 联合国开发计划署（UNDP）

UNDP 出版了很有影响的《人类发展报告》（*Human Development Report*），不仅仅从经济方面来评估人类发展的趋势和模式。

http://www.undp.org

· 联合国经济社会发展署

这是开始搜索联合国大量社会和经济资源之处。它可以引导至联合国覆盖的许多领域，从人口和聚落，到可持续发展、人权和犯罪。由此可以进入对地理学者大有帮助的两个网站：联合国人口基金（UN Population Fund）和联合国人居中心（UN Centre for Human Settlements）。

http://www.un.org/esa/

· 联合国环境规划署（UNEP）

除其他内容外，UNEP 网站还包含 UNEP.net，它提供大量从各种来源获得的世界各国环境状况信息。

http://www.unep.org/

· 联合国难民事务高级专员办事处（UNHCR）

世界上处理难民事务和人道主义援助的主要机构。该网站的特色是有最新的难民危机新闻以及背景报道和统计数据。

http://www.unhcr.org

· 世界银行

除了关于世界银行、其目标和会议的信息外，该网站还包括很好的按主题（发展、健康、债务等）和国别的最新数据表，并有一些有趣的地图和关于发展问题的简要报告。每年度出版《世界发展报告》（*World Development Report*）。

http://www.worldbank.org/

· 经济合作与发展组织（OECD）

OECD 由世界上 30 个最富有的民主国家组成。承担各种问题的研究并发布报告，其范围非常广泛，从洗钱活动到生物技术，以及经济和劳动力市场事务。该网站包含各种报告和统计数据，但不易使用。

http://www.oecd.org

· 欧盟统计局

欧盟的统计服务机构，可获取英、法、德三种语言的资料。虽然它对欧盟及其成员国的全部信息进行了分类记载，但该网站并没有很多免费的统计表，使用起来也会混淆。

http://www.europa.eu.int/comm/eurostat

- 联合国粮食与农业组织（FAO）

关注食物、农业和饥饿问题的主要机构，也作为关于农业生产和贸易的综合统计机构，提供关于发展的广泛问题报告。

http://www.fao.org

- 政府间气候变化专门委员会（IPCC）

气候变化信息的权威网站。包含关于 IPCC 运转的信息，以及主要报告和会议的概要，包括 2001 年出版的第三次评估报告。

http://www.ipcc.ch/

- 国际移民组织（IOM）

与政府和移民合作以应对全球移民挑战的主要政府间机构。该网站包括关于其在科索沃、东帝汶和其他地方现场活动的报告，以及新闻报道。

http://www.iom.ch

- 国际电信联盟（ITU）

以瑞士日内瓦为基地，协调国际电信事务。该网站包含一些免费统计数据，诸如世界各国人均移动电话持有量之类。

http://www.itu.int/home/index.htmt

- 世界卫生组织（WHO）

其主页链接到世界范围内健康和疾病的报告，包括最新疾病暴发的报告。

http://www.who.int/home-page

- 经济与社会研究委员会（ESRC）

启动和资助研究的主要英国政府机构。由此可以访问其资助的各类项目和中心。有些是地理学者直接感兴趣的，如关于社会排斥和全球化、区域化的各研究中心，或者虚拟社区和跨国社区计划。可使你很好地了解英国社会科学的进展。

http://www.esrc.ac.uk/

- 美国地质调查局（USGS）

一个覆盖范围非常广泛的网站，提供关于环境灾害（如洪水、飓风和地震）的概况介绍，以及地理空间数据与大量地质和自然地理信息。USGS 在整个美国都有广泛的办公室和实验室网络，很难掌握其所有的网站。需要坚持不懈，因为从这些网站能获得一些很好的资料，例如加利福尼亚滑坡的视频剪辑。

http://www.usgs.gov

- 国家海洋和大气局（NOAA）

又一个出色的美国政府网站，提供很多关于 ENSO、海岸问题和其他重要地理学议题的有用信息，也可访问卫星数据。

http://www. noaa. gov

- 华盛顿特区 Telegeography 公司

329

Telegeography 公司由一家从事远程通信交易的商业公司经营。该网站包括关于远程通信的很好信息，例如全球互联网统计和想象地图等。

http://www. telegeography. com/About/about. html

- 人权观察（HRW）

一个非政府组织，建立于 1978 年，报告世界上所有国家的人权问题。定期发表关于近期紧急事件和诸如军备控制、妇女权利之类议题的报告，也有年度报告。

http://www. hrw. org

- 世界资源研究所

一个总部设在华盛顿特区的智库，旨在提供全球环境问题的全面描述，有报告、可供检索的数据和地图。

http://www. wri. org

- 非联合国成员国及人民组织（UNPO）

一个成立于 1971 年的国际组织，由在主要国际组织（如联合国）中没有代表的世界各国和人民组成。有 50 多个成员，总部设于海牙。其报告提供了对世界的另一种观察。

http://www. unpo. org

- 中央情报局（CIA）

其 World Fact Book（世界概况）对世界上每一个国家都提供全面且易读的入口，这是其特征，包括关于政府、经济和人口的信息。

http://www. cia. gov/cia/publichtions/factbook/index. html

电子期刊

- *CyberGEO：European Journal of Geography*（欧洲地理学报）

一份经同行评议的综合性地理学期刊，可从互联网上免费获取。

http://www. cybergeo. presse. fr

- *Acid News*（酸雨新闻）

瑞典非政府组织秘书处关于酸雨的时事通讯，可一年四次从该网站免费获取，有在线版和纸质版。从该网站还可获取过刊。是关于酸雨研究的一个很好信息源。

http：//www. acidrain. org/acidnews. htm

· *ACME：An International e-Journal for Critical Geographies*（批判地理学国际电子期刊）

该刊于 2002 年开始发行，旨在发表对社会、空间和政治的批判性激进分析。

http：//www. acme-journal. org/

地理学论坛和讨论平台

· 批判地理学论坛

批判地理学论坛是一个国际讨论平台，通过电子邮件技术使成员能够分享观点、提出问题、提供答案和发表意见。可浏览过去的讨论记录，包括战争、发展、地理研究之伦理等关键问题。这些讨论虽然全部采用英语，但很生动且相当国际化。

http：//www. jiscmail. ac. uk/lists/crit-geog-forum. html

330

· 地理学网（GeogNet）

GeogNet 是一个经审核的电子邮件讨论列表，主要讨论英国高等教育中与地理学教学相关的问题。该列表的主持人是伊恩·利文斯通（Ian Livingstone）（北安普敦大学学院）。消息可发送至：

GeogNet@Northampton. ac. uk

· 地学网（Geo-Network）

一个提供关键技能开发、量身定制职业指导以及一般教学问题的讨论平台，涉及地球科学本科生课程，也是一个宣传关于地球科学领域学科中心活动之信息的媒介。

http：//www. jiscmail. ac. uk/lists/geo-network. html

· 城市地理

UrbGeog 由亚利桑那大学（University of Arizona）主办。你可由下面第一个地址访问，第二个地址使你进入档案库。

http：//listserv. arizona. edu/cgi-bin/wa? SUBED1＝urbgeog&A＝1

http：//listserv. arizona. edu/archives/urbgeog. html

· 景观研究

主要基于英国的跨学科景观研究论坛。你可通过以下地址访问：

http：//www. jiscmail. ac. uk/lists/LANDSCAPE-RESEARCH. html

- 左派地理学

1995 年创建于肯塔基大学（University of Kentucky），涉及社会主义和激进的地理观点。

http：//www. qx. net/jeff/listservs/leftgeog. htm

- GIS-UK（英国地理信息系统）

一个关于地理信息系统问题的论坛。

http：//www. jiscmail. ac. uk/lists/gis-uk. html

地理学机构

- 皇家地理学会（RGS）

英国主要的职业地理学者联合会，与英国地理学家协会（IBG）合并。该网站包含关于学会及其活动、演讲和会议的信息，以及对考察资助的指导。一个重要特点是 RGS 之下的研究团队清单，每个团队都涵盖地理学的某一论题或领域，例如交通运输地理学、发展中地区和英国地貌学研究团队。许多团队都拥有其自己的网站并发布资讯。该网站还包括一个"地理学是什么？"的网页。

http：//www. rgs. org

- 地理协会（GA）

英国主要的地理教师联合会，其网站提供十分有用的课堂使用资源，以及会议和活动消息。

http：//www. geography. org. uk

- 美国地理学家联合会（AAG）

美国主要的职业地理学家联合会。该网站也列出了世界上其他国家的地理学会，以及地理学工作和职业的信息。

http：//www. aag. org

- 加拿大皇家地理学会（RCGS）

该网站采用法语和英语，以关于学会和加拿大地理的信息为特征。也可链接到 Jump-station Geo，这是一个与加拿大地理学和地理资源相关的全面链接清单。

http：//www. rcgs. org

http：//www. ccge. org/geosources/jumpstn. htm

331

- 地理学、地球科学和环境科学国家学科中心（GEES）

这是英国建立的 24 个学科中心之一，负责宣传地理学学习和测验中的优秀实践。由普利茅斯大学（University of Plymouth）主办，其特征是有与教学相关的资源，也有一些有用的链接。

http：//www. gees. ac. uk/

- 地理学科网（GDN）

GDN 与 GEES 合作，提供大量与教学相关的资源。你可从中获取《高等教育地理学期刊》（*Journal of Geography in Higher Education*）和《地理学期刊》（*Journal of Geography*）的摘要。

http：//www. chelt. ac. uk/el/philg/gdn/index. htm

- 制图师学会

该学会创建于 1964 年，其成员主要在英国。

http：//www. soc. org. uk

- 英国地质调查局

一个致力于提供地质学研究的大型机构，其专家包括地质学者、矿物学者、工程地质学者、古生物学者、化学者、水文地质学者、数学者、生物学者、计算机学者和信息技术学者。有助于了解英国地质科学进展的更多情况。

http：//www. bgs. ac. uk/home. html♯

大学地理系

- 世界各地的地理系

链接 80 个国家的 939 个地理系，由因斯布鲁克大学（University of Innsbruck）地理学系主办。

http：//geowww. uibk. ac. at/geolinks

- 英国大学和学院

英国的大学和学院的一个完整清单，你可从中找到各自的地理系。

http：//www. scit. wlv. ac. uk/ukinfo/alpha. html

- 英国的地理系

英国所有地理系的邮箱地址清单，由皇家地理学会主办。

http：//www. rgs. org/category. php?Page＝maingeography

其他

- 人民的地理学计划

该网站将其目标界定为"使理解地理学家已经（发展）并继续发展的日常生活之复杂地理的重要批判方式得以普及，并使之更为相关和有益于普通人民"。由唐·米切尔（Don Mitchell）（纽约雪城大学）经管，倾向于通过诸如游击地理学（guerrilla geographies）之类的事情，建立与草根组织的联系，来提供一种对主流地理学教育的替代，并将地理学用于社会公正。

http://www.peoplesgeography.org

- 环球网站

该网站由苏塞克斯大学（University of Sussex）的马丁·肖（Martin Shaw）运行，对全球化及相关问题的任何批判式理解都是必不可少的起点。以对世界重大事件的最新评论为 ³³² 特征。

http://www.theglobalsite.ac.uk

- 网络落差（Falling Through the Net）

美国商务部主办的一个著名网站，更新频繁，图示美国的所谓数字分隔（digital divide），例如按社会和地理条件的信息技术机会的扩散。

http://www.digitaldivide.gov/

- 城市与区域再生公报

与《城市》（City）期刊联办。该网站以发表城市规划问题的短文为特征，主要是关于英国的，但也有其他国家的。还有关于城市研究中即将发生事件的消息。该网站链接纽卡斯尔大学的城市与区域发展研究中心。

http://www.ncl.ac.uk/curds/urrb/

- 地球与月球观察者

由此你可以在白天或晚上从特定经度和纬度或选定城市上方观察地球与月球。

http://www.Colorado.edu/geography/virtdept/contents.html

- 火山世界

追踪全世界最新火山喷发信息，浏览火山影像，甚至获悉你想知道的关于从古至今地球和其他行星上的火山的一切。

htm://volcano.und.nodak.edu/

- 国际河流网（IRN）

一个建立于 1985 年的非营利机构，将人权问题和环境保护联系起来。该网站包含很多有价值的内容，可以在线获取 IRN 的出版物《世界河流评论》（*World Rivers Review*）。

http：//www. irn. org

- 地学影像

加利福尼亚伯克利大学（University of Berkeley）主办的一个有用网站，致力于提供关于地理论题的幻灯片，适合课堂和个人使用，这些影像不能用作商业目的。该网站主要涉及北美，也有一些关于非洲和阿富汗的资料，但也包括刻画地貌特征的图片。

http：//geogweb. Berkeley. edu/GeoImages. html

- 城市/建筑数据库

城市/建筑数据库收集了 5 000 幅以上绘制于世界各地和各时期的建筑和城市数字图像。学生、研究人员和教师都可从该网站获取。可按建筑师、国家和城市检索。该网站由梅瑞狄斯·L. 克劳森（Meredith L. Clausen）（华盛顿大学）经管。由此你还可访问其他许多图片集。

http：//www. washington. edu/ark2

第六部分　拓宽眼界

　　学习地理学的好处之一是可以将你带离图书馆，走出校园甚至走出国门。本篇包含关于如何拓宽眼界和获得最佳机会的基本信息。这些机会可能从课程本身开始，可通过规划你自己的海外游历，或者可通过苏格拉底计划（SOCRATES）在其他欧洲大学修习某些课程。这里的信息能使你开始这些进程，包括关于如何向商业捐助者、慈善机构和基金会申请资助的有用建议。通过研修地理学课程，你可能感到你不能停止学习，或者想获得更专业和更高级的技能。如是，那么你会考虑硕士课程。虽然英国提供了越来越多此类地理学及相关学科的课程，但在海外也有很好的机会。我们邀请几个主要英语国家和地区的同行介绍他们那里的研习机会及必要的实践步骤。无论你在大学毕业后采取何种路线，各种机会都需要制作一份列出你才能和成果的简历。本篇就以如何做这件事的建议作为结尾。

52 海外学习的机会：
苏格拉底-伊拉斯谟计划

菲奥娜·奥卡罗（Fiona O'Carroll），乔·佩恩特（Joe Painter）

现今有很多机会可以在另一个国家的某大学进行你的部分阶段学习，拓宽你的眼界，并增加你的国际教育经历。对于正迎接这些挑战的你们，这将是一生难遇的经历。

出国留学作为你学位的一部分，在欧洲和其他地方都有机会。在欧洲，这种安排的很大一部分是通过苏格拉底-伊拉斯谟计划①来组织的。这个计划有很多好处，将在下面详细讨论，这是本章的焦点所在。然而，许多一般性原则（显然不包括财务安排）也适用于其他类型的出国留学。对于地理系学生而言，整个计划的安排范围在各大学或学院之间是有差别的。所以你应当联系国际/欧洲办公室或地理系以获知全部细节。对于你们当中那些还在选择大学的人，开放日或选择性面谈提供了咨询可能性的理想场合。

苏格拉底-伊拉斯谟计划

苏格拉底计划由欧洲委员会教育和文化总局资助，始于 1995 年，现在处于第二阶段。它涵盖了从学校层次到成年和远程学习的所有教育领域。苏格拉底计划中的高等教育部分称为伊拉斯谟计划。首期伊拉斯谟计划开始于 20 世纪 80 年代，"伊拉斯谟学生"的称谓在整个欧洲都得到认可，不过有时也称为"苏格拉底"或"苏格拉底-伊拉斯谟"。伊拉斯谟资助诸如师生交换和课程开发之类的活动。

这个计划旨在将欧洲维度引入教育，从而改进教育的国际合作和质量。实际目标包括改善欧洲人的语言知识，促进整个教育的合作和交流。遍及欧洲的大约 2 000 所高等教育机构

---

① The SOCRATES-ERASMUS programme。SOCRATES 是 System for Organizing Content to Review and Teach Educational Subjects（教育科目评估与施教内容组织系统）的缩写；ERASMUS 是 European Community Action Scheme for the Mobility of University Students（欧洲共同体大学生交流行动计划）的缩写。——译者注

336 参与了苏格拉底-伊拉斯谟计划，其中约 200 所来自英国。这项计划已经扩展到包含 31 个国家（表 52.1）。

表 52.1　有资格参加苏格拉底-伊拉斯谟计划的国家

- 欧盟成员国：奥地利、比利时、丹麦、芬兰、法国、德国、希腊、爱尔兰、意大利、卢森堡、荷兰、葡萄牙、西班牙、瑞典、英国
- 欧洲自由贸易联盟/欧洲经济区国家（EFTA/EEA）：冰岛、列支敦士登、挪威
- 欧盟联系国：保加利亚、塞浦路斯、捷克共和国、爱沙尼亚、匈牙利、拉脱维亚、立陶宛、马耳他、波兰、罗马尼亚、斯洛伐克、斯洛文尼亚
- 土耳其将在 2003 年参与

　　合作大学签署协议之时就确定了苏格拉底-伊拉斯谟计划的学生交流。每所大学都有自己的"伙伴"大学，许多都选定在专门的院系或学科领域。这就意味着你并非可以完全自由地选择出国留学的大学。然而这也有一些好处：每个院系与选定的几所大学合作，因此可以与他们中的每一所建立良好的关系。这有助于确保高水平的个人培养。通常每年签署一次协议，因此每年的机会都有所不同。并非所有提供苏格拉底-伊拉斯谟计划的大学都有地理系，你应当与国际/欧洲办公室或苏格拉底计划的院系协调人核实最新信息。

对你有何好处？

　　参加苏格拉底-伊拉斯谟计划的好处有很多。

财务

- 不用给东道学校缴纳学费。
- 如果你在国外度过整个学年，则不用给原学校支付该年的学费。英国政府认识到苏格拉底-伊拉斯谟计划的好处，会支付你的费用。
- 大多数伊拉斯谟学生都能从欧洲委员会获得一笔适度的学生流动补助金，以帮助支付额外的出国留学费用。还可通过学生贷款公司获得补充性学生贷款；地方教育当局（Local Education Authorities，LEAs）也可能提供一些路途花费的帮助，联系你的 LEA 以获详情。

学术认可

• 国外留学期将被认可为你学位的一个重要部分。通过欧洲学分转移系统可将一些学生的学分转移到他们的原学校。并非所有大学都认可此项计划，有些学校在所有学科领域都不采用它，然而这并不影响对国外留学期的认可。

语言技能

• 工作和生活在说母语者的国家之中是提高你语言能力的最有效方式。

人生方面

• 在另一个国家学习和生活有助于提高你的生活技能和独立性，也是认识很多新朋友的一个好机会。

就业能力

• 欧洲各地的雇主都把"伊拉斯谟"标签看作重要的通行证。雇主们都很欣赏伊拉斯谟学生所表现出的主动性、独立性以及出色的语言能力。对地理学专业的学生来说还有一些特别的益处。例如，如果你想在工作中运用你学到的地理学，并希望有一份规划或城市与区域发展的工作，那么你的欧洲经历会使你更有吸引力，因为这些行业现在极大地受欧盟发展的影响。

地理方面

• 有可能安排一段与你的课程相关的海外实地考察。许多地理学生利用国外长期居住的机会，从事与他们正在研究的城市或区域有关的学位论文课题工作。

• 如果你有兴趣继续攻读硕士或博士学位，在你的东道机构可能有机会进行之，你将在其中处于有利地位。

在国外学习地理学

《英国指南》（*The UK Guide*）（UK SOCRATES-ERASMUS Council，2001）是申请上大学的学生及在校学生的极好资源。它详细介绍了该计划的好处，并有英国全部参与机构的条目。列出了可安排的学科领域和国家，包括 44 所提供地理学及相关学科交流的大学和学院。你在当地图书馆或就业办公室应当可以获取。

　　一年的出国留学最有趣的方面之一，就是有机会学习不同国家所教授和理解的地理学。诸如化学或工程那样的学科在全世界都大同小异，因为在这些领域有整合得很好的国际科学共同体，能够迅速传播新的思想和成果。在哲学和社会学中，主要大陆哲学家和社会学家的工作都是英国大学学位课程的既定要素。地理学就不同了。自然地理学的情况与其他自然科学类似，例如地貌学模块的内容，英国各所大学之间的差异与不同国家之间各大学的差异差不多。相比之下，人文地理学却划分为很多相对有区别的语言传统。英国大学里所教授的人文地理学几乎无一例外地凭借英语传统（参见 Johnston，1997）。尽管英语传统无疑是丰富和活跃的，但认定"以英语表达的人文地理学在某种程度上构成了该学科的'权威'版本"则是一个错误（Johnston *et al.*，2000：viii）。

　　欧洲地理学中的不同语言传统一直彼此相对孤立地发展着，各国家之间的主流思想学派、主要研究领域、主要方法途径，甚至在什么构成"地理学"上，都有显著的差别（要考察不同国家 1984 年以前的地理学发展，参见 Johnston and Claval，1984）。这些国别差异反映在本科生和研究生的课程上。例如，德国地理学有强烈的地貌学和历史聚落研究传统，且着重国外研究。虽然事情在变化，但教授们个人的传统优势及他们特定的研究兴趣还是形成了一定程度的惯性，所以德国的地理学并未经历多元化和新思想、新方法的戏剧性滥觞，而
338 这些自 20 世纪 70 年代以来却在英语国家的地理学中相当显著。相比之下，斯堪的纳维亚和荷兰的地理学与英国和美国的研究工作有相当多的交叠，但还是有不同之处，这尤其与这些国家的规划体系有密切的联系。与苏格拉底计划的其他方面一样，这里的关键是信息。要尽量多地了解不同东道大学所教授地理学的类型。要利用互联网和咨询曾在那儿学习过的人。如果你对希望研究的课题有强烈的偏好，那么要确保你所感兴趣的领域能够在那里得到满足。

　　不同国家的教学方法和风格也有显著的差异。比之英国，许多欧洲国家的学生进入大学较晚，学习期限也较长；学位课程非常灵活，有时可以重修各模块以获得高分，这就意味着学生（和他们的教师）不必像在英国那样总是纠缠于在一年内需要严格通过大量模块，并在规定的时间内完成学位。课堂讲授会比英国的多，师生之间的接触则比英国的少。考试制度也不一样。在有些国家，评估是基于课程作业，在其他国家则可能会有口试，如此等等。一年国外留学的成功关键同样是信息。尽量提前知道有什么要求，最好向已经历过这种制度的人咨询。

如何申请和准备

伊拉斯谟计划通常安排在你学位课程的第二或第三年进行，持续 3—12 个月。可能是某些学位计划的一个必需成分，在这种情况下，你在入校前就需要知道你的部分学习将在国外进行。对于其他一些课程计划，伊拉斯谟安排是选择性的，你可以在学位课程开始后申请。在这种情况下，你应当尽早向院系负责人登记你的意向。院系根据一系列标准选择交流学生，这些标准在各大学不相同，但通常都包括学术表现、语言能力和应对不同国家的能力。

准备工作至关重要，你必须提前开始。在你出发前的一年左右开始准备较为合适，因为这样你才有充足的时间选择东道学校，形成你的语言能力，处理申请表格，决定你要选修哪些课程，预定航班和安排住宿。对其中的大部分，你的院系都会提供帮助，但也要准备自力更生。

即使你的学位课程并不包括语言组分，也有诸多途径能使你做语言准备。许多大学都为非语言专业的学生提供语言模块，语言中心也会提供自助资料。许多大学会在学习期开始前为进入伊拉斯谟计划的学生提供密集的语言课程，有时还是免费的。欧洲委员会有时为通用范围较小的语言提供课程资助。如果这些都行不通，某些大学（最值得一提的是荷兰和斯堪的纳维亚国家的大学）提供英语课程，因此海外学习仍然可能是一种选择。但还是值得具备东道国家语言的一些知识，这有助于融入社会，并有助于你最好地使用图书馆和其他设施。要提前咨询各种可能性。

至此，我们希望已经使你确信，一段时期的国外留学会是改变人生的极好经历。本章通篇都在强调信息是出国留学成功的关键要素。由于篇幅有限，我们对可获得的机会只能提供一个概要，如果你很有兴趣，请联系我们已建议的那些人，并查询下面的出版物和网站。祝 339 你有一段好时光！

参考文献

Johnston，R. J. 1997：*Geography and Geographers：Anglo-American Geography Since 1945*. London：Arnold.

Johnston，R. J. and Claval，P.（eds.）1984：*Geography Since the Second World War：An International Survey*. London：Croom Helm.

Johnston，R. J.，Gregory，D.，Pratt，G. and Watts，M.（eds.）2000：*The Dictionary of Human Geography*，4th edition. Oxford：Blackwell.

UK SOCRATES-ERASMUS Council 2001：*The UK Guide for Students Entering Higher Education*. Camberley: ISCO Publications.

深入读物

- 《英国高校学生入学指南》(*The UK Guide for Students Entering Higher Education*) 可从 ISCO 出版社购买,地址: 12A Princess Way, Camberley, Surrey GUI 5 3SP (13.00 英镑),或到你所在地的图书馆或求职办公室获取。
- 《欧洲的选择:欧洲高等教育机会指南》(*The European Choice: A Guide to Opportunities for Higher Education in Europe*) 和《学生助学金及贷款:高等教育学生简明指南》(*Student Grants and Loans: A Brief Guide for Higher Education Students*) 可从 DfEE 出版中心免费获取,地址: PO Box 6927, London E3 3NZ。
- 《在欧盟旅行、学习、工作和生活》(*Travelling, Studying, Working and Living within the European Union*) 可从欧洲委员会出版部免费获取,地址: 8 Storey's Gate, London SW1T 3AT。
- 《欧洲共同体的高等教育:学生手册》(*Higher Education in the European Community: Student Handbook*),是 12 个国家的课程和学制指南,可从 HMSO 图书公司获取,地址: PO Box 276, London SW8 5DT。
- 《欧盟:概况与导引》(*The European Union: Whats it all About - Where to find out more?*) 可从欧洲议会办公室出版部免费获取,地址: 2 Queen Anne's Gate, London SW1T 3AT。
- 《教育:欧洲的机构与计划指南》(*Education: Guide to European Organizations and Programmes*),国家教育研究基金,地址: The Mere, Upton Park, Slough SL1 2DQ。
- 《欧元的挑战:大学生和研究生国际就业指南》(*EURO Challenge: International Career Guide for Students and Graduates*),地址: Joerg E Staufenbiel, Institut für Berufs- und Ausbildungsplanung Köln, GmbH, PO Box 10 35 43, D-50475 Köln, Germany。

网络资源

- 欧洲委员会网站—苏格拉底计划: http://europa. eu. int/comm/education/socrates. html。
- 苏格拉底计划技术支持办公室: http://www. socrates-youth. be。
- 英国苏格拉底-伊拉斯谟计划理事会: http://www. erasmus. ac. uk/。

53 如何获得海外旅行和研究的资助

大卫·J. 纳什（David J. Nash）

学生选择研修地理学的一个重要原因是他们想更好地了解自己周边的世界。一些幸运的大学生有作为实地考察一部分而访问异国他乡的机会，但对某些人来说这还不够，他们要独自出发去探索全球。这常常包括利用暑假去"旅行"，但是还可能包括构成本科项目或论文基础的海外研究。到海外做实地调查会极有收获，但可能花费不菲，而筹款很可能是你最头痛的一个问题。不过别让这个问题耽误你。有一些极好的出版物提供筹款建议，甚至还有更多的个人和机构准备给你资助（或实物支持）。确实，你可能会惊讶有如此多的机构提供资助，而他们通常很少要求回报，只要求道谢和报告你用他们的钱做了什么。

计划阶段

在你开始思考寻找资助之前，你就需要考虑三个关键问题：**时间**、你的项目**构想**和你的**预算**。为任何海外旅行筹集资金都涉及大量的思考、仔细研究、写信和填写表格，所有这些都很耗时。无论你是计划独自去还是作为一个小组的成员去旅行，你都需要至少9个月的时间去筹措足够的资助，如果涉及更大的预算则可能需要更多的时间。这意味着你在决定要去旅行后不久就需要开始计划筹资！这样做的原因是大多数的资助机构都限定了申请截止日期，通常是12月或者1月。所以，如果你计划在7月旅行，你需要在前一年的10月份之前就开始筹措资助。由此看来，如果一个本科生考虑在学位课程的第二或者第三学年参与国际交流，那么你需要在完成第一学年的学习之前就开始计划你的旅行。

下一步是考虑你的构想。在任何机构准备资助你之前，你需要说服他们你要做的事情是值得资助的，而且你有能力完成这次交流。有效地推销你自己非常重要，因为这将有助于你从申请者中脱颖而出。例如，你可以用一个漂亮的标识和项目名称创建你自己的信纸题头。如果你们是作为一个团队出行，你可以考虑加上你所在大学或教育机构的头衔，或者某赞助人或资助机构的名称。但是要记住，你需要获得在公开材料中使用这些名称或头衔的书面许可。一份看起来专业、包含你旅行信息的小册子或说明书总是必不可少的。它应该要言不烦，但必须包含以下信息：项目的一些背景，对你的宗旨和目标的陈述，一幅地图，你本人和团队其他成员的简介（详述你的相关经历），预算，与任何支持和东道国联系的详情（绝对必要，如果你准备的出行是考察，那么你应该尽力得到你的教育机构的支持），联系人姓名和地址。这份手册并不需要很奢华，一份设计得当、陈列清晰的纸质小册子要比某些光鲜靓丽但信息量很少的东西更有用。如果你的图片太过"奢华"，将会使你丧失潜在的资助者，他们很可能认为你已经不差钱。

在整理项目计划的同时，你还应该设计一个切合实际的预算作为筹资目标。这需要包括四个小标题下的详情：

- **出行前花费**：邮费、电话费、研究许可申请费、小册子制作费、实地调查装备及安全装备的费用、疫苗接种费、课程培训费、交通费、保险费。
- **实地花费**：食宿费用、旅行费用、车辆出租费、燃料费、货运费、报关费、翻译费。
- **行程后花费**：处理影像的费用、编写报告的花费、向资助人汇报的花费、邮费。
- **额外开支**："意外"支出按其他费用总和的10％估算。

确切的预算可能会因你吸引赞助或支持的类型而有所不同。因此，你在旅行开始之前应确定每一项花费的最大数和最小数，以给出一个对最低所需总资金的估计。表53.1提供了一份团队考察的预算示例，其中包括开销的变动及会影响最终花费的因素。除了编制预算，你还应该考虑你将如何安排你的财务。你需要记录详细的账目，如果你们是团队旅行，你需要任命一个财务主管来做这件事。建议建立一个单独的银行账户，将出行资金与你个人的资金分开，并尝试请你的银行经理从你的角度提供在国外提取现金的建议。

资助来源

一旦你明确了计划和预算，你就需要考虑筹款策略。寻求资助的方法有很多，但这里着重介绍一些更常规的方法。不要指望一个来源会提供给你全部的资助，在达到你的目标之前，你需要准备投入很多时间和精力（表53.2）。成功的关键之一就是要在图书馆花费时间，给慈善机构、公司和其他组织打电话，明确如何申请资助，这样你才可以找准最合适的机构。无论你是独自旅行还是团队出行，最有用的初始联系点是设在伦敦的皇家地理学会（及英国地理学家协会）的科考咨询中心（Expedition Advisory Centre，EAC）。EAC出版《科考计划者手册和名录》（*The Expedition Planner's Handbook and Directory*），还有一些定期更新的小册子，其名为《科考筹资及预算》（*Fund-raising and Budgeting for Expeditions*）和《为参加科考筹资》（*Fund-raising to Join an Expedition*）。也有一些对等的机构在北美（探险者俱乐部、南美探险者俱乐部）和澳大利亚（澳大利亚和新西兰科学考察协会）。

342

表 53.1　某大学赴某地科考的预算示例。这项科考是调查某地伐木的环境影响，
有五个学生参与，为时五周。正在寻求大学支付一些管理费用和财务保险

拟议开支	最大	最小	注记
出行前花费			
管理费用			
邮费/电话费	50	0	A
手册/书信打印费	50	0	A
研究许可申请费	50	0	—
装备费用			
实地考察	500	300	B
胶片	100	75	A、B
地图	50	25	A、B
医药	100	75	B
保险	250	0	A
机票（5）	3 500	2 500	C
实地花费			
住宿费	500	0	D
餐饮费（5 周×5 人×10 英镑/周）	1 250	1 250	—
车辆出租费/燃料费	1 000	300	D
行程后花费			
胶片处理费	200	150	A、B
报告编写费	150	75	A、B
邮费	50	0	A
小计	7 800	4 800	—
意外支出（小计费用的 10%）	780	480	—
个人负担	−4 000	−2 500	E
请求总计	4 580	2 780	

注：A. 如果科考获得学校认可，支出可减少或消除。
　　B. 如果寻求到当地的资助或优惠，支出可减少。
　　C. 如果购得打折机票，支出可减少。
　　D. 如果与当地大学建立起联系，住宿和当地交通租金的费用可减少。
　　E. 个人负担的份额以最大费用和最小费用小计的 50% 计，由团队五个成员平均分担。

国外考察的资助来源主要有四种。第一种是各种各样的**捐款组织和公益信托基金**，他们会资助科研，特别是具有广泛社会和环境重要性的研究。你需要做一些功课以确定最合适的资助来源。许多机构对于他们的资助对象有一些特殊的规定，某些只资助个人或者团队，某些不资助本科生，少数专门针对某年龄段和性别，某些只资助某些学科领域的工作或来自（或者前往）特定地区的申请。很多机构还要求在截止日期前申请，按特定的格式，需要有推荐人的支持陈述，还可能邀请你做一次面谈。根据你旅行的理由，值得尝试从某个关注该地区或相关学科的主要组织〔例如某国家的地理、生态或探险协会，或者如世界自然基金会（World Wide Fund for Nature）一类的国际组织〕获得资助和认可，这很可能引致提供类似支持的其他机构。有几个名录详细介绍了资助组织，包括：《国际基金会名录》（*The International Foundation Directory*，欧罗巴出版社）、《需要人士筹资指南》（*A Guide to Grants for Individuals in Need*）、《第三世界名录》（*The Third World Directory*）和《环境基金指南》（*The Environmental Grants Guide*）（后三者皆由社会变革名录出版），以及《信托基金名录》（*Directory of Grant Making Trusts*，慈善救济基金会出版）。最后一个名录特别有用，因为它按最有可能获得资助的地区和专题列出了相应的组织和慈善机构。

第二种主要资助来源是**商业和工业企业**。它们大多不会给予直接资助，但会提供一些实惠，譬如对装备或服务打折。这是获得支持的一个不太稳妥途径，但若有某些背景工作也可能会成功。不过要做好收到大量被拒信件的准备。在联系慈善机构的同时，你应该谨慎地瞄准一些商业企业，比较理想的是联系当地供应你旅行所需装备的公司或者与你拟访问国家有往来的公司里的一些指定个人。你可以从以下渠道获取合适公司的详情：《董事名录》（*Directory of Directors*，里德信息服务），《公司捐赠指南》（*Guide to Company Giving*，社会变革名录），各种国际商业杂志，本地的商会、大使馆商务参赞或者驻你东道国的特派使节。如果你递交一份说明册子，其中应该包括一份短信来陈述你是谁、你旅行的目的、谁可能受益、你希望筹措的资金数额、你希望从他们那里获得多少（或什么），更为重要的是，你能给什么回报。也值得联系一些其他机构，诸如当地服务机构、你曾经就读的学校和你现在所在的教育机构。后者可能特别有益，它们会出借装备或者提供低价（甚至免费）的旅行保险。许多大学都已建立了探险协会，也能给你提供建议。

另一种可能的资金来源是**公众和媒体**。例如，你可以通过组织一些诸如募捐游行的活动来筹集资金。如果你不畏惧当众露面，你可以考虑联系当地的报纸、杂志甚或电台，因为很多人都通过这样面对公众而获得了捐助。如果你来自一个小社区，这尤其起作用，你能够激发该社区对你旅行的兴趣。如果你的访问能引起媒体的兴趣，你可以出售你的故事和影像版权，但在此之前务必寻求法律建议。

表 53.2 申请资助时的注意事项

- 可获资金的渠道很多，但竞争的人也很多。
- 尽早申请以使你的机会最大化，保留所有文件的副本，严守申请截止日期，向每一个合适的来源申请。
- 如果对你申请某资金的资格有疑虑，就打电话咨询。
- 要有耐心，资助机构处理申请需要一些时间。
- 筹资很耗费时间，可能会使你的学习分心，因此要尽可能分散负担。

最后也是最重要的一种资金来源必然来自**你自己及其他团队成员**。你必须准备使旅程中的花费和正常生活的开销差不多，最好努力使自己承担的程度能覆盖总开销的一半。这似乎是一大笔开销，但向资助者表明你对你的旅行已竭尽全力，这是至关重要的。在计划旅行的早期，在获得其他资金之前，个人的财务承诺尤其重要。无论你是独自还是作为团队的一员出行，都要努力保证所有个人承担的资金尽早存入你项目的银行账户。记住，如果你筹集到足够的资助，这笔钱是可以偿还的，但它最终也可能就是你访问的主要资金来源。344

明确了最合适的资助来源，现在你必须做的就是大量寄出申请材料并等待。如果你足够充分地组织和承诺了你的旅行，你就很有希望成功地获得资助。但是如果你的筹款不够顺当以至于不得不放弃这次旅行，切记要将得到的任何资金退还给你的捐助者。当旅行结束时，不要忘记尽快对帮助过你的每一个人道声"谢谢"，你无法预料未来什么时候还会有别的本科生需要帮助。

一些有用的地址

本章提及的大多数出版物都可以从以下机构获得。其中很多是慈善机构，当你索取资料时应该寄去一封付完邮资、写好自己地址的信封。

- 澳大利亚和新西兰科学考察协会（Australian and New Zealand Scientific Exploration Society）：PO Box 174，Albert Park 3206，Victoria，Australia. http://home. vicnet. net. au/~anzses/。
- 慈善救助基金（Charities Aid Foundation）：King's Hill，West Mailing，Kent ME19 4TA，UK。
- 社会变革名录（Directory of Social Change）：24 Stephenson Way，London NW1 2DP，UK。
- 欧罗巴出版社（Europa Publications）：18 Bedford Square，London WC 1B 3JN，UK。
- 科考咨询中心（Expedition Advisory Centre）：RGS-IBG，1 Kensington Gore，London SW7 2AR，UK. http://www. rgs. org/。
- 探险者俱乐部（The Explorers Club）：46 East 70th Street，New York，NY 10021，USA. http://www. explorers. org/。
- 里德信息服务（Reed Information Services）：Windsor Court，East Grinstead House，East Grinstead，West Sussex RX19 1XA，UK。

· 南美探险者俱乐部（South American Explorers Club）：126 Indian Creek Road，Ithaca，NY 14850，USA. http://samexplo. org/。

深入读物

Nash，D. J. 2000a：Doing independent overseas fieldwork 1：practicalities and pitfalls. *Journal of Geography in Higher Education*，24，139-149.

Nash，D. J. 2000b：Doing independent overseas fieldwork 2：getting funding. *Journal of Geography in Higher Education*，24，437-445.

54　申请英国硕士课程

约翰·博德曼（John Boardman）

为何申请硕士课程?

　　至少有四个很好的理由说明你为什么会愿意申请硕士课程：

　　·**职业上**：一些课程导致就业市场的即时机会，这些课程通常包括很强的技能训练要素。例如那些强调地理信息系统的课程（如爱丁堡大学和莱切斯特大学的），或者直接指向市场某特定行业的课程（如雷丁大学的可再生能源与环境），环境咨询的生长刺激了教育领域的这一方面。

　　·**重新定位**：你可能感到之前的教育经历与你的志向并不相符，例如你学的是语言专业，却希望在环境保护行业工作。或者你可能希望更深入地研究尚未包含在第一学位中的某一特定领域，例如环境经济学。

　　·**再训练**：越来越多的申请人已在职，但希望再培训或获得新的技能。

　　·**准备攻读博士学位**：很多申请者将硕士课程看作博士研究的垫脚石。在英国，传统上这并不是一条受到偏爱的路径，但现在大学的院系和研究机构越来越鼓励这种称为"1＋3"① 的路径。硕士课程以及设定要提供的研究训练，被视为三年博士计划的理想前奏。当然，硕士课程也提供一个机会去判断攻读博士学位是否是个好主意！

　　对研修硕士课程还有一些不那么好的考量。最通常的考量就是你不能奢想再做任何其他事情。但是这种教育的时间也就一年，这种情况的发生频率并不高。实际的情况要好些，较受欢迎的硕士课程都被超额注册，动机不良的学生将不会得到录取（详下）。

---

　　① 　一年硕士课程，三年博士研究。——译者注

硕士课程的类型

在所提供的众多硕士课程中，最明显的区别存在于"课程作业型"（或"授课型"）硕士与"研究型"硕士之间。前者一般为一年，后者为两年。授课型硕士课程通常包括一篇学位论文或专题论文（约 15 000 词），因此两类硕士课程都包含某种研究要素。名称比较混淆：授课型硕士可能是文学硕士（MA）、理学硕士（M. Sc.）或者哲学硕士（M. Phil）。类似的，研究型硕士也有同样的称呼。各大学使用的名称也不同。最近发展出研究型硕士（M. Res.）来专指教授研究技能的学位。然而很多人会认为，这个问题可以在将硕士课程与学科关联的背景下得以更好地解决。

硕士学位课程类型之间的其他区别还有：

- 一些硕士学位课程涵盖广泛而通用，另一些则较为专一。
- 一些硕士学位课程较为理论，另一些则较具实践性和职业性。
- 全时制的、兼职的和采取远程学习途径的［例如开放大学（Open University）和威尔学院（Wye College）］，在海岸带管理中甚至还有一个新的虚拟理学硕士课程（阿尔斯特大学）。
- 模块化与非模块化硕士课程。

需要着重说明一下模块化课程。就像大多数本科学位课程一样，硕士课程在很大程度上"已经模块化"。课程计划包括一系列自成一体的单元（模块），它们都通过课程作业结合考试来考核。相比之下，某些硕士课程仍有最终考试，但是还要通过课程作业和学位论文来评估。模块化学位的优点在于它能提供更多的选择，更具灵活性。其缺点是它可能没有明确的主题或发展方向，由若干松散关联的课程组成。

收集信息：要注意什么

虽然你的第一学位可能是地理学，但你也应该去探索一些其他相关学科的课程。地理学交叠生物学、地球科学和社会科学，再加上一些跨学科技术（遥感、环境影响评价、地理信息系统等）。硕士课程还越来越认同对跨学科途径的需求。环境领域的扩展已催生了许多倾向于跨学科的硕士课程（例如剑桥大学的"环境与发展"）。你也应该记得英国有 100 多所大学，其中一些不太知名的大学已经发展了某些专门领域的特长，需要查看它们的网站。

可以从各个大学的书面材料和网站上获取硕士课程信息（见 http://www.scit.wlv.ac.uk/

ukinfo/)。如果信息不明确，你需要检视以下几点作进一步了解。

· 模块选择或选择权限的灵活性有多大？所有课程每年都开课吗？是否可选择某些特定模块或选修科目？

· 课程是模块化的吗？如何考核？课程作业、考试和论文之间占比如何？

· 课程时间多长？某些"一年"课程实际上是 8 个月，另一些则是整 12 个月。

· 该课程录取多少学生？他们都在一个大班上课吗？有多少小班教学？模块化课程会涉及来自几种硕士学位的学生一起上课。

· 与本科生一起上课吗？

资助

对英国硕士生的资助非常有限。研究理事会对某些硕士课程有一定的资助名额。该理事会发布可获得资金支持的课程清单。受资助的课程通常会向申请者通告。一些商业或慈善机构会为某些课程设立奖学金。某些公司会资助学生上硕士课程，而如果你已经是该公司的员工，这就更有可能。由于获得这些资助有困难，很多英国学生通过借贷或者自己攒钱和依靠 347 父母的帮助来完成硕士学业。硕士课程是要求严格而紧张的，学生若为了能负担起一门全日制课程而承担兼职工作，在求学之前必须非常谨慎地思量。

申请硕士课程的截止日期通常在春季，但是针对特定课程的需求则有很多变通。作为限制人数的一种手段，一些较受欢迎的课程有严格的截止日期。申请资助的截止日期是独立于课程截止日期的，可能早于或晚于硕士课程的申请。这些课程通常会保留一些公开的名额，直到学生收到提交给资助机构的申请的消息。推荐人提交报告可能需要非同寻常的时间，这成为一个特殊问题。申请硕士课程可能会由于推荐人的懈怠而受影响，不时温和地提醒或礼貌地询问是合情合理的。

什么构成一份好的申请?

尽管你可能是个好学生，你仍然需要整理出一份好的申请。什么构成一份好的申请呢？

· 清晰易读，准时提交。

· 直接指向所申请的课程，而不是显然为好几种课程设计的"包罗万象"申请。

· 附个人简历，即使并未要求，这是很有益的补充材料（参见波林·尼尔所撰关于如何写好个人简历的第 61 章）。

- 推荐人的报告要及时送达，推荐人应该具备良好的学术声誉，并应该具体评价你的能力。例如一份地方教会牧师的推荐信无论怎样支持你都不会很相宜，而与你所申请的硕士课程相关的雇主的推荐信则可能非常有用，无论你是他们的全职、兼职还是志愿人员。

- 足够的学历，并有大学成绩单的支持。

- 任何个人陈述都要写好，要表现出对该课程的热忱，并说明你为什么要申请。

令人惊讶的是，有相当多的申请或迟到或不完整。非常热门的硕士课程（例如牛津大学的环境变化与管理理学硕士，申请与录取比例是 9∶1）拒绝了很多申请，基本原因就是申请表太差或者不完整。

如果你真的很想研修一门特定的课程，而且你相信你很有资格，那么值得向课程主管人递送一份简历，并请求拜访并咨询该课程提供什么。你应该设法安排拜访主管人或者教师，如果可能，也会见那些正在参与课程的学生。主管人会对那些具有热情、相关学识和志向的学生留下深刻印象。在拜访之前要仔细阅读该课程的介绍材料，确保你有很好的问题要请教。这些建议同样适用于为正式面试做准备。

深入读物

- 英国地理学院系的研究生课程目录可见于 Craig, L. E. and J. Best（eds.）. 2000. *Directory of University Geography Courses 2001*. London：Royal Geographical Society。有关奖学金、助学金、研究基金和艺术、科学和专业领域其他奖项的信息，见 Hackwood, S. 2000. *The Grants Register 2001*. New York：Palgrave, St Martin's Press。

网络资源

- 所有英国大学和高等教育学院的名录可由以下地址获得：University of Wolverhampton Universities and HE Colleges, http://www.scit.wlv.ac.uk/ukinfo/。

55　澳大利亚的研究生学业

希拉里·P. M. 温切斯特（Hilary P. M. Winchester），

斯蒂芬·J. 盖尔（Stephen J. Gale）

　　澳大利亚是一块非凡的大陆，有独特的动植物群落、多样的地理环境和宽容随和的多元文化人口，其很多地貌和生物地理都是独特的。它拥有地球上最古老的自然景观，而其处南半球的位置为了解地球过去和未来的环境变化提供了无与伦比的机会。它有从亚高山山地到珊瑚礁、从炎热沙漠到热带雨林的自然环境。人类对这些环境的影响开始于 6 万年前或更早，那时第一批人到达这块大陆，而这种影响在过去 200 年里变得越来越戏剧性。澳大利亚的人口和聚落地理非常复杂，从广阔而人烟稀少的内陆偏远定居点到高度城市化的沿海城市（拥有全国 2 000 万居民的大部分和绝大多数近代移民）。澳大利亚的经济目前正经历着从初级生产到更全面融入全球网络的显著转变。同时，这个国家也日益将其面向转至亚洲。这种多样性为地理研究提供了非凡的机会。

澳大利亚的地理学院系

　　澳大利亚有 19 个主要的地理学院系（分布在 16 所大学）。此外，一些未设地理系的大学，在环境研究、社会科学或者应用科学的院系里也进行地理研究。每一个澳大利亚地理系都有独特的研究和教学强项，一些院系在特定领域比其他院系更强。表 55.1 显示了一些主要的研究领域。

澳大利亚的地理学学位

　　澳大利亚的地理学院系提供各种获得国际认可的研究生学位，从研究生证书、授课型文凭和硕士学位，到研究型硕士和博士学位（表 55.2）。

表 55.1 澳大利亚各大学地理系的主要研究领域

大学	人文地理学											自然地理学/环境科学						物理地理学/环境海洋科学					
	农业地理学	发展地理学	经济地理学/区域发展	性别与地理学	历史地理学	人口地理学/人口学	乡村地理学	社会和文化地理学	城市地理学	地理信息系统	规划	生物地理学	气候学	海岸带研究/管理	环境评价/管理	地貌学	风险研究	海洋学/海洋科学	植物/生态学	第四纪/全新世研究	土壤与地形研究	可持续发展	水资源/水文学
阿德莱德大学 (Adelaide)	√	√		√		√	√	√	√	√		√		√	√	√						√	√
澳大利亚国防学院 (Australian Defence Force Academy)	√	√			√			√						√	√			√	√				√
澳大利亚国立大学人文学院 (ANU-Humanities)			√							√					√	√			√			√	
澳大利亚国立大学太平洋和亚洲研究学院 (ANU-RSPAS)	√	√		√		√	√	√	√					√							√		
弗林德斯大学 (Flinders)		√	√		√	√		√		√		√		√	√			√					√
詹姆斯·库克大学 (James Cook)	√	√	√	√	√	√		√	√	√	√			√	√	√							
麦克里大学 (Macquarie)		√	√	√		√		√		√			√	√	√		√				√		√
墨尔本大学 (Melbourne)		√	√	√		√		√		√			√	√						√	√	√	√
莫纳什大学 (Monash)		√	√	√		√		√		√				√						√		√	√
纽卡斯尔大学 (Newcastle)		√	√	√	√			√	√	√	√			√	√							√	√
新英格兰大学 (New England)	√	√	√			√		√		√		√			√						√		
新南威尔士大学 (New South Wales)		√	√	√						√				√	√		√				√		
昆士兰大学 (Queensland)		√	√	√				√	√	√		√	√	√	√							√	√
悉尼大学 (Sydney)		√	√					√		√				√	√								√
塔斯马尼亚大学 (Tasmania)	√		√	√				√						√								√	
西澳大利亚大学 (Western Australia)		√	√			√		√		√				√	√					√	√	√	√
伍伦贡大学 (Wollongong)		√	√			√		√	√	√				√	√					√	√		√

在澳大利亚的大学攻读研究生的申请人应该具有较高的学术水准。例如若要攻读博士学位，必须拥有一流大学或者前列二流大学的荣誉学士学位或硕士学位。国际学生还需要提供 352 充分的英语能力的证明（通常是至少 6.5 分的雅思成绩）。

对于那些打算在澳大利亚大学攻读地理学研究生学位的学生，明智的第一步是联系工作人员并咨询研究生学习的机会。与工作人员和大学国际办公室保持长期联系和书信往来，对于获得资助和指导并确定一个适当且可实现的课题是必要的。重要的是，在拟议的开学日期之前尽早开始与院系及可能的导师进行讨论。澳大利亚各地理系的联系方式列在本章末尾的附录里。

研究生学位的费用

澳大利亚政府的政策要求所有的国际学生（即不是澳大利亚公民或永久居民的学生）都必须缴纳学费。虽然澳大利亚留学研究生的学习费用（需要支付学费、研究开支和生活开支）变得越来越高昂，但是与其他很多目的国家（如加拿大和美国）相比，澳大利亚还是有优势的。

国际学生在澳大利亚的费用很高，对于攻读地理学学位的研究生，每年的费用可从 12 000 澳元到超过 16 000 澳元。这种成本几乎使自费研究生望而却步，也就意味着大多数国际学生需要获得奖学金。

澳大利亚政府的留学生奖学金

澳大利亚发展奖学金

作为澳大利亚发展援助计划的一部分，澳大利亚国际发展署（AusAID）提供国际奖学金。澳大利亚发展奖学金只提供给参加该计划的国家和地区：孟加拉国、不丹、柬埔寨、中国、库克群岛、厄立特里亚、埃塞俄比亚、斐济、法属波利尼西亚、印度尼西亚、莱索托、肯尼亚、基里巴斯、老挝、马拉维、马尔代夫、马绍尔群岛、毛里求斯、密克罗尼西亚、蒙古、莫桑比克、纳米比亚、瑙鲁、尼泊尔、新喀里多尼亚、纽埃、巴基斯坦、菲律宾、巴布亚新几内亚、塞舌尔、所罗门群岛、南非、斯里兰卡、斯威士兰、坦桑尼亚、泰国、托克劳、汤加、图瓦卢、乌干达、瓦努阿图、越南、西萨摩亚、赞比亚、津巴布韦。

奖学金有两类：①**政府部门的**，②**开放/公平的**。在第一类中，由参与国政府提名候选人；在第二类中，申请者无需被提名，任何满足遴选标准的申请人都可以申请。可从澳大利亚驻申请人所在国的外交使团获得该计划的详情。

表 55.2 澳大利亚各大学地理院系的研究生学位

大学	哲学博士	硕士（研究型）	硕士（授课型）	毕业文凭
阿德莱德大学	哲学博士	人文硕士	GIS 应用和遥感人文硕士	GIS 应用和遥感文凭
			环境管理人文硕士	环境管理文凭
			环境研究人文硕士	环境研究文凭
			人口与人力资源人文硕士	人口与人力资源文凭
澳大利亚国防学院	哲学博士	人文硕士		
澳大利亚国立大学人文学院	哲学博士	地理科学人文硕士	地理科学人文硕士	地理科学文凭
		地理科学哲学硕士		
弗林德斯大学	哲学博士	人文硕士	环境管理硕士	环境管理文凭
			人口与人力资源硕士	
詹姆斯·库克大学	哲学博士	人文硕士	科学应用硕士	科学文凭
麦克里大学	哲学博士	人文硕士（荣誉）	GIS 硕士	GIS 文凭
		理学硕士（荣誉）		
莫纳什大学	哲学博士	人文硕士	环境科学硕士	公司环境管理文凭
		环境科学硕士		环境科学文凭
昆士兰大学	哲学博士	人文硕士	发展规划硕士	发展规划文凭
		经济学硕士	环境管理硕士	环境管理文凭
		哲学硕士	GIS 硕士	GIS 文凭
		区域与城镇规划硕士	房地产研究硕士	哲学文凭
		理学硕士	城市与区域规划硕士	房地产研究文凭
				城市与区域规划文凭

大学	哲学博士	硕士（研究型）	硕士（授课型）	毕业文凭
墨尔本大学	哲学博士	人文硕士 理学硕士	发展研究硕士 环境研究硕士	
纽卡斯尔大学	哲学博士	理学硕士	工商管理硕士 环境研究硕士	环境研究文凭
新英格兰大学	哲学博士	人文硕士 理学硕士 社会科学硕士	城市与区域规划硕士 环境研究硕士	城市与区域规划文凭
新南威尔士大学	哲学博士	理学硕士（地理学）	科学与技术硕士（GIS） 科学与技术硕士（遥感）	遥感文凭
悉尼大学	哲学博士	理学硕士		科学文凭
塔斯马尼亚大学	哲学博士	人文硕士 环境研究硕士 理学硕士 空间信息科学硕士	环境管理硕士	环境研究文凭
西澳大利亚大学	哲学博士	人文硕士 理学硕士	哲学硕士（城市研究）	科学文凭（GIS） 科学文凭（地理学）
伍伦贡大学	哲学博士	人文荣誉硕士 理学荣誉硕士	人文硕士 理学硕士	科学文凭

国际研究生研究奖学金（IPRS）

国际研究生奖学金（International Postgraduate Research Scholarships）使得顶尖的海外学生能在澳大利亚的大学通过研究获得更高学位，即指向博士或研究型硕士的学位课程。该奖学金覆盖两年（硕士项目）或三年（博士项目）的学费和健康保险。该奖学金不包括任何补助生活，但学生可能有资格从录取他们的大学那里申请额外的资助。这项奖学金对所有国家的学生（澳大利亚和新西兰的公民或者永久居民除外）开放。每年颁发大约 300 个奖学金。奖学金申请应直接提交给参与机构（登记员或奖学金负责人）。各机构负责决定为申请者分配奖学金的筛选过程。

澳大利亚各大学的留学生奖学金

每所澳大利亚的大学都对国际学生提供各种研究生奖学金，但主要针对博士学位和研究型硕士学位。包括以下几项。

研究生科研奖励

大多数澳大利亚大学都会为全职研究生的研究提供奖学金。这些奖学金是在竞争的基础上决定的，面向有资格的澳大利亚学生和留学生。这些奖学金的数额在各大学不同。很多大学也提供一些数量有限的奖学金以支付学费和额外补助生活。例如，某些大学为国际研究生研究奖学金（IPRS）获得者提供少量研究生科研奖金以补助生活开支。这项奖金的竞争是很激烈的。

国际奖学金

一些大学特别为杰出的国际学生（来自任何国家）提供奖学金来支持任何学科的研究生进行研究。此类奖学金覆盖全部学费及学位课程正常期限内的每年生活补助。可向各大学的教务员或奖学金办公室咨询详情。

研究生课程作业奖学金

一些大学为来自任何国家的杰出国际学生提供数量有限的奖学金，以支持他们进行任何学科的研究生课程作业项目。奖学金包括全部学费以及学位课程正常期限内每年的生活补助。可向各大学的教务员或奖学金办公室咨询详情。

可从教育、培训和青年事务部的奖学金主页（见后面的网络资源）上获取澳大利亚各大学奖学金机会的特别详情。

为留学生提供的其他奖学金

各种国际奖学金指南，例如《英联邦大学协会英联邦研究生奖学金指南》（*Association of Commonwealth Universities Scholarships Guide for Commonwealth Postgraduate Students*），列出了母国政府、扶轮国际（Rotary International）、世界银行、世界卫生组织、亚洲开发银行、联合国、福特基金会、洛克菲勒基金会、富布赖特基金会和其他组织提供的更多奖学金支持。可在澳大利亚外交使团、澳大利亚教育中心、国际发展计划澳大利亚教育办事处、主要图书馆和各种教育咨询机构查阅这些国际奖学金指南。

申请获准进入澳大利亚和澳大利亚的大学

在开始澳大利亚的研究生学习之前，必须满足两个完全独立的要求。第一，获得学生签证并满足移民与多元文化事务部的要求。第二，获得澳大利亚的大学入学资格。

可通过澳大利亚教育国际（Australian Education International，AEI）的网站获得录取要求的信息。AEI 网站上列出了获准的九个步骤。

可联系驻贵国的澳大利亚教育中心（Australian Education Centre，AEC）或者澳大利亚外交使团（Australian Diplomatic Mission，ADM），以咨询选项和提问。驻贵国的澳大利亚教育中心和外交使团的地址可在 AEI 的联系页面上查询到（见后面的网络资源）。

可从 AEC 或 ADM 获得你感兴趣的机构的申请表格。你也可以给你感兴趣的机构打电话、写信、发传真或电子邮件。

AEC、ADM 或那些机构本身都会给你提供需要填写的申请表格，并告知你需要备齐的证明文件。他们还将知会你是否需要参加英语水平考试。

除了完成申请表格外，通常还会要求你提供其他信息，包括你以前的学习经历、英语能力证明，以及将负责为你提供费用的个人或者机构的名称。

如果你的入学申请成功，那些机构会通知你，会给你寄送录取信。但是要注意，提供录取信与提供财务资助通常是不同的。

接下来你便要开始申请签证，其中包括体检。在你准备申请签证的过程中，AEC 或 ADM 会给你必要的建议和帮助。

澳大利亚移民和多元文化事务部的网站也提供与移居有关的一些信息，例如：

Fact Sheet 56——澳大利亚的海外学生；

Fact Sheet 981i——在海外申请学生签证；

Fact Sheet 982i——在澳大利亚申请学生签证；

Fact Sheet 990i——费用；

Fact Sheet 999i——澳大利亚访客的学习选项。

大致在此时（签发签证之前），你需要支付一笔强制性的医疗保险费（海外学生健康保险），用以负担你在澳大利亚停留期间可能需要的任何医药和就诊费用。作为申请签证的一部分，你还要到访 ADM 进行一次面试。

不久之后你就会得知你的签证申请是否成功。如果成功，你会获得"多次入境"签证，允许你在准许期间多次出入澳大利亚。准许期取决于你被接收的课程。

于是你就可以出发了。

在开始进行上述任何一步之前，重要的是你要联系澳大利亚的大学工作人员或院系，讨论资助机会、学习课程或研究课题及有关规定。打算在澳大利亚攻读研究生的学生都应在拟议的开始日期之前尽早着手这些讨论。澳大利亚各个大学地理系的联系方式列于附录里。

网络资源

· 教育、培训和青年事务部奖学金主页：http://www.detya.gov.au/highered/scholarships.htm#posta-wards。

· 澳大利亚教育国际（AEI）网站：http://aei.detya.gov.au/defauh.htm。

355 · 澳大利亚教育中心和外交使团的地址可从 AEI 的联系人页面获得：http://aei.detya.gov.au/general/contacts/internat.htm。

· 澳大利亚移民和多元文化事务部网站：http://www.immi.gov.au/students/index.html。

附录：澳大利亚各大学地理系的联系方式

地理系 | **联系方式**

Department of Geographical and Environmental Studies
Adelaide University
Adelaide SA 5005
AUSTRALIA

电话：61 8 8303 5643（地理学）/ 61 8 8303 4735（环境学）
传真：61 8 8303 3772（地理学）/ 61 8 8303 4383（环境学）
电子邮件：margaret.young@adelaide.edu.au
网站：http://www.arts.adelaide.edu,au/Geog-envst/

School of Geography and Oceanography
University College
Australian Defence Force Academy
Canberra ACT 2600
AUSTRALIA

电话：61 2 6268 8312
传真：61 2 6268 8313
电子邮件：secretary@ge. adfa. edu. au
网站：http://www. ge. adfa. edu. au

School of Resources，Environment and Society
The Australian National University
Canberra ACT 0200
AUSTRALIA

电话：61 2 6125 2579
传真：61 2 6125 0746
电子邮件：sres@anu. edu. au
网站：http://geography. anu. edu. au

Department of Human Geography
Division of Society and Environment
Research School of Pacific and Asian Studies
The Australian National University
Canberra ACT 0200
AUSTRALIA

电话：61 2 6125 2234
传真：61 2 6125 4896
电子邮件：hgeog@coombs. anu. edu. au
网站：http:/rspas. anu. edu. au/humgeog/department/

School of Geography，Population and Environmental Management
The Flinders University of South Australia
GPO Box 2100
Adelaide SA 5001
AUSTRALIA

电话：61 8 8201 2107
传真：61 8 8201 3521
电子邮件：geography@flinders. edu. au
网站：http://www. ssn. flinders. edu. au/geog/

School of Tropical Environment Studies and Geography
James Cook University of North Queensland
Townsville Qld 4811
AUSTRALIA

电话：61 7 47 81 4325
传真：61 7 47 81 4020
电子邮件：jonathan. luly@jcu. edu. au 或
steve. turton@jcu. edu. au
网站：http://www. tesag. jcu. edu. au/

Department of Human Geography　电话：61 2 9850 8382

Macquarie University　传真：61 2 9850 6052

Sydney NSW 2109　电子邮件：humgeog@els. mq. edu. au

AUSTRALIA　网站：http://www. es. mq. edu. au/humgeog/

Department of Physical Geography　电话：61 2 9850 8426

Macquarie University　传真：61 2 9850 8420

Sydney NSW 2109　电子邮件：kknowles@laurel. ocs. mq. edu. au

AUSTRALIA　网站：http://www. es. mq. edu. au/physgeog/

356 The School of Anthropology，Geography and Environ-　电话：61 3 8344 6339

mental Studies　传真：61 3 8344 4972

The University of Melbourne　电子邮件：geog-head@unimelb. edu. au

Melbourne Vic 3010　网站：http://www. geography. unimelb. edu. au/

AUSTRALIA

School of Geography and Environmental Science　电话：61 3 9905 2910

PO Box 11A　传真：61 3 9905 2948

Monash University　电子邮件：Bianca. Roggenbucke@ arts. monash.

Melbourne Vic 3800　edu. au

AUSTRALIA　网站：http://www. arts. monash. edu. au/ges/

School of Environmental and Life Sciences　电话：61 2 4921 5080

The University of Newcastle　传真：61 2 4921 5877

University Drive　电子邮件：margaret. lane@newcastle. edu. au

Newcastle NSW 2308　网 站：http://www. newcastle. edu. au/discipline/

AUSTRALIA　geography/index. html

School of Human and Environmental Studies　电话：61 2 6773 2696

The University of New England　传真：61 2 6773 3030

Armidale NSW 2351　电子邮件：geoplan@metz. une. edu. au 或

AUSTRALIA　　　　　　urb-reg-ptan@metz. une. edu. au

网站：http://www. une. edu. au/geoplan/

Faculty of the Built Environment

The University of New South Wales

Sydney NSW 2052

AUSTRALIA

电话：61 2 9385 4799

传真：61 2 9385 4507

电子邮件：FBE. Stu. Cen@unsw. edu. au

网站：http://www. fbe. unsw. edu. au/degrees/Geography

School of Biological，Earth and Environmental Sciences

The University of New South Wales

Sydney NSW 2052

AUSTRALIA

电话：61 2 9385 2067

传真：61 2 9385 1558

电子邮件：bios@unsw. edu. au

网站：http://www. bees. unsw. edu. au

Department of Geographical Sciences and Planning

The University of Queensland

Brisbane Qld 4072

AUSTRALIA

电话：61 7 3365 3752

传真：61 7 3365 6899

电子邮件：office@geosp. uq. edu. au

网站：http://www. geosp. uq. edu. au/

School of Geosciences

The University of Sydney

Sydney NSW 2006

AUSTRALIA

电话：61 2 9351 2805 或 61 2 9351 2886

传真：61 2 9351 3644

电子邮件：d. dragovich@geography. usyd. edu. au

网站：http://www. usyd. edu. au/su/geography/

School of Geography and Environmental Studies

University of Tasmania

GPO Box 252-78

Hobart Tas 7001

AUSTRALIA

电话：61 3 6226 2464

传真：61 3 6226 2989

电子邮件：Admin. Officer@geog. utas. edu. au

网站：http://www. scieng. utas. edu. au/geog/

Department of Geography

The University of Western Australia

Hackett Drive

Perth WA 6009

AUSTRALIA

电话：61 8 9380 2697

传真：61 8 9380 1054

电子邮件：secretatry@geog. uwa. edu. au

网站：http://www. geog. uwa. edu. au/

357　School of Geosciences

The University of Wollongong

Northfields Avenue

Wollongong NSW 2522

AUSTRALIA

电话：61 2 4221 3721

传真：61 2 4221 4250

电子邮件：ebryant@uow. edu. au

网站：http://www. uow. edu. au/science/geosciences/

56　加拿大的研究生学业

克里斯托弗·凯洛克（Christopher Keylock），马克·劳莱斯（Mark Lawless），
罗伯特·辛德勒（Robert Schindler）

在获得第一个学位之后，去另一个大陆或者国家会给人耳目一新的感觉，无论是在学术上还是文化上。加拿大由于其地理学院系的实力和语言文化背景，显然是一个适合许多说英语的地理学专业学生攻读硕士和博士学位的地方。如果你的兴趣在于加拿大独特或共同的地理领域，那么在那儿做进一步的研究可能具有极大意义。多年冻土地貌和原住民文化的历史地理便是加拿大可提供明显机会的两个例子。此外，加拿大具有各种各样的自然和文化环境，提供了很多的研究机遇。诸如阿萨巴斯卡河（Athabasca）、马更些河（Mackenzie）、皮斯河（Peace）的河流系统，按照世界标准都是非常重要的；而育空地区（the Yukon）则有20多座海拔4 000米以上的山脉。加拿大的城市尽管在规模上比不上伦敦和纽约，但也很庞大和多样。多伦多、蒙特利尔、温哥华和渥太华的人口都超过100万，卡尔加里和埃德蒙顿接近100万。所有这些城市的民族组成和历史发展都各不相同。2000年加拿大的国际学生约有101 000人，这表明加拿大的院校都很热衷于吸纳海外申请者。

加拿大的硕士项目

在加拿大，典型的硕士学位是两年制，之前要修四年模块化的文学学士或理学学士学位课程。硕士计划被纳入教育体系的程度大大超过英国的同等课程。在英国可以直接从本科毕业开始攻读博士，而在加拿大，硕士学位通常是攻读博士的先决条件。这意味着科研成分在加拿大的硕士课程中是非常重要的，第一学年的入门课程常常指向科研训练，而第二学年则可以进行一个研究项目。与之相比，英国的一年制硕士计划通常包括两个学期的课程，然后是一个为期三个月的研究项目。因此，如果你希望发展科研技能并尝试攻读博士，那么加拿大的硕士学位应该很有吸引力。而且在两年学习基础上的成功的硕士论文很可能具有可观的质量。考虑到许多博士研究生直到三年级才写他们的第一篇论文，而加拿大的硕士毕业时已有一两篇论文投递或正在出版中，如果你决定回到自己的祖国继续攻读博士，那将可能很有优势。

　　虽然很难一概而论，但加拿大的硕士课程一般会包括一年的授课，然后是一年的科研。其中的一些授课对所有攻读文学硕士和理学硕士的学生都是必修的（例如那些讨论科研选题和训练的课程），同时你可以在咨询你的论文导师后选择其他课程以促进你的研究项目。这些课程通常（但不一定）在地理学范围内，可以形成一个针对个人研究需求的方案，这在英国等地留学是很难做到的。

加拿大的博士项目

　　加拿大的博士计划与所有博士计划一样，最终目标都是产出一项原创性的研究成果。然而典型的博士计划在英国与加拿大之间存在某些值得注意的差异。首先，英国研究理事会要求的博士学制是三年，而典型的北美博士学制至少是四年。加拿大博士项目的前 18 个月通常包括正式课程，其目的是提供通用的和与专题相关的研究技能。如果你是在获得硕士学位的同一个院系继续攻读博士，那么很有可能可用你数量可观的硕士课程学分去充抵博士课程学分，从而缩短你攻读博士的时间。综合考试是加拿大博士制度的另一个附加组分。这些考试通常包括对一系列你已完成的，与特定研究兴趣相关的论文的口头答辩。论文通常要在大约 12 个月的学习后完成并答辩。另一个重要的区别在于加拿大博士论文的考核方式。英国博士答辩通常是闭门进行的，涉及外部和内部的评审人。而在加拿大，答辩通常是公开的，很可能任何人都可以出席并提问。评审团除了你的博士导师组和一名主席外，很可能还包括一名外部评审者和一名学校考官。这看来可能相当令人生畏，但它确实提供了一个很好的机会向广泛的听众展示你的工作。

资助

　　获取资助对所有高学位项目都是一个重要问题。要记住的关键事情就是及早开始考虑此事。对于去加拿大留学的英国学生，可获得一些奖学金，英联邦奖学金计划（Commonwealth Scholarship Programme）和加拿大纪念基金会奖学金（Canada Memorial Foundation Scholarships）的详情可以在英联邦大学协会（the Association of Commonwealth Universities）的网站（见"网络资源"）上检索。如果你未能成功获得这些主要的国际奖学金，仍然有一些其他的资助来源应该试试。加拿大的大学都非常愿意吸收海外学生，会有一些可以获取的内部奖学金在经济上帮助你。

然而，即使得不到这些奖学金，仍然有可能通过助教奖学金来使收支相抵。博士研究生和硕士研究生都可以参与协助教授施行某特定教学课程而获得这种奖学金。由于加拿大本科学制持续四年时间，你可能发现自己是所指导的班上最年轻的人，这是一种尴尬但能塑造你性格的经历！助教奖学金涉及个人与大学之间的一份正式合同，你会按每学期所提供的教学辅助学时得到报酬。这通常包括承诺每周 10—12 个小时的教学和作业批改，但重要的是要注意，每周最大小时数和每小时费率在不同院校是不同的。应该根据国际学生学费的成本来评估从你正考虑的院系的教学中可获得的收入数额，这在各学校之间可能有很大的差异。你会发现仅从这一来源就可能资助你自己。也值得注意学校在友善对待其所雇教学助理（teaching assistants，TAs）方面的声誉。最近，一所著名的加拿大大学已使其在这方面的名声相当败坏。参加学校的 TA 工会可以提供诸如牙科、眼科和医药处方计划之类的好处，这些都可以使你节省一些开支。

那么，为什么要来加拿大学习呢？理想情况下，你会在你第一学位学习期间发现一个希望进一步探求的地理学领域。如果你对某人的研究最感兴趣，而他在加拿大的某大学，那么你会发现有一些吸引你到加拿大某大学做进一步研究的最好的理由，这些理由纯粹基于学术标准。然而，更有可能的情况是你考虑要与很多不同的人一起工作，或许在不只一个领域。在这种情况下，浏览相关的网站将使你获得大量关于某人研究兴趣和论文发表的信息。此外，期刊《加拿大地理学家》（*Canadian Geographer*）刊载了很多加拿大地理学者撰写的论文，该刊可从加拿大很多大学和加拿大地理学家协会的网站（见下文）获取。其第 45 卷第 1 期（2001 年）是关于加拿大地理学的专刊，有许多知名作者撰写的综述文章。这可能有助于你发现你所感兴趣的地理学领域的当代研究性质。

实际事务：在加拿大生活

如果你移居到一个新的国家二到四年，你应该选择一个处于自己愿意生活的地区的学校。例如，滑雪爱好者会倾向于把他们的关注放在卡尔加里和温哥华，而那些优先考虑活跃夜生活的人可能会发现多伦多和蒙特利尔更迎合他们。那些喜欢人口较少城镇的较小学校的人会觉得位于安大略省金斯顿的女王大学（Queen's University），或在不列颠哥伦比亚省的维多利亚大学（University of Victoria），要比那些设在大城市的大学更为可取。康考迪亚大学、麦吉尔大学、西门菲沙大学、蒙特利尔大学、不列颠哥伦比亚大学、多伦多大学和约克大学，就全都位于蒙特利尔、多伦多或温哥华等大城市。

整个加拿大的气候条件差异极大，所以如果你想体验－30℃到30℃之间的年气温，那么就优先考虑安大略省、魁北克省，以及马尼托巴和萨斯喀彻温等草原省。另一方面，如果你更喜欢温和的气候，那么东部沿海省份和不列颠哥伦比亚省会更适合你。从许多国际机场都可直接到达加拿大的城市。例如，有直飞航班从伦敦到卡尔加里、埃德蒙顿、哈利法克斯、蒙特利尔、渥太华、多伦多和温哥华。夏季（你喜欢出行的时间）最便宜的航班通常是加拿大3000公司（Canada 3000）的包机航班；而如果你从欧洲起飞，在飞往东海岸的定期航班中，飞往哈利法克斯的冰岛航空（Icelandair）的航班通常是最便宜的。

除非你是加拿大公民，在你能留学加拿大之前必须确定已获得学生签证。此签证的期限仅为你学习的时间，而且你需要提供一份在认可的高等教育机构接受全日制学习的证明。其次，你需要提供你能够支付留学期间生活费和学费的证据。这通常要求一封院校确认授予补助、奖学金和（或）助教奖学金的信函，以及父母或监护人的担保，说明如果预算紧张，他们将负责资助你。学生签证给予你只在校园内打工的权利，不过随行配偶不受这种限制。签证申请通过加拿大高级专员公署才算完成，费用是125加元。如果获得你就读学校的支持信，就可以相对容易地延长你的签证。例如，如果你决定由攻读硕士转为攻读博士，这种情况就可能发生。申请延期的费用也是125加元，无论期限的变化如何。

加拿大移民局的网站（见下文）提供了移民程序的全面概述。签证申请的处理可能需要2—4个月，考虑到你初次申请可能有一些问题，或者在申请特别多的时候，加拿大移民局建议你应该预留6个月。申请者还须知，在特定的情况下会要求面签甚至医学检查，不过这种情况很少。

下面提供了一些含进一步信息的有用网站。搜索网络时要记得，并不是所有的地理学研究都是在地理学院系中进行的。因此，自然地理学专业的学生应该关注地球科学和地球物理学院系的网站，而人文地理学专业的学生会发现检索规划和社会学院系的网页是有收获的。

网络资源

- 加拿大的大学在线清单：http://uk. dir. yahoo. com/education/higher＿education/colleges＿and＿universities/by＿regionlcountries/Canada/。
- 英联邦国家大学：http://www. acu. ac. uk。
- 加拿大地理学家协会：http://venus. uwindsor. ca/cag/cagindex. html。
- 加拿大政府：http://www. canada. gc. ca/main＿e. html。
- 加拿大国家研究委员会：http://www. nre. ca/。
- 加拿大移民局官方网站：http://cicnet. ci. gc. ca。

57　香港的研究生学业

林初昇（George C. S. Lin）

香港：亚洲大门和东西方活力交汇处

在亚洲几个新兴的工业化经济体中，香港以其连结东西方的战略地位而卓尔不群。它最初在 19 世纪 40 年代被选为英国的殖民地，主要充当与中国进行鸦片贸易的转口港。然而，其后续发展却远远超出最初的预期，不仅仅因为它通往中国之大门的独特位置，也由于发现了适合国际海洋运输的维多利亚良港；由于 1949 年涌入的上海和广东资本与企业家；由于进入美国和欧洲市场的特许权；由于最低关税和低税收；由于一个以商业为导向的高效政府；由于资本的自由和易于流通，最后但也是重要的是由于法治。

今天，香港是亚太地区的一个国际商业中心，拥有 3 000 多个区域总部和办事处。一项基于跨国公司总部及其一级子公司的全球位置、对排名前 50 的城市的系统研究表明，香港在最重要的世界城市中位列第四，仅次于纽约、东京和伦敦（Godfrey and Zhou, 1999：276）。香港显然已成为亚洲首屈一指的世界城市。

香港的主权在 1997 年回归中国。在"一国两制"的政策安排下，允许香港享有特别自治权，成为一个特别行政区（Special Administrative Region, SAR），其中可保留英国统治下发展起来的制度。由于近年来全球性的竞争激烈，香港特区政府越来越清楚地认识到，香港超越其所在区域其他竞争对手（包括中国内地的上海，以及新加坡和其他若干亚洲经济体）的途径，不仅仅是维护和巩固香港在中国的特殊地位，而且要在过去 100 年来英国统治下发展起来的许多优势的基础上，进一步提升其作为亚洲世界城市的地位。其立法和司法制度得以保持，普通法继续适用，货币和金融政策仍然完全由香港特区政府控制。在 1998 年的亚洲金融危机期间，整个香港内部成功地捍卫了港币挂钩和金融市场。香港仍然是诸如亚太经济合作组织（APEC）、世界贸易组织（WTO）、世界海关组织（World Customs Organization，WCO）等国际组织的正式而积极的成员。香港在中国内地的投资依然被官方统计视为"外资"。英语仍然是教育、法律/官方文件和商业互动中最重要的交流方式。文化上，香港是一个宜居的世界性奇妙城市。充满生气，节奏快速，动力十足，对比鲜明，这座精致的大都市具有东方和西方、古代和超现代的精华，具有从艳丽中国风格到英国殖民地遗产的光谱。香港有很多新的经验等待我们去发现。

地理学：香港教学和科研的一门重要学科

地理学作为一门教学与科研学科，在香港教育体系中具有独特的地位。由于历史原因，香港采用了原先建立于英国的教育系统。地理是中小学教学的一门核心的课程，而且是大学入学的 A 级考试科目。每年约有 8 000 名高中学生学习地理，这为支持大学层面的地理学实质性教学和科研提供了一个坚实而广泛的基础。香港作为一个岛屿城市所具有的自然环境，以及它与外部世界的广泛互动，意味着它对关于当地视野之外的土地和人民的知识有很大的需求。在历史上，当大学教育被引进香港时，地理学就是最早讲授的科目之一。例如，香港大学早在 1915 年就开始讲授经济地理学。因而很多现在工作在香港一些关键位置的政府官员、商界领袖和专业人士，都是香港大学地理学专业的毕业生。

对那些感兴趣于亚洲或中国发展的国际学生而言，香港是研究生学习的绝佳选择地，这不仅是因为香港的图书馆庞大的藏书汇集了有关中国和东亚的中英文最新资料，也因为香港有很多机会进行实地调查，并与研究该区域的众多不同学科的学者交流互动。每周甚至每天都有大量在往返中国内地途中经过香港的知名国际学者举办的研讨会。以其悠久的传统和广受认可的学术地位，地理学的教学和科研一直贯穿在一些顶尖大学中，包括香港大学、香港中文大学和香港浸会大学，这些大学都提供地理学本科和研究生课程。

香港大学

香港大学（The University of Hong Kong，HKU）是香港第一所也是顶尖的高等教育机构。该大学创办于 1911 年，在 20 世纪 70 年代随着香港获得显著的国际地位而经历了非凡的发展。从初创时仅有的两所学院，香港大学现已几乎囊括所有教学与科研的主要领域，是香港特别行政区最好和最成熟的大学之一。现在该大学是一个拥有 9 个学院、100 多个系的重要研究机构，服务 17 000 余名全日制和非全日制学生，其中有 6 500 名研究生，包括来自全球超过 48 个国家的学生（数据来源香港大学网站，参见本章末的"网络资源"）。吸引国际学生到港大的，不仅是因为其作为世界级研究型大学的崇高国际声誉，也因为港大使用英语作为教学媒介。港大目前拥有超过 1 800 名教学和研究人员，他们来自英国、美国、加拿大、澳大利亚、新西兰及世界其他地区。他们在前沿研究和国际出版物中都有很高的出现率。港大有极好的设施、服务和装备来支持研究生学习。港大为高素质研究生提供研究生助学金、奖学金、研究补助金和参会补助金。港大的图书馆可能是香港特别行政区最好的，有超过 180 万本藏书、56 000 种期刊、13 000 张基于网络的光碟，还另有 15 000 本珍本书籍。图书馆还装备优异的信息技术设施，提供与海外众多数据库的在线链接。研究生之家（The Graduate House）和研究生宿舍（graduate student hotels）为研究生提供食宿、便利设施和各种研究生活动的地点。研究生可以得到学生服务、医疗服务和使用体育休闲设施。港大近年来一直在努力创建一个数字化校园，鼓励教师和学生更广泛地利用信息技术，并从高效的电子信息交换中获益。

香港大学的地理系自 1954 年建立以来一直开设广泛的系统课程和区域课程，使学生在该学科内的各种专业领域内发展，并获得被雇主高度重视的实践技能和解决问题的能力。迄今为止，地理系已培养出 2 000 名以上的地理学文学学士，授予 27 个高学位哲学博士，16 个文学硕士和 44 个哲学硕士。这些毕业生很多已成为各自专业的知名学者，或在香港公务员系统及其他行业的重要职位工作。目前，地理系提供基于研究的哲学硕士和哲学博士学位项目，以及两个研究生课程项目，包括一个一年全日制的中国区域研究文学硕士项目与一个两年非全日制的交通政策和规划文学硕士项目。一系列室内实验室设施、设备及其他支持，包括地貌、土壤和生物地理学、GIS 和 GIS 研究等实验室，以及杰出的地图馆，为高质量的教学和研究提供了支撑。地理学教员由国际公认的学者组成，他们都积极地参与政策指向的应用和学术研究。一个特别的关注区域是中国（包括中国香港、澳门和台湾地区）和亚太地区。三个专业领域——城市与交通、中国与太平洋沿岸、环境与资源——在该系占主导，并成为该系研究中的先锋。其他研究领域包括地理信息系统、计算机制图、空间分析和数量方法。

录取和经济资助

哲学硕士项目录取的基本资格是具有公认大学的优良荣誉学位，或可比机构的同等资格。有意申请博士项目的申请人通常须持有硕士学位（最好是地理学）。入学申请应该至少在预期注册日前的三个月递交，以便有时间处理申请。申请者应该附加一份研究设想，指明一个研究领域，并清楚地说明他们感兴趣的领域的具体方面，解释他们所设想的研究主题要采取的具体方法。强烈建议申请者在递交申请之前联络该系的相关工作人员，咨询所设想的研究。关于教师们最近研究的详细信息可在港大的网站上查阅。申请表格和招生简章可以从研究生院的网页上下载，而有关国际学生后勤的其他信息可以从学生事务办公室获得（地址见本章末）。

国际学生可申请研究生助学金（Postgraduate studentships，PGS），PGS 旨在资助选出的在该大学攻读研究生学位的全日制学生，资助期限为规定的学习时期：哲学硕士为两年，哲学博士为三到四年。每项 PGS 都要接受年度审查。该奖励不征收所得税。PGS 的获得者需要签署一份不接受任何有报酬就业的保证，违反这个要求会导致学业中断。助学金的金额由学校每年不定期决定。PGS 目前有四个津贴等级，每月从 13 500 港元到 15 600 港元不等。更多的信息和助学金申请表可从学术服务咨询处（Academic Services Enquiry Section）获得。

香港中文大学

香港中文大学（The Chinese University of Hong Kong，CUHK）成立于 1963 年 10 月，是三所大专院校联合的结果：它们是崇基学院（Chung Chi College，创建于 1951 年）、新亚书院（New Asia College，创建于 1949 年）和香港联合书院（the United College of Hong Kong，创建于 1956 年）。第四个学院逸夫学院（Shaw College）于 1988 年开始运作。该大学采取双语和二元文化作为其教学基础，对中文和英文、东方文化和西方文化给予同等重视。大多数教职员都掌握双语（中文和英文），并且都曾经在世界上的重要大学学习和（或）任教。该大学具有国际化的视野，与国外许多大学、基金会和组织有着密切的联系。

香港中文大学极其重视研究生教育。1965 年教育学院成立时首次实施研究生计划，一年后接着成立研究生院开始科研训练和研究生培养。到 2000 年已对 8 804 名毕业生授予高等学位。该大学目前拥有 10 个研究机构、49 个系、4 000 名教职员工（其中超过 1 500 名是学术与科研人员）。该大学提供 8 个研究生文凭项目、107 个硕士项目和 50 个博士项目。2000—2001 学年注册学生的总数为 14 219 人，其中 9 287 人为本科生，4 932 人为研究生（见本章末的香港中文大学网站）。该大学的图书馆拥有 150 万本藏书和众多中英文期刊。图书馆的大学服务中心拥有或许是世界上最好的中国资料馆藏，并总是吸引着世界范围的汉学者到那里进行文献研究。此外，该图书馆还提供对视听材料、微缩胶片以及超过 7 000 种基于网络的电子期刊和数百种数据库的访问。大多数电子资源都联网，可以通过互联网访问。

香港中文大学的地理系是亚洲顶尖的地理系之一。大学提供广泛的本科课程，有一个大型研究生院，并保持一种活跃的研究形象。地理系和研究生院的地理分部都属该大学最早建立的单位。现在地理学是该大学社会科学院的 9 个学科之一。本科课程的组织围绕三个核心领域：自然与环境研究、城市与发展研究、地理学技术。地理系提供哲学硕士和哲学博士计划。

录取和经济资助

申请人在写信给研究生院请求申请表时应清楚说明他们希望申请的项目。申请表应填写一式两份，并与要求的支撑文件一起送交研究生院。每份申请必须包括以下几项：

- 两份报考人学历记录的正式成绩单（不退还），由原大学或学院而不是申请者直接寄到研究生院；
- 两份申请表上署名的推荐人的推荐信，由推荐人而不是申请者直接寄到研究生院。
- 两份学历/职业证书、执照或文凭等。
- 申请费收据（不退还，博士项目 320 港元，硕士和文凭项目 180 港元）。海外申请者应以港元银行汇票或支票支付，收款人必须填写为香港中文大学。

除了研究生院录取要求的一般资格外，哲学硕士项目的报考人需要接受过地理学或其他相关学科的本科基本教育。哲学硕士课程需要在两学年完成。每个哲学硕士研究生必须完成 10 个单元的课程学业，论文（14 个单元）除外。寻求博士项目录取的报考人必须满足香港中文大学的一般录取要求。他们还应该获得公认院校的地理学或相关学科硕士学位，并需要提供他们研究能力的证明（形式是有影响力的学术参考文献或科研出版物）。还要求他们随其他申请材料提交一个研究计划，清楚地说明他们感兴趣的具体研究领域。他们可与关乎其拟议研究领域的研究生部门主管讨论相关事宜（联系人：冯东教授；电子邮箱：tungfung@cuhk. edu. hk）。博士项目有明确的研究指向，但视需要可能还要求博士候选人承担一些额外的课程或其他指导任务。项目必须在三到七学年（全日制）或者四到八年（非全日制）完成。获得博士候选人资格的前提条件是通过综合考试，博士生必须在获得博士候选人资格后六个月内提交论文计划。

可以从研究生院秘书处和地理与资源管理系（地址见本章末）获得申请表，也可以通过互联网申请。申请者在给研究生院秘书处寄送其支撑文件的打印件时应引用为他们的申请所生成的申请号。鼓励申请者使用在线申请程序以节省时间和邮资。

国际学生可以申请研究生助学金，这是提供给注册为研究型学位项目的全日制研究生的一种经济资助形式。这类助学金的获得者不能成为大学的雇员。在大多数研究生部门都可能可以申请该助学金。通常，学生在收到录取通知的同时会知晓 PGS 奖励情况，这样他们就无须单独申请获得该奖励了。在 2000—2001 学年，研究生助学金每个月的资助额是 13 615 港元。获得 PGS 奖励的学生要求协助他们所属院系的教学和科研工作。他们的工作任务由系主任指派。PGS 的获得者可以放弃，大学也可以通过提前一个月通知或用一个月的支付来终止该助学金。如果助学金获得者的表现被认为不令人满意，大学也会暂停或终止该奖励。不过在收到暂停或终止通知后的两周内，他（她）可以向研究生院院长提出审查的申诉。在获得 PGS 奖励的同时，学生不可以从事其他全职或兼职的雇用或就业，除非有大学的允许。PGS 获得者被要求遵守该大学关于科研、咨询和知识产权的政策。可以从学生事务办公室获取申请表。

香港浸会大学

香港浸会大学（Hong Kong Baptist University，HKBU）在 1956 年创建时是一所私立的、由浸礼会教派资助的机构，在 1983 年成为一所公立学校（受政府资助）。浸会大学有（香港）第三大地理系，有指向哲学硕士和哲学博士学位的研究生项目。近几十年来，浸会大学作为一个卓越的基督教学术机构，确立了其在香港高等教育界的地位，决心为其学生提供健全的全面教育，同时满足其所服务之社会的需要和期望。开拓性和基础广泛的互动计划，体现教学和科研之间谨慎平衡的卓越学术，国际视野和对质量保证的承诺，已成为该大学的标志。

该大学有 6 600 名本科生（其中 4 000 名为全日制学生），600 名授课型研究生和 200 名研究型研究生，学生总数 7 400 名。另有 3 700 名学生正在大学学习与一些海外伙伴大学（来自澳大利亚、英国和美国）联合开设的课程，其本科或研究生学位由各伙伴大学授予。大部分教师（超过 77%）有国际知名大学授予的博士学位。大多数（78%）教职员都从事获资助的研究（目前经费达 1 亿 6 000 万港元），每年发表的论文数和教师数之比为 5∶1（见本章末所列香港浸会大学网站）。

该大学非常重视国际学术交流，并欢迎海外研究生。它已经与中国内地、中国台湾，以及泰国、菲律宾、澳大利亚、欧洲大陆、英国、加拿大和美国的 100 多所大学签署了学生和工作人员交流以及合作研究的协议，其中一些包括实习或留学计划。目前有 125 名访问学生在香港浸会大学学习。全日制研究型研究生在学校学习期间通常会获得助学金。杰出的学生还能获得学校设置的各种奖学金和奖金。该大学每年接待 100 多名访问研究学者。浸会大学的图书馆使用综合在线图书馆系统，并收藏了 645 000 册图书、4 000 份订阅期刊，以及 145 000 份以上的微缩胶片、视听材料、多媒体材料。特别的收藏包括当代中国研究收藏、欧洲文献中心和中国基督教史档案。为了支持大学的教学和科研活动，该学校还提供一系列通过网络连接的电子信息资源和服务。

香港浸会大学地理系是（香港）三个提供研究生计划的地理系之一。该系有 10 名具有多种学术背景的教员。他们都从美国、英国、加拿大、澳大利亚和荷兰的知名大学获得高等学位。该系提供一系列实验室设施和装备来支持高质量的教学和科研活动。

该地理系目前提供人文地理学和自然地理学以及 GIS 的哲学硕士和哲学博士项目。学生可以从事各种地理学分支领域的研究。大多数教员都积极参与研究，关注他们感兴趣的特定领域，特别是以中国香港和中国内地为研究区域。他们的成果经常发表在国际公认的期刊上。研究设施包括一个最近更新的可进行土壤、沉积物和地球化学分析的自然地理实验室，一个配备显微镜和计算机设备的环境地理实验室，一个 GIS 实验室，一个具有大型颗粒、地层和芯柱测试设备的自然地理实验室，一个配备最先进计算设施的人文地理学研究实验室，以及一个包括地图、剪报和其他用于研究的资料的地理学资源中心。

寻求硕士学位项目录取的申请人应具有公认大学或对等机构的荣誉学士学位或同等资格，如有必要，还必须在资格考试中使考官满意。通常，只有一等和二等荣誉毕业生才被视为符合招生标准。具有三等荣誉学位的毕业生，若有一段时间的相关工作经历并在资格考试中有令人满意的成绩，也将被考虑。申请应提交到科研和研究生部（Research and Postgraduate Studies Section，地址见本章末）。

表 57.1　2001—2002 学年国际研究生的学费和助学金（港元/年）

项目类型	学费	助学金
香港大学		
哲学硕士和哲学博士（全日制）	42 150	162 000—187 200
中国区域研究文学硕士（全日制）	42 150	
交通政策与规划文学硕士（兼职）	55 000	
香港中文大学		
哲学硕士和哲学博士（全日制）	42 150	163 380
哲学硕士（兼职）	28 066	
哲学博士（兼职）	31 575	
香港浸会大学		
哲学硕士和哲学博士（全日制）	42 150	162 000

注：1 英镑＝11.5 港元；1 美元＝7.8 港元。

签证/入境

所有国际学生都必须获得在香港学习的学生签证。已被录取的国际申请人应该向其所在地政府或者直接写信给香港入境事务处（Hong Kong Immigration Department，地址见本章末）咨询入境签证的要求。香港入境事务处会给被全日制大学课程录取的申请人颁发学生签证。应至少提前两个月向中国大使馆提出申请。申请者必须提名一位担保人，担保人须为香港居民，在 21 岁以上，并认识申请者本人。提名香港担保人有困难的申请者可以向接受其申请的大学的学生事务办公室寻求帮助。

参考文献

Godfrey, B. J. and Zhou, Y. 1999: Ranking world cities: multinational corporations and the global urban hierarchy. *Urban Geography*, 20, 268-281.

网络资源

- 香港入境事务处，地址：香港湾仔告士打道 7 号，网址：http://www.info.gov.hk/immdl。
    在香港大学学习
- 香港大学网站：http://geog.hku.hk。
- 关于港大研究生学习的一般信息可以从研究生院获得。地址：香港大学研究生院 P403 室；电话：(852) 2857 3470；传真：(852) 2857 3543；电子信箱：gradsch@hkucc.hku.hk；网址：http://www.hku.hk/gradsch。
- 学生事务办公室，地址：明华综合楼 401 室（Room 401 Meng Wah Complex）；电话：(852) 2859 2305；传真：(852) 2546 0184；电子信箱：osa@www.hku.hk；网址：http://www.hku.hk/osa。
- 学术服务咨询部，地址：香港大学薄扶林道诺尔斯楼 UG05 室（Room UG05, Knowles Building, Pokfulam Road）。电话：(852) 2859 2433；传真：(852) 2540 1405；网址：http://www.hku.hk/rss/pp99。
- 关于地理系的一般信息：http://geog.hku.hk。
- 港大地理学研究生学习：http://geog.hku.hk/postgrad。
- 研究型哲学硕士和哲学博士项目：http://geog.hku.hk/postgrad/researchdegrees.htm。
- 中国区域研究文学硕士：http://geog.hku.hk/postgrad/machas。
- 交通政策与规划文学硕士：http://geog.hku.hk/postgracl/matpp。
    在香港中文大学学习
- 香港中文大学网站：http://www.cuhk.edu.hk。
- 香港中文大学研究生学习的一般信息：http://www.cuhk.edu.hk/grs。
- 研究生院秘书处，地址：香港新界沙田，香港中文大学 SuiLoong Pao 楼 303 室；电话：(852) 2609 8977；传真：(852) 2603 5779。
- 地理与资源管理系，地址：香港新界沙田，香港中文大学 Wong Foo Yuan 楼 218 室；电话：(852) 2609

6532；传真：(852) 2603 5006。

- 香港中文大学地理学研究生学习：http://www. grm. cuhk. edu. hk/。
- 网上申请研究生学习：http://grsntb. grs. cuhk. edu. hk/grs/admission. htm
- 学生事务办公室，地址：香港新界沙田，香港中文大学本杰明富兰克林中心一层；电话：(852) 2609 7216；电子邮箱：osa@cuhk. edu. hk；网址：http://www. cuhk. edu. hk/osa。

在香港浸会大学学习

370

- 香港浸会大学网站和关于研究生申请机会的一般信息：http:// www. hkbu. edu. hk。
- 为国际学生的信息和支持：http://www. hkbu. edu. hk/—studaff/main。
- 香港浸会大学地理学研究生学习：http://geog. hkbu. edu. hk。
- 科研与研究生部，地址：香港九龙九龙塘，香港浸会大学学术登记处；电话：(852) 2339 7941；传真：(852) 2339 5133；电子邮箱：postgrad@hkbu. edu. hk。

58 新西兰的研究生学业

沃德罗·弗瑞森（Wardlow Friesen）

为何选择新西兰?

在接受高等教育的可能性方面，新西兰有时看起来似乎与世界其他地区相距甚远，但也值得考虑。新西兰的人口不足 400 万，而它有农产品生产国的声誉，它的服务业部门也很发达，包括具有国际声誉的高等教育部门。然而，很多人到新西兰访问或学习的首要原因都与其自然环境有关。新西兰著名的自然特征包括南阿尔卑斯山、活火山、冰川、有间歇泉和冒泥泡的地热区、温带雨林、海滩和山峦起伏的乡村。对自然地理学者而言，往往通过实地考察附近的特征来证实过程和理论，而自然和环境研究的主题是很丰富的。在新西兰，流行的户外运动有游泳、帆船航行、乘皮划艇、地上或地下漂流、登山、远足、滑雪等。

新西兰的社会环境同样有趣。很多人将它看作一个社会进步的国家，它是第一个给予妇女投票权的国家，在 20 世纪 30 年代就引入了公房制度，已形成了一套广泛的福利系统。某种程度上，自 1984 年后几届政府当选以来一直发生着这种变化，他们促进了经济的重建和贸易及投资的自由化，使得新西兰成为世界上经济规制最少的国家之一。这些改革的社会结果，例如某些人收入减少、公共卫生服务减少，往往成为人文地理学研究的主题。

新西兰有一部（不成文的）二元文化宪法，它基于 1840 年土著毛利人与英国皇室签署的《怀唐伊条约》（Treaty of Waitangi）。近年来新西兰一直在纠正过去基于这项条约的不公平现象。人口的文化多元化也在增强。过去几十年来自太平洋岛屿的人口迁移使得奥克兰成为了世界上最大的波利尼西亚人的聚居城市。自 20 世纪 90 年代以来，也有大量其他民族的移民，特别是来自亚洲的移民。一些较大城市现在都有多元文化的环境，正如商店、餐馆、节日和居民所体现的。

新西兰还是前往其他（炎热和寒冷）地区的一个潜在中转地。从奥克兰有直达大多数南太平洋国家的航班，若得到某些资助，就可能写出研究太平洋课题的论文。温度带的另一端是南极洲，克莱斯特彻奇（Christchurch）是美国和新西兰南极研究站的基地。许多新西兰 372 地理学者一直在南极洲进行项目研究，偶尔有机会让研究生参与这些项目。

要了解正在进行的自然地理和人文地理研究，可留意《新西兰地理学家》（*New Zealand Geographer*）近年的文章。社会、经济和文化的论题在勒赫伦等人（Le Heron *et al.*，1999）以及勒赫伦和波森（Le Heron and Pawson，1996）那里有突出体现。

新西兰的大学和学位

新西兰有八所大学，其中某些有不止一个的校园，包括已更名为科技大学的那所。这些大学除林肯大学（Lincoln University，在克莱斯特彻奇）和奥克兰科技大学（Auckland University of Technology）外都有地理系，不过林肯大学有很多属于地理学主题的项目。最大的地理系在奥克兰大学(University of Auckland)，每年有 75 名左右的研究生。坎特伯雷大学（Canterbury University）通常每年有约 50 名地理学研究生，而梅西（Massey）、奥塔哥（Otago）、维多利亚（Victoria）、怀卡托（Waikato）等大学的研究生数量稍少，但仍相当可观。

新西兰各大学有多种研究生学位。在三年的本科学业之后可以选择一年的文学（荣誉）学士或理学（荣誉）学士，这通常要求完成一些考试和一份短篇学位论文。学校也提供文科或理科研究生文凭，但这在国际上可能不会承认为学位。最常见的地理学研究生学位是文学硕士或理学硕士，虽然在某些大学变通为社会科学硕士和哲学硕士。这些学位通常都包含一年的课程考试和一年的学位论文。

博士的录取要求有成绩优良（通常至少为 B 或 B+）的硕士学位或高分的荣誉学士学位。与北美系统不同，新西兰的博士一般不要求任何课程考试或先修课程。博士论文要求至少两年的全时工作，但通常要用三到四年，这取决于其他任务（以及努力工作的程度）。六个地理系都有活跃的博士项目，每个系都有 10 多名在读博士，较大的地理系的这个数字有时接近两倍。

录取、费用和资助

研究生课程的录取颇具竞争性，但从英国的大学获得 B 等或以上（等同于中上）成绩的学士学位一般都可获准。每所大学都有国际办公室，可提供学生签证、最低要求、可能的生活安排等方面的详细信息。学生签证需要证明某人已被大学录取，证明他（她）有支付生活费用的手段且必须每年更新。对于要用两年以上完成的学位，还会施加一些其他要求。此外还需要被一个地理系接收，如果你符合一般入学条件，这通常不成问题。但对于博士生，系里一般还要求提供一个初步的论文研究计划。

可能要求来自非英语背景的学生提供英语能力的证明，比如雅思考试成绩。

海外留学生的费用在 2001 年是每年 13 000 新元到 28 000 新元不等，取决于具体课程和大学。文学学位比理学学位费用低。不过大部分都低于 20 000 新元（约 6 050 英镑）。虽然看起来很高，但新元的相对低值意味着这些费用一般都低于澳大利亚、美国和加拿大的同等学位。

373

在硕士层级，针对国际学生的奖学金资助较少，虽然某些大学会为国际学生预留有限的奖学金名额。所以你要查看列于本章末的网站。博士项目有较多的奖学金名额，但竞争非常激烈。另一种可能是英联邦奖学金，它既资助学费也资助生活费。在多数地理系内会有一些有报酬的助教机会，优先考虑给研究生。

学习和研究的论题

新西兰的各地理系都专长于该学科内的不同主题，因此，如果你有想钻研的具体方向，你应该查询每个地理系中教员的专长领域。大多数院系都注重环境问题，大多数院系也都发展 GIS 研究。奥克兰大学的自然地理学者探索广泛的主题，专长包括海岸带研究、水文学和地貌学，而人文地理学者的专长包括经济地理和文化地理。该地理系的环境研究和 GIS 实力也很强。坎特伯雷大学在自然地理学方面特别强势的是气候学、海岸带研究和冰川学，而历史和文化专长是其更广泛人文地理学的一部分。梅西大学结合相关计划，以发展研究、文化地理学和生物地理学而闻名。奥塔哥大学的重点倾向于气候学和生物地理学，以及发展地理学、城市地理学和政治地理学。维多利亚大学密切关注发展研究，其专长包括亚洲研究、城市研究、水文学和地貌学。怀卡托大学有唯一不包括自然地理学的地理系，不过那里有单独的地球科学系。该大学因其聚焦毛利人研究、女权主义地理和人口研究而知名。尽管对各大学地理系的专长有这些一般性陈述，但每一个地理系都是极其多样化的，很多研究方向和主题都尚未提及。此外，由于教员休假、任命新教员或获得特定项目研究资助，课程和研究方向每年都有变化。因此，应该查询这些系的网站以获得近来发展的最新信息。

在新西兰生活

所有的大学都有学生宿舍，通常在距校园的步行范围之内。刚入学的时候最好住在这里，以方便结识人并熟悉一个新的城市。之后，你可以选择和朋友合租，通常会有一些房租较低的地段，即使不能总是步行，也在可乘公交到达校园的范围内。各大学的国际办公室都可以帮助安排住宿和其他事情，其网址列在本章末。

关于在新西兰生活的另一信息来源是新西兰移民局（New Zealand Immigration Service），其网站不仅会告诉你如何申请学生签证，而且会给你一些关于生活条件的详情。关于大学所在城市地方信息的更多来源是市政局网站，也列在本章末。当然，还有新西兰政府部门、旅行社等的许多其他网站，对于你熟悉新西兰生活的方方面面都很有用。

深入读物

374

Le Heron，R. and Pawson E. 1996：*Changing Places：New Zealand in the Nineties*. London：Longman Paul.

Le Heron，R. *et al*. 1999：*Explorations in Human Geography：Encountering Place*. Oxford：Oxford University Press.

网络资源

地理系

大学网站一贯采用这种格式：http：//www. 大学名 . ac. nz。

- 奥克兰大学：http：//www. geog. auckland. ac. nz。
- 坎特伯雷大学（克莱斯特彻奇）：http：// www. geog. canterbury. ac. nz。
- 梅西大学（北帕默斯顿）：http：//www. massey. ac. nz/—wwwglobal/geog. html。
- 奥塔哥大学（达尼丁）：http：//www. otago. ac. nz/geography。
- 惠灵顿维多利亚大学：http：//www. vuw. ac. nz/home/undergraduate/subjects/geog. html。
- 怀卡托大学（汉密尔顿）：http：//www. waikato. ac. nz/wfass/subjects/geography。

在新西兰生活

- 新西兰移民局：http：//www. immigration. govt. nz。
- 新西兰旅游局：http：//www. purenz. com。
- 奥克兰市政局：http：//www. akcity. govt. nz。
- 克莱斯特彻奇市政局：http：//www. ccc. govt. nz。
- 北帕默斯顿市政局：http：// www. pncc. govt. nz。
- 达尼丁市政局：http：//www. cityofdunedin. com。
- 惠灵顿市政局：http：//www. wcc. govt. nz。

- 汉密尔顿市政局：http://www.hcc.govt.nz。
  各大学国际办公室电子邮箱地址
- 奥克兰大学：international@auckland.ac.nz。
- 坎特伯雷大学：international@regy.canterbury.ac.nz。
- 梅西大学：international.student.office@massey.ac.nz。
- 奥塔哥大学：international@otago.ac.nz/geography。
- 惠灵顿维多利亚大学：international-students@vuw.ac.nz。
- 怀卡托大学：international@waikato.ac.nz。

59　新加坡的研究生学业

杨淑爱（Brenda S. A. Yeoh），特丽莎·王（Theresa Wong）

为何选择新加坡？

　　新加坡是一个城市国家，有 402 万人口，其中 19％是外国人，326 万为国民和永久居民。大比例的非国民由低技能的外国劳工和日益增加的高技能外国专业人士构成，显示出政府对外国"人才"的热忱，这将在全球竞争中给这个国家带来创造性和充满活力的优势。因此，新加坡两所最大的大学在过去的几年里一直努力为本国和外国学生提供研究生学习的奖学金。

　　然而，除了国家对外国学生的欢迎态度外，在新加坡学习还有很多好处。这个国家与该地区及其他地区的联系促进了现有的协同增效作用，在这方面新加坡是独一无二的。对热衷于专门研究或更多地了解东南亚或更广的亚洲-太平洋地区的学生来说，新加坡的地理邻近优势使其成为一个从知识意义和空间意义上都十分理想的区域。卓越的基础设施又加强了它在该区域中的地位。樟宜机场（Changi airport）为其所服务的 63 家航空公司的乘客顺畅流动因而赢得了无数赞誉。新加坡是亚洲-太平洋地区的主要航空枢纽，此外还经 50 个城市与 149 个国家相联，每周有 3 200 次定期航班（Singapore Infomap, 2001）。在 2001 年，这个城市国家被重要的美国期刊《外交政策》（*Foreign Policy*）评为世界上最"全球化"的国家，依据是"其高贸易水平、繁忙的国际电话流和持续的国际旅客"（*The Straits Times*, 2001 年 1 月 10 日）。

　　源于亚洲与西方文化交融的协同作用在新加坡格外明显。新加坡常被奉为"多元文化"社会。新加坡早期移民——印度人、马来人、华人和欧洲人——的文化和财富已经交融了几个世纪，其结果是形成了一系列和谐且独具新加坡特色的表达方式，例如饮食和语言。新加坡在独立初期与发达国家同步现代化的努力也使这个国家高度融入了国际商业、通信和技术共同体。不断参与全球-地方的协同作用造就了新加坡工作和生活的一种活力环境。

　　大学体制是社会需求和目标的一种反映。新加坡政府致力于提高教育水平，2000 年将
376 21％的国家预算分配给教育就是明证（Contact Singapore，2000：16）。新加坡目前有三所
大学——新加坡国立大学（National University of Singapore，NUS）、南洋理工大学（Nan-
yang Technological University，NTU）和新加坡管理大学（Singapore Management Univer-
sity，SMU），并筹划在未来几年创建第四所大学①。人文社会科学是新加坡国立大学最强的
学科，提供结合"英式教育体系之严谨与美式教育体系之灵活"的"宽基础"课程
（Contact Singapore，2000：9）。NUS 的图书馆也许是该区域最好的图书馆，拥有超过
943 351册书籍和 39 680 份期刊，同时还能在线访问覆盖广泛学科范围的 500 多个海外数据
库（NUS Library，2001）。

开拓研究视野

　　该国有两个系将地理学作为大学科目，这两个系都为研究生提供攻读该学科的研究机
会。南洋理工大学的国立教育学院（The National Institute of Education，NIE）在其人文与
社会研究部提供地理学文学硕士和哲学博士的机会。虽然该学院基本上是新加坡的一个教师
培养中心，但也提供文学和自然科学方面的研究生项目。其地理学的主要研究重点是：地理
学与环境教育、城市问题、自然资源与环境、经济发展、GIS 和遥感应用。更多的信息可在
其研究生网站（见本章末"网络资源"）上获取。

　　新加坡国立大学的地理系设于文学与社会科学学院（Faculty of the Arts and Social Sci-
ences）内。该系拥有 20 多名教职员，专长于人文地理学和自然地理学的不同方面，包括当
地人和来自亚洲、欧洲、北美和澳大利亚的研究人员。常年招收 10—20 名研究型硕士或哲
学博士项目的研究生。该系的研究聚焦以下四个领域：① 文化和遗产景观与旅游；② 全球
化及相关经济和社会文化影响；③ 热带环境变化；④ 空间数据处理。除了这些核心领域
外，该系教职员也从事很多其他领域的研究，包括人口研究、与亚洲有关的政治地理、服务
地理学、性别地理学以及城市与区域规划。该系配有 GIS、航空摄影和地球科学实验室，以
及地图资源中心。所有研究生也都可以使用学校的电脑网络和相关资源。该系的研究高度活
跃，不仅在该地区而且在国际上其显赫的声誉都在迅速增强。其教职员经常被邀请为国际会
议的主旨演讲人，在著名期刊的咨询委员会任职，或作为国际组织、新加坡政府和其他东盟
国家的顾问。研究生也有机会攻读从全球化和旅游业到环境管理问题等广泛主题的很多学习

---

　　①　新加坡第四所公立大学——新跃大学（SIM University）已于 2006 年 1 月开始招生。——译者注

模块。

除了追求地理学研究生学业，希望专攻亚洲某一地区或区域间比较研究的地理学学生还可能对几个多学科的系和项目感兴趣。它们中的大多数都提供研究型的文学硕士和哲学博士项目。来自英国的地理学学生可能对 NUS 的以下项目感兴趣：东南亚研究、南亚研究、日本研究、中国研究和马来研究。关于这些项目的指向和目标、研究重点、课程和联系信息的最新详情，可以从本章末所列的相应网站获取。该系还发起一些特别的跨学科主题研究动议，例如亚洲-太平洋旅游。为鼓励进行这些领域的研究，已设置了一些研究奖学金（见下文）。研究这些领域的海外大学生还可申请短期实地调查资助。已取得博士学位的人还可以在文学与社会科学院各系所提供的博士后奖学金中发现 NUS 的其他研究机会。

硕士课程项目机会

NUS 有一些文学硕士课程项目的机会，虽然目前其中没有地理学的。但是，受过地理学训练又热衷于追寻更多特别路线的地理学学生也许对文学与社会科学院提供的如下某个项目感兴趣：

- 文学硕士（东南亚研究）
- 社会科学硕士（国际研究）
- 公共政策硕士
- 公共管理硕士（与哈佛大学合作）

以上基于课程项目学位的录取，一般要求具备良好学位（相当于二等偏上荣誉学位[①]）和（或）有至少两年相关领域的工作经验。欲了解这些项目的更多信息，申请人可查询文学与社会科学院的研究生网站。

设计与环境学院（School of Design and the Environment，SDE）提供两个课程项目，旨在通过宽基础和多学科的途径研究环境管理和城市设计。理学硕士（环境管理）覆盖与环境法律、规划、经济、技术、商业、评估和管理相关的课题。这个项目同样需要良好学位和相关的工作经验。文学硕士（城市设计）有一个全日制的密集课程，旨在以"更加复杂和包容的条件"研究城市（School of Design and the Environment，2001）。

---

① 英国的大学学位分为五等：一等荣誉学位、二等偏上荣誉学位、二等偏下荣誉学位、三等荣誉学位和普通学位。申请攻读研究生一般至少需要二等偏上荣誉学位，2005—2006 年英国有 45％的大学毕业生被授予该等级学位。参见维基百科（http://en. wikipedia. org/）。——译者注

录取与资助机会

　　研究项目与课程项目的录取颇具竞争性，一般要求具有公认大学的良好学士学位。NUS 和 NTU 的教学用语是英语，所以除了基本的学位以外，母语或本科教学语言非英语的研究项目申请者还必须提交托福或雅思成绩作为其英语熟练程度的证明。课程项目一般要求良好学位，有丰富的相关工作经验更好。攻读上述项目的国际学生的费用归纳如表 59.1。

　　科研型研究项目可获得奖学金，在 NUS 是每月 1 200—1 400 新加坡元，在 NTU 为每月 1 300—1 500 新加坡元。在 NUS，做研究的学生或可以通过在其所属院系的教学和辅导工作来增补其津贴。来自八国集团国家（G8 nations，包括英国）的学生可申请研究奖学金增补计划，该计划在通常的研究奖学金津贴之外，还为硕士生提供最高每月 500 新加坡元、博士生每月 900 新加坡元的额外资助。奖学金往往比正常学位项目的录取更有竞争性。各大学的研究生学业网站都是此类信息的有用来源。

表 59.1　NUS 和 NTU 不同类型项目的国际学生费用 *

项目类型	每年费用（新加坡元）	每年费用（英镑[a]）
NUS 文学与社会科学院[b]		
课程项目（全日制）	4 350	1 667
课程项目（非全日制）	1 980	759
研究项目（全日制和非全日制）	3 150	1 207
NUS 设计与环境学院（环境管理文学硕士）		
全日制	4 350	1 667
非全日制	2 180	835
NUS 设计与环境学院（城市设计文学硕士）		
研究与教学	3 960	1 517
NTU 国际教育中心（地理学文学硕士）		
全日制和非全日制	3 100	1 188

　＊随后几年的费用每年增长 10%，还有其他可能的变化。

　a. 按 2001 年 5 月 8 日的汇率，1 英镑＝2.61 新加坡元。

　b. 来源：《文学与社会科学院手册》（FASS Brochure）。

在新加坡生活

寻找更多有关新加坡生活和获得入境手续相关信息的一个很好起点，是经由"联系新加坡"（Contact Singapore），这是新加坡政府建立的一个机构，旨在帮助新加坡人在出国时保持与国内的联系，也帮助外国人来新加坡生活和工作。对于后者，"联系新加坡"提供一系列服务以促进在新加坡生活的平稳过渡。这包括一个信息包，含有一般的和务实性的建议，以及包括提供生活花费估计、咨询服务、在线就业匹配服务和短期工作项目等最新信息的网站。"联系新加坡"在伦敦设有一个办事处（地址见后）。

关于住宿、移民、健康、财务问题以及对在新加坡生活的观察的其他信息，有一些有用的来源，可查询 NUS 国际学生服务处（International Student Services）、学生事务办公室（the Office of Student Affairs）和新加坡移民登记署（Singapore Immigration and Registration, SIR）的网站。例如，研究生可以通过学生事务办公室申请住房，费用大约为：两人合租房每人每月 260—300 新加坡元，单间每月 400 新加坡元。开放租赁市场上的住宿提供了另一种选择，但花费较多，小型公寓是 800—1 000 新加坡元。关于诸如新加坡的资源、经济、政府和人民的更多一般话题，"新加坡信息地图"（Singapore Infomap）网站提供了很有用的介绍。

参考文献

Contact Singapore 2000：*Discover a Future Beyond the Horizon*. Singapore：Contact Singapore.

Ministry of Information and the Arts 2000：*Country Profile Singapore 2000*：*Transport and Communications* [online]，http：//www. sg/flavour/profile/Fransport/aviation. htm♯Airport/ 。

Ministry of Information and the Arts 2001：Singapore Infomap：The Official National Website and Internet Gateway to Singapore [online]，http：//www. sg。

NUS Library 2001：About Us：http：//www. lib. nus. edu. sg/about/about. html。

School of Design and the Environment 2001：Master of Arts (Urban Design)：http：//www. sde. nus. edu. sg/DRGS/higherdegree/bycoursework/MA (UD) -appln%20info %202001-2002. htm.

网络资源

在 NUS 学习

- 关于研究生学习机会的一般信息：http：//www. nus. edu/nushome/faculties _ index. html。
- 文学与社会科学院（FASS）研究生机会：http：//www. fas. nus. edu. sg/graduate. htm。
- FASS 的博士后奖学金：http：// www. fas. nus. edu. sg/info. PDF。
- 地理系：http：//www. fas. nus. edu. sg/geog。

- 东南亚研究：http://www. fas. nus. edu. sg/sea/Frame（Postgrad）. htm。
- 南亚研究：http://www. fas. nus. edu. sg/sas/program. htm♯postgrad。
- 日本研究：http://www. fas. nus. edu. sg/jap/MA_PhD_Programmes. htm。
- 马来研究：http://www. fas. nus. edu. sg/malay/wpostgrd. htm。
- 理学硕士（环境管理）：http://www. sde. nus. edu. sg/MEM/。
- 文学硕士（城市设计）：http://www. sde. nus. edu. sg/DRGS/。

在 NIE 学习

- 研究生机会：http://www. nie. edu. sg/nieweb/Main/Graduat99/default. html。
- NIE 的地理学：http://www. soa. ntu. edu. sg/geo/index. htm。

在新加坡生活

- 联系新加坡：http://www. contactsingapore. org. sg。
- 联系新加坡伦敦办事处，地址：Charles House, Lower Ground Floor, 5 Regent Street, London SW1Y 4LR, UK；电话：＋44（0）20 7321 5600；传真：＋44（0）20 7321 5601；电子邮箱：london @cs. org. sg。
- NUS 国际学生服务：http://www. nus. edu. sg/ NUSinfo/iguide/。
- NUS 学生事务办公室：http://www. nus. edu. sg/ NUSinfo/osa。
- 新加坡信息地图：http://www. sg。

60　美国的研究生学业

迈克尔·C. 斯莱特瑞（Michael C. Slattery）

到美国来

在轻喜剧《到美国来》（*Coming to America*）中，喜剧演员艾迪·墨菲扮演放纵的非洲王子阿基姆，他反抗包办婚姻，要到美国寻找一位新娘。他的父王（詹姆斯·厄尔·琼斯饰演）同意给他 40 天的时间游历美国，并派遣王子忠实的仆人森米（阿塞尼奥·霍尔饰演）一路陪伴以确保其不出意外。好啊！现在你发现自己正在步阿基姆的后尘：你也在考虑到美国来，虽然是要追求地理学研究生学位而非为了找寻一位配偶。这看起来会是个很不恰当的类比，但我在这里是想指出：登陆美国并颠沛流离地寻找完美伴侣，与跌跌撞撞寻求理想的研究生项目一样，机会都是遥远的（当然，在电影中阿基姆是找到了理想的新娘，但那只是在好莱坞，不是吗?）。在美国攻读研究生学业的决定，以及对学校和学位项目的选择，都需要慎重考虑。你在研究生学业上将花费的时间、金钱和精力都是相当可观的，务必仔细思量你的选择。在开始填写申请表前，你应该评估自己的兴趣和目标，并准确地了解哪些项目可以申请。我希望这简短的一章能给你一些有用的信息以帮助你起步。

首先，你需要自问到底为什么要追求一个研究生学位。我猜想你可能沿着两条线索之一在思考：要么你打算在通往博士的道路上先取得硕士学位，或取得某个必须历经高等教育的专业领域（例如空间数据管理或 GIS）硕士；要么你只是想拓展你的知识和发展你的批判性思维。两种情况都是正确道路！但是你为什么非要在美国攻读研究生学业呢？事实上，许多人决定在一个学校获得其本科学位，然后选择不同的大学或稍有不同的研究项目攻读研究生。我申请工作和主持招生委员会的经验都告诉我，那些拥有广泛背景和经历过不同教育系统的候选人，往往能进入面试。这可能只是感觉，但是我们的确发现在不同学校学习过的候选人更具吸引力，尤其是如果他们在国际一流大学学习过。如果你打算在美国任教，这点特别重要。在美国，大学学位的构成与其他很多国家很不相同，如果你自己通过了硕士或博士

381 项目，你一定会适应得更快。但更重要的是，这些项目的结构肯定会迫使你选修你自己狭隘兴趣和专业以外的课程。这有助于构建知识的广度，而且我相信，这也为课程准备提供了一个开端。

　　我的第一个建议是，要十分认真地研究那些项目。在选择项目时你也可以应当利用许多的信息源。最好的起步方式是查询美国地理学家联合会（AAG）的《2001 年美国和加拿大地理学项目指南》（*2001 Guide to Programs in Geography in the United States and Canada*，ISBN 0-89291-253-7，对 AAG 会员售价 25 美元，对非会员售价 50 美元；在 AAG 网站订购）①。这本书告诉你感兴趣的那些领域里都有什么项目，每一个项目都给出了关于学位、研究设施、教员、财务援助资源、学费和其他花费、申请要求等的信息。一定要与你大学的指导老师和教授谈谈你感兴趣的领域，就最好的项目征求他们的建议。除了充分了解自己，这些教员还很可能正好有同事在你所考虑的院校，他们能给你关于个别项目以及他们在候选人中寻找到的录取者的背景类型的内部信息。至少你要知道顶尖的人都是谁，他们在哪里，这在很多方面是有好处的。一个研究生部门的声誉在很大程度上取决于其教员的声誉，师从一位著名的学者，在很多方面比在一个声名显赫的学院或大学学习更为重要！再者，给研究生的资助往往与某个特定的研究项目挂钩，因而与指导该项目的教员挂钩。作为研究生候选人，你必须挑选一名导师和一名或多名（通常是三名）其他教师组成一个指导和检查你工作的班子。这个选择往往必须在第一学期做出，所以在你开始学习之前就要尽可能多地了解教师，这真的很重要。你需要了解的其他更为一般的重要问题有：

- 注册该项目的都是哪一类学生？
- 他们的学术能力、成绩和技能如何？
- 多少人完成了该项目？平均的完成时间是多少？
- 该项目有什么资源？
- 该项目有什么类型的财务支持？这里应稍作深究，譬如，有没有小额资金支持学生做研究、参会、出差等？
- 图书馆的设施如何？
- 可用什么样的实验室和计算设施？
- 学生和教员之间互动的性质如何？例如是友善的还是很刻板的？有没有实地考察？该系是否有像年度宴会那样的社交聚会？是否有活跃的地理学学生俱乐部？

　　最后一点似乎无关紧要，但我曾目睹许多学生因为一个系的内部政治或者简直就因为那

---

　　① AAG 每年都会出这本书的更新版本。——译者注

个地方很沉闷而离开一个项目。研究生的学业不仅仅是课程和论文，正如我们指出的，学生的生活真是很重要的。

现在来看看申请过程。我的建议是尽早开始，至少在预期入学日的前一年。每个项目都设置了申请的截止日期，许多项目用 12 月 31 日作为下一个秋季录取的隔断日，但是对截止日期还有一些外部限制，例如国家奖学金或研究生入学考试。记住，你必须：

- 研究清楚项目及院系；
- 调查资助情况；
- 拿到推荐信；
- 参加所要求的研究生入学考试；
- 如果需要，写一份申请，等等。

382

一个屡试不爽的好主意是，给系主任写一封信简要介绍你所受的训练、经历和研究兴趣。他（她）很可能会让你直接联系一个或多个最适合你既定领域的教师。千万不要寄一封预先打印好，只是某人（系主任）的名字用手写，或者抬头是"致有关人士"的信。填写这种信一般只要 30 秒钟！

许多项目要求你取得所谓的 GRE（Graduate Record of Examinations，研究生考试成绩）。你很可能必须参加由语言（verbal，V）、计量（quantitative，Q）和分析（analytical，A）三部分组成的通用考试（以及可能的专业考试，这取决于学习的项目）。好消息是所有这些考试都可以在网上进行，坏消息是要花费 130 美元。更多的信息可登录网站并进入"GRE At A Glance"中寻找，包括免费的考试准备软件。

录取委员会还需要官方成绩单以评估你为研究生学习所做的学术准备。他们将详细审查你所修课程的严谨性、所修课程的数量和你本科学校的声誉。然而你的申请材料中最为重要的是你的推荐信。大多数院系都要求有三封推荐信，它们在评估过程中占有重要的权重。对此，我建议不要忽视非学术方面的推荐意见。最好有一封出自认识你 10 年之久而不是才 3 个月的某人的推荐信。但是如果你已修习了某教授的几门课程，或是已在本科项目或论文中接受过某教授的指导，那么一定要请此人给你写封推荐信。你请的人至少要能够评判你的学术能力，并能够将你在你的同伴或他（她）多年来所教的其他学生中加以排序。写推荐信的人最好能给你高度评价，而且了解你生活的多个方面。建议请求一封直接寄到学校研究生招生办公室的保密推荐信，这总是可取的。最重要的是，尽早邀请以便给教师足够的时间写一份深思熟虑的推荐。你要知道有多少事情都会被埋没在我们的办公桌上！

许多大学都要求一篇申请短文或作文。写这样一份个人陈述往往是申请过程中最困难的部分。这里虽然没有定式，但应清楚地说明你对你想做什么有一个明晰的认知，并表现出你对你所选研究领域的热情。它必须反映你自己的想法和目标。我总是在寻找所谓的"火花",即这个学生真的被地理学吸引的那种感觉。问问你自己:我在什么时候真正思考过研究生学业?是一次实地考察的特殊经历吗?还是某个教员的个人魅力?要写得新颖、有创造性和有个性。这篇短文也应该反映出你的写作能力以及思想的清晰性、有重点和深度。

　　作为一名国际学生,你要遵循与其他研究生学业申请者一样的申请程序。但是,你还必须满足一些附加的要求。首先,如果英语不是你的母语,那么就需要你有托福(TOEFL,Test of English as a Foreign Language)或其他类似考试的成绩。此外,你的申请必须附有你获得认证的学业成绩英文翻译件。你可能还需要提交保险记录和某些健康证明。你应该联系学校的健康中心,了解是否有学生健康计划。

383　　几乎肯定的是,你必须在申请时提供财务支持的书面证据。学校越来越担心学生在他们的学习课程中由于资金耗尽而放弃学习计划。例如,在得克萨斯基督教大学(Texas Christian University),我们要求一份由担保人(父母、监护人、配偶)签署的文件,确认他们将负责该学年内的所有学费、生活费和其他花费。此外,我们还要求他们的金融机构在印有银行抬头的信笺上提供一份声明,大意是担保人有财务资源以支持该学生,并附账户的当前余额和过去12个月的平均月余额。我们还要求担保人的雇主出具一封信,证明担保人当前的工资。这听起来非常繁琐,但值得先做好,以确保申请程序的顺利进行。由于你可能正在向研究生院和其他来源申请财务资助,你可能会在提交这些财务证明之前得到有条件的接受,但通常需要你与申请一起提交这些证明。在许多学校,包括我们学校,你的正式申请文件也是你申请奖学金的文件,可能关系到考虑给予你的财务帮助、各种补助和奖学金,其数额从非常少到全额学费不等。要确保这一程序适用于你选定的研究生院。坦率地说,你不能过度研究来美国攻读研究生的财务方面。作为一名国际学生,你将要支付国外学生费用,这可能非常高,高到在很多情况下接近私立学校的费用。你有可能获得助教(teaching assistantship,TA)奖学金或助研(research assistantship,RA,如果你正在从事一个特别资金资助的项目)奖学金,你也可以凭学生签证找工作,但这些工作只限于在校园内。许多大学允许你每周在校园工作不超过20小时。在这里待足一整年后,你可以申请校园外的工作,这通常是允许的。但是要再次明确每个学校的规则。

　　除了特定的机构,对在美国留学的外国人还有各种资助来源。问题在于国际学生和他们的美国指导教授很难确定财务援助的来源。大多数资助目录很少甚或完全没有向其他国家的公民提供可得奖励的信息。但有一例外是《留学美国资助:外国公民指南》(*Funding for United States Study: A Guide for Citizens of other Nations*)(ISBN 087206-2198,售价39.95美元),由纽约国际教育学会出版(关于这个极好资源的更多信息参见其网站)。

　　一旦你的申请被接受，或者你已被正式录取，学校会寄给你移民局表格 I-20，然后你必须提交给离你最近的美国大使馆或领事馆，并附上有效护照，以获得你的学生签证。你必须再次向领事馆证明你具有你在美国留学和驻留所需的财务资源。关于签证程序的更多信息，值得查询移民局网站。

　　如果你对要去哪里学习还没有特别的感觉，但是确信你要去一所全国认可的学校，那么可以使用的一种资源是地理学研究生课程的排名"清单"。实际上有很多排名，它们都是有争议的，但是被最广泛引用的是国家研究委员会（National Research Council）的《美国研究型博士学位项目》（*Research-Doctorate Programs in the United States*）。这可能是最为全面的了，它考察了 274 个机构、41 个领域的 3 634 个项目。详情包括所有统计数据，都可以在 http://www. research. sunysub. edu/research/nrcdata. html 或 http://www. nap. edu/readingroom/books/researchdoc/上查到。

　　我已在本章末列出了排名前 36 位的院系，并附上前 5 位院系的网址。这为查阅增添了些许趣味，但也不要被数字蒙蔽。小学校也有许多杰出的项目，而重要的是，非地理学院系也有许多顶尖的地理学家。值得注意的是，在美国，许多研究生项目是相互依存和跨学科的。你会在地质学、地学、地球科学、环境科学等院系中找到地理学家，因此仅仅查看地理学项目是会错失良机的。

　　最后，我要为你推荐"普林斯顿评论"（the Princeton Review）指南，这是一个出色的网站，有很多关于在美国学习的信息。你的第一站应该是链接"Better Schools"（较好的学院），说的是研究生院。这里覆盖了从寻找奖学金到获得极好推荐信的一切信息。

　　祝你好运！查询快乐！我强烈鼓励你考虑到这里来。说不定你还可能拥有一口美国腔。

网络资源

- 美国地理学家联合会网站：http://www. aag. org 。
- GRE：http://www. gre. org 。
- TOEFL：http://www. toefl. org 。
- 纽约国际教育学会（Institute of International Education，New York）：http://www. iie. org 和 http://www. iiebooks. org/granandfel. html。
- 移民局网站：http://www. ins. U. S. doj. gov 。
- 地理学研究生院排名：http://www. research. sunysub. edu/research/nrcdata. html；http://www. nap. edu/readingroom/books/researchdoc/ 。
- 普林斯顿评论：http://www. review. com。

地理学质量评估

宾西法利亚州立大学（Pennsylvania State University）（1）：http://www. geog. psu. edu 。

威斯康星大学麦迪逊校区（University of Wisconsin Madison）（2）：http://www. geography. wisc. edu 。

明尼苏达大学（University of Minnesota）（3）：http://www. geog. umn. edu 。

加州大学圣巴巴拉分校（University of California Santa Barbara）（4）：http://www. geog. ucsb. edu 。

俄亥俄州立大学（Ohio State University）（5）：http://thoth. sbs. ohiostate. edu 。

加州大学伯克利分校（University of California Berkeley）（6.5）

雪城大学（Syracuse University）（6.5）

加州大学洛杉矶分校（University of California Los Angeles）（8）

克拉克大学（Clark University）（9）

华盛顿大学（University of Washington）（10）

纽约州立大学布法罗校区（State University of New York Buffalo）（11）

科罗拉多大学（University of Colorado）（12）

罗格斯州立大学新不伦瑞克分校（Rutgers State University New Brunswick）（13）

得克萨斯大学奥斯汀分校（University of Texas Austin）（14）

亚利桑那州立大学（Arizona State University）（15）

伊利诺斯大学香槟校区（University of Illinois Urbana-Champaign）（16）

艾奥瓦大学（University of Iowa）（17）

路易斯安那州立大学（Louisiana State University）（18）

亚利桑那大学（University of Arizona）（19）

肯塔基大学（University of Kentucky）（20）

佐治亚大学（University of Georgia）（2l）

北卡罗来纳大学教堂山分校（University of North Carolina Chapel Hill）（22）

约翰霍普金斯大学（Johns Hopkins University）（23）

佛罗里达大学（University of Florida）（24）

印地安纳大学（Indiana University）（25）

堪萨斯大学（University of Kansas）（26）

波士顿大学（Boston University）（27）

俄勒冈大学（University of Oregon）（28）

马里兰大学帕克分校（University of Maryland College Park）（29）

夏威夷大学马诺亚校区（University of Hawaii Manoa）（30）

威斯康星大学密尔沃基分校（University of Wisconsin Milwaukee）（31）

内布拉斯加大学林肯分校（University of Nebraska Lincoln）（32）

俄勒冈州立大学（Oregon State University）（33）

犹他大学（University of Utah）（34）

肯特州立大学（Kent State University）（35）

辛辛那提大学（University of Cincinnati）（36）

61　制作一份好简历

波林·E. 尼尔（Pauline E. Kneale）

　　所有的地理学毕业生都掌握了雇主所需要的技能，并就职于广泛的领域（专栏 61.1）。实际问题是大多数雇主并不知道学地理者具有广泛的技能，甚至连你自己也很有可能不知道。制作简历的诀窍就在于在一张 A4 纸的两面巧妙地表达，给人留下深刻印象。这里有一些忠告和建议，请从准备好笔和纸开始，随时做笔记。每天留出 15 分钟来思考内容并研究选项，然后制作或更新你的简历。

　　首先，列出你的技能、兴趣点和活动。以此制作你的简历并作为面试前的备忘录。这样做的最大好处是加强你对自己技能的认识和信心。你的技能大多如下：

　　·得自你地理学学位的技能：信息技术、组织技能、各种形式的表达技能和专业学科知识。你还可以列出：实验经验、实地考察、探险经历……

专栏 61.1　地理学毕业生的就业机会

会计	快递服务	法律	零售
广告	外交事务	物流	营销
空中交通管控	环境咨询	市场研究	社会服务
空勤	环境监测	市场营销	社会工作
考古	农业	气象	软件开发
建筑	林业	采矿	体育管理
档案管理	地质	博物馆工作	证券经纪
陆、海、空军	GIS	军事测量	系统分析
银行	酒店管理	摄影	教学
地图制作	人力资源	规划	作为外语的英语教学

餐饮	水文	警务、消防	剧场
赈济管理	信息服务	污染控制	旅游管理
市政事务	新闻业	邮政	运输
辅助医疗	实验室分析	公共关系	旅行社
计算	语言、翻译	出版	电视、电影
保育事务		循环利用	志愿者工作
村官		科研	

386
  • 通过兼职或假期打工，大多数学生可获得交流、团队合作、时间管理、自我管理、激励和人际交往的技能。人际交往技能包括与多种背景的人一起工作。其他还有驾驶、语言、财务……

  • 仅仅通过上大学你就获得的财务（债务）管理、决策、压力管理、自我管理与激励的技能。其他？

  注明你经历、假期和工作活动的情况，以例证所列的每一项技能。这些都是简历的材料，而当面试官问你在大学里学到什么时，你要能够自信地回答："我学会了在五人以上的团队里工作，并在紧迫的期限里完成项目。""在我把滑雪协会带到瑞士的那一周里，我发现我的组织能力的确很棒。""我发觉我能说服别人在与……相关的项目中同我一起工作。"重要的是要对每一项活动举一个真实的例子。

  清楚你毕业时要做什么并不容易，你有非常多的就业选择。你首选的咨询点是你大学的就业中心。若无大学就业中心，就查看毕业生就业咨询服务协会的网站。问问你自己："我所知道的我自己、我的个人技能和态度如何影响我毕业后要从事什么工作？"你想与哪类组织一起工作？你的目标和抱负是什么？为什么一直等到毕业前才考虑职业？从第一年开始就要介入就业中心，他们掌握有关暑期实习和其他实习以及就业选择的信息。利用某个假期在环境咨询、会计、销售或银行等行业里带薪实习，看看它是否真的适合你。

  不论你是在就业中心办公室，还是浏览电子就业网络，就如下要点研究你的潜在职业：

  ① 选择一个你认为你可能喜欢的职业或职位；

  ② 对你认为这份工作将涉及的事情列一份速记清单；

  ③ 搜寻三个潜在公司的资料或网站，了解它们所说的这类工作需要哪些技能；

  ④ 对你能引用的技能和证据列一份速记清单，以显示你已掌握这些技能；

  ⑤ 你对这个职业的最初想法与你的第一印象是否相符？

⑥ 这是适合你的公司类型吗？

⑦ 现在研究另一份职业（返回①）。

递交申请

简历是一种有说服力的推销陈述，它提供给雇主想了解的你的个人信息，随之总应该附有一封求职信。简历告诉雇主你过去和现在的资历和经验，求职信则与你的简历相联系，你可以用它来更详细地谈论将使你成为一份工作之理想人选的技能和经验。当以书面申请一个特定职位，或者当你接触一家你愿意工作的公司时，都要用到简历和求职信。在申请要使用标准表格或雇主提供的申请表的场合，不要附加你的简历，除非有明确要求。专栏61.2罗列了简历的主要部分。

永远要记住，对每一份工作都要专门定制你的简历。对于研究生和研究职位，要突出你的地理学技能，但是对于一般的工作，则要突出与之特别相关的技能和工作经历。最重要的是，确保你的简历：

- 仅用一张 A4 纸的正反面；
- 利用你的文字处理技能使表达更为专业；
- 简洁准确，不允许废话；
- 连贯地解释你已做了什么，不要有时间上的空缺；
- 各部分井然有序，把最近的经历放置在先。

387

专栏 61.2　一份简历的主要部分

个人信息	姓名、地址、电话号码。
	（可选填出生日期、国籍和婚姻状况，但效果等同）
教育	学位结果（关键细节：相关项目/所用模块）
	高级证书和成绩；普通中等教育证书简述：九项普通中等教育证书，四项 A，五项 B，包括英语和数学①。

---

① 英国中学学制七年，包括初中五年，高中两年。普通中等教育证书（General Certificate of Secondary Education, GCSE）是初中升高中的考试凭证；高级证书（A-Level）是高中升大学的考试凭证。英国中学的考试评分标准分为 Astar（最好，相当于 100 分）、A、B、C、D、E、F、G、U（相当于零分）。——译者注

工作经历	包括工作职务、暑期工作、志愿者工作以及任何固定工作和兼职工作。倒序排列，首先列出最近的工作。
	对于最近和最相关的工作，用两三句话说明你所用和发展的技能内容。务必简洁。
计算机技能	大多数地理学专业的学生有足够的经验来突显这点。记住那些用于实务和项目、统计、制图、地理信息系统、编程、Excel、Access，还有文字处理、Powerpoint、网络搜索、电子图书馆等的软件包。你可能觉得不是很专业，但许多申请者的技能更少。
其他技能	这会大有帮助，特别是如果你觉得你的工作经验和技能有限时。包括驾照、急救、语言技能。
	陈述你的可转移技能。最好用例子而非罗列：
	"与孩子们一起工作帮助我更有条理和有耐心。""我认识到我需要注意安全问题，要留心同事的行动。""为筹资而与学生会谈判，显示了我颇能游说并能做好我的方案。"
兴趣与活动	请不要枯燥地罗列（也不要编造）。
	"我与大学乐团和县乐团一起演奏小提琴（8级）。"
	"我有滑雪俱乐部的会员资格已三年了，在第二年任秘书，并且为35人组织了一次到瑞士的旅行。"
	"我为我的会所队踢足球，并且帮助安排交通。目前我宁愿专注于滑雪有氧训练，但也打算以后更多地踢足球。"
	"我筹集了3 000英镑来资助我在罗利/高桅帆船赛事上的位置……"
	"在不得不依靠自己资源的尴尬情况下，我确实很享受参与……的团队工作。"
推荐人	一般要引用两个推荐人，一个是学术方面的，一个是熟知你工作经历的，或者两个都是学术方面的。总要先提出请求，为他们提供一份你的申请材料，将有助于他们写出更为聚焦的推荐信。

你的求职信也应当简短、积极和直截了当，最好只用一页。不要重复你简历上的信息，虽然你可以在确实相关的事项上加以拓展："正如您从简历上看到的，我在……方面有丰富的经历。"用此信陈述你申请什么工作，为什么感兴趣，以及你能提供的技能和经验。通过陈述你如何看待你的职业发展，显示你是一个有职业头脑的人。要主动说明你可进行面试的时间。

要充分展示你的技能、个性、可塑性和学术知识，要坦然和充满信心地对待之。告诉雇 388 主，你在技能方面曾给 5—50 人的群体做过 20 次演示，或者你曾创建了适时翻译、幻灯片和 PowerPoint 等展示材料。在简历上列出一些实用技能是很容易的，但因看起来平淡无奇而往往被忽略。检查一下你是否充分展示了自己。你熟悉不同的文字处理系统、电子表格程序和统计软件包，或许还有地理信息系统和其他软件。有关业务可能用不上你提到的软件包，但列出你所熟悉的软件，雇主就知道你比许多毕业生掌握更多的计算机技能。

在全部学位课程学习过程中建立和不断更新简历，可以节省你最后一年的时间。有很多关于简历设计的教科书。可进行关键字库搜索，或者查阅择业服务。可能还有在线简历设计师，而 Vadas（2001）提供了与简历样本的链接。

写求职信和简历，要始终使用正式的英语，不要随随便便。由于越来越多的应用程序都是以电子的方式编写和发送，人们很容易陷入一种随意的电子邮件写作方式，这不会给人力资源经理留下深刻印象。在网上申请职位时这一点特别重要。在点击"发送"图标前，要特别仔细地再三检查每一项。

面试

没有理由不在面试之前研究一家公司，要在你的就业中心和网页上查阅这些公司的相关文件。在面试前要仔细思考面试中会经常问到的以下问题的答案（用笔记下来）：

① 为什么你选择作为一名销售主管/律师/会计师/人事管理/营销经理等？

② 什么促使你申请到该公司？

③ 关于该公司你知道什么？

④ 对于你申请的工作，你最感兴趣的是什么？

⑤ 为什么在这个领域/组织/国家工作会吸引你？

⑥ 为什么你要在一个大/中/小的组织中工作？

⑦ 我们为什么应该为你提供这一份工作？

⑧ 你在国外的一年所发生的最有意义/艰难/痛苦的三件事是什么？

⑨ 可变通的问题：你的强项和弱点是什么？你能为公司提供什么？

要查看能帮助面试的就业中心的网站。Topgrads（2001）提供了面试中一些困难问题的样板答案和其他建议。

探究职业选择和准备简历是很费时间的，但之后会有回报。在大学期间忽视职业研究可能导致你只有回家接着做假期工作（按假期标准付酬），而不是以新的机会重启你的余生。把你自己想象为一个非常有市场价值的产品。地理学毕业生掌握着雇主寻求的许多技能，问题在于要清楚地表达它们以使你的价值最大化。为找工作的过程准备好你自己和你的简历吧。

参考文献

AGCAS 2001：Careers Services，http：//www. prospects. csu. man. ac. uk/student/cidd/carserv/ index. htm.

Topgrads 2001：Does your future start here？［online］，http：//www. topgrads. co. uk/.

Vadas，A. 2001：Advice on crafting your CV［online］，http：//ukjobsearch. about. com/cs/curriculumvitae/.

网络资源

以下是为全世界地理学者写简历和找工作提供建议的网站。

389
- 华盛顿大学地理系就业资源（University of Washington Department of Geography，Career Resources）：http//depts. washington. edu/geogjobs/ 。
- 地理就业前景（Geography Career Prospects）：http：//www. geog. canterbury. ac. nz/geog/dept/careers. html。
- 地学职业（GeoJobs）：http://www. ssn. flinders. edu. au/geog/geojobs. htm。
- 地理信息系统职位（Careers in GIS）：http://www. gis. com/resources/careers/。
- 发展职业技能：学生行动计划（Developing career skills, an action plan for students）：http://w2. vu. edu. au/careers/DevelopingCareerSkills. html。

索　引

（阿拉伯数字为原书页码，即本中文版的边码）

395

译者后记

　　本书概述了当代地理学研究的几乎所有论题，有些论题还是国内地理学界很少甚至未曾关注的，可以说是一部全新的地理学导论。书名虽为《大学生地理学导引》，但对于想了解国际（尤其是西方）地理学发展的研究生和地理学者，本书仍是一部简明的指南。每一章都列出了相关的参考文献、深入读物和网络资源，为进一步了解和研究相关论题提供了明确的指引。尤其是书中提出了一系列值得研究的地理学科学问题和实践问题，对我们的科研选题具有宝贵的启示意义。国内尚缺乏这种既可作为地理学入门书，又可作为地理学者案头必备书的著作，因此我们将其译介进来，希望对国内地理学界有所裨益。

　　本书早在 1992 年就出了第一版，以后每年皆重印，成为最受英语国家地理学学生欢迎的读物。2003 年出了第二版，现在呈现给读者的就是第二版的中译本。

　　我安排博士后和研究生对本书做了初步翻译，分工如下：叶超（作者简介、导言、46—50 章）、陈睿山（1—6 章）、王尧（7—12 章）、王磊（13—18 章）、杨志成（19—24 章）、高江波（25—30 章）、陈琼（31—36 章）、吴丹丹（37—42 章）、王荣（43—45 章、51—52 章）、李昊（53—58 章）、严祥（59—61 章）。李昊还做了大量艰苦细致的译前准备工作。然后我重译了全书。

　　本书的翻译出版是科技部创新方法工作"地理学方法研究"项目（2007FY140800）的部分成果，并作为"地理学思想与方法丛书·译著系列"中的一种，感谢科技部的资助。

　　译者水平有限，译文难免有欠缺甚至误读，祈望同人指教。

蔡运龙

2021 年 4 月 3 日

图书在版编目（CIP）数据

大学生地理学导引/（英）阿里斯代尔·罗杰斯，
（英）海瑟·A. 威尔斯编；蔡运龙等译.—北京：商
务印书馆，2024
（当代地理科学译丛·大学教材系列）
ISBN 978 - 7 - 100 - 23966 - 0

Ⅰ.①大… Ⅱ.①阿…②海…③蔡… Ⅲ.①地理
学—高等学校—教材 Ⅳ.①K90

中国国家版本馆 CIP 数据核字（2024）第 096443 号

大学生地理学导引

〔英〕阿里斯代尔·罗杰斯 〔英〕海瑟·A. 威尔斯 编

蔡运龙 叶超 陈睿山 高江波 陈琼 等 译

商 务 印 书 馆 出 版
（北京王府井大街 36 号 邮政编码 100710）
商 务 印 书 馆 发 行
北京通州皇家印刷厂印刷
ISBN 978 - 7 - 100 - 23966 - 0

2024 年 9 月第 1 版 开本 787×1092 1/16
2024 年 9 月北京第 1 次印刷 印张 30¼
定价：130.00 元